ROLLE
GENERAL
DE TOUS LES OFFICIERS
MARINIERS ET MATELOTS
DE LA PROVINCE DE BRETAGNE.

CONTENANT

LEURS AGES, QUALITEZ, SIGNAUX,
& demeures ; ensemble leur rang de service
sur les Vaisseaux du Roy.

DIVISEZ EN CINQ CLASSES.

Arresté à Brest le 15. jour du Mois de Mars 1671.

A PARIS,
Par SEBASTIEN MABRE-CRAMOISY, Imprimeur
du Roy.

M. DC. LXXI.

De l'exprés commandement de Sa Majesté.

LE COMTÉ
DE NANTES.

PREMIERE CLASSE,
dont le service finira au dernier Mars 1671.

COSTE DE GUERANDE.

ASSERAC.

Neant.

Mesker.

François David de Kuarin de 25 ans, moyenne taille, poil noir.
François Normand, fils de Jean, de Keabelecq, de 45 ans, petite t. poil ch.
François Queriaud, de la Periere, de 32 ans, moyenne taille, poil chastain.
Jean Ougard, fils de Guillaume, de 20 ans, moyenne taille, poil chastain.
Guillaume Bourse de Kuarin de 34 ans, moyenne taille, poil chastain.
Guillaume Mousset, fils de Jean, de Rostu, de 24 ans, petite taille, poil chastain.
Jean Chastel, fils de Gilles, de Kguistel, de 27 ans, petite taille, poil chastain.
Jean Hervel, dit Bacus, de 27 ans, moyenne taille, poil noir.
Julien le Corre de Kuarin de 40 ans, moyenne taille, poil chastain.
Louis Garino de Kguistel de 32 ans, moyenne taille, poil chastain.
Louis le Corre de 28 ans, moyenne taille, poil chastain.
Louis Josseau de Keabelceq de 30 ans, petite taille, poil chastain.
Louis le Querver de Penelan, de 30 ans, petite taille, poil gris.
Ollivier Josseau de Kuarin de 35 ans, grande taille, poil chastain.
Yves Fouquet de Kguistel de 40 ans, grande taille, poil noir.
Yves David de Kguillosin de 45 ans, grande taille, poil chastain.

Saint Molf.

Guillaume le Mercier, fils d'Ollivier, de 25 ans, petite taille, poil chastain.
Pierre Anezau du Boulais de 35 ans, moyenne taille, poil chastain.
Pierre Guemar de 28 ans, moyenne taille, poil chastain.
Guillaume Lagréé de Kruette de 32 ans, moyenne taille, poil chastain.

Biriac.

Hervé Mabo de Kuin de 35 ans, moyenne taille, poil noir.
François le Coüaillon, fils de Michel, de S. Sebastien, de 35 ans, gr. t. p. ch.

A

Jean Lallemand de 30 ans, grande taille, poil blond.
Julien Birgan de 40 ans, moyenne taille, poil noir.
Nicolas Meigné de S. Sebaſtien de 35 ans, moyenne taille, poil brun.
Noël le Blevenec de 40 ans, petite taille, poil noir.
Pierre le Fournier du Port aux Loups de 45 ans, grande taille, poil noir.
Pierre Guillottée, fils de Jacques, de 21 an, grande taille, poil chaſtain.
Pierre Poitevin, fils de Pierre, de 24 ans, moyenne taille, poil chaſtain.
Pierre Aviſſe de 24 ans, moyenne taille, poil blond.
Raoul Glevio de 47 ans, moyenne taille, poil gris.
Yves Outin de 40 ans, petite taille, poil noir.
Yves Beliotte de 37 ans, grande taille, poil noir.

GUERANDE.

Denis le Dandec de Treſcallen de 30 ans, moyenne taille, poil noir.
Guillaume Poterie de 30 ans, moyenne taille, poil noir.
Jean le Dandec de 25 ans, petite taille, poil roux.
Pierre Alexandre de la Turballe de 44 ans, grande taille, poil roux.
Pierre le Guidou de 26 ans, moyenne taille, poil brun.
Triſtan le Brevec de 23 ans, moyenne taille, poil noir.
Jacques Richard de Careil de 25 ans, moyenne taille, poil noir.
François Allaire d'Ely de 27 ans, moyenne taille, poil noir.

Iſle du Croiſic.

Alain Ollivier, le Tailleur Caſcaret, de 40 ans, m. taille, p. chaſtain.
Alain Tilly, dit Grand-Charois, de 40 ans, grande taille, poil noir.
Antoine Rigaud de 40 ans, grande taille, poil noir.
Charles Croſſon, fils de Jean, de 25 ans, grande taille, poil chaſtain.
Eſtienne Guenaud de 40 ans, moyenne taille, poil chaſtain.
Eſtienne Garreau, fils du Provençal, de 26 ans, moyenne taille, poil chaſtain.
François le Manans de 20 ans, moyenne taille, poil noir.
Henry Colandre de 40 ans, grande taille, poil noir.
Jean le Jeune, fils de la Jouë, de 22 ans, moyenne taille, poil noir.
Jean Charon, fils de Jean, de 24 ans, moyenne taille, poil brun.
Jean Guillet de 24 ans, moyenne taille, poil brun.
Jean David, gendre de Marie-Avand, de 38 ans, petite taille, poil noir.
Jean Boulais, fils de Jean, de 23 ans, moyenne taille, poil roux.
Jean Guerand Canonier, de 40 ans, moyenne taille, poil gris.
Jean Jean, mary de Catherine, de 30 ans, moyenne taille, poil chaſtain.
Jean Tallort, mary de Perrine, de 35 ans, moyenne taille, poil noir.
Jean Chouchuart, fils de Guillaume, de 24 ans, grande taille, poil noir.
Jean le Calo de 30 ans, petite taille, poil roux.
Julien Denis, fils de François, de 35 ans, moyenne taille, poil chaſtain.
Jean Haguet, gendre de Jean Thomas, de 27 ans, petite taille, poil chaſtain.
Julien Rivaux, dit Thozabas, de 28 ans, moyenne taille, poil chaſtain.
Jacques Guſtin de 42 ans, grande taille, poil noir.
Jean Barillon le jeune de 32 ans, petite taille, poil noir.
Jean Denié, fils de la Sergente, de 32 ans, grande taille, poil noir.
Jacques Cocquart de 30 ans, petite taille, poil noir.
Jacques Denié, dit le Droit, de 36 ans, petite taille, poil noir.
Jacques Regnier, fils d'Imber, de 24 ans, grande taille, poil noir.
Jean Launay de 24 ans, moyenne taille, poil chaſtain.
Julien Denis Canonier, de 45 ans, moyenne taille, poil gris.
Jean Guerard, fils de Jean, de 18 ans, grande taille, poil chaſtain.

Laurent Beauſire de 35 ans, moyenne taille, poil noir.
Loüis le Breton de 28 ans, moyenne taille, poil chaſtain.
Mathieu Guenadel de 22 ans, moyenne taille, poil chaſtain.
Mathurin Beauſerre de 35 ans, moyenne taille, poil noir.
Mahé Barthelemy de 36 ans, moyenne taille, poil noir.
Michel Panegat, fils de Jean, de 29 ans, moyenne taille, poil noir.
Maudé Thomazice, dit Brulot, de 32 ans, haute taille, poil noir.
Marc Guerfeval de 40 ans, haute taille, poil gris.
Maudé Portier, dit Monarque, de 40 ans, haute taille, poil gris.
Marc Teſſaut de 35 ans, haute taille, poil noir.
Marc Biron de 34 ans, moyenne taille, poil chaſtain.
Michel le Hiré de 32 ans, haute taille, poil noir.
Michel le Boüillic de 35 ans, moyenne taille, poil blond.
Michel Tanguy, fils d'Alain, de 25 ans, haute taille, poil chaſtain.
Nicolas Jacques de 30 ans, moyenne taille, poil noir.
Nicolas Marſicq de 28 ans, moyenne taille, poil noir.
Nicolas Loyer de 35 ans, moyenne taille, poil chaſtain.
Ollivier Guaudin Canonier, de 32 ans, haute taille, poil noir.
Pierre le Cretier, fils de Guillaume, de 18 ans, petite taille, poil noir.
Pierre Drouët, gendre de Nicolas, de 32 ans, moyenne taille, poil noir.
Pierre Couturier, dit Chevalier, de 34 ans, moyenne taille, poil noir.
Pierre Moyon de 45 ans, moyenne taille, poil chaſtain.
Pierre Taberdet de 34 ans, moyenne taille, poil noir.
Pierre Alain de 32 ans, moyenne taille, poil noir.
Pierre le Calo de 30 ans, moyenne taille, poil chaſtain.
Philippes le Fournier de 28 ans, haute taille, poil noir.
Pierre Barillon de 33 ans, haute taille, poil noir.
Pierre Hery, fils de Guillaume, de 22 ans, moyenne taille, poil chaſtain.
Pierre Querfeval, l'autre que le fils de Marc, de 23 ans, m. taille, p. cha.
Pierre Quinart de 20 ans, moyenne taille, poil chaſtain.
Patry Gonidec, fils de Jacques, de 16 ans, petite taille, poil chaſtain.
René le Glas, dit l'Eſtang, de 40 ans, Maiſtre, haute taille, poil gris.
René Beniſt de 30 ans, moyenne taille, poil noir.
René Tutor de 35 ans, moyenne taille, poil noir.
René Biron de 20 ans, moyenne taille, poil chaſtain.
Touſſaint Rotou de 30 ans, Charpentier, petite taille, poil chaſtain.
Thomas Thobias de 45 ans, haute taille, poil blond.

Le Pouliguen en la même Iſle du Croiſic.

Guillaume Friard de 45 ans, haute taille, poil chaſtain.
Henry Cétou de 28 ans, moyenne taille, poil noir.
Hervé Gourio de 26 ans, moyenne taille, poil chaſtain.
Hervé Morvan, de 24 ans, moyenne taille, poil blond.
Jean Soliman, fils de Roland, de 25 ans, moyenne taille, poil noir.
Jean Guervel de 35 ans, moyenne taille, poil chaſtain.
Jean Riel de 48 ans, haute taille, poil gris.
Jean Monicaud de 32 ans, haute taille, poil noir.
Jean Guenezan de 42 ans, haute taille, poil gris.
Mathias André de 23 ans, haute taille, poil chaſtain.
Michel le Calo de 28 ans, moyenne taille, poil noir.
Michel Fouré de 32 ans, moyenne taille, poil blond.
Mathias le Bian de 27 ans, moyenne taille, poil chaſtain.
Mathias le Calo de 20 ans, moyenne taille, poil chaſtain.

Ollivier Jean Pilote de 38 ans, moyenne taille, poil noir.
Pierre Nicolle le jeune de 22 ans, haute taille, poil chastain.
Pierre Renaudin, fils de Pierre, de 25 ans, moyenne taille, poil noir.
Pierre Foren de 40 ans, moyenne taille, poil gris.
Pierre Macé de 30 ans, moyenne taille, poil noir.
Pierre Perin de 28 ans, haute taille, poil noir.
Raphael Bertaud de 32 ans, moyenne taille, poil noir.
Tristan Loüet de 22 ans, haute taille, poil chastain.
Yves le Prince de 35 ans, moyenne taille, poil noir.

Saint Nazaire.

ANdré Bernard de la Bellotiere de 30 ans, moyenne taille, poil noir.
François Birgan, fils d'André, de 25 ans, moyenne taille, poil noi.
François Abel, fils de Loüis, de 25 ans, moyenne taille, poil chastain.
Guillaume Couronné de 45 ans, grande taille, poil chastain.
Gilles Nerac de 34 ans, moyenne taille, poil roux.
Jean Denié de 35 ans, grande taille, poil roux.
Jean Carhais de 30 ans, moyenne taille, poil noir.
Jean Texier, fils de Guillaume, de 30 ans, grande taille, poil noir.
Jean Saunier de 35 ans, moyenne taille, poil roux.
Jean Joly de 30 ans, moyenne taille, poil noir.
Jean Jumet de la Terballe, de 26 ans, moyenne taille, poil blond.
Loüis Bertaud de 30 ans, grande taille, poil roux.
Noël du Pin de 35 ans, moyenne taille, poil chastain.
Philippes le Normand de 44 ans, moyenne taille, poil gris.
Pierre Bouget de 30 ans, grande taille, poil noir.
Philippes Durand de 32 ans, moyenne taille, poil chastain.
Pierre Alençon de 45 ans, grande taille, poil noir.
Philippes Macé de 26 ans, moyenne taille, poil chastain.
René Lescart de 20 ans, grande taille, poil chastain.
René Faveron de 24 ans, moyenne taille, poil noir.
René Boullé de 30 ans, moyenne taille, poil noir.
Simon Penequier de 21 an, moyenne taille, poil noir.
Thomas Alençon de 44 ans, moyenne taille, poil gris.
Thomas Hervaux Charpentier, de 28 ans, moyenne taille, poil chastain.
Yves Pomelin de 44 ans, haute taille, poil gris.

Pornichet, Paroisse de S. Nazaire.

JUlien Motais, Charpentier, de 25 ans, moyenne taille, poil noir.
Pierre Motais, Charpentier, de 40 ans, haute taille, poil chastain.
Philippes Tartoüé de 30 ans, moyenne taille, poil noir.

Frairie de la Vielville.

MIchel Goifmat, Charpentier, de 44 ans, haute taille, poil noir.
Jean Fourré de 26 ans, moyenne taille, poil blond.
Jean Roüaud, frere de Nicolas, de 26 ans, moyenne taille, poil blond.
Jean Pommier, fils de Jean, de 28 ans, poil blond.

Frairie de S. Philbert en S. Nazaire.

NEant.

Frairie de Serac en Saint Nazaire.

NEant.

Frairie d'Avaly en Saint Nazaire.

FRançois Couronné de 24 ans, petite taille, poil blond.
Guillaume Silveſtre de 30 ans, moyenne taille, poil noir.
Julien Couronné, fils de Julien, de 23 ans, moyenne taille, poil noir.
Pierre Friard de 20 ans, moyenne taille, poil noir.
Philippes Simon de 26 ans, petite taille, poil blond.
Mathieu Denié, fils de Paul de Henlez, de 30 ans, moyenne taille, poil noir.
Macé Couronné, fils de Simon, de 25 ans, moyenne taille, poil noir.
Philippes Denié, fils de Philippes, de 42 ans, grande taille, poil noir.

Frairie de Henlix, en Saint Nazaire.

NEant.

Frairie de Gavy en Saint Nazaire.

MAthieu Alüart de 24 ans, grande taille, poil noir.
Thomas Mahé de 38 ans, moyenne taille, poil brun.
Vincent Alüart de 30 ans, grande taille, poil chaſtain.
Pierre Bertebaut de 27 ans, moyenne taille, poil blond.
Charles Roüaud de 23 ans, moyenne taille, poil roux.
Jacques Molé, frere de Pierre, de 28 ans, moyenne taille, poil noir.

Frairie de Kerbiquet en Saint Nazaire.

MAurice le Blois, fils de Maurice, de 28 ans, moyenne taille, poil chaſtain.
Pierre Tartoüé de 35 ans, grande taille, poil noir.
Jean Mahé, fils de Baptiſte, de 18 ans, moyenne taille, poil chaſtain.
Pierre Molé de S. Guedas, de 38 ans, moyenne taille, poil noir.
Fin du Territoire de Guerande.

PAROISSE DU MONTOIR.
NEant.

Isle du Clos & de Loncé.

FRançois Taconnais de 25 ans, grande taille, poil noir.
Jean Rotou, fils de Claude, de 40 ans, petite taille, poil noir.
René Moreau de 30 ans, grande taille, poil noir.
Guillaume Fouré de 30 ans, petite taille, poil noir.
Jean Roux, Canonier, de 50 ans, grande taille, poil blond.

Iſle de Guerſac.

FLeurand Philippes de 24 ans, moyenne taille, poil noir.
Gilles Boſſinot de 16 ans, petite taille, poil chaſtain.
Guillaume Fouré de 25 ans, grande taille, poil blond.
Gilles Opias de 35 ans, moyenne taille, poil noir.
Honoré Dervé de 28 ans, petite taille, poil chaſtain.
Jean Dupin, fils de Jacques, de 26 ans, petite taille, poil noir.

Julien Boſſinot, fils de Charles, de 20 ans, petite taille, poil noir.
Jacques Algan de 28 ans, moyenne taille, poil chaſtain.
Jacques Vince, fils de Pierre, de 21 an, moyenne taille, poil noir.
Laurent Outin de 40 ans, petite taille, poil blond.
Lucas Vince de 15 ans, petite taille, poil blond.
Pierre Oliveau, fils d'André, de 21 an, grande taille, poil noir.
Philippes Robert de 36 ans, petite taille, poil chaſtain.
Pierre Roüaud, fils de Guillaume, de 25 ans, petite taille, poil noir.
Pierre Vince, fils de Mathurin, de 21 an, grande taille, poil noir.
Pierre le Preſtre, Charpentier, de 24 ans, moyenne taille, poil chaſtain.
Thomas Avenart, fils de Guy, de 18 ans, petite taille, poil chaſtain.
Noël Philippes, fils de Pierre, de 22 ans, moyenne taille, poil chaſtain.
Ollivier Vince de 44 ans, petite taille, poil noir.
Pierre André, fils de Guillaume, de 20 ans, moyenne taille, poil blond.
Pierre Philippes de 30 ans, grande taille, poil chaſtain.

Iſle d'Agne.

NEant.

Les Grandes Iſles.

NEant.

Iſle de Gron.

CRiſtophe Taſſé de 36 ans, moyenne taille, poil chaſtain.
Eſtienne Samſon de 24 ans, moyenne taille, poil chaſtain.
Gilles Bagaux de 45 ans, moyenne taille, poil gris.
Jean Moyon de 40 ans, moyenne taille, poil blond.
Luc le Camps de 35 ans, petite taille, poil chaſtain.
Pierre Rotou de 22 ans, petite taille, poil noir.
Pierre François de 35 ans, moyenne taille, poil noir.
Pierre Fouré, fils de Pierre, de 18 ans, moyenne taille, poil blond.

Iſle de Mean.

ANdré Mahinet, fils de Jean, de 32 ans, moyenne taille, poil noir.
Chriſtophe Becart de 30 ans, moyenne taille, poil noir.
Denis Thomas de 38 ans, petite taille, poil noir.
François Becart, fils de Jean, de 26 ans, moyenne taille, poil noir.
Guillaume l'Evêque, fils de Yvonet, de 16 ans, petite taille, poil chaſtain.
Jean Tartoüé, fils de Jean, de 38 ans, moyenne taille, poil blond.
Julien Liron de 24 ans, petite taille, poil blond.
Jean Bertaud de 35 ans, petite taille, poil noir.
Noël le Monier de 36 ans, moyenne taille, poil noir.
Nazaire Madec de 20 ans, moyenne taille, poil blond.
Pierre Haraux de 35 ans, grande taille, poil noir.
René Thomas de 40 ans, moyenne taille, poil noir.
René Thomas, fils de Guillaume, de 43 ans, grande taille, poil noir.

Iſles de Bert, d'Aine, & d'Aucart.

BErtrand David Canonier de 50 ans, moyenne taille, poil gris.
Eſtienne le Barbier de 27 ans, moyenne taille, poil blond.

Premiére Claſſe.

Henry Deniau de 32 ans, grande taille, poil noir.
Pierre Deniau de 29 ans, grande taille, poil blond.
Yves Boſlard de 35 ans, moyenne taille, poil noir.

Iſle de Trignac.

Baptiſte Dervaux, Canonier, de 50 ans, moyenne taille, poil gris.
Jean Macé de 35 ans, moyenne taille, poil noir.
Nicolas Hervaux de 30 ans, grande taille, poil noir.
Pierre Lorreau, fils de Pierre, de 35 ans, grande taille, poil noir.
Yſaac Ricordet de 20 ans, moyenne taille, poil chaſtain.

Paroiſſe de Cordemés.

Neant.

Paroiſſe de Donge, Frairie de Cazac.

Guy Herſin, Charpentier, de 42 ans, grande taille, poil noir.
Julien Cazart de 28 ans, petite taille, poil noir.

Paroiſſe de Coüéron.

Jean Loyére de 26 ans, moyenne taille, poil chaſtain.

Port-Launay.

Neant.

Paroiſſe de Savenay, Frairie de Boüé.

Neant.

Roüart, Paroiſſe de Savenay.

LE Vincent Chauvin de 35 ans, moyenne taille, poil blond.
Pierre Harlou de 25 ans, moyenne taille, poil noir.

Indres.

Neant.

Lavaux.

Jacques Bernard de 28 ans, grande taille, poil noir.
Pierre Friteau de 26 ans, moyenne taille, poil chaſtain.
Laurent Guibert de 30 ans, grande taille, poil chaſtain.

DEUXIEME CLASSE,

dont le service commencera au premier Avril 1671.
& finira au dernier Mars 1672.

COSTE DE GUERANDE.

Asserac.

YVes Pinart de Larmor, de 28 ans, grande taille, poil chastain.

Mesker.

FRançois Bourse, fils de Roland, de 35 ans, moyenne taille, poil noir.
François Hervel, fils de Jean de la Verde, de Knallement, de 26 ans, grande taille, poil noir.
Guillaume le Guerver, fils de Jean de la Periere, de 23 ans, m. taille, p. cha.
Guillaume Vince, fils de Guillaume, de 49 ans, petite taille, poil gris.
Guillaume Mousset, fils d'Yves, de Quimiac, de 25 ans, petite taille, p. roux.
Jean Garino, de Kguistel, de 40 ans, grande taille, poil noir.
Jean Morenton, fils de Jean, de Kcabelec, de 23 ans, moyenne taille, p. noir.
Jean Josseau le jeune, de 28 ans, moyenne taille, poil noir.
Jean Hervé, de Khaut, de 22 ans, petite taille, poil chastain.
Jean Tatevin, fils d'Yves, de Kguistel, de 25 ans, grande taille, poil noir.
Jean Vince, fils d'Yves, de Kuarin, de 23 ans, grande taille, poil brun.
Jean Urzelle, de Knallement, de 40 ans, grande taille, poil roux.
Jean Bertraud de Beaulieu, de 35 ans, petite taille, poil chastain.
Louïs Jean, de Mesker, de 22 ans, petite taille, poil chastain.
Louïs Tatevin, fils de Nicolas, de Kcabelec, de 28 ans, g. taille, p. chastain.
Nicolas l'Allemand, de Kaut de 25 ans, grande taille, poil brun.
Ollivier le Calvé, de Guiniac, de 30 ans, moyenne taille, poil noir.
Pierre Hilaire, de Kcabelec, de 25 ans, moyenne taille, poil brun.
Vincent Morinton, fils de Guillaume, de Guiniac de 22 ans, m. taille, p. ch.
Yves Mousset, fils de Louïs, de Kfournier, de 30 ans, pet. taille, p. chastain.
Yves Hervel, de Kguistel, de 36 ans, moyenne taille, poil chastain.

Sainct Molf.

DEnis le Goff de 35 ans, petite taille, poil noir.
Jean Bertaud, de Quervel, de 45 ans, petite taille, poil noir.
Louïs Gautier, de Pendihué, de 30 ans, petite taille, poil noir.

Piriac.

GUillaume Pian, frere d'Ermé, de 30 ans, moyenne taille, poil noir.
Jean David, frere de Jean, de 24 ans, moyenne taille, poil chastain.
Jacques le Couäillon, fils de Jean, de 32 ans, moyenne taille, poil noir.
Jacques Jean, fils de François, de 25 ans, moyenne taille, poil brun.

Jean

Jean Bertaud, fils d'Yves, de 22 ans, moyenne taille, poil chaſtain.
Jacob Fournier de 45 ans, moyenne taille, poil noir.
Jean Jean, de Kuin, de 30 ans, grande taille, poil noir.
Louïs le Fournier de 40 ans, grande taille, poil noir.
Martin Rondic de 25 ans, grande taille, poil noir.
Marc Loyer, fils de François, de 25 ans, petite taille, poil chaſtain.
Pierre Chotart de 35 ans, petite taille, poil brun.
Pierre l'Allemand de 35 ans, petite taille, poil chaſtain.
Philippe Jean de 35 ans, petite taille, poil brun.
Pierre Hoüy, gendre de Rochefort, de 30 ans, moyenne taille, poil noir.
Pierre Rondic le Cadet, de 21 an, moyenne taille, poil chaſtain.
Pierre Geffray de 28 ans, petite taille, poil chaſtain.
Pierre le Roux de 26 ans, moyenne taille, poil brun.
Raoul Alexandre, fils de Nicolas, de 20 ans, moyenne taille, poil blond.
René Thomeré de 45 ans, petite taille, poil roux.
Yves Guezo, frere de Jean, de 22 ans, moyenne taille, poil chaſtain.

GUERANDE.

ALain Garino, de Treſcalen, de 25 ans, grande taille, poil noir.
Guillaume Emery, de la Turbale, de 46 ans, grande taille, poil gris.
Jeroſme Ollivier de 43 ans, grande taille, poil brun.
Jean Rochefort de 30 ans, grande taille, poil noir.
Jean Vince, de Careil, de 40 ans, grande taille, poil noir.
Jacques le Turcantin de 30 ans, grande taille, poil noir.
Jean Noury, de Kniquen, de 30 ans, moyenne taille, poil noir.
Jean Bertaud, de Leby, de 30 ans, moyenne taille, poil noir.
Nicolas Joffrezo, de Treſcalen, de 44 ans, petite taille, poil noir.
Pierre le Poitevin, fils de Michel, de 25 ans, moyenne taille, poil noir.
Pierre Jovançeau, de Trevelez, de 40 ans, moyenne taille, poil gris.
Pierre Bernard de 40 ans, moyenne taille, poil noir.
René Alexandre, d'Ely, de 20 ans, grande taille, poil noir.

Iſle du Croïſic.

ANdré Cizé de 45 ans, moyenne taille, poil chaſtain.
Alain Potier de 40 ans, petite taille, poil noir.
Alain Mervain de 45 ans, petite taille, poil noir.
Clement Martin, fils de la Bourdic, de 23 ans, petite taille, poil noir.
Charles Cariére, fils de Jeanne Launay, de 25 ans, grande taille, p. chaſtain.
Denis David de 40 ans, grande taille, poil noir.
François Emery de 25 ans, moyenne taille, poil noir.
François Garreau, fils du Provençal, de 22 ans, m. taille, poil chaſtain.
Guillaume Promps de 22 ans, grande taille, poil blond.
Guillaume Perigaud de 35 ans, grande taille, poil noir.
Guillaume Legal de 22 ans, moyenne taille, poil noir.
Guillaume Jagu de 45 ans, grande taille, poil brun.
Guillaume le Dandac de 30 ans, grande taille, poil brun.
Guillaume Barthelemy de 34 ans, petite taille, poil noir.
Gilles Boüé Canonier, de 45 ans, grande taille, poil chaſtain.
Guillaume Bezou, fils de Marie Tillou, de 21 an, grande taille, poil chaſtain.
Guillaume Legal de 23 ans, moyenne taille, poil noir.
Guillaume Teſſaut de 40 ans, grande taille, poil chaſtain.
Guillaume Jacques, fils de Danzo Mignon, de 24 ans, m. taille, p. noir.

Jacques Ouhardon de 24 ans, moyenne taille, poil chastain.
Jean le Tulor de 23 ans, moyenne taille, poil chastain.
Jacques Artus, mary de Jeanne Tallort, de 36 ans, m. taille, poil noir.
Jean le Glas du Colledan, de 36 ans, grande taille, poil noir.
Jean Denié, mary de Jeanne Potier, de 50 ans, moyenne taille, poil roux.
Jean Renaud, mary de Jeanne de Lespine, de 35 ans, m. taille, poil noir.
Jean le Grand, beaufils Durat, de 21 an, petite taille, poil noir.
Jacques Marchais, fils de Pierre, de 20 ans, moyenne taille, poil chastain.
Jean le Normand de 26 ans, moyenne taille, poil chastain.
Jean d'Anvin, dit Champenois, de 21 an, grande taille, poil chastain.
Jacques Algand de 20 ans, petite taille, poil chastain.
Jean Daniel de 35 ans, moyenne taille, poil noir.
Jean le Pé, Gendre de Jean le Gal, de 30 ans, grande taille, poil noir.
Jean Sahun, dit Jean Jacques, de 30 ans, moyenne taille, poil roux.
Jacques le Poitevin, Canonier, de 48 ans, grande taille, poil brun.
Jean Joüé de 26 ans, moyenne taille, poil brun.
Jean Raimond, fils de Philippes, de 35 ans, petite taille, poil blond.
Jean Perotin de 40 ans, grande taille, poil noir.
Jean Beschet de 25 ans, grande taille, poil brun.
Jean Oillic de 40 ans, moyenne taille, poil noir.
Jean le Huedé le jeune de 23 ans, grande taille, poil blond.
Jean Durand de 44 ans, moyenne taille, poil chastain.
Jean le Glas Voilier de 36 ans, grande taille, poil noir.
Jean Julienne Pere, de 45 ans, grande taille, poil noir.
Jean Noël de 36 ans, petite taille, poil noir.
Julien la Gerdec, fils de Jeanne le Gal, de 24 ans, moyenne taille, poil noir.
Marc Haspot de 32 ans, moyenne taille, poil blond.
Louis le Heudé du Bourg, de 38 ans, grande taille, poil noir.
Michel Meon de 24 ans, moyenne taille, poil chastain.
Mathias André de 27 ans, moyenne taille, poil noir.
Mathieu Legal de 24 ans, moyenne taille, poil chastain.
Michel Doux, fils de Guillaume, de 20 ans, petite taille, poil brun.
Noël Crosson de 30 ans, moyenne taille, poil blond.
Pierre Gicqueaux de 45 ans, grande taille, poil noir.
Pierre Allaire, fils d'André, de 25 ans, moyenne taille, poil noir.
Pierre le Cocq, Boiteux, de 30 ans, petite taille, poil noir.
Pierre de la Coste, Tonnelier, de 40 ans, grande taille, poil roux.
Philippes Mattin de 35 ans, moyenne taille, poil noir.
Pierre Boulais, fils de Pierre, de 20 ans, petite taille, poil roux.
Pierre Duqué de 30 ans, moyenne taille, poil blond.
Pierre Boulic, fils de Jacques, de 24 ans, grande taille, poil chastain.
Pierre le Barbier, dit Guindelet, de 20 ans, grande taille, poil noir.
Pierre Tanjou de 50 ans, grande taille, poil chastain.
Pierre le Gland de 20 ans, moyenne taille, poil chastain.
René Crosson de 35 ans, grande taille, poil chastain.
René Martineau de 32 ans, moyenne taille, poil blond.
René Barillon de 30 ans, moyenne taille, poil chastain.
Severin Tanguy, dit Danette, de 38 ans, grande taille, poil roux.
Thomas Quinart de 37 ans, moyenne taille, poil noir.
Vincent Legal de 38 ans, petite taille, poil noir.
Yves d'Aujaud de 33 ans, grande taille, poil noir.
Yves Geffray de 35 ans, moyenne taille, poil blond.

Le Pouliguen, en la même Iſle du Croiſic.

FRançois l'Eveſque de 30 ans, grande taille, poil noir.
Guillaume Couvin de 49 ans, grande taille, poil gris.
Hervé l'Eſquet de 28 ans, moyenne taille, poil noir.
Jean Clement, fils de Mahé, de 28 ans, grande taille, poil noir.
Jacques Fouré de 24 ans, petite taille, poil noir.
Jean le Bian de 48 ans, poil blond.
Julien Madic de 30 ans, grande taille, poil blond.
Jean Bourdic, le jeune, de 30 ans, grande taille, poil chaſtain.
Jean le Mitraillier de 30 ans, grande taille, poil blond.
Jacques Soliman de 35 ans, moyenne taille, poil chaſtain.
Jean le Noir de 20 ans, moyenne taille, poil chaſtain.
Jean Rielle de 30 ans, petite taille, poil roux.
Jacques le Nançou de 33 ans, moyenne taille, poil noir.
Louïs Perin de 45 ans, moyenne taille, poil noir.
Mathieu Tartoüé de 45 ans, grande taille, poil chaſtain.
Michel le Picart de 25 ans, moyenne taille, poil noir.
Nicolas le Seaudron de 40 ans, grande taille, poil noir.
Ollivier Roland de 38 ans, petite taille, poil noir.
Pierre d'Artis de 27 ans, moyenne taille, poil chaſtain.
Pierre Robin de 25 ans, petite taille, poil noir.
Pierre le Malivand de 30 ans, moyenne taille, poil noir.
Philippes l'Eſphaer de 22 ans, grande taille, poil chaſtain.
Pierre Moineaud de 25 ans, moyenne taille, poil chaſtain.
Triſtan Malivand de 49 ans, grande taille, poil gris.
Pierre Gorge, d'Eſcoubleac, de 22 ans, grande taille, poil blond.

Sainct Nazaire.

ANtoine Charier, Borgne, de 38 ans, moyenne taille, poil noir.
Blaize des Hais de 48 ans, moyenne taille, poil gris.
Denis Gilbert de 40 ans, petite taille, poil noir.
François Berthelot de 45 ans, petite taille, poil gris.
Michel Hervaux de 27 ans, moyenne taille, poil noir.
Jean Bernier de 21 an, moyenne taille, poil noir.
Jean Colombel de 40 ans, moyenne taille, poil chaſtain.
Julien Macé de 20 ans, moyenne taille, poil noir.
Julien Chotart de 30 ans, moyenne taille, poil chaſtain.
Mathieu Bernier de 26 ans, grande taille, poil noir.
Lucas d'Ermur de 24 ans, moyenne taille, poil chaſtain.
Ollivier Moyon de 35 ans, moyenne taille, poil chaſtain.
Pierre Alençon, fils de Pierre, de 26 ans, grande taille, poil blond.
Pierre Roüaud, fils de la Sage-Femme, de 20 ans, moyenne taille, poil noir.
Pierre Boineau, du Grand-Chemin, de 35 ans, moyenne taille, poil chaſtain.
Vincent Simon de 25 ans, moyenne taille, poil chaſtain.
Yvon Felix de 35 ans, moyenne taille, poil noir.

Frairie de Pornichet en S. Nazaire.

ANdré Algand, fils de Julien, de 25 ans, petite taille, poil noir.
Hervé Macé de 45 ans, moyenne taille, poil noir.
Michel Kervo de 30 ans, moyenne taille, poil noir.
Julien Bertaud, fils de Silveſtre, de 22 ans, moyenne taille, poil chaſtain.

Frairie d'Avaly en Saint Nazaire.

GUillaume Bonneau de 44 ans, petite taille, poil chastain.
Hervé Friart de 24 ans, grande taille, poil chastain.
Jean Bouget de 18 ans, petite taille, poil noir.
Pierre Couronné, fils de Philippes, de 27 ans, moyenne taille, poil noir.

Frairie de Gavy en Saint Nazaire.

GUillaume Bernard, fils de Jean, de 22 ans, grande taille, poil noir.
Pierre Birgan de 40 ans, grande taille, poil chastain.
Vincent Birgan de 22 ans, grande taille, poil noir.

Frairie de la Vielville.

ANdré Fegrin de 35 ans, moyenne taille, poil noir.
Jean Kechot de 44 ans, grande taille, poil gris.
Michel Saudron Charpentier, de 40 ans, moyenne taille, poil noir.
Philippes Bernard de 38 ans, grande taille, poil blond.
René Joly de 29 ans, grande taille, poil chastain,

Frairie d'Hilac.

NEant.

Frairie de Kerbiquet.

HErvé Mahé de 20 ans, moyenne taille, poil noir.
Nicolas Geoffray de 26 ans, moyenne taille, poil noir.
Maurice Mahé de 35 ans, grande taille, poil noir.
Fin du Territoire de Guerande.

PAROISSE DU MONTOIR.

CHarles Fardel, Charpentier, de 45 ans, grande taille, poil chastain.
Jean Josseau de 30 ans, moyenne taille, poil noir.

Isle de Guersac.

BErtrand Mousset, fils de Philippes, de 20 ans, petite taille, poil noir.
Bertrand Fouré de 30 ans, moyenne taille, poil noir.
Charles Joüaud de 40 ans, petite taille, poil noir.
Artus Chaconneau, Canonier, de 40 ans, moyenne taille, poil noir.
Charles Dervé de 38 ans, grande taille, poil chastain.
Denis du Pin, fils de Luc, de 22 ans, moyenne taille, poil noir.
Michel Thomas de 28 ans, grande taille, poil noir.
Pierre Gillet de 45 ans, grande taille, poil gris.
Estienne Becart, Canonier, de 50 ans, grande taille, poil gris.
Estienne Becart, fils de Pierre, de 18 ans, petite taille, poil noir.
Guillaume André de 45 ans, petite taille, poil noir.
Jacques du Val de 25 ans, moyenne taille, poil roux.
Julien Deniau de 27 ans, petite taille, poil noir.
Jean Boussinot de 36 ans, petite taille, poil noir.
Michel Joüaud, le jeune, de 35 ans, grande taille, poil chastain.
Michel Thomas de 30 ans, moyenne taille, poil noir.

René

Deuxiéme Classe.

René Richard, fils de René, de 20 ans, moyenne taille, poil chastain.
Simon Vince de 29 ans, moyenne taille, poil noir.
Thomas Algard de 40 ans, moyenne taille, poil noir.

Isle du Clos, & de Loncé.

PHilippes Pincette de 25 ans, grande taille, poil noir.
Julien Philippes de 22 ans, moyenne taille, poil noir.
Jacques Mesnil, fils de Gilles, de 23 ans, grande taille, poil blond.

Isle de Gron.

CRistophe Eland de 35 ans, moyenne taille, poil noir.
François Fouré, fils de Guillaume, de 35 ans, petite taille, poil noir.
Jean Rotou de 25 ans, petite taille, poil noir.
Jean Deniau de 28 ans, petite taille, poil noir.
Ollivier Eland de 45 ans, petite taille, poil gris.
Pierre Rotou Cotichon de 44 ans, moyenne taille, poil noir.
Pierre du Pin de 35 ans, moyenne taille, poil noir.

Isle de Mean.

EStienne Biliau de 27 ans, petite taille, poil noir.
François Deniau de 35 ans, moyenne taille, poil noir.
Guillaume Deniau de 36 ans, moyenne taille, poil noir.
Jean Moyon, fils de Jean, de 44 ans, grande taille, poil gris.
Julien Morais, Canonier, de 35 ans, moyenne taille, poil gris.
Ollivier Rotou de 38 ans, moyenne taille, poil noir.
Pierre Gillet de 22 ans, moyenne taille, poil noir.
Pierre Thomas, fils de Guillaume, de 18 ans, moyenne taille, poil noir.
René Couronné, fils de Philippes, de 34 ans, moyenne taille, poil noir.
Macé Laudes de 40 ans, moyenne taille, poil chastain.
Jean Roüaud, dit Freno, de 25 ans, moyenne taille, poil brun.
Jean le Munier de 40 ans, grande taille, poil noir.
Pierre Macé de 24 ans, grande taille, poil chastain.

Isles de Bert, d'Aine, & d'Aucart.

BErtrand Macé de 34 ans, grande taille, poil noir.
Julien Bernic de 35 ans, moyenne taille, poil noir.
Jean Biquot de 25 ans, grande taille, poil chastain.
Pierre Deniau de 35 ans, grande taille, poil blond.

Isle de Trignac.

DEnis Moyon, fils de Guillaume, de 30 ans, moyenne taille, poil noir.
Maury Thomas de 28 ans, grande taille, poil chastain.
Nicolas Bécart de 40 ans, grande taille, poil noir.
Pierre Thomas, fils de Guillaume, de 32 ans, moyenne taille, poil noir.

Paroisse de Cordemés.

NEant.

Paroisse de Donge, Frairie de Cazac.

GUy Macé de 30 ans, grande taille, poil noir.
Bonnaventure Durand, de S. Martin, de 27 ans, m. taille, poil noir.
Calixte le Roy de 35 ans, moyenne taille, poil noir.

Paroisse de Couéron.

NEant.

Port-Launay.

NEant.

Paroisse de Savenay, Frairie de Boüé.

NEant.

Paroisse de Launay.

NEant.

Indres.

PIerre Coutau de 20 ans, grande taille, poil chastain.
Pierre Mornais de 26 ans, grande taille, poil chastain.

TROISIEME CLASSE,

dont le service commencera au premier Avril 1672.
& finira au dernier Mars 1673.

COSTE DE GUERANDE.

Larmor, Paroisse d'Asserac.

JEan Pinart fils de Guillaume, de 35 ans, petite taille, poil blond.
Guillaume Bernier de 32 ans, moyenne taille, poil blond.
Pierre Mahé de 30 ans, moyenne taille, poil noir.

Mesker.

CLaude Vince, fils d'Yves, de Kuarin, de 22 ans, m. taille, p. chastain.
François le Calvé, de Kandel, de 30 ans, grande taille, poil roux.
François l'Allemand, de Kaut, de 26 ans, grande taille, poil noir.
Gregoire le Guef, fils de François, de Quimac, de 24 ans, m. taille, p. noir.
Julien Morinton, fils de Guillaume, de Kguistel, de 45 ans, p. taille, p. gris.
Lucas Quiriaud, de la Périére, de 22 ans, moyenne taille, poil chastain.
Michel Guehenevec de 20 ans, petite taille, poil chastain.
Nicolas Josseau, fils de Pierre, de Kcabelec, de 26 ans, g. taille, p. chastain.
Pierre le Guerver, fils de Jean, de Kevelan, de 22 ans, m. taille, p. chastain.

Pierre Josseau, frere de Noël, de Kcabelec, de 22 ans, petite taille, poil cha.
Pierre Castel, fils de Pierre, de Kevelan, de 22 ans, m. taille, poil chastain.
Yves Crosson, fils de Guillaume, de Quervoisin, de 40 ans, m. taille, p. chast.
Yves Garineau, de Kguistel, de 22 ans, grande taille, poil chastain.
Julien Morenton, fils de Jean, de Kcabelec, de 24 ans, m. taille, poil noir.

Saint Molf.

NEant.

Piriac.

ALain Guezou de 23 ans, moyenne taille, poil chastain.
Denis Serzeau de 25 ans, moyenne taille, poil noir.
François Lohan de 25 ans, moyenne taille, poil noir.
Guillaume Emery, fils d'Yves, de 28 ans, moyenne taille, poil noir.
Guy Tanguy de 35 ans, moyenne taille, poil noir.
Jean Guillou de 32 ans, petite taille, poil blond.
Jacob Jean, frere de Jacques, de 20 ans, moyenne taille, poil noir.
Jacob Harscoüet, frere de Pierre, de 28 ans, grande taille, poil brun.
Jean Guezou, fils de Jacques, de 35 ans, grande taille, poil noir.
Jean Chedotal, dit Pinquiair, de 35 ans, petite taille, poil noir.
Jacques Rochefort de 26 ans, grande taille, poil blond.
Mathieu Rohan de 45 ans, petite taille, poil brun.
Nicolas le Beau, fils de Denis, de 24 ans, petite taille, poil noir.
Pierre Morvand, fils d'Yves, de 20 ans, moyenne taille, poil chastain.
Pierre Jean, fils de Claude, de 22 ans, grande taille, poil noir.
Pierre le Roux de 30 ans, moyenne taille, poil chastain.
Pierre Harscoüet de 35 ans, grande taille, poil brun.
Pierre le Prevost, fils de Nicolas, de 35 ans, moyenne taille, poil brun.
Pierre le Fournier, fils de Jacques, de 27 ans, grande taille, poil noir.
René Pean de 23 ans, moyenne taille, poil noir.
Raoul Leguen de 18 ans, moyenne taille, poil noir.
Le fils de Thomas Emery de 22 ans, petite taille, poil brun.
Thomas Geoffray de 48 ans, grande taille, poil noir.
Yvon Alexandre de 16 ans, grande taille, poil chastain.
Yvon Jean de 30 ans, moyenne taille, poil brun.
Yves Froger de 35 ans, grande taille, poil chastain.
Yves le Gaf de 48 ans, petite taille, poil gris.
Thomas le Trehour, fils de Pierre, de 20 ans, moyenne taille, poil brun.

Escoublac.

GUillaume Saudren de 25 ans, moyenne taille, poil chastain.
Jean Gorge de 20 ans, moyenne taille, poil chastain.
Nicolas Pierre de 20 ans, moyenne taille, poil chastain.

GVERANDE.

FRançois le Turcantin de Trescalen, de 20 ans, petite taille, poil noir.
Guillaume le Poitevin de 46 ans, moyenne taille, poil gris.
Jean Gueheneuc, fils de Jean, de 28 ans, petite taille, poil noir.
Jacques Legal de 34 ans, grande taille, poil noir.
Jean le Turcantin de 20 ans, moyenne taille, poil chastain.
Jean Joffrezo de 45 ans, grande taille, poil noir.

Loüis Lallemand, fils de Louïs, de S. Sebaſtien, de 22 ans, gr. taille, p. noir.
Pierre Turcantin, fils de Jean, de 28 ans, grande taille, poil chaſtain.
Pierre Hoüy, fils de Denis, de 35 ans, moyenne taille, poil noir.
Pierre Guenezan de la Turballe, de 44 ans, moyenne taille, poil gris.
Raoul le Guidou de 24 ans, moyenne taille, poil chaſtain.
René Hoüy de Treſcalen, de 40 ans, petite taille, poil roux.
Yves Geffray, fils de Raoul, de 23 ans, moyenne taille, poil chaſtain.
Laurent le Roux de Saillé de 30 ans, grande taille, poil noir.
Simon Bourgeois de 33 ans, moyenne taille, poil chaſtain.

Iſle du Croiſic.

ANtoine Poter, fils de Jean, dit la Fortune, de 22 ans, m. taille, poil noir.
Claude Parent, Charpentier, de 42 ans, grande taille, poil brun.
Denis Chapelain, Charpentier, de 40 ans, grande taille, poil blond.
Eſtienne Aüger de 35 ans, grande taille, poil noir.
François Legal, dit Coüecouron, de 22 ans, moyenne taille, poil chaſtain.
François le Prince, frere du Galaiſi, de 27 ans, petite taille, poil chaſtain.
Geaffray Mahinet, fils de Jean, de 23 ans, petite taille, poil noir.
Guillaume le Calvé de 45 ans, moyenne taille, poil noir.
Guillaume Marſic de 32 ans, petite taille, poil noir.
Guillaume Girard de 35 ans, grande taille, poil noir.
Guillaume Leſcornen, dit Manelle, de 36 ans, grande taille, poil brun.
Guillaume l'Epinet de 35 ans, grande taille, poil brun.
Jean le Borgne de 38 ans, moyenne taille, poil chaſtain.
Jean Lagadec, fils de Hervé, dit Dolonne, de 35 ans, m. taille, p. chaſtain.
Jean Martin de 40 ans, grande taille, poil chaſtain.
Donatien Bujaud fils de Jean, de 20 ans, moyenne taille, poil chaſtain.
Jean Garnier de 36 ans, moyenne taille, poil blond.
Jacques Hervé de 36 ans, grande taille, poil noir.
Jean Denié, Gendre de Pierre le Beau, de 35 ans, moyenne taille, poil noir.
Jean Tallort, fils de Silveſtre, de 23 ans, petite taille, poil noir.
Jean Boyer de 30 ans, grande taille, poil noir.
Jean Bernard le Jeune de 32 ans, grande taille, poil noir.
Jean Haſpot le Jeune, de 36 ans, grande taille, poil noir.
Jean Outin de 32 ans, petite taille, poil noir.
Jacques Thebaut de 24 ans, grande taille, poil brun.
Jacques Biron de 32 ans, moyenne taille, poil noir.
Pierre Liron de 30 ans, moyenne taille, poil blond.
Jean le Gairre de 30 ans, moyenne taille, poil noir.
Jean Guitart, fils de Clement, de 30 ans, moyenne taille, poil noir.
Jean Barillon l'aiſné de 38 ans, moyenne taille, poil chaſtain.
Julien Guervel de 38 ans, moyenne taille, poil roux.
Joſeph le Texier de 22 ans, moyenne taille, poil chaſtain.
Jean le Bezou de 25 ans, grande taille, poil chaſtain.
Jacques Raimond de 35 ans, grande taille, poil chaſtain.
Jean Charnier de 36 ans, moyenne taille, poil noir.
Jacques Bertaud, fils de Denis, de 20 ans, petite taille, poil roux.
Jean Queravé, fils de Charles, de 25 ans, petite taille, poil noir.
Jean Joſſeau, fils du Meſqueran, de 18 ans, petite taille, poil blond.
Loüis Bernard de 36 ans, moyenne taille, poil roux.
François le Coüaillon, fils de Lajegatte, de 19 ans, moyenne taille, poil noir.
Laurent Boulé de 36 ans, moyenne taille, poil chaſtain.
Marc Bigeon de 22 ans, grande taille, poil chaſtain.
Mathieu le Roux, fils de Michel Vazier, de 25 ans, moyenne taille, poil brun.
Michel

Michel Launay, fils de Jean, de 22 ans, moyenne taille, poil chastain.
Maudé Alençon de 30 ans, moyenne taille, poil roux.
Marc Rotou, fils de Pierre, de 28 ans, moyenne taille, poil noir.
Nicolas Tilly, frere d'Ollivier, de 28 ans, moyenne taille, poil brun
Ollivier Belinger, frere de René, de 22 ans, grande taille, poil chastain.
Pierre Pouliot de 42 ans, grande taille, poil chastain.
Pierre Bernard, gendre de la petite Louïse, de 25 ans, moyenne taille, p. noir.
Laurent le Grand de 20 ans, moyenne taille, poil noir.
Pierre Cavaro, dit Guerguoüet le pere, de 50 ans, moyenne taille, poil gris.
Pierre Barthelemy de 28 ans, moyenne taille, poil noir.
Pierre du Bois, fils de Marie Avant, de 30 ans, grande taille, poil chastain.
Philippes Laurent, fils de Philippes, de 27 ans, grande taille, poil chastain.
Pierre Goustan, mary Daliette, de 36 ans, grande taille, poil noir.
Pierre Giroër de 28 ans, petite taille, poil roux.
Philippes Roscorio, dit Grélie, de 36 ans, petite taille, poil noir.
Pierre le Pied de 37 ans, moyenne taille, poil noir.
Jean Béliot, fils du petit Pierre, de 24 ans, moyenne taille, poil noir.
Pierre Boulé de 42 ans, petite taille, poil chastain.
Pierre l'Urit, mary de la fille du Poulain, de 28 ans, grande taille, poil noir.
René Bélinger de 28 ans, grande taille, poil roux.
René Martineau, frere d'Ollivier, de 24 ans, moyenne taille, poil brun.
René Jumelle de 24 ans, moyenne taille, poil brun.
Vincent Joüin de 24 ans, moyenne taille, poil noir.
Zacharie Emery de 32 ans, petite taille, poil noir.

Le Pouliguen en la même Isle du Croisic.

JEan le Faucheur de 26 ans, moyenne taille, poil chastain.
Jean Clement, fils de Mathieu, de 30 ans, grande taille, poil noir.
Jacques Rielle de 47 ans, moyenne taille, poil gris.
Julien le Mare de 28 ans, grande taille, poil noir.
Jean le Penec de 28 ans, moyenne taille, poil chastain.
Julien Nerac, fils de Guillaume, de 23 ans, petite taille, poil noir.
Jacques le Nancou, l'aîné d'Ollivier Bertaud, de 42 ans, m. taille, poil chastain.
Pierre le Lan de 40 ans, moyenne taille, poil chastain.
Pierre le Devin de 49 ans, grande taille, poil gris.
Pierre le Heudé, dit Failly bonnet, de 40 ans, moyenne taille, poil chastain.
Pierre Jagu de 30 ans, grande taille, poil blond.
Pierre Cavaro de 50 ans, grande taille, poil gris.
Roland Bonneau de 50 ans, grande taille, poil gris.
Yves le Fauhé, frere de Jean, de 42 ans, petite taille, poil noir.

Sainct Nazaire.

ANdré Bonneau de 30 ans, grande taille, poil noir.
Claude Gaynart de 45 ans, moyenne taille, poil noir.
François Simon de 50 ans, grande taille, poil noir.
Guillaume Vincent de 32 ans, grande taille, poil noir.
Jean Guillochet de 45 ans, grande taille, poil gris.
Jacques Piédalo de 40 ans, grande taille, poil noir.
Julien Moyon, dit la Sansive, de 35 ans, grande taille, poil noir.
Jean Belot de 35 ans, moyenne taille, poil chastain.
Julien Roüaud de 40 ans, moyenne taille, poil noir.
Jean André de 27 ans, grande taille, poil noir.
Louïs Boyer de 35 ans, grande taille, poil chastain.

Nicolas Vincent de 25 ans, petite taille, poil noir.
Pierre Bonneau, fils de Philippes, de 34 ans, grande taille, poil noir.
Pierre Cadre de 35 ans, moyenne taille, poil noir.
Samuel Sellé de 35 ans, moyenne taille, poil noir.
Yves Ruelle de 35 ans, moyenne taille, poil chastain.
Marc Boursier, mary de la Denié, de 25 ans, moyenne taille, poil noir.

Frairie de Pornichet en Saint Nazaire.

CLaude Tartoué de 37 ans, moyenne taille, poil noir.
Denis Morais de 40 ans, moyenne taille, poil noir.
Pierre Forgaze de 40 ans, petite taille, poil noir.
Yvon Liron, fils de Julien, de 25 ans, moyenne taille, poil roux.
François Alvart, de S. Philbert, de 35 ans, moyenne taille, poil noir.
Philippes Clement, fils de Philippes, de 19 ans, moyenne taille, p. chastain.

Frairie d'Avaly en Saint Nazaire.

CHarles Couronné, frere de François, de 25 ans, petite taille, poil blond.
François Piédargent, fils d'Estienne, de 18 ans, m. taille, poil noir.
Jean Roüaud de 30 ans, moyenne taille, poil noir.
Pierre Alençon, frere de François, de 19 ans, moyenne taille, poil noir.
Vincent Bourse de 22 ans, moyenne taille, poil blond.

Frairie de Gavy en Saint Nazaire.

FRançois Piédalo de 20 ans, moyenne taille, poil noir.
Jean Aubain, fils de Pierre, de 19 ans, moyenne taille, poil chastain.
Mathurin Sambron de 40 ans, petite taille, poil noir.

Frairie de la Vielville.

ANdré Laurent, fils d'Ollivier, de 20 ans, petite taille, poil blond.
Jacques Beliot de 44 ans, grande taille, poil chastain.
Pierre André, fils de Guillaume, de 24 ans, grande taille, poil noir.
Vincent Ramet, fils de Nicolas, de 20 ans, petite taille, poil blond.
André Bernard, de S. Guedas, de 35 ans, moyenne taille, poil gris.

Frairie de Kerbiquet en Saint Nazaire.

FRançois Biagan de 45 ans, grande taille, poil noir.
Jacques Goismat de 29 ans, grande taille, poil noir.
Loüis Hervaux, fils de Michel, de 26 ans, grande taille, poil noir.
Philippes Roussel, de 40 ans, Charpentier, grande taille, poil noir.
Pierre Bernard de 39 ans, moyenne taille, poil noir.
Yves Liron de 25 ans, moyenne taille, poil noir.

Fin du Territoire de Guerande.

PAROISSE DU MONTOIR.

FRançois Bouvier de 32 ans, grande taille, poil noir.
Jean Barbier, dit Tire luy du bon, de 27 ans, grande taille, poil noir.

Iſle de Loncé, & Iſle du Clos.

AThanaſe Alegaud, fils de Guillaume, de 25 ans, grande taille, p. blond.
Julien le Rais de 30 ans, petite taille, poil noir.
Vincent Rotou de 40 ans, grande taille, poil gris.
Julien Irvaud, Canonier, de 50 ans, petite taille, poil gris.
Pierre Moyon, fils de Simon, de 23 ans, grande taille, poil chaſtain.

Iſle de Guerſac.

CHarles Joüaud de 38 ans, moyenne taille, poil noir.
Eſtienne Duloc de 45 ans, petite taille, poil gris.
Jean Charon de 40 ans, grande taille, poil roux.
François Aunard de 24 ans, moyenne taille, poil noir.
Noël Philippes de 20 ans, moyenne taille, poil chaſtain.
Gilles Philippes de 32 ans, moyenne taille, poil noir.
François Deniau, fils de Thomas, de 25 ans, moyenne taille, poil noir.
Guillaume Aubain de 16 ans, moyenne taille, poil chaſtain.
Guillaume le Preſtre de 21 an, grande taille, poil chaſtain.
Julien Dervé, frere de Jean, de 22 ans, grande taille, poil noir.
Jean Dervé de 40 ans, grande taille, poil chaſtain.
Jean Vince, fils de Denis, de 24 ans, petite taille, poil noir.
Jean Joüaud de 36 ans, moyenne taille, poil noir.
Julien Vince de 24 ans, moyenne taille, poil blond.
Jean Chauvreau de 32 ans, moyenne taille, poil noir.
Macé Nicolas de 25 ans, grande taille, poil blond.
Michel André de 25 ans, moyenne taille, poil noir.
Pierre Fouré de 28 ans, grande taille, poil blond.
Simon Moyon de 26 ans, moyenne taille, poil noir.

Iſle de Gron.

JUlien Rotou de 28 ans, petite taille, poil noir.
Jean Boſſinot de 40 ans, petite taille, poil noir.
Ollivier Macé de 22 ans, grande taille, poil roux.
Jacques Noury, fils de Jacques, de 23 ans, moyenne taille, poil noir.
Pierre Broſſeau de 30 ans, moyenne taille, poil noir.
Pierre Fouré de 25 ans, grande taille, poil noir.
Pierre Jamet de 18 ans, moyenne taille, poil chaſtain.
Pierre le Barbier de 30 ans, grande taille, poil chaſtain.
Raoul Dupin de 27 ans, moyenne taille, poil noir.

Iſle de Mean.

CLaude Mahier de 36 ans, moyenne taille, poil blond.
Chriſtophe Harlequin, fils de Noël, de 24 ans, m. taille, poil noir.
David Bernard de 35 ans, moyenne taille, poil noir.
François Jamet de 30 ans, grande taille, poil noir.
Gilles Gillet de 42 ans, moyenne taille, poil noir.
Hervé Denié de 36 ans, moyenne taille, poil noir.
Julien Nerac de 25 ans, petite taille, poil noir.
Jean Tartoüé de 40 ans, petite taille, poil chaſtain.
Jean Bian, fils de Pierre, de 50 ans, grande taille, poil gris.
Jean Bécart Charpentier, fils de Jean, de 35 ans, moyenne taille, p. noir.

Julien Thomas de 40 ans, moyenne taille, poil noir.
Macé Durand de 26 ans, petite taille, poil blond.
Nicolas Bécart, dit Maltraitté, de 36 ans, grande taille, poil noir.
Pierre Durand de 40 ans, petite taille, poil blond.
Pierre Mahé de 23 ans, petite taille, poil noir.
René Roüaud de 38 ans, moyenne taille, poil chaftain.
Thomas Macé de 27 ans, moyenne taille, poil blond.

Ifle de Bert, d'Aine, & d'Aucart.

ANdré l'Aîné de 28 ans, grande taille, poil noir.
Maury Gauvin de 26 ans, grande taille, poil blond.
Noël Deniau de 37 ans, petite taille, poil noir.
Jean Deniau de 22 ans, moyenne taille, poil chaftain.

Ifle de Trignac.

ANdré le Bourre de 30 ans, grande taille, poil noir.
Denis Oliveau, fils d'Ollivier, de 40 ans, grande taille, poil noir.
Eftienne Bécart de 50 ans, moyenne taille, poil blond.
Denis Laurent de 31 an, grande taille, poil noir.
Ifaac Hervaux de 38 ans, moyenne taille, poil noir.

Paroiffe de Cordemés.

NEant.

Paroiffe de Donge, Frairie de Caʒac.

GIlles Juliot de 32 ans, moyenne taille, poil noir.
Jacques Denis de 45 ans, petite taille, poil chaftain.
Pierre Chauvreau de 20 ans, grande taille, poil noir.
Marc Julliot de 30 ans, moyenne taille, poil noir.

Paroiffe de Coüéron.

NEant.

Port-Launay.

NEant.

Paroiffe de Savenay, Frairie de Boüé.

NEant.

Lavaux.

GUillaume Bazoüen de 24 ans, moyenne taille, poil chaftain.
Nicolas le Duc de 27 ans, moyenne taille, poil blond.

Indres.

GUillaume Poirfon de 17 ans, moyenne taille, poil chaftain.
Geffray Briant de 18 ans, moyenne taille, poil chaftain.
François Oemat de 32 ans, petite taille, poil noir.

❊

QUATRIE'ME

QUATRIEME CLASSE,

dont le service commencera au premier Avril 1673.
& finira au dernier Mars 1674.

COSTE DE GUERANDE.

ASSERAC.

NEant.

Mesker.

FRançois Pasquier de Kacabelec, de 24 ans, grande taille, poil blond.
Jean le Normand, fils de Noël, de 16 ans, moyenne taille, poil chastain.
Jean Morenton, fils de Jean, de Kacabelec, de 18 ans, grande taille, p. chastain.
Jean Fouquet de Quiniac, de 25 ans, grande taille, poil chastain.
Julien Bertaud, fils de Julien, de Kacabelec, de 22 ans, petite taille, poil cha.
Jean Bertaud, fils de la veuve, de 19 ans, petite taille, poil chastain.
Martin Solland de Cauzillon, de 22 ans, grande taille, poil chastain.
Nicolas Guillemot de 22 ans, moyenne taille, poil blond.
François David de Quiniac de 26 ans, grande taille, poil blond.
François Fouquet de 18 ans, grande taille, poil noir.
Guillaume Tronçon, fils de Jean, de Kuarin, de 16 ans, m. taille, poil chastain.
Guillaume Vince de 18 ans, moyenne taille, poil blond.
Jean le Guef, frere de Gregoire, de 20 ans, moyenne taille, poil chastain.
Jean Tatevin, de Kuarin, de 32 ans, moyenne taille, poil noir.
Jean Rotou, de Mesker, de 37 ans, moyenne taille, poil noir.
François le Guef de 28 ans, grande taille, poil noir.
Jean Hervel, fils de la veuve le Corre, de 24 ans, grande taille, poil chastain.
Jean le Guerver, fils de Guillaume, de 24 ans, moyenne taille, poil chastain.
René Jean, frere de Louïs, de 19 ans, grande taille, poil blond.
Louïs Roul des Gauches, de 18 ans, petite taille, poil noir.

Saint Molf.

PIerre Simon le jeune, de 26 ans, moyenne taille, poil chastain.
Gregoire le Roux, de Kruelle, de 22 ans, grande taille, poil brun.
Alain Guernapin de 16 ans, grande taille, poil noir.

Piriac.

FRançois Loyer, fils de François de S. Sebastien, de 16 ans, p. t. poil noir.
Georges Jobieux, fils de Guillaume, de 17 ans, m. taille, poil chastain
Jean le Fournier, fils de Jacques, de 18 ans, grande taille, poil chastain.
Noël Jean de 40 ans, moyenne taille, poil noir.
Jean le Fournier, dit Malenfant, de 33 ans, petite taille, poil noir.
Guillaume le Floc, fils de Jean, de 30 ans, moyenne taille, poil noir.
Jacques David, fils de Jean, de 22 ans, moyenne taille, poil noir.
Jean Quezo, frere d'Yves, de 25 ans, moyenne taille, poil noir.

F

Mathieu le Bian de 32 ans, moyenne taille, poil chaſtain.
Pierre Rondic, fils d'Alain, de 26 ans, moyenne taille, poil noir.
Alain Aumont de 27 ans, grande taille, poil noir.
François le Coüaillon, fils de François, de 35 ans, grande taille, poil noir.
Guy Lohan, fils de François, de 22 ans, grande taille, poil noir.
Jean Colino, fils de Jean, de 24 ans, moyenne taille, poil chaſtain.
Jean Loyer, fils de François Demarec, de 19 ans, petite taille, poil chaſtain.
Le fils de Paul Baulec, de 22 ans, moyenne taille, poil noir.
Jacques Pean de 26 ans, grande taille, poil brun.

GUERANDE.

JEan le Ktier, fils de Jean, de 40 ans, moyenne taille, poil noir.
Jean Garino, fils de Jean, de 24 ans, moyenne taille, poil chaſtain.
Jean Emery, fils de Guillaume, de 20 ans, moyenne taille, poil chaſtain.
Jean Boüillant, de 24 ans, grande taille, poil brun.
Michel Louïs de Treſcalen, de 30 ans, grande taille, poil noir.
Guillaume Pean de 27 ans, moyenne taille, poil chaſtain.
Nicolas Brevaux fils, de 18 ans, moyenne taille, poil chaſtain.
Jean le Poitevin, frere de Nicolas, de 25 ans, grande taille, poil noir.
Jean le Gueneç, fils de Jean, de 25 ans, moyenne taille, poil noir.
Pierre Tomére de 20 ans, grande taille, poil noir.
Charles Richard, de Careil, de 20 ans, petite taille, poil chaſtain.
Guillaume Louïs, de Treſcalen, de 44 ans, moyenne taille, poil gris.
Jean Tomaire, fils d'Eſtienne, de 20 ans, grande taille, poil noir.

Iſle du Croiſic.

ANdré Morice de 40 ans, moyenne taille, poil noir.
Claude Vincent de 28 ans, grande taille, poil chaſtain.
Charles Briſtaud, fils de Jean Rochedrut, de 18 ans, moyenne taille, poil noir.
François le Roy de 18 ans, moyenne taille, poil blond.
Guillaume Frapet de 19 ans, moyenne taille, poil chaſtain.
Guillaume Denié, fils de François, Calfateur, de 23 ans, m. taille, poil cha.
Guillaume le Calvé, fils de la Gaſquette, de 20 ans, grande taille, poil blond.
Guillaume Brumeau de 36 ans, grande taille, poil brun.
Guillaume Tillou, fils de Macé, de 30 ans, petite taille, poil noir.
Hervé le Prince, fils de François, de 19 ans, moyenne taille, poil noir.
Jacques Rougeon de 24 ans, petite taille, poil noir.
Jacques Poter de 26 ans, grande taille, poil chaſtain.
Jean le Gal, fils de Nicolas, de 25 ans, grande taille, poil chaſtain.
Jean Poireau de 40 ans, moyenne taille, poil gris.
Jacques Martineau, fils de Guion de 35 ans, grande taille, poil noir.
Jean Liron, fils de Julien, de 38 ans, grande taille, poil blond.
Jean Fervel, fils de Jacques le Sourdaut, de 20 ans, moyenne taille, poil noir.
Maudé Thebaut, fils de Jeanne Legal, de 23 ans, moyenne taille, poil blond.
Mahé Cocquart de 25 ans, moyenne taille, poil chaſtain.
Michel Tanguy, fils de Michel, de 17 ans, petite taille, poilc haſtain.
Mathias Ollivier de 35 ans, petite taille, poil blond.
Nicolas Bobies de 22 ans, moyenne taille, poil blond.
Clement Croſſon de 27 ans, moyenne taille, poil noir.
François Legal gendre de la Remonde, de 35 ans, moyenne taille, poil noir.
Guillaume Julié, fils de la femme de Jobieux, de 18 ans, m. taille, poil noir.
Guy Mabinet de 36 ans, moyenne taille, poil roux.
Guillaume Laurent de 36 ans, moyenne taille, poil noir.

Guillaume Grand-Homme de 30 ans, grande taille, poil noir.
Guillaume le Coüaillon de 40 ans, grande taille, poil noir.
Guillaume Bujaud, dit Pertuy-noir, de 17 ans, grande taille, poil noir.
Hervé Lauré de 18 ans, moyenne taille, poil chaſtain.
Hervé le Clerc de 30 ans, moyenne taille, poil chaſtain.
Jean Lagaduc de 22 ans, grande taille, poil noir.
Jean Poter de 16 ans, moyenne taille, poil chaſtain.
Julien le Huedé, dit Coledan, de 30 ans, petite taille, poil noir.
Jean le Prince, fils du Galician, de 18 ans, petite taille, poil chaſtain.
Jean Mariac de 35 ans, petite taille, poil noir.
Julien Minis de 40 ans, moyenne taille, poil chaſtain.
Jean le Poitevin, fils de Jacques, de 20 ans, moyenne taille, poil chaſtain.
Jacques Rivaux de 35 ans, moyenne taille, poil blond.
Jean Liart de 35 ans, moyenne taille, poil blond.
Jean Villeveau, frere de Nicolas, de 23 ans, moyenne taille, poil chaſtain.
Jacques Fleury, dit Gaillant de 38 ans, grande taille, poil noir.
Jean Ollivier, dit Bourgdebas, de 36 ans, grande taille, poil noir.
Jean Goupillo, fils de Nicolas, de 18 ans, moyenne taille, poil chaſtain.
Jean Perinet de 18 ans, moyenne taille, poil chaſtain.
Louïs le Beau de 18 ans, moyenne taille, poil chaſtain.
Laurent Guerin de 18 ans, moyenne taille, poil noir.
Louïs Haſpot de 20 ans, grande taille, poil chaſtain.
André Méon, fils d'Yvon, de 17 ans, moyenne taille, poil chaſtain.
Laurent Iulienne de 25 ans, grande taille, poil blond.
Martin Pajot de 32 ans, moyenne taille, poil blond.
Mathurin Rohen de 28 ans, moyenne taille, poil blond.
Mathias Valeteau de 30 ans, moyenne taille, poil blond.
Balthazard Cuette de 36 ans, moyenne taille, poil blond.
Donatien Samüel, fils de Louïſe Gadoüille, de 23 ans, m. taille, p. chaſtain.
Denis Gareau, fils du Provençal, de 20 ans, moyenne taille, poil noir.
Eſtienne le Huedé de 28 ans, grande taille, poil brun.
François Leſcornen de 36 ans, grande taille, poil chaſtain.
Guillaume André de 20 ans, moyenne taille, poil chaſtain.
Guillaume Thomas, fils de Jeanne Legal, de 24 ans, m. taille, poil chaſtain.
Guillaume Potereau 18 ans, petite taille, poil brun.
Guillaume Tanguy de 36 ans, moyenne taille, poil noir.
Guillaume le Texier de 32 ans, moyenne taille, poil noir.
Guillaume le Berger de 36 ans, grande taille, poil chaſtain.
Hervé Lagadec, fils de Martin, de 25 ans, moyenne taille, poil blond.
Julien Roüaud de 28 ans, moyenne taille, poil chaſtain.
Jean Abel de 21 an, grande taille, poil chaſtain.
Jean Guyot, fils de Jean, de 22 ans, grande taille, poil noir.
Jean le Roy, Gendre de la Cadic, de 35 ans, moyenne taille, poil noir.
Jean Potereau de 32 ans, grande taille, poil chaſtain.
Jean Quinganes, frere de Jacques, de 40 ans, grande taille, poil chaſtain.
Julien Mahinet de 32 ans, moyenne taille, poil noir.
Jean David, fils de Denis, dit le Beaugarçon, de 22 ans, m. taille, poil noir.
Louïs Garnier de 38 ans, moyenne taille, poil roux.
Michel Bourdic de 27 ans, moyenne taille, poil noir.
Michel l'Epine de 36 ans, moyenne taille, poil blond.
Michel Hervé de 24 ans, moyenne taille, poil chaſtain.
Paſcal David de 24 ans, grande taille, poil chaſtain.
Pierre Legal de 36 ans, grande taille, poil noir.
Pierre Jumelle de 26 ans, moyenne taille, poil noir.
René David, fils de Denis, de 20 ans, petite taille, poil brun.

Le Pouliguen, en la même Isle du Croisic.

DEnis Silvestre de 40 ans, moyenne taille, poil chastain.
Hervé Chartier de 40 ans, moyenne taille, poil noir.
Jacques Bertaud de 30 ans, moyenne taille, poil blond.
Jean Perotin de 30 ans, moyenne taille, poil blond.
Jean Lesquet de 38 ans, grande taille, poil noir.
Laurent Durand, fils de Pierre, de 30 ans, petite taille, poil blond.
Nicolas Loiseau, fils de Suzanne André, de 22 ans, m. taille, poil brun.
Aubin l'Evêque de 21 an, moyenne taille, poil noir.
François Cavaro, fils de Guillaume, de 23 ans, moyenne taille, poil chastain.
Guillaume Aufret de 27 ans, moyenne taille, poil noir.
Guillaume le Corte de 35 ans, grande taille, poil chastain.
Guignolet Berthelon de 20 ans, moyenne taille, poil noir.
Jacques Tartoüé, fils de Jacques, de 20 ans, moyenne taille, poil noir.
Jean le Prince de 20 ans, moyenne taille, poil blond.
Hervé Clement, Charpentier, de 30 ans, grande taille, poil noir.
Julien Trimaux de 22 ans, petite taille, poil blond.
Jean le Bezou le jeune, de 35 ans, grande taille, poil noir.
Louïs Silvestre de 40 ans, grande taille, poil brun.
Mahé Legal de 40 ans, petite taille, poil noir.
Nicolas Legal de 40 ans, petite taille, poil noir.

Saint Nazaire.

CLaude André de 35 ans, grande taille, poil noir.
François Duranneau de 35 ans, moyenne taille, poil noir.
Jacques Beliot, fils de Charles, de 28 ans, grande taille, poil noir.
Jacques Bourse de 30 ans, moyenne taille, poil noir.
Jean Birgan de 35 ans, moyenne taille, poil noir.
Mathieu Béliot, fils de Jacques, de 26 ans, moyenne taille, poil noir.
Pierre Bécard, fils de Charles, de 26 ans, grande taille, poil noir.
Charles Roüaud, fils de Jean, de 24 ans, petite taille, poil chastain.
Charles Bernard de 17 ans, moyenne taille, poil chastain.
Charles Bernier de 18 ans, moyenne taille, poil noir.
Dominique François Provençal, de 25 ans, grande taille, poil chastain.
François Bernard de 45 ans, petite taille, poil gris.
François Guehenec de 25 ans, petite taille, poil chastain.
Jean Cadot, fils de Jean, de 18 ans, grande taille, poil chastain.
Jean Calvé de 20 ans, moyenne taille, poil chastain.
Julien Denié de 35 ans, grande taille, poil roux.
Jean Abel, fils de Louïs le Biscuitier, de 32 ans, moyenne taille, poil noir.
Denis Piédalo de 30 ans, grande taille, poil roux.
François Carhais de 26 ans, moyenne taille, poil noir.
Guillaume Alard de 38 ans, grande taille, poil noir.
Jacques Samson de 35 ans, grande taille, poil noir.

Pornichet, Paroisse de Saint Nazaire.

MAury Beauferre de 44 ans, moyenne taille, poil noir.
Pierre Geffray, fils de Guillaume, de 30 ans, grande taille, poil noir.
Jean Durand, fils de Jean, de 35 ans, grande taille, poil blond.
Jean Motais, Charpentier, de 30 ans, moyenne taille, poil chastain.

Frairie de la Vielville.

Pierre André, fils de Michel, de 17 ans, petite taille, poil chastain.
Jean Bonneau, gendre de Jean, de 28 ans, m. taille, poil noir.
David Deniau, Charpentier, de 40 ans, moyenne taille, poil blond.
François Jossin de 33 ans, moyenne taille, poil blond.

Frairie de S. Philbert en S. Nazaire.

Neant.

Frairie de Serac en Saint Nazaire.

Neant.

Frairie d'Avaly en Saint Nazaire.

Guillaume Friard de 21 an, moyenne taille, poil noir.
Pierre Bonneau de 30 ans, petite taille, poil noir.
François Alençon, fils de François, de 24 ans, moyenne taille, poil noir.
Jean Jumet de 27 ans, petite taille, poil noir.

Frairie de Henlix en Saint Nazaire.

Neant.

Frairie de Gavy en Saint Nazaire.

Guillaume Boulet, fils de Marc, de 20 ans, moyenne taille, poil noir.
Philippes Goïsncat, Charp. de S. Philbert, de 30 ans, gr. taille, p. noir.
Pierre Bernier, de Henlés, de 30 ans, moyenne taille, poil noir.

Frairie de Kerbiquet en Saint Nazaire.

Hervé Mahé, fils de Mahé, de 25 ans, moyenne taille, poil noir.
Jacques Joffray, frere de Pierre, de 28 ans, moyenne taille, poil noir.
Paul Richard, fils de Marie Meneteau, de 28 ans, moyenne taille, poil noir.
Fin du Territoire de Guerande.

PAROISSE DU MONTOIR.

Claude Vince de 22 ans, grande taille, poil noir.
Maurice Gauvin de 28 ans, grande taille, poil noir.
Guillaume Alerve, fils de Denis, de 20 ans, moyenne taille, poil chastain.
René Brosseau de 33 ans, moyenne taille, poil noir.

Isles du Clos, & de Loncé.

Marc le Roy de 32 ans, moyenne taille, poil noir.
René Chauve, dit le Merle, de 40 ans, moyenne taille, poil noir.
Hugues la Nisse de 35 ans, grande taille, poil blond.
Jean le Clerc, fils de Julien, de 30 ans, moyenne taille, poil noir.
Jean Olliveau de 24 ans, petite taille, poil blond.

Isle de Guersac.

Bertrand Beriner de 22 ans, moyenne taille, poil roux.
Denis du Pin de 34 ans, moyenne taille, poil noir.

Eſtienne Rotou de 35 ans, petite taille, poil noir.
Eſtienne Guichart de 36 ans, moyenne taille, poil blond.
René le Févre de 36 ans, grande taille, poil noir.
Bonnaventure André de 18 ans, moyenne taille, poil chaſtain.
Eſtienne Fouré de 44 ans, grande taille, poil blond.
François Richard de 30 ans, moyenne taille, poil chaſtain.
Gilles le Preſtre de 28 ans, petite taille, poil chaſtain.
Jean Outin de la Graverie de 35 ans, moyenne taille, poil chaſtain.
Jean du Val le jeûne de 35 ans, petite taille, poil noir.
Simon Nicolas de 28 ans, moyenne taille, poil chaſtain.
Charles André de 30 ans, moyenne taille, poil chaſtain.
Eſtienne Rotou de 32 ans, grande taille, poil chaſtain.
Julien Rotou, Charpentier, de 28 ans, grande taille, poil noir.
Nicolas Thomas, fils de Michel, de 24 ans, moyenne taille, poil noir.
Luc Charon de 24 ans, moyenne taille, poil chaſtain.
Touſſaint André de 16 ans, petite taille, poil chaſtain.

Iſle de Gron.

SImon Rotou, frere de Pierre, petite taille, poil chaſtain.
Eſtienne Samſon de 45 ans, moyenne taille, poil chaſtain.
Jean Macé, fils d'Eſtienne, de 30 ans, grande taille, poil chaſtain.
Julien Outin de 20 ans, grande taille, poil noir.
Ollivier Roüaud de 35 ans, grande taille, poil chaſtain.
François du Pin de 30 ans, grande taille, poil noir.
Pierre Guillebeau de 17 ans, petite taille, poil noir.
Nicolas Dervé de 18 ans, petite taille, poil chaſtain.

Iſle de Mean.

EStienne Broſſeau de 26 ans, grande taille, poil blond.
Jean Bian, fils de Jean, de 24 ans, grande taille, poil blond.
Pierre Moyon de 23 ans, petite taille, poil noir.
René Durand de 40 ans, petite taille, poil noir.
Jean Pommier, fils de David, de 16 ans, petite taille, poil chaſtain.
Jean Moyon le Sergé de 40 ans, grande taille, poil blond.
Pierre Macé de 24 ans, grande taille, poil chaſtain.
René le Gaud, dit Fatigue, de 38 ans, moyenne taille, poil blond.
Hervé Haraux de 26 ans, grande taille, poil noir.
Jean Deniau, fils de Loüis, de 20 ans, petite taille, poil noir.
Julien Bécart, fils de Philippes, de 17 ans, petite taille, poil noir.
Thomas Deniau de 23 ans, petite taille, poil noir.

Iſles de Bert, & d'Aucart.

GUillaume Noury de 28 ans, moyenne taille, poil chaſtain.
Philippes Paumier de 22 ans, petite taille, poil noir.
Jean Nicoles de 30 ans, grande taille, poil noir.
Eſtienne Macé de 30 ans, grande taille, poil noir.

Iſle de Trignac.

PIerre Eland de 40 ans, grande taille, poil noir.
Mathias Molé de 35 ans, grande taille, poil noir.
Bertrand Chaillou de 20 ans, petite taille, poil noir.

Bertrand Guichard, fils de Bertrand, de 18 ans, petite taille, poil noir.
Denis Outin de 32 ans, petite taille, poil noir.

Paroiſſe de Donges, Frairie de Cazac.

François le Rais, fils de Iacques, de 32 ans, moyenne taille, poil noir.
Guillaume Droüet de 23 ans, moyenne taille, poil chaſtain.
François Broſſeau de la Graverie, de 45 ans, moyenne taille, poil noir.

Paroiſſe de Cordemés.

Lucas David, fils de Julien, de 17 ans, petite taille, poil roux.
Guillaume Chemines de 23 ans, grande taille, poil chaſtain.
Julien l'Eſcuyer de 23 ans, moyenne taille, poil chaſtain.

CINQUIEME CLASSE,

dont le ſervice commencera au premier Avril 1674.
& finira au dernier Mars 1675.

COSTE DE GUERANDE.

ASSERAC.

Neant.

Mesker.

Guillaume Mouſſet le jeune, de Quiniac, de 24 ans, petite taille, p. cha.
Jean le Guef le jeune de 42 ans, grande taille, poil noir.
Julien le Calvé de 34 ans, moyenne taille, poil noir.
Jean Bertaud, fils de Pierre, de 40 ans, moyenne raille, poil roux.
Michel Fouquet, de Kviſion, de 46 ans, petite taille, poil gris.
Pierre Bertaud, dit Roüart, de Kuarin, de 29 ans, m. taille, poil chaſtain.
François Haſpot, de Kuarin, de 28 ans, moyenne taille, poil noir.
Gilles le Guerver, de Kguiſtel, de 49 ans, petite taille, poil gris.
Jean David de 20 ans, moyenne taille, poil chaſtain.
Jean Bertaud, fils de François, de 20 ans, grande taille, poil chaſtain.
Jean Joſſeau, fils de Pierre, de Breheran, de 40 ans, grande taille, poil roux.
Pierre Morenton, fils de Pierre, de Kacabelec, de 20 ans, g. taille, poil noir.
Yves Fouquet, fils d'Yves, de Quiniac, de 26 ans, petite taille, p. noir.
François Bertaud, de Knalemen, de 24 ans, moyenne taille, poil brun.
Loüis Joſſeau, de Kviſion, de 35 ans, grande taille, poil chaſtain.
Jean Mouſſet, fils de Jean, de 18 ans, grande taille, poil chaſtain.
Pierre Fouquet, frere d'Yves, de 18 ans, grande taille, poil chaſtain.
Guillaume Vincent, fils de Catherine, de Quiniac, de 20 ans, m. taille, p. cha.
Yves Mouſſet, de Kaut, fils de la Veuve, de 16 ans, m. taille, p. chaſtain.

Saint Molf.

Jean Hupel, de Brogoham, de 32 ans, grande taille, poil chaſtain.
Jean le Page, de 17 ans, petite taille, poil chaſtain.

Piriac.

JEan le Blevenec de 30 ans, grande taille, poil noir.
Martin le Beau de 35 ans, moyenne taille, poil brun.
René Rochefort de 30 ans, moyenne taille, poil chaſtain.
Thomas Emery de 47 ans, petite taille, poil noir.
Thomas Jean de 30 ans, grande taille, poil noir.
François Legal de 20 ans, moyenne taille, poil chaſtain.
Georges Froger de 28 ans, moyenne taille, poil noir.
Guillaume Jobieux de 45 ans, moyenne taille, poil gris.
Guillaume Coüaillon, fils de François, de 34 ans, grande taille, poil noir.
Jean Ollivier de 43 ans, grande taille, poil noir.
Julien le Fournier de 20 ans, grande taille, poil blond.
Nicolas le Jobieux, fils de Georges, de 20 ans, petite taille, poil noir.
Denis Rohan, fils de François, de 20 ans, moyenne taille, poil chaſtain.
Jean le Goff, fils de Denis, de 20 ans, petite taille, poil brun.
Jacques Hilaire, dit le Friſé, de 30 ans, petite taille, poil chaſtain.
Marc Pean, frère de Guillaume, de 24 ans, moyenne taille, poil noir.
Thomas Legal de 45 ans, petite taille, poil gris.
Pierre Emery, fils d'Yves, de 25 ans, moyenne taille, poil noir.
Yves Geffray de 25 ans, moyenne taille, poil noir.
Thomas le Roux, fils de François, de 25 ans, moyenne taille, poil noir.
Yves Anezo, fils de Marc, de 24 ans, moyenne taille, poil chaſtain.

GUERANDE.

JUlien Aguette de Treſcalen, de 30 ans, moyenne taille, poil brun.
Raoul le Guidou de la Turballe, de 18 ans, moyenne taille, poil chaſtain.
François Laragon de Saillé de 25 ans, moyenne taille, poil noir.
Jean Nicolas de Saillé de 35 ans, moyenne taille, poil noir.
Ollivier Perçon de Kniquen de 35 ans, moyenne taille, poil chaſtain.
Julien Joffrezo de 24 ans, moyenne taille, poil noir.
Nicolas Guillou de 25 ans, grande taille, poil noir.
Pierre Ollivier de 26 ans, moyenne taille, poil brun.
Pierre le Bezou, fils de Jean, de 43 ans, moyenne taille, poil noir.
Pierre Turcantin, fils de Pierre, de 25 ans, moyenne taille, poil noir.
Jacques Louis de Treſcalen, de 26 ans, moyenne taille, poil noir.
Michel le Dandec de 24 ans, petite taille, poil noir.

Iſle du Croiſic.

ANthoine Guerin de 27 ans, moyenne taille, poil noir.
Clement Guiltochet de 26 ans, petite taille, poil blond.
Donatien Nau, Charpentier, de 26 ans, moyenne taille, poil noir.
François Maurice du Grandvent de 35 ans, grande taille, poil chaſtain.
Guillaume Legal, fils de Suzanne Moyon, de 20 ans, petite taille, poil noir.
Guillaume le Goff, fils de Michel le Tourneur, de 22 ans, m. taille, poil noir.
Guillaume le Turcantin, gendre de Mahinet, de 32 ans, petite taille, poil noir.
Jean Cujaud, Charpentier, de 20 ans, moyenne taille, poil chaſtain.
Michel Tremaudus de 28 ans, moyenne taille, poil roux.
Noël Guyot, fils de Hervé, de 19 ans, petite taille, poil chaſtain.
Marc Alain de 24 ans, moyenne taille, poil chaſtain.
Martin Blarro, fils de Jean, de 19 ans, moyenne taille, poil chaſtain.
Ollivier Denis, frère de Jean le Droit, de 23 ans, petite taille, poil brun.

Noël

Noël Jamet de 18 ans, moyenne taille, poil noir.
Ollivier Charon de 29 ans, moyenne taille, poil noir.
Pierre Regent de 36 ans, petite taille, poil blond.
Pierre Joly, fils de Pierre, de 20 ans, moyenne taille, poil blond.
Pierre Cruffon, fils d'Alain, de 19 ans, moyenne taille, poil chaftain.
Pierre Fervel, fils de Jacques, de 18 ans, moyenne taille, poil chaftain.
Pierre Bertrand, fils de la Galinotte, de 20 ans, moyenne taille, poil noir.
Pierre Poter le Borgne, mary de la Salliére, de 23 ans, grande taille, p. chaftain.
René Marchais de 42 ans, moyenne taille, poil blond.
René Jeffray, fils d'Yves, de 20 ans, grande taille, poil chaftain.
Silveftre Allaire de 20 ans, moyenne taille, poil chaftain.
Silveftre Oillic de 42 ans, grande taille, poil gris.
Thomas le Grand, mary du Marjac, de 25 ans, grande taille, poil noir.
Touffaint Millet, fils de Pierre, de 19 ans, moyenne taille, poil chaftain.
Thomas Vincent de 18 ans, moyenne taille, poil noir.
Vincent Fonteneau de 32 ans, petite taille, poil chaftain.
Ollivier le Huedé, dit Briquet, de 40 ans, moyenne taille, poil brun.
Charles le Normand de 44 ans, grande taille, poil brun.
François Avenard, beaufrere de Moutillon, de 36 ans, grande taille, p. chaft.
Guillaume Birigan, dit le Blond, de 40 ans, grande taille, poil blond.
Jacques Mahé de 22 ans, grande taille, poil brun.
Jean Fouquet, fils de Julien, de 19 ans, petite taille, poil chaftain.
Jean Belinger, frere de René, de 17 ans, petite taille, poil noir.
Jean Olliviero de 27 ans, moyenne taille, poil blond.
Jean Goffrio, dit Halpoil, Canonier, de 45 ans, moyenne taille, poil brun.
Jean le Guen, gendre de Baubier, de 40 ans, grande taille, poil noir.
Jean Julienne le fils, de 19 ans, grande taille, poil noir.
Leon Thomas, fils de Thobias, de 20 ans, moyenne taille, poil chaftain.
Michel Lefpinet de 36 ans, moyenne taille, poil blond.
Nicolas le Corre de 23 ans, moyenne taille, poil chaftain.
Denis Jergaud, fils de Pierre, de 19 ans, petite taille, poil chaftain.
Pierre Cavaro, dit Kgoët, de 22 ans, moyenne taille, poil chaftain.
Laurent Boulé de 20 ans, grande taille, poil noir.
Louïs Landrec, fils de Louïs, de 21 an, moyenne taille, poil noir.
Pierre Poter de 16 ans, moyenne taille, poil chaftain.
Pierre Daniel, fils de Jean, de 29 ans, grande taille, poil noir.
Pauly Deniclé de 37 ans, petite taille, poil noir.
Pierre le Poureau de 28 ans, grande taille, poil roux.
René le Dreau de 34 ans, moyenne taille, poil noir.
René le Huedé de 19 ans, petite taille, poil chaftain.
Thomas Legal de 36 ans, moyenne taille, poil blond.
Alain Simon de 48 ans, grande taille, poil noir.
Charles Brumeau de 40 ans, moyenne taille, poil noir.
Eftienne Perin, fils de Perin, de 24 ans, petite taille, poil noir.
Fiacre Fleury, frere de Jean du Gailland, de 34 ans, grande taille, p. chaftain.
Guillaume Lefpine de 37 ans, petite taille, poil chaftain.
Guillaume le Glas, fils d'Yves, de 24 ans, moyenne taille, poil noir.
Gilles Boilard de 32 ans, grande taille, poil brun.
Guillaume Noblet de 26 ans, grande taille, poil noir.
Jean Boulais, fils de Philippes, de 19 ans, petite taille, poil roux.
Ollivier Tilly, frere d'Alain, de 32 ans, moyenne taille, poil brun.
Pierre Moreau de 30 ans, petite taille, poil chaftain.
Jean du Quay, fils d'Alain, Charpentier, de 20 ans, grande taille, poil noir.
Jean Chariére de 44 ans, grande taille, poil noir.
Jean Hafpot, Bifcuitier, de 45 ans, petite taille, poil noir.

H

Jean Brochon de 40 ans, moyenne taille, poil noir.
Louïs Laudrec de 40 ans, moyenne taille, poil noir.
Mathieu Ollivier de 35 ans, petite taille, poil blond.
Nicolas Tanguy, fils de Marie Denié, de 25 ans, petite taille, poil chastain.
Nicolas Villeneau de 36 ans, petite taille, poil noir.
Paul Mazoïel de 29 ans, petite taille, poil blond.
Pierre le Guiader, fils de Jean, de 22 ans, moyenne taille, poil noir.
René Garineau de 38 ans, grande taille, poil noir.
René Baboüille, fils de Martin, de 23 ans, moyenne taille, poil chastain.
Jean Sorreau, fils de Marc, de 20 ans, petite taille, poil noir.
Pierre Tabary, fils de Pierre, de 26 ans, grande taille, poil chastain.
Thomas Birigar de 36 ans, petite taille, poil noir.
Yves Birgan, fils de Guillaume, de 24 ans, moyenne taille, poil noir.
Nicolas Thournard, fils de Thomas, de 22 ans, moyenne taille, poil chastain.
Nicolas Legal, fils de Jean, de 30 ans, petite taille, poil noir.
Pierre Liron de 34 ans, moyenne taille, poil chastain.

Le Pouliguen en la même Isle du Croisic.

Hervé Jean de 20 ans, moyenne taille, poil noir.
Jean Gemeau frere de Roland de 35 ans, moyenne taille, poil chastain.
Maturin Quezou de 40 ans, grande taille, poil chastain.
Pierre Laragon de 26 ans, grande taille, poil noir.
Pierre Jolivet de 45 ans, moyenne taille, poil chastain.
Pierre Goismat de 48 ans, moyenne taille, poil gris.
Yves du Chesne de 36 ans, moyenne taille, poil noir.
Jacques Jubin de 30 ans, moyenne taille, poil blond.
Jacques Cavalin de 30 ans, grande taille, poil noir.
Mathias Hervo, fils d'Ollivier le Sobieux, de 27 ans, moyenne taille, poil blond.
Pierre Guillochet de 26 ans, petite taille, poil chastain.
Jean Alençon de 20 ans, moyenne taille, poil chastain.
Thomas le Huedé de 40 ans, moyenne taille, poil chastain.
Guillaume Tesquen de 22 ans, grande taille, poil chastain.
Jean Soliman, fils de Pierre, de 30 ans, grande taille, poil noir.
Hervé Coppenec de 20 ans, moyenne taille, poil noir.
Julien Dartis de 24 ans, petite taille, poil noir.
Jean le Noir fils de Julienne, de 22 ans, moyenne taille, poil noir.
Nicolas Laragon de 25 ans, petite taille, poil noir.
Pierre Gabillié de 20 ans, moyenne taille, poil chastain.
René Monfort de 35 ans, moyenne taille, poil chastain.
Le fils de Jean Queriaud de 20 ans, moyenne taille, poil chastain.

Sainct Nazaire.

Antoine Berthe de 35 ans, petite taille, poil noir.
François Alvart de 28 ans, moyenne taille, poil chastain.
Pierre Roüaud, fils de René, de 28 ans, grande taille, poil noir.
René Piedargent, fils de Jean, de 20 ans, moyenne taille, poil noir.
Sebastien Meret de 40 ans, grande taille, poil noir.
Mathieu Bertaud de 18 ans, grande taille, poil chastain.
André du Sablé, fils d'Antoine, de 15 ans, petite taille, poil noir.
Charles Bouget de 23 ans, petite taille, poil noir.
François Roüaud, fils de François, de 25 ans, grande taille, poil noir.
Julien Denié de 20 ans, moyenne taille, poil noir.
Louïs Couronné de 30 ans, moyenne taille, poil noir.
Nicolas le Maistre de 34 ans, moyenne taille, poil blond.
Phillippes Bouget de 16 ans, moyenne taille, poil chastain.

Pierre Bertaud, fils de René, de 18 ans, grande taille, poil noir.
René Ramet de 20 ans, grande taille, poil chaſtain.
Vincent Bernard de 18 ans, moyenne taille, poil noir.
François Abel de 30 ans, petite taille, poil chaſtain.
Jean Fegrin de 28 ans, moyenne taille, poil noir.

Pornichet, Paroiſſe de S. NaZaire.

J Ean Denais, fils de Pierre de Serac, de 30 ans, petite taille, poil noir.
Jean Simon de S. Nazaire, de 16 ans, moyenne taille, poil chaſtain.
François Cavaro, gendre de Michel le Devin, de 30 ans, m. taille, poil cha.

La Vielville, Paroiſſe de Saint NaZaire.

J Ean Guino, Borgne, de 35 ans, moyenne taille, poil blond.
Gilles Joly, fils de Julien, de 23 ans, moyenne taille, poil chaſtain.

Frairie d'Avaly, Paroiſſe de Saint NaZaire.

C Harles Bouget, fils de Pierre, de 20 ans, petite taille, poil noir.
Jean Roüaud fils, de 33 ans, grande taille, poil chaſtain.
Julien Joüaud, fils de Guillaume, de 17 ans, moyenne taille, poil noir.
François Joly de 18 ans, moyenne taille, poil noir.

Saint Philbert, Paroiſſe de S. NaZaire.

P Ierre Goiſmat, Charpentier, de 33 ans, grande taille, poil noir.
Pierre Tartoüé, de Serac, de 20 ans, petite taille, poil chaſtain.

Frairie de Gavy, en S. NaZaire.

M Athieu Richard, fils de Vincent, de 25 ans, grande taille, p. noir.
Le frere de Vincent Bernard, de 18 ans, moyenne taille, p. chaſtain.
Jean Durand, fils d'André, de 16 ans, petite taille, poil noir.

Kerbiquet, Paroiſſe de S. NaZaire.

L Ouïs Nerac de 37 ans, moyenne taille, poil noir.
Pierre de Blois, du Bignon, de 35 ans, moyenne taille, poil noir.
Pierre Rouſſel de 44 ans, moyenne taille, poil noir.
Fin du Territoire de Guérande.

PAROISSE DU MONTOIR.

P Ierre Brumeau de 24 ans, grande taille, poil noir.
Pierre Vince, frere de Denis, de 22 ans, grande taille, poil chaſtain.
Pierre Fardel, fils de Charles, de 24 ans, moyenne taille, poil chaſtain.

Iſles de Loncé & du Clos.

D Enis Moyon de 40 ans, moyenne taille, poil noir.
Pierre Rotou, fils de Jean, de 22 ans, grande taille, poil roux.
Denis Vince, fils de Jean, de 24 ans, petite taille, poil noir.

Iſle de Guerſac.

E Stienne Moyon de 40 ans, moyenne taille, poil chaſtain.
Jean Bernier de 30 ans, moyenne taille, poil brun.
Ollivier du Cocq de 38 ans, moyenne taille, poil chaſtain.
André Mahé.
Emanüel Philippes, gendre du Procureur, de 28 ans, petite taille, poil noir.
Julien le Rais de 26 ans, moyenne taille, poil chaſtain.
Jean Denis de 38 ans, petite taille, poil noir.
Pierre Oliveau, fils de Nicolas, de 28 ans, petite taille, poil noir.

Touffaint André de 17 ans, petite taille, poil noir.
Eftienne Joüaud de 40 ans, petite taille, poil blond.
Gilles Nicolas de 22 ans, petite taille, poil chaftain.
Jean Dervé de 19 ans, petite taille, poil noir.
Julien Avenard de 40 ans, petite taille, poil noir.
Jean Gillet, de 36 ans, petite taille, poil noir.
Julien Bécart, de 32 ans, moyenne taille, poil noir.
Claude Opias, de 16 ans, moyenne taille, poil chaftain.
Gilles Boffinot de 16 ans, petite taille, poil chaftain.
Henry Opias de 18 ans, petite taille, poil chaftain.
Jean du Val fils de Pierre, de 20 ans, grande taille, poil noir.
Jean Deniau fils de Pierre, de 16 ans, petite taille, poil blond.

Iſle de Gron.

GUillaume Jamet, de 24 ans, moyenne taille, poil noir.
Pierre Nau, fils d'Eftienne, de 35 ans, moyenne taille, poil chaftain.
Pierre Bécard, fils de Pierre, de 40 ans, grande taille, poil chaftain.
Raoul du Pin, de 18 ans, moyenne taille, poil chaftain.
Pierre Eland de 39 ans, petite taille, poil noir.
Eftienne Broffeau de 24 ans, moyenne taille, poil chaftain.
Pierre Jamet de 42 ans, petite taille, poil chaftain.
Pierre Juliot, fils de Jean, de 30 ans, moyenne taille, poil noir.

Iſle de Mean.

JEan Landes, fils d'André, de 22 ans, moyenne taille, poil noir.
Mery Harlequin de 20 ans, petite taille, poil noir.
Guyon Moyon de 33 ans, grande taille, poil noir.
François Deniau, fils de Thomas, de 25 ans, moyenne taille, p. chaftain.
Chriftophe le Moine de 40 ans, moyenne taille, poil noir.
Hector Jamet de 36 ans, petite taille, poil blond.
Julien Legal de 24 ans, grande taille, poil chaftain.
Simon Moyon de 20 ans, moyenne taille, poil noir.
Jean Rotou, fils de Jean, de 26 ans, grande taille, poil noir.

Iſles de Bert & d'Aucart.

GUillaume Deniau de 16 ans, petite taille, poil chaftain.
Pierre Macé de 22 ans, grande taille, poil noir.
Pierre Outin de 38 ans, grande taille, poil noir.
Denis Macé de 36 ans, grande taille, poil noir.

Iſle de Trignac.

JEan Molé de 30 ans, grande taille, poil noir.
Nicolas Bagoux de 25 ans, grande taille, poil noir.
Nicolas Lorreau, fils de Pierre, de 22 ans, grande taille, poil noir.

Paroiſſe de Donges, Frairie de Cazac.

FRançois Maugendre, de Cordemés, de 20 ans, grande taille, p. chaftain.
Jacques Pizeron de 27 ans, grande taille, poil chaftain.
Jean Jolliot de 23 ans, moyenne taille, poil noir.
Pierre Quiniaux, fils de Pierre, de Cordemés, de 20 ans, m. taille, p. chaftain.

EVESCHÉ
DE TREGUIER.
PREMIERE CLASSE,
dont le service finira au dernier Mars 1671.

PAROISSE DES ARDRIEUX.

FRançois Michel de 30 ans, taille moyenne, cheveux noirs.
Yvon Gautier de 22 ans, taille haute, cheveux blonds.
Charles Fetrin de 28 ans, taille haute, cheveux blonds, de Querminister.
Jean le Gac de 40 ans, taille moyenne, cheveux chastains, des Ardrieux.
Jean Corloye de 20 ans, taille moyenne, cheveux blonds, de Querminister.
François le Meur de 22 ans, taille haute, cheveux noirs, *id.*
Thomas Guillou de 22 ans, taille moyenne, *id.*

PAROISSE DE PLOUBIHEN.

OLivier le Coail de 36 ans, taille basse, cheveux blonds.
Geffroy Libouban de 40 ans, taille haute, cheveux chastains.
Charles le Chevanton de 25 ans, cheveux noirs, de Larmor.
Jacques le Meur de 30 ans, taille haute, cheveux blonds, *id.*
Martin le Sivillon de 40 ans, taille haute, cheveux blonds, de S. Laurens.
Artus Gigoüet de 50 ans, taille haute, cheveux blonds, de la Roche-Jaune.
Yves Mudal de 30 ans, taille basse, cheveux noirs, de Porchadin.
Henry Thomas.
Jean le Sivillon.

PAROISSE DE PLEMEUR-GAUTIER.

PIerre le Layert de 25 ans, taille moyenne, cheveux noirs, de S. Doron.
François Legal.

PAROISSE DE PLOUDANIEL.

JEan Loüarne de 45 ans, taille moyenne, cheveux chastains, de Tredeon.
Guillaume Filis.

PAROISSE DE QUIMPER-GUEZENEC.

PIerre le Berre de 20 ans, taille moyenne, cheveux noirs, du Bourg.

PAROISSE DE TROGUERIC.

PIerre Querbrat de 24 ans, taille moyenne, cheveux noirs, du Bourg.
Allain Gouriou de 30 ans, taille haute, cheveux *id.*
Jean Tilly de 30 ans, taille *id.*

Guillaume Holiquin de 40 ans, taille *id.*
François Henry de 50 ans, taille moyenne, cheveux noirs, *id.*
Mathurin Sehan de 27 ans, taille haute, cheveux noirs.

PAROISSE DE POMMERIC-JAUDY.

Olivier le Lagadec de 25 ans, taille moyenne, cheveux noirs,
Charles le Gallaye de 28 ans, taille haute, cheveux blonds.

PAROISSE DE LA ROCHEDERIEN.

Guillaume Olivier de 30 ans, taille moyenne, cheveux chastains.

PAROISSE DE LANGOAT.

Pierre le Buzeller de 30 ans, taille haute, cheveux chastains.
René Gouriou de 28 ans, taille haute, cheveux noirs, de Langoat.

PAROISSE DE MINIHY.

Jean Briand de 22 ans, taille moyenne, cheveux noirs, de Querinoal.
Jean Conan de 22 ans, taille haute, cheveux noirs, de Minihy.
Jean Thominic de 25 ans, taille moyenne, cheveux noirs, *id.*

PAROISSE D'AREDERZEC.

Pierre Gelguen de 28 ans, taille moyenne, cheveux noirs, de S. Nicolas.
Jacques Hamon de 25 ans, taille moyenne, cheveux blonds, de Trederzec.
François le Bail de 30 ans, taille moyenne, cheveux noirs, de Quervergant.

VILLE DE TREGUIER.

Pierre Sehan de 35 ans, taille moyenne, cheveux noirs.
Jean le Belleguit de 35 ans, taille haute, cheveux noirs.
Jean le Pegnoin de 25 ans, taille haute, cheveux *id.*
Yves le Petit de 35 ans, taille moyenne, cheveux noirs.
Pierre Hamonic de 37 ans, taille moyenne, cheveux *id.*
François Coften de 36 ans, taille haute, cheveux chastains.
Guillaume Rogart de 24 ans, taille haute, cheveux noirs.
Guillaume le Bayec, fils, de 16 ans, taille moyenne, cheveux chastains.
Yvon Raudry de 35 ans, taille haute, cheveux chastains.
Thomas Auffray de 24 ans, taille haute, cheveux noirs.

PAROISSE DE PLOUGUEL.

Louïs le Mevel de 50 ans, taille baffe, cheveux noirs, du Bourg.
Louïs le Gohic de 30 ans, taille moyenne, cheveux blonds.
Pierre Riou de 25 ans, taille moyenne, cheveux noirs, de Larmor.
Rolland Huel de 30 ans, taille baffe, cheveux noirs.
Jacques le Squeren de 30 ans, taille moyenne, cheveux chastains.
Rolland Huel de 35 ans, taille moyenne, cheveux blonds, de Quermorvan.
Martin Quarel de 30 ans, taille moyenne, cheveux blonds.

PAROISSE DE PLOURESQUAN.

François le Floch de 35 ans, taille moyenne, cheveux noirs.

PAROISSE DE PENNEVENAN.

François Rolland de 35 ans, taille moyenne, cheveux noirs, de la Tréve-Grande.
Louis le Caër de 40 ans, taille moyenne, cheveux chastains, de Trebihanbras.

Première Claſſe. 3

Guyon Gouëllo do 35 ans, taille haute, cheveux chaſtains, *id.*
Pierre le Caër fils d'Yvon de 28 ans, taille haute, cheveux noirs, *id.*
Jacques le Garat de 20 ans, taille baſſe, cheveux *id.*
François Urvois fils, de 30 ans, taille moyenne, cheveux noirs, de Baguellée. Canonier.
François Lorzet de 25 ans, taille baſſe, cheveux blonds, de Trigonval.
Jean Michel de 27 ans, taille moyenne, cheveux blonds, *id.*

PAROISSE DE TREVOUX.

LOuïs Boviguen de 40 ans, taille moyenne, cheveux noirs, de Querilis,
Yves Quiniou de 45 ans, taille moyenne, cheveux noirs.
Tanguy Bouclé de 40 ans, taille moyenne, cheveux *id.*

PAROISSE DE TRELEVERNE.

TUdual Lavenan de 45 ans, taille moyenne, cheveux noirs.
Jean Laovenan de 18 ans, taille baſſe, cheveux noirs.
Jean le Troguer fils de Gilles de 40 ans, taille moyenne, cheveux noirs.
François le Marec de 30 ans, taille haute, cheveux noirs, de Queriec.

PAROISSE DE LOUANEC.

FRançois Perron fils de Fr. de 20 ans, taille moyenne, cheveux noirs, de Berve-Philipes.
François Quimper de 30 ans, taille moyenne, cheveux blonds, de Troſugal.
Matthieu Galifot de 16 ans, taille baſſe, cheveux noirs, de Querilis.
Jean Allain de 35 ans, taille haute, cheveux blonds, de Baracaliot.
Pierre l'Hevoëder de 35 ans, taille haute, cheveux gris, de Querilis.

PAROISSE DE SAINT QUAY.

PIerre Bordelets de 28 ans, taille moyenne, cheveux noirs.

PAROISSE DE PERROS.

PIerre Loques de 34 ans, taille moyenne, cheveux noirs.
Louïs Jego de 26 ans, taille baſſe, cheveux chaſtains, de Bourou.
Louïs le Beſcond de 26 ans, taille haute, cheveux noirs, de Troperros.
Jean le Sillour de 38 ans, taille haute, cheveux noirs, de Crac.
Olivier Stephanic de 23 ans, taille haute, cheveux noirs, de Quergomarch.
Yvon Thomas de 33 ans, taille moyenne, cheveux blonds, de Troperros.
Louïs Derien de 40 ans, taille haute, cheveux gris, *id.* Charpentier.
Yvon Quergueno de 21 ans, taille moyenne, cheveux noirs, de Crach.
Jean le Quenquis de 16 ans, taille baſſe, cheveux jaunes.
Jean le Ponſin de 28 ans, taille haute, cheveux chaſtains.
Guillaume le Bail fils de Franç. de 17 ans, taille moyenne, cheveux noirs, de Ploumanach.
François le Monſtrer fils, de 20 ans, taille moyenne, cheveux jaunes.
Tanguy le Sillour.
Pierre Jego.
Thomas le Sceaux.
Rolland Paſquiou de 23 ans, taille moyenne, cheveux blonds.

PAROISSE DE TREGASTEL.

HErvé le Cozic de 23 ans, taille moyenne, cheveux noirs, de Golgom.
Pierre Guel de 26 ans, taille baſſe, cheveux noirs, *id.*
Jean le Sillour de 45 ans, taille haute, cheveux gris, de Langaſtel.
Henry Daniel de 50 ans, taille moyenne, cheveux chaſtains, de Golgom.
Rollan Saliou de 40 ans, taille moyenne, cheveux noirs, de Kilis.
François de Kaudren de 38 ans, taille haute, cheveux noirs, de la Villeneufve.
Yvon le Cours de 19 ans, taille haute, cheveux noirs, de la Vigne.

François Riovalan de 46 ans, taille moyenne, cheveux chaſtains, de Langaſtel.
Guillaume le Toutre de 20 ans, taille haute, cheveux noirs, *id.*

PAROISSE DE PLEMEUR-BODOU.

TUdual Hamon, 25 ans, taille moyenne, cheveux blonds, de Querviziau.
Yvon le Sauſſe de 22 ans, taille moyenne, cheveux noirs, *id.*
Yvon le Bris de 40 ans, taille moyenne, cheveux noirs.
Jean Helies de 32 ans, taille baſſe, cheveux chaſtains, de Querviou.
Guillaume le Roux de 50 ans, taille moyenne, cheveux noirs.
Jean Leſcam le jeune de 26 ans, taille haute, cheveux blonds, de l'Iſle-Grand.
Yvon le Merer de 13 ans, taille baſſe, cheveux blonds, de Querenot.
Jean Potalet, de 40 ans, taille moyenne, cheveux noirs, *id.*
Rolland Goüello de 25 ans, taille haute, cheveux noirs, *id.*
Allain le Roux de 29 ans, *id.*
Noël Brouſter de 40 ans, *id.*
Yvon le Quenquis de 40 ans, taille baſſe, cheveux noirs, de Queriven.
Jean Pecherin de 20 ans, taille moyenne, cheveux noirs, *id.*
Noël Califot de 30 ans, taille Baſſe, cheveux chaſtains, de Barnabanec.

PAROISSE DE TREBERDEN.

FRançois Bras de 50 ans, taille moyenne, cheveux noirs, de Guillers.
Thomas le Goaſmat de 23 ans, taille moyenne, cheveux chaſtains, de Larmor.
Tudual le Moal de 35 ans, taille moyenne, cheveux roux, de Quervenec.
Allain le Guerne de 25 ans, taille moyenne, cheveux noirs, de Guillers.
Jean Geoffroy de 20 ans, taille haute, cheveux chaſtains, de Kuennec.
François Hamon de 28 ans, taille baſſe, cheveux blonds, de Guerellec.
Yvon Guillou de 40 ans, taille haute, cheveux chaſtains, *id.*
Noël Goaſmat de 27 ans, taille haute, cheveux chaſtains, de Larmor.
François le Cozic de 45 ans, taille haute, cheveux noirs, de Treberden.
Thomas Salaun de 50 ans, taille moyenne, cheveux gris.
Olivier le Bris de 24 ans, taille baſſe, cheveux noirs, *id.*

PAROISSE DE SERVET.

FRançois Dronjou de 37 ans, taille moyenne, cheveux noirs, de Querſon.
Philippes Quimper de 27 ans, taille moyenne, cheveux chaſtains, de Minih.

PAROISSE DE BRELEVENES.

FRançois Brillet de 36 ans, taille moyenne, cheveux noirs, de Querveno.
Philippes Jeannou de 37 ans, taille baſſe, cheveux chaſtains.
Jean Lucas de 50 ans, taille haute, cheveux noirs, de Querilis.

VILLE DE LANJON.

FRançois Lelies de 28 ans, taille moyenne, cheveux noirs.
Michel Leam de 45 ans, taille moyenne, cheveux noirs.

PAROISSE DE LOGUIVY.

REné l'Henoret de 23 ans, taille moyenne, cheveux blonds.

PAROISSE DE PLOULECH.

NEant.

PAROISSE DE LOQVEMEAV.

GUillaume Daniel de 38 ans, taille haute, cheveux noirs.
Allain le Bazaret de 37 ans, taille moyenne, cheveux chaſtains.

PAROISSE DE PLOMILIAU.

Neant.

PAROSSE DE TREDEREZ.

RObert Pierre de 27 ans, taille moyenne, cheveux noirs.

PAROISSE DE S. MICHEL EN GREVE.

JAcques le Coat le jeune de 27 ans, taille moyenne, cheveux noirs.
Jean Cavan de 35 ans, taille haute, cheveux noirs.

PAROISSE DE LOQUERECH.

JEan Caderne de 25 ans, taille baſſe, cheveux blonds, du Bourg.
Guillaume le Cotty de 30 ans, taille haute, cheveux blonds, de Toulangiry.

PAROISSE DE QUIMEC.

PIerre Moruan de 23 ans, taille baſſe, cheveux blonds, de Querbor.

PAROISSE DE PLOUGASNO.

JEan le Den de 30 ans, taille moyenne, cheveux noirs, de Troperros.
Gillaume Ropartz de 40 ans, taille moyenne, cheveux chaſtains, *id.*
Philippes Guiadeur de 23 ans, taille moyenne, cheveux noirs.
Marc Stephan de 30 ans, taille moyenne, cheveux noirs, de Tregaſtel.
Maurice Lenega de 30 ans, taille haute, cheveux chaſtains, de Queraugoizin.
Guimarch le Guernigou de 20 ans, taille moyenne, cheveux noirs, de Terennes.
François le Caſſoulac de 25 ans, *id.*
Olivier Belec de 30 ans, taille haute, cheveux noirs, *id.*
Yvon Gueguen de 26 ans, taille *id.* de Querriou Querbabu.
Guillaume Geoffroy de 27 ans, taille haute, cheveux blonds, de Troperros.
Jean le Guillaſſer de 23 ans, taille moyenne, cheveux noirs, de Terennes.
Yvon le Gac de 38 ans, taille haute, cheveux roux, de Tremenec.
Olivier André de 33 ans, taille baſſe, cheveux noirs.

PAROISSE DE PLOUEZOCH.

GUimarch Guillou de 25 ans, taille moyenne, cheveux noirs, de Querandic.
Louïs Troadec de 28 ans, taille baſſe, cheveux noirs, de Treouſtouriou.
Olivier Beſcond de 23 ans, taille haute, cheveux noirs, *id.*
Jean Feac de 25 ans, taille moyenne, cheveux chaſtains, de Querjanpatoul.
Jean Michel de 40 ans, taille moyenne, cheveux noirs, de Querandic.
Thomas Querjan de 40 ans, taille *id.* de Bren.
François Guillou de 30 ans, taille baſſe, cheveux noirs, de Querandic.
Auffret le Louceau de 40 ans, taille moyenne, cheveux chaſtains, de Brignonic.
Charles Riou de 28 ans, taille moyenne, cheveux noirs, de Querjan.
François Perron de 25 ans, taille baſſe, cheveux noirs, de Cadoret.

DEUXIEME CLASSE,

dont le service commencera au premier Avril 1671. & finira au dernier Mars 1672.

PAROISSE DES ARDRIEUX.

TUdual le Pelec de 27 ans, taille moyenne, cheveux chastains.
Jean le Gonidec de 30 ans, taille haute, cheveux blonds.
Lhostis, fils de Pierre, de 23 ans, taille moyenne, cheveux blonds, de Knoas.
Yves Perennes de 26 ans, taille moyenne, cheveux noirs.
Bertrand le Meur de 22 ans, taille moyenne, cheveux noirs, de Querminister.
Jean Talmus de 32 ans, taille haute, cheveux noirs.
Jean Geoffroy de 37 ans, taille moyenne, cheveux chastains.
Yvon le Gal de 20 ans, taille haute, cheveux blonds, de Querminister.

PAROISSE DE PLOUBIHEN.

YVes Lozeach de 25 ans, taille haute, cheveux noirs, de Saint Laurens.
Yves Bertaut de 40 ans, taille moyenne, cheveux blonds, de Querborer.
Guillaume Loshouarne de 50. ans, taille moyenne, cheveux noirs, de Pradam-Iscuit.
François le Duc de 40 ans, taille moyenne, cheveux chastains, de Larmor.
François le Guezec fils, de 36 ans, taille haute, cheveux noirs.
Silvestre Janvier.
Pierre Even de 40. ans, taille haute, cheveux noirs, de Larvor.
Olivier Gallina de 42. ans, *id.*
Sebastien Lestic de 50 ans, taille haute, cheveux noirs, de la Roche-Jaulne.

PAROISSE DE PLEMEUR-GAUTIER.

YVon le Lagart, fils d'Yvon, de 19 ans, taille haute, cheveux noirs.

PAROISSE DE PLOUDANIEL.

IAcques le Gonidec de 40 ans, taille moyenne, cheveux chastains, de Tredeon.
Guillaume le Parloir.
François Riot, fils de Cristophhe, de 40 ans, taille moyenne, cheveux chastains.

PAROISSE DE QUIMPER-GUEZENEC.

BErtrand le Bras de 23 ans, taille basse, cheveux roux, de Triquimpert.

PAROISSE DE TROGUERIC.

ALain Tilly de 45 ans, taille moyenne, cheveux chastains.
Pierre Sevidan de 55 ans, taille moyenne, cheveux gris.
Pierre le Gouazenec de 45 ans, taille moyenne, cheveux chastains.
Jean Costin de 35 ans, taille moyenne, cheveux noirs.
Guillaume le Coail de 26 ans, taille moyenne, cheveux noirs.

PAROISSE DE POMMERIC-JAUDY.

PHilippes Querroux de 25 ans, taille haute, cheveux blonds.
Yves le Berre de 26 ans, taille haute, cheveux noirs, de Querlanie.

PAROISSE DE LA ROCHEDERIEN.

YVes Bocazo de 30 ans, taille haute, cheveux chastains.

PAROISSE DE LANGOAT.

Tudual le Gourio de 25 ans, taille moyenne, cheveux noirs, de Querbriant.
Charles le Roux de 40 ans, taille moyenne, cheveux blonds, de Pouldurant.

PAROISSE DE MINIHY.

Pierre le Guedec de 24 ans, taille haute, cheveux noirs, de Langazou.
Gilles Derien de 36 ans, taille basse, cheveux roux.
Jacques Rollot de 30 ans, taille haute, cheveux chastains, de Langazou.

PAROISSE DE TREDERZEC.

Louïs Michel de 25 ans, taille basse, cheveux noirs, de Sainte Marguerite.
Henry Berdes de 25 ans, taille moyenne, cheveux blonds.
Jean Adam de 28 ans, taille basse, cheveux noirs.

VILLE DE TREGUIER.

Yvon Antoine de 28 ans, taille moyenne, cheveux noirs.
Jean Rolland de 47 ans, taille haute, cheveux noirs.
Nicolas le Delauret de 20 ans, taille moyenne, cheveux chastains.
Prigent le Quenquis de 25 ans, taille basse, cheveux noirs.
Pierre le Duc de 22 ans, taille moyenne, cheveux noirs.
Michel Arsonneur de 20 ans, taille moyenne, cheveux blonds.
Yvon le Quelce fils d'Yvon, de 25 ans, taille haute, cheveux noirs.
Pierre le Bayle de 23 ans, taille moyenne, cheveux chastains.
Brieve le Mairec de 42 ans, taille basse, *id,*
Jean le Borgne de 55 ans, taille haute, cheveux noirs.

PAROISSE DE PLOUGUEL.

François le Boc de 30 ans, taille haute, cheveux chastains, de Querveur.
Jean le Glas de 25 ans, taille moyenne, cheveux noirs.
Yvon Jezequel de 30 ans, taille haute, cheveux blonds.
Guillaume Josse de 30 ans, taille haute, cheveux blonds.
Nicolas Jezequel de 20 ans, taille moyenne, cheveux chastains.
Gilles Larvien de 50 ans, taille basse, cheveux noirs, chauve.

PAROISSE DE PLOVRESQUAN.

Estienne Huerne de 25 ans, taille moyenne, cheveux blonds, boiteux.
Louïs le Diagon de 45 ans, taille moyenne, cheveux noirs.

PAROISSE DE PENNEVENAN.

Nicolas Nicolas de 35 ans, taille haute, cheveux blonds, de Treganvol.
Nicolas Margo de 45 ans, taille haute, cheveux noirs, *id.*
Jean Truoas, fils de Tudual, de 27 ans, taille moyenne, *id.*
Philippes Rolland de 19 ans, taille haute, cheveux noirs.
Pierre Rabin de 25 ans, taille haute, cheveux noirs, de Trelehenbras.
Yvon Dagorne de 22 ans, taille haute, cheveux noirs, *id.*
Jean Rolland de 28 ans, taille moyenne, cheveux noirs, de la Trevegrande.
Yvon Marico de 30 ans, taille haute, cheveux noirs, de Trebihenbras.
Yvon Guiomarch de 35 ans, taille basse, cheveux noirs, de Tregouval.

PAROISSE DE TREVOUX.

Jean Marico de 40 ans, taille moyenne, cheveux noirs, de Treguigné.
Jean Bouguen de 38 ans, taille moyenne, cheveux noirs, de Kilis.

PAROISSE DE TRELEVERNE.

Yvon Riovellant de 23 ans, taille moyenne, cheveux noirs, du Bourg.
Pierre Quintin de 18 ans, taille moyenne, cheveux noirs, de Quervenguel.
Yvon le Marec de 23 ans, taille basse, cheveux noirs.
Pierre le Meur de 33 ans, taille moyenne, cheveux noirs, de Kermarquer.
Tudoal le Marec de 19 ans, taille moyenne, cheveux chastains.

PAROISSE DE LOUANEC.

Pierre Hevolder de 20 ans, taille moyenne, cheveux noirs, de Kerilis.
François Peres.
François Fotard de 36 ans, taille moyenne, cheveux noirs, du Bourg.
Pierre le Dorner de 30 ans, taille moyenne, cheveux noirs, de Querilis.

PAROISSE DE SAINT QUAY.

Jean Gautier de 30 ans, taille basse, cheveux chastains, de Querello.
Jean Huon de 50 ans, taille trape, cheveux gris, de Querilis.

PAROISSE DE PERROS.

Jean Thomas de 34 ans, taille moyenne, cheveux noirs, de Troperros.
Le Luron de 30 ans, taille trape, cheveux roux.
Rolland le Meur de 23 ans, taille moyenne, cheveux jaunes, de Crach.
Olivier Heveur de 40 ans, taille basse, cheveux noirs, de Plomanach.
Nicolas Sebinec de 20 ans, taille basse, cheveux noirs, de Kergomar.
Jacques Riou de 25 ans, taille moyenne, cheveux noirs, de Crach.
Yvon Trichou de 35 ans, taille basse, cheveux chastains, de Bourg-Houx.
Hervé Riou de 27 ans, taille moyenne, cheveux blonds, de Troperros.
Guillaume Quimper de 20 ans, taille moyenne, cheveux jaunes, de Crach.
Yvon Penhoat de 25 ans, taille moyenne, cheveux noirs, de Crach.
Loüis Guiomart de 36 ans, taille moyenne, cheveux roux.
Jean Dournadic de 36 ans, taille moyenne, cheveux chastains, du Bourg.
René le Fustet de 30 ans, taille moyenne, cheveux noirs, du Crezou.
Alexandre Tilly de 14 ans, taille basse, cheveux roux, de Troperros.
François le Coffic de 30 ans, taille moyenne, cheveux noirs, du Bourg.
Pierre Stephany de 30 ans, taille haute, cheveux chastains, de Ploumanach.

PAROISSE DE TREGASTEL.

Noël le Guillouzer, de 25 ans, taille moyenne, cheveux chastains, de Golgom.
Claude Salaun de 22 ans, taille moyenne, cheveux chastains, de Langastel.
Olivier Allain de 40 ans, taille basse, cheveux roux, de Golgom.
Noël Thomas de 20 ans, taille moyenne, cheveux noirs, de la Villeneufve.
Guillaume Daniel de 28 ans, taille haute, cheveux chastains, de Lancastel.
Nicolas Cadiou de 48 ans, taille moyenne, cheveux chastains, *id.*
Pierre Thomas de 15 ans, taille moyenne, cheveux noirs, de la Villeneufve.
Yvon Queraudren de 28 ans, taille haute, cheveux chastains, de Langastel.
Pierre le Boutouller de 40 ans, taille haute, de la Villeneufve.
Rolland Thomas de 35 ans, taille moyenne, cheveux noirs, de Querilis.

PAROISSE DE PLEMEUR-BODOU.

Yvon le Boutouller de 14 ans, taille basse, cheveux noirs, de Querennoc.
François Galifot de 30 ans, taille basse, cheveux blonds, *id.*
Yvon le Bouffaut de 28 ans, taille haute, *id.*
Jean Bahic de 27 ans, taille haute, cheveux noirs, de l'Isle-Grand.
François Olivier de 28 ans, taille haute, cheveux blonds, de Quervegant.

Bizien

Bizien le Sillour de 40 ans, taille haute, cheveux noirs, de Querennoc.
Tudoal Cado de 53 ans, taille baffe, cheveux noirs, *id.*
Yvon le Lan de 30 ans, taille haute, cheveux chaftains, de Querivon.
François Potalet de 28 ans, taille moyenne, cheveux chaftains, de Liflegrand.
Jean le Monftrer, fils d'Yvon, de 24 ans, taille haute, de Quercadiou.
Michel le Bivic de 19 ans, taille moyenne, cheveux noirs, de Querenner.
Yvon le Sillour de 30 ans, taille moyenne, cheveux noirs.
Paul le Heur de 30 ans, taille haute, cheveux noirs, de Querjan-Negant.
Laurent Potolet de 26 ans, taille moyenne, cheveux noirs.
Vincent Alain de 40 ans, taille moyenne, cheveux chaftains.

PAROISSE DE TREBERDEN.

Pierre Jean de 50 ans, taille moyenne, cheveux noirs, de Larvor.
Mathurin Toulouze de 50 ans, taille moyenne, *id.*
Claude Salaun de 15 ans, taille baffe, cheveux noirs, de Querellec.
Jean le Fichou de 32 ans, taille haute, cheveux noirs, de Larvor.
Yvon Hervé de 40 ans, taille moyenne, cheveux noirs, de Querhellen.
Yvon Brigand de 25 ans, taille haute, cheveux chaftains, de Querellec.
Allain le Goazmat de 23 ans, taille moyenne, cheveux roux, de Larmor.
Pierre Allain de 30 ans, taille baffe, cheveux noirs, de Guillers.
Yvon le Cofic de 16 ans, taille moyenne, cheveux noirs, de Larmor.
Lucas le Gof de 23 ans, taille moyenne, cheveux roux, de Runigo.
Jean le Millé de 28 ans, taille moyenne, cheveux noirs, de Kergennec.

PAROISSE DE SERVET.

Olivier Thomas de 24 ans, taille moyenne, cheveux noirs, de Minihy.
Nicolas Mervande de 40 ans, taille haute, cheveux blonds, de Querbidet.

PAROISSE DE BRELEVENEZ.

Henry Garic de 50 ans, taille haute, cheveux noirs, de Poullays.
Yvon Lelicon le jeune de 18 ans, taille moyenne, cheveux noirs, de Penaftang.
François Lelicon de 24 ans, taille haute, cheveux blonds, *id.*

VILLE DE LANJON.

Rigent Jouralaftel de 48 ans, taille moyenne, cheveux noirs.
Pierre Polotet.

PAROISSE DE LOGUIVY.

Henry Calvez de 55 ans, taille moyenne, cheveux gris.

PAROISSE DE PLOULECH.

Neant.

PAROISSE DE LOQVEMEAV.

Yvon Cabon de 36 ans, taille haute, cheveux jaunes, de Querilis.
Olivier Geuveur de 38 ans, taille haute, cheveux noirs.

PAROISSE DE PLOMILIAV.

Jean Bourzec de 30 ans, taille moyenne, cheveux noirs.

PAROISSE DE TREDEREZ.

François le Bras de 25 ans, taille moyenne, cheveux chaftains.

PAROISSE DE S. MICHEL EN GREVE.

GUillaume le Coat de 50 ans, taille moyenne, cheveux noirs, du Bourg.
François Tanguy de 47 ans, taille moyenne, cheveux noirs.

PAROISSE DE LOQUERECH.

PIerre le Rus de 25 ans, taille haute, cheveux jaunes, du Bourg.

PAROISSE DE QUIMEC.

HErvé Laisné de 18 ans, taille basse, cheveux chastains.

PAROISSE DE PLOUGASNO.

YVon Postic de 27 ans, taille haute, cheveux noirs, de Troperros.
Olivier Bozec de 30 ans, taille haute, cheveux noirs, de Tregastel.
Tanguy le Mallet de 30 ans, taille moyenne, cheveux chastains.
Hervé Cleach de 23 ans, taille moyenne, cheveux chastains, de Troperros.
Jean Gueguen de 26 ans, taille haute, cheveux noirs, de Querbabu.
Milon Troadec de 33 ans, taille haute, cheveux noirs, de Terennes.
Fiacre le Guerniguou de 20 ans, taille moyenne, cheveux noirs, de Troperros.
Alain Colin de 35 ans, taille *id*, de Tregastel.
Charles Masson de 25 ans, taille moyenne, cheveux noirs, de Quermalvezan.
Pierre le Guillasser de 23 ans, taille haute, cheveux noirs, de Terennes.
René Masson de 22 ans, taille moyenne, cheveux chastains.
Maurice Olleron de 28 ans, taille moyenne, cheveux noirs.
Fiacre Troadec de 40 ans, taille moyenne, cheveux noirs, de Terennes.

PAROISSE DE PLOUEZOCH.

LAurent Barazer de 27 ans, taille moyenne, cheveux noirs, du Passage.
Yvon Troadec fils, de 25 ans, taille haute, cheveux noirs, de Quercaradec.
Guillaume Fourniou de 40 ans, taille basse, *id*.
François le Louceau de 24 ans, taille haute, cheveux blonds.
Loüis Troadec, fils de François, de 27 ans, taille haute, cheveux noirs.
Christien Caruc de 32 ans, taille haute, cheveux noirs.
Vincent Laur de 25 ans, taille moyenne, cheveux blonds.
Yvon Gueguen, fils de Jean, de 25 ans, taille haute, cheveux noirs.
Guillaume Jaoven de 33 ans, taille basse, cheveux noirs.
Loüis Troadec, fils d'Yvon, de 26 ans.

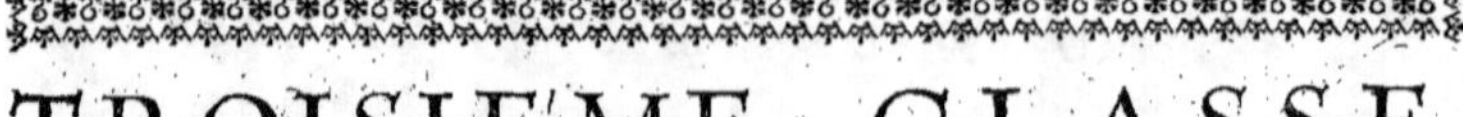

TROISIEME CLASSE,

dont le service commencera au premier Avril 1672. & finira
au dernier Mars 1673.

PAROISSE DES ARDRIEUX.

Yvon Olivier de 43 ans, taille moyenne, cheveux noirs.
Jean le Goiffer de 28 ans, taille haute, cheveux noirs.
    Guillou, frere de Thomas, de 25 ans, taille moyenne, cheveux chaftains.
Jean le Pelec de 30 ans, taille moyenne, cheveux chaftains.
Jean Govenavin de 22 ans, taille baffe, cheveux blonds, de Queramon.
Yvon le Berre de 26 ans, taille baffe, cheveux noirs, de Quermenguy.
Jean le Chaudet de 32 ans, taille haute, cheveux blonds, de Querminifter.

PAROISSE DE PLOUBIHEN.

Jean Guyomar de 21 ans, taille haute, cheveux noirs, du Bourg.
   Charles Meur, fils de Martin, de 30 ans, taille moyenne, cheveux chaftains.
Therezien Cuvan de 30 ans, taille haute, cheveux noirs, de Querguilleftre.
Olivier Mudal de 25 ans, taille moyenne, cheveux noirs, de Larmor.
Olivier le Chevauton de 25 ans, taille moyenne, cheveux chaftains.
François le Sivillon de 30 ans, taille haute, cheveux chaftains, de Breftan.
Jean le Pont de 26 ans, taille moyenne, cheveux noirs, de Rocmorvan.
François le Meur de 20 ans, taille moyenne, cheveux blonds, de Larmor.
Jean le Maut de 28 ans, taille baffe, cheveux noirs, de Querbors.
Pierre le Melcus.

PAROISSE DE PLEMEUR-GAUTIER.

Eftienne Hamen de 19 ans, taille moyenne, cheveux noirs, de S. Doron.
   Rufanet de 24 ans, taille moyenne, cheveux noirs.

PAROISSE DE PLOUDANIEL.

Pierre Eftienne, fils de Jean, de 25 ans, taille haute, cheveux noirs.
  Yvon Bourelle de 40 ans, taille baffe, cheveux chaftains.
Yves Hamon de 40 ans, taille moyenne, cheveux blonds.

PAROISSE DE QUIMPER-GUEZENEC.

Jean le Gras de 18 ans, taille moyenne, cheveux roux, de Quergart.
  Vincent le Gras de 26 ans, taille baffe, cheveux blonds, *id*.

PAROISSE DE TROGUERIC.

Jacques Gales de 26 ans, taille haute, cheveux chaftains.
  Jean le Porlodec de 38 ans, taille haute, cheveux noirs.
Pierre Allanec de 50 ans, taille moyenne, cheveux noirs.
François Dénis de 45 ans, taille haute, cheveux bruns.
Pierre le Roux de 30 ans, taille baffe, cheveux blonds.

PAROISSE DE POMMERIC-JAUDY.

Jean Leon de 26 ans, taille moyenne, cheveux blonds, de Querlanic.
  Henry Briand de 23 ans, taille baffe, cheveux blonds, de Pontrolle.

PAROISSE DE LA ROCHEDERIEN.

Yvon le Flamme de 50 ans, taille moyenne, cheveux chastains.

PAROISSE DE LANGOAT.

François Maudé de 27 ans, taille moyenne, cheveux noirs, de Pouldurant.
Guillaume Cornalic de 40 ans, taille haute, cheveux blonds, *id.*

PAROISSE DE MINIHY.

François Nicolas de 25 ans, taille haute.
Pierre le Normand de 23 ans, taille haute, cheveux noirs.

PAROISSE DE TREDERZEC.

Jean le Nés de 25 ans, taille haute, cheveux blonds.
Yvon Coſtio de 25 ans, taille moyenne, cheveux noirs, de S. Nicolas.
Yvon Gelguen de 35 ans, taille haute, cheveux noirs, *id.*

VILLE DE TREGUIER.

Louïs le Bayec de 16 ans, taille moyenne, cheveux noirs.
Yves Hurault de 38 ans, taille baſſe, cheveux noirs.
François Olivier de 34 ans, taille moyenne, cheveux noirs.
Yves Donés de 45 ans, taille moyenne, cheveux noirs.
Jacques Colet de 31 an, taille *id.*
Guillaume le Conrelec de 22 ans, taille moyenne, cheveux chastains.
Olivier Audren de 32 ans, taille moyenne, cheveux blonds.
Jean Gautier de 55 ans, taille moyenne, cheveux noirs,
Jacques le Borgne de 22 ans, taille haute, cheveux noirs.
Pierre le Bayec fils, de 22 ans, taille moyenne, cheveux chastains.

PAROISSE DE PLOUGUEL.

Jean Rioux, fils de Pierre, de 32 ans, taille moyenne, cheveux blonds.
Yvon le Manchec de 24 ans, taille haute, cheveux blonds.
Claude le Mevel de 35 ans, taille haute, cheveux noirs.
Vincent le Queren de 24 ans, taille baſſe, cheveux noirs.
Pierre le Goffic de 35 ans, taille moyenne, cheveux noirs, de S. François.
Pierre Sehan de 28 ans, taille moyenne, cheveux noirs, *id.*
Louïs le Cren de 23 ans, taille moyenne, cheveux chastains.

PAROISSE DE PLOVRESQUAN.

Conneric Moal de 28 ans, taille baſſe, cheveux noirs.
Louïs le Drouppet de 30 ans, taille moyenne, cheveux noirs.

PAROISSE DE PENNEVENAN.

Jean le Caer de 25 ans, taille moyenne, cheveux chastains, de Trebihenbras.
Yves Leon de 22 ans, taille baſſe, cheveux noirs, *id.*
Alain le Guen de 23 ans, taille moyenne, cheveux noirs, *id.*
Jean Hamon fils, de 25 ans, taille haute, *id.*
Christophe le Gurac de 25 ans, taille haute, cheveux chastains,
Jean Pennevin de 26 ans, taille haute, cheveux noirs.
Raoul Teriat de 29 ans, taille baſſe, cheveux noirs, de Trebihenbras.
François Jacques de 33 ans, taille *id.* de Tregouval.
Yvon le Caer de 35 ans, taille haute, cheveux chastains, de Trebihenbras.

PAROISSE

PAROISSE DE TREVOUX.

Pierre le Belec de 20 ans, taille basse, cheveux noirs, de Querilis.
Yves Keveur de 25 ans, taille moyenne, cheveux noirs, de Lezourgant.

PAROISSE DE TRELEVERNE.

Yvon le Montrer de 16 ans, taille moyenne, cheveux chaftains, de Queriec.
Jean le Montrer de 40 ans, taille moyenne, cheveux noirs, *id.*
Tudoal Rioüallen de 16 ans, *id.*
Pierre Turmel de 45 ans, taille moyenne, cheveux noirs.
Guillaume le Montrer, fils de Rolland, de 35 ans, taille haute, cheveux noirs.

PAROISSE DE LOUANEC.

Nicolas le Goffic de 30 ans, taille haute, cheveux noirs, de Trezugal.
Yvon Lohebic de 45 ans, taille moyenne, cheveux noirs, de Queruzado.
Guillaume du Bois de 30 ans, taille *id.* de Quervaftoüé.
Pierre Nicolle de 48 ans, taille moyenne, cheveux noirs, de Trezugal.
François Nicolle de 26 ans, taille haute, cheveux noirs, de Querilis.

PAROISSE DE S. QUAY.

Yvon Daniel de 22 ans, taille moyenne, cheveux roux.

PAROISSE DE PERROS.

Alain Quergonno de 34 ans, taille moyenne, cheveux chaftains, du Crezou.
Mathieu le Sillour de 28 ans, taille trape, cheveux roux.
Nicolas le Goffic de 16 ans, taille moyenne, cheveux noirs, du Crezou.
Jean le Bars de 21 an, taille moyenne, cheveux chaftains, du Bourg.
Jean Terry de Quercognat de 24 ans.
Nedellec Querguenno de 30 ans, taille haute, cheveux noirs, du Crezou.
Laurent Stephan de 35 ans, taille haute, cheveux noirs, de Ploumanach.
Louïs le Sillour de 27 ans, taille haute, cheveux blonds, du Crezou.
Amaury le Gof de 20 ans, taille moyenne, cheveux noirs, *id.*
Pierre Guillaumet le Cadet de 21 an, taille moyenne, cheveux roux.
François le Sillour de 20 ans, taille moyenne, cheveux noirs.
Jean Lequellec de 21 an, taille moyenne, cheveux chaftains, de Troperros.
Pierre Dagorne de 30 ans, taille *id.*
Mathieu le Cozic de 45 ans, taille moyenne, cheveux noirs, de Crach.
Tudoal Jord de 22 ans, taille basse, cheveux noirs, de Troperros.
Jean le Bourrous le jeune, de 24 ans, taille haute, cheveux noirs, du Crezou.
Jean Querquennou de 28 ans, taille haute, cheveux noirs.

PAROISSE DE TREGASTEL.

Jean Prigent de 50 ans, taille moyenne, cheveux noirs, de Golgom.
Yvon Bordelles de 18 ans, taille basse, cheveux noirs, de Langaftel.
Yves le Sillour de 30 ans, taille moyenne, cheveux noirs, *id.*
Olivier le Bars de 40 ans, taille basse, cheveux noirs, de Querilis.
Nicolas Bordelles de 25 ans, taille moyenne, cheveux roux, de Langaftel.
Jacques le Guillouzer de 30 ans, taille haute, cheveux noirs, de Querilis.
Yvon le Borgne de 23 ans, taille basse, cheveux chaftains.
Yvon le Cozic de 32 ans, taille moyenne, cheveux noirs, de Querilis.
Silveftre Hefoüanou de 40 ans, taille moyenne, cheveux chaftains, *id.*

PAROISSE DE PLEMEUR-BODOU.

Jean Nicolle de 28 ans, taille basse, cheveux blonds, de Querjannegant.
Guillaume le Bris de 50 ans, taille moyenne, cheveux noirs, de Querennoc.

Charles Hamon de 30 ans, taille haute, cheveux noirs, de Querviziau.
Gilles le Gof de 27 ans, taille baſſe, cheveux noirs, de Liſle-grand.
Jacques le Beau de 40 ans, taille moyenne, cheveux blonds, de Querjannegant.
Yvon Salanu de 18 ans, taille moyenne, cheveux noirs, de Querennoc.
Charles le Moal de 18 ans, taille moyenne, cheveux blonds, de l'Iſle-Grand.
Yvon le Quenquis de 36 ans, taille haute, cheveux blonds, de Querviziau.
Yvon le Tinſorer de 45 ans, taille moyenne, cheveux chaſtains, de Kiannegant.
Olivier Lucas de 26 ans, taille moyenne, cheveux noirs, de l'Iſle-grand.
Yvon le Boutouler de 56 ans, taille moyenne, cheveux noirs, de Querennoc.
Yvon Daniel de 25 ans, taille baſſe, cheveux noirs.
Yves Geffroy de 45 ans, taille haute, cheveux blonds, de Quercadiou.
Jean le Quenquis de 35 ans, taille baſſe, cheveux noirs, de Querivon.
Yvon Hamon de 30 ans, taille moyenne, cheveux noirs, *id.*

PAROISSE DE TREBERDEN.

ROlland Alain, dit Goaſmat de 25 ans, taille moyenne, de Larmor.
Yvon Lucas de 30 ans, taille moyenne, cheveux noirs, de la Villeneufve.
Gilles Iſaac de 26 ans, taille haute, cheveux noirs.
Yvon Rioüallen de 25 ans, taille haute, cheveux noirs.
Guillaume Bihan de 26 ans, taille moyenne, cheveux noirs.
Yvon Lucas de 50 ans, taille moyenne, cheveux noirs, de Runigo.
Nicolas Geffroy de 25 ans, taille haute, cheveux noirs, de la Villeneufve.
Yvon le Roux de 50 ans, taille moyenne, cheveux noirs, de Quereller.
Jean le Loüet de 45 ans, taille *id.*
André Iſaac de 24 ans, taille *id.*
Nicolas Audren de 20 ans, taille baſſe, cheveux noirs, de Treberden.

PAROISSE DE SERVET.

JEan Thomas de 26 ans, taille moyenne, cheveux noirs, de Minihy.

PAROISSE DE PRELEVENEZ.

PIerre Bodever de 33 ans, taille moyenne, cheveux noirs, de Penaſtang.
Rolland Garric de 40 ans, taille haute, cheveux noirs, de Coazen.
Yvon le Cuziat de 35 ans, taille baſſe, cheveux noirs, de Querveno.

VILLE DE LANJON.

PRigent Sivy de 45 ans, taille moyenne, cheveux noirs.
Charles Launay.
François Nicolle.

PAROISSE DE LOGUIVY.

NEant.

PAROISSE DE PLOULECH.

HEnry Geoffroy de 24 ans, taille moyenne, cheveux noirs.

PAROISSE DE LOQVEMEAV.

CHriſtophe de Baraſſer de 40 ans, taille moyenne, cheveux noirs.
Alain Cabon de 26 ans, taille moyenne, cheveux roux, de Querſallé.

PAROISSE DE PLOMILIO.

NEant.

PAROISSE DE TREDEREZ.

JEan Pierre, fils de Jean, de 30 ans, taille moyenne cheveux noirs.

PAROISSE DE S. MICHEL EN GREVE.

NIcolas Calvez de 22 ans, taille haute, cheveux chaſtains.
Mandé Olivier de 25 ans, taille baſſe, cheveux noirs.

PAROISSE DE LOQUERECH.

FIacre Amaury de 25 ans, taille moyenne, cheveux blonds, du Bourg.

PAROISSE DE QUIMEC.

NEant.

PAROISSE DE PLOUGASNO.

MAurice Harzic de 32 ans, taille haute, cheveux noirs, de Terennes.
Fiacre Trehal de 26 ans, taille baſſe, cheveux noirs, de Tregaſtel.
Geffroy, fils aiſné de Laurent, de 20 ans.
Alain le Moine de 40 ans, taille moyenne, cheveux noirs, de Terennes.
Tanguy Jac de 35 ans, taille *id.* de Kerancozin.
Jean Saliou de 23 ans, taille baſſe, cheveux blonds, de Terennes.
Stephan Prigent de 30 ans, taille moyenne, cheveux blonds, de Querbabu.
Yvon Gueguen, fils de Bertran, de 30 ans, taille moyenne, cheveux blonds.
Jean Colin de 30 ans, taille moyenne, cheveux chaſtains, de Terennes.
Hervé Gueguen de 20 ans, taille haute, cheveux noirs, de Querbabu.
Michel Sehat de 30 ans.
Jean Laiſné de 30 ans, taille moyenne, cheveux chaſtains, de Terennes.
Yvon Hamon de 36 ans, taille *id.*

PAROISSE DE PLOUEZOCH.

FRançois Troadec de 33 ans, taille moyenne, cheveux blonds.
Pierre Troadec, dit de Lorme, de 33 ans.
Vincent Perron de 50 ans, taille haute, cheveux jaunes, de Quercaradec.
Auffray Caramour de 26 ans, taille haute, cheveux chaſtains.
Nicolas Raoul de 26 ans, taille moyenne, cheveux noirs.
Pierre Troadec de 30 ans, taille haute, cheveux noirs.
Michel Fear de 30 ans, taille baſſe, cheveux chaſtains.
Olivier le Louceau de 30 ans.
Claude Riou de 20 ans, taille haute, cheveux blonds, de S. Gomin.
François Cazuc de 25 ans, taille haute, cheveux noirs, de Quereſtein.

QUATRIEME CLASSE,

dont le service commencera au premier Avril 1673. & finira au dernier Mars 1674.

PAROISSE DES ARDRIEUX.

Jean le Chevillon, frere de Martin.
      Hernot, fils de Jean, de 17 ans, taille moyenne, cheveux noirs.
Pierre Moïsan de 33 ans, taille haute, cheveux noirs, de Querminiſter.
Charles Tregof de 25 ans, taille moyenne, cheveux noirs, *id.*
Jean Hernot de 50 ans, taille haute, cheveux blonds, *id.*
Hamon, fils d'Yves, taille haute, cheveux *id.*
Pierre la Gadec de 16 ans, taille moyenne, cheveux noirs, *id.*

PAROISSE DE PLOUBIHEN.

Guillaume Guillou de 24 ans, taille haute, cheveux blonds.
    François Guezenec.
Tudoal le Juif de 20 ans, taille baſſe, cheveux noirs, de S. Laurent.
Nicolas le Diſcort de 50 ans, taille baſſe, cheveux noirs, de Ponpego.
Jean le Sivillon de 55 ans, taille haute, cheveux chaſtains.
Henry Peiron.
Yves le Moulec de 22 ans, taille baſſe, cheveux blonds, de Larmor.
Marc le Dantec de 26 ans, taille moyenne, cheveux noirs.
Henry Rogart.

PAROISSE DE PLEMEUR-GAUTIER.

Pluſquellec de 25 ans, taille moyenne, cheveux noirs.
    Yvon le Mevel, fils de Pierre, de 22 ans, taille haute, cheveux blonds.

PAROISSE DE PLOUDANIEL.

Yvon le Cozet.
    Jean Hamon de 20 ans, taille moyenne, cheveux blonds, du Bourg.
Jean Loüarné.

PAROISSE DE QUIMPER-GUEZENEC.

Vincent Joſſe de 35 ans, taille moyenne, cheveux noirs.

PAROISSE DE TROGUERIC.

Jacques Querangal de 40 ans, taille moyenne, cheveux chaſtains.
    Jean Guiomar de 30 ans, taille haute, cheveux noirs.
Yvon Sehan de 30 ans, taille *id.*
Marc Tovelin de 26 ans, taille *id.*
François Perrin, de 30 ans, taille haute, cheveux blonds.
Tudoal le Gloazic de 27 ans, taille haute, cheveux noirs.

PAROISSE DE POMMERIC-JAUDY.

Fiacre le Berre de 25 ans, taille haute, cheveux noirs.
    Thomas Soler de 28 ans, taille haute, cheveux blonds.

PAROISSE

PAROISSE DE LA ROCHEDERIEN.

JEan le Manchel de 30 ans, taille basse, cheveux chastains.

PAROISSE DE LANGOAT.

GUillaume le Cozanec de 30 ans, taille moyenne, cheveux noirs.

PAROISSE DE MINIHY.

YVon Herry de 25 ans, taille moyenne, cheveux noirs.
Guillaume le Flaquer de 30 ans, taille haute, cheveux noirs.

PAROISSE DE TREDERZEC.

ROlland Briand de 37 ans, taille basse, cheveux chastains.
Yvon le Gac de 25 ans, taille moyenne, cheveux noirs.
Jean Bertault de 29 ans, taille moyenne, cheveux noirs, de Quervergant.
Yvon le Poulenec de 28 ans, taille basse, cheveux blonds.

VILLE DE TREGUIER.

JEan le Trahal de 23 ans, taille basse, cheveux chastains.
Jean le Meirec de 30 ans, taille haute, cheveux blonds.
Louïs Thomas de 14 ans, taille basse, cheveux blonds.
Olivier Aufray de 30 ans, taille haute, cheveux noirs.
Vincent le Gascon de 20 ans, taille moyenne, cheveux noirs.
Yvon le Troadec de 36 ans, taille haute, cheveux chastains.
Bestrand Migné de 40 ans, taille moyenne, cheveux noirs.
Nicolas le Bail de 30 ans, taille basse, cheveux noirs.
Julien Quimper de 17 ans, taille basse, cheveux noirs.
Tudoal Dones de 30 ans, taille moyenne, cheveux chastains.

PAROISSE DE PLOUGUEL.

VIncent Jezequel de 25 ans, taille moyenne, cheveux chastains.
Rolland Sehan de 35 ans, taille haute, cheveux noirs, de Querguillen.
François Huet de 25 ans, taille moyenne, cheveux noirs.
Lucas le Mevel de 40 ans, taille haute, cheveux noirs.
Alain Silvestre de 40 ans, taille haute, cheveux gris, de S. Goüesnou.
Sebastien Quarel de 25 ans, taille moyenne, cheveux blonds, de Kella.
Nicolas Salpin de 32 ans, taille *id.* de Coatgueno.

PAROISSE DE PLOURESQUAN.

JEan Dornadic de 26 ans, taille moyenne, cheveux blonds.

PAROISSE DE PENNEVENAN.

GUillaume le Gohin, fils d'Yves, de 34 ans, taille haute, cheveux blonds frisez.
Louïs Ruel de 25 ans, taille moyenne, cheveux noirs.
Conneric Legac de 23 ans, taille basse, cheveux blonds.
Conneric le Caër de 30 ans, taille moyenne, cheveux noirs, de Treguionbras.
Pierre Richard de 40 ans, taille moyenne, cheveux blonds, de Trebihan.
François le Guillardon de 30 ans, taille basse, cheveux noirs.
Michel Hamon de 52 ans, taille haute, cheveux noirs.
François le Ralec de 30 ans, taille moyenne, cheveux noirs, de Trebihenbras.
Yvon Jacques de 20 ans, taille moyenne, cheveux blonds, de Tregonval.

PAROISSE DE TREVOUX.

Tanguy Marico de 25 ans, taille moyenne, cheveux noirs, de Querilis.
Yves le Duc de 35 ans, taille moyenne, cheveux noirs, de Treguigné.

PAROISSE DE TRELEVERNE.

René le Bail de 40 ans, taille haute, cheveux noirs, de Queriec.
Yves Turpin de 40 ans, taille moyenne, cheveux blonds, de Querilis.
Yvon Querlevezo.
François Califot de 23 ans, taille haute, cheveux noirs, de Nantovec.
Nicolas Perron de 35 ans, taille *id.* de Queriec.

PAROISSE DE LOUANEC.

Jean Nicolle de 20 ans, taille basse, cheveux noirs, de Trosugal.
Pierre Querloaër de 19 ans, taille moyenne, cheveux noirs, de Querilis.
Mandé Lozahic de 30 ans, taille haute, cheveux noirs, de Querusado.
Maturin Querloas de 22 ans, taille moyenne, cheveux blonds, de Querilis.

PAROISSE DE SAINT QUAY.

Hegat Toudic de 25 ans, taille haute, cheveux noirs, de Querilis.

PAROISSE DE PERROS.

Guillaume Guillou, fils de Jean, de 35 ans, taille haute, cheveux noirs, du Bourou.
Rolland le Turnier de 30 ans, taille moyenne, cheveux chastains, de la Clarté.
Louis le Quenquis de 18 ans, taille basse, cheveux noirs, du Crezou.
Jean Johan de 27 ans, taille haute, cheveux blonds, *id.*
Yvon le Mouroux de 40 ans, taille moyenne, cheveux chastains, de Bourhaut.
Pierre Guillaumet de 25 ans, taille moyenne, cheveux roux.
François le Bars de 50 ans, taille moyenne, cheveux gris, de Troperros.
Louis Derien de 30 ans, taille haute, cheveux chastains, *id.*
Amaury le Merer de 16 ans, taille basse, cheveux noirs, du Crezou.
Noël le Bars de 21 an, taille moyenne, cheveux blonds, de Troperros.
Jean le Sillour fils, de 21 ans, taille moyenne, cheveux roux.
Mandé le Bars de 50 ans, taille moyenne, cheveux gris, de Troperros.
Mandé Derien de 50 ans, taille haute, cheveux noirs, de Crach.
Yvon Perron de 27 ans, taille moyenne, cheveux chastains, de Bourhaut.
Guion Guirmart de 18 ans, taille basse, cheveux blonds.
François Pasquiou de 24 ans, taille haute, cheveux noirs.
Gilles Philippes de 50 ans, taille basse, cheveux meslez.

PAROISSE DE TREGASTEL.

Jean Saliou de 19 ans, taille haute, cheveux noirs, de Querilis.
Jean Alain de 35 ans, taille moyenne, cheveux chastains, du Bourg.
Louis le Bras de 25 ans, taille moyenne, cheveux noirs, de Querilis.
Noël le Cozic de 53 ans, taille haute, cheveux noirs, de Golgom.
Yvon le Lanou, de 36 ans, taille moyenne, cheveux noirs, de Querilis.
Philippes Terry de 28 ans, taille moyenne, cheveux chastains, de Golgom.
Henry le Borgne de 16 ans, taille basse, cheveux chastains.
Hervé Salaun de 24 ans, taille moyenne, cheveux noirs, de Golgom.
Pierre Bordeles de 19 ans, taille moyenne, cheveux roux, de Langastel.
François le Gaffric de 40 ans, taille moyenne, cheveux noirs, de la Villeneufve.

PAROISSE DE PLEMEUR-BODOU.

Jean le Quinquis, fils de Claude, de 40 ans, taille haute, cheveux noirs.
Jean le Roux de 35 ans, taille basse, cheveux noirs, de l'Isle-Grand.

Mandé le Montréer, fils d'Yvon, de 27 ans, taille baſſe, de Quercadiou.
Noël le Lanou de 40 ans, taille haute, cheveux chaſtains, de Querivon.
Yvon Jaoüen âgé de 35 ans.
François Lamour.
Hefflan le Percherin de 54 ans, taille haute, cheveux noirs, de Queriven.
Pierre Ollivier de 40 ans, taille moyenne, cheveux noirs, de Quercadiou.
Guillaume le Bras de 40 ans, taille haute, cheveux noirs, de l'Iſle-Grand.
Michel le Moal de 17 ans, taille moyenne, cheveux blonds, *id.*
François Maduas de 45 ans, taille moyenne, cheveux noirs, *id.*
Ollivier le Bras, fils de Louis, de 18 ans, taille haute, cheveux blonds.
Yvon le Sillour.
Jean Lucas, fils d'Yvon.
Prigent Gellin de 30 ans, taille moyenne, cheveux noirs, de Querilis.

PAROISSE DE TREBERDEN.

François Creachder de 30 ans, taille haute, cheveux chaſtains, de Runigo.
Alain Cozic de 30 ans, taille moyenne, cheveux noirs, de la Villeneüfve.
Guillaume Iſaac de 23 ans, taille baſſe, cheveux noirs.
Jean Crech, de 45 ans, taille haute, cheveux noirs.
Tudoal le Goric de 35 ans, taille haute, cheveux chaſtains, de Quervennec.
Guillaume le Merer de 26 ans, taille moyenne, cheveux chaſtains, de Querchriſt.
Guillaume Tual de 27 ans, taille moyenne, cheveux noirs.
Jean le Saux de 26 ans, taille *id.* de Treberden.
Guillaume Guillouzer de 22 ans, *id.*
Mathieu le Candic de 23 ans, cheveux roux.

PAROISSE DE SERVET.

Yvon Potenlet de 40 ans, taille baſſe, cheveux noirs, de Querbalanec.
Michel le Brouzec de 30 ans, taille haute, cheveux chaſtains.

PAROISSE DE BRELEVENEZ.

Jean Jannou de 39 ans, taille haute, cheveux noirs, de Queritty.
François Querdual de 32 ans, taille haute, de Poullais.

VILLE DE LANJON.

Robert le Brozec de 45 ans, taille haute.
François Ballanay, taille moyenne, cheveux bruns.
Jean Garec.

PAROISSE DE LOGUIVY.

Neant.

PAROISSE DE PLOULECH.

Tudoal le Percherin de 35 ans, taille moyenne, cheveux noirs.

PAROISSE DE LOQUEMEAU.

Alain le Bras de 35 ans, taille moyenne, cheveux chaſtains.
Ollivier Gourio de 20 ans, taille moyenne, cheveux noirs.

PAROISSE DE PLOMILIO.

Neant.

PAROISSE DE TREDEREZ.

Jean le Bras de 35 ans, taille moyenne, cheveux roux.

PAROISSE DE S. MICHEL EN GREVE.

JAcques le Coat pere , de 36 ans, taille moyenne, cheveux noirs.

PAROISSE DE LOQUERECH.

GUillaume Roparts de 18 ans, taille moyenne, cheveux noirs, de Lingués.
Pierre Roparts de 20 ans, *id.*

PAROISSE DE QUIMEC.

ROlland Geoffroy de 24 ans, taille moyenne, cheveux noirs, de Querouriou.

PAROISSE DE PLOUGASNO.

CLaude Marſin de 40 ans, taille moyenne, cheveux noirs, de Primel.
Thomas le Gac de 30 ans, taille haute, cheveux jaunes, de Troperros.
Fiacre Maſſon de 30 ans, taille moyenne, cheveux blonds, de Guicaſno.
François Marſin de 26 ans, taille moyenne, cheveux noirs, de Primel.
Yvon Detien de 20 ans, taille haute, cheveux noirs, de Querbabu.
Alain le Ledan de 35 ans, taille moyenne, cheveux noirs, de Guicaſno.
Guillaume Moab de 25 ans, taille moyenne, cheveux noirs,
Loüis le Bezevoult de 16 ans, taille baſſe, cheveux noirs, de Troperros.
Fiacre Marſin de 22 ans, taille moyenne, cheveux noirs, de Tregaſtel.
Guimarche Hamon de 18 ans, taille moyenne, cheveux chaſtains.
Tanguy le Guillaſſet de 21 an, taille baſſe, cheveux noirs.
Geoffroy, fils de Laurent, de 16 ans.
René le Daun de 17 ans, taille moyenne, cheveux noirs.

PAROISSE DE PLOUEZOCH.

JAcques le Louceau de 35 ans, taille haute, cheveux noirs.
François le Bihan de 20 ans, taille baſſe, cheveux noirs.
Valentin Leſpagnol de 20 ans, taille moyenne, cheveux noirs.
Yvon Troadec, fils de Marguerite, de 20 ans, taille haute, cheveux noirs.
André Pezron de 23 ans, taille moyenne, cheveux noirs.
Yvon Gourmelon, dit Coüantic, de 40 ans, taille baſſe.
Nicolas Troadec, fils de Pierre, de 22 ans, taille haute, cheveux noirs.
Ollivier Maſſon de 25 ans, taille moyenne, de Treoguer.
François Caramour, fils de Jean, de 25 ans, taille moyenne, cheveux noirs.

CINQVIEME CLASSE,

dont le service commencera au premier Avril 1674. & finira
au dernier Mars 1675.

PAROISSE DES ARDRIEUX.

YVon Moïsan de 23 ans, taille haute, cheveux noirs, de Querminister.
Maurice le Gouhen de 45 ans, taille haute, cheveux gris, *id.*
Jean Talmus le vieil, de 50 ans, taille haute, cheveux noirs.
François le Meur de 25 ans, taille moyenne, cheveux noirs, de Querminister.
Vincent le Seré de 25 ans, taille moyenne, *id.*
Guillaume Roüart de 30 ans, taille haute, cheveux blonds, de Querminister.
François le Riven de 27 ans, taille basse, cheveux blonds.

PAROISSE DE PLOUBIHEN.

GEffroy le Meur de 26 ans, taille haute, cheveux noirs, de Larmor.
Jean le Bastard de 28 ans, taille moyenne, cheveux noirs, de Mezieul.
François Querichard.
Tudoal le Chevanton de 45 ans, taille haute, cheveux chastains, de Larmor.
Jean Libouban de 23 ans, taille haute, cheveux chastains, de Lisle-Maudé.
Claude le Maut de 30 ans, taille moyenne, cheveux blonds, de Querbort.
Yves le Troadec de 44 ans, taille basse, cheveux chastains.
Claude Evenou de 30 ans, taille haute, cheveux chastains, de Querbors.
François le Goasquet de 40 ans, taille moyenne, cheveux blonds, *id.*

PAROISSE DE PLEMEUR-GAUTIER.

JEan Mahé de 22 ans, taille haute, cheveux noirs.
Nicolas Reson de 30 ans, taille haute, cheveux blonds, de S. Doron.

PAROISSE DE PLOUDANIEL.

YVes le Goüazenec de 50 ans, taille basse, cheveux gris.
Pierre Riot de 35 ans, taille haute, cheveux noirs, de Tridern.
Guillaume Bourel de 30 ans, taille basse, cheveux chastains, *id.*

PAROISSE DE QUIMPER-GUEZENEC.

JEan Pocré de 40 ans, taille moyenne, cheveux noirs, du Bourg.

PAROISSE DE TROGUERIC.

HEnry Coüezanzault de 40 ans, taille moyenne, cheveux blonds.
Alain Person de 35 ans, taille moyenne, cheveux noirs, du Bourg.
Pierre Larmor de 24 ans, taille haute, cheveux noirs.
Mathurin le Guen de 40 ans, taille *id.*
Jean du Verger de 30 ans, taille haute, cheveux blonds.
Yves Maboulc, aussi de 30 ans, *id.*

PAROISSE DE POMMERIC-JAUDY.

ANtoine Mainguy de 28 ans, taille moyenne, cheveux chastains, de Lisleber.

PAROISSE DE LA ROCHEDERIEN.

Yvon le Loyer de 30 ans, taille moyenne, cheveux noirs.

PAROISSE DE LANGOAT.

Guillaume le Gloazec de 30 ans, taille moyenne, cheveux chaſtains.
Tudoal le Bourdonnec de 25 ans, taille moyenne, cheveux blonds, de Lezoen.

PAROISSE DE MINIHY.

Yvon le Garric de 33 ans, taille moyenne, cheveux noirs.
Marc Morvan de 25 ans, taille *id.*
Pierre Geoffroy de 26 ans, taille moyenne, cheveux blonds.

PAROISSE DE TREDERZEC.

Jean le Lerre de 25 ans, taille haute, cheveux noirs.
François le Sivillon de 25 ans, taille moyenne, cheveux noirs, de Quervergant.
Pierre Rolle, fils d'Yves, de 24 ans, taille *id.* de S. Botron.

VILLE DE TREGUIER.

Guillaume le Crom de 26 ans, taille baſſe, cheveux noirs.
Nicolas Auffray de 18 ans, taille baſſe, cheveux blonds.
Thomas Loas de 50 ans, taille moyenne, cheveux gris.
Jean le Borgne de 18 ans, taille haute, cheveux noirs.
François Queriel de 38 ans, taille moyenne, cheveux chaſtains.
François Denis de 33 ans, taille haute, cheveux noirs.
Matthieu Audren de 25 ans, taille *id.*
Tudoal le Crom de 30 ans, taille moyenne, cheveux noirs.
Guillaume Pegnoin de 23 ans, taille *id.*
Pierre le Caer de 36 ans, taille moyenne, cheveux chaſtains.

PAROISSE DE PLOUGUEL.

Yvon Jezequel de 27 ans, taille haute, cheveux noirs.
Alain Dagorne de 30 ans, taille moyenne, cheveux noirs.
Yvon Richard de 30 ans, taille *id.*
Mandé le Blanche de 40 ans, taille moyenne, cheveux chaſtains.
Michel le Barzic de 28 ans, taille moyenne, cheveux noirs.
Chriſtophe Minon de 30 ans, taille haute, cheveux noirs, de la Rochenoire.
Jean le Guerne de 30 ans, taille haute, cheveux blonds, de S. Goüefnou.

PAROISSE DE PLOVRESQUAN.

Yvon Petitbon de 50 ans, taille baſſe, cheveux chaſtains.

PAROISSE DE PENNEVENAN.

Louïs Laoüenan de 35 ans, taille moyenne, cheveux jaunes.
Yvon Rolland de 25 ans, taille moyenne, cheveux blonds, de Trebihen.
Jean Goüello de 23 ans, taille haute, cheveux blonds, d'Abeguillec.
Ollivier le Bris de 20 ans, taille moyenne, cheveux blonds, *id.*
Nicolas le Garat de 30 ans, taille haute, cheveux chaſtains, de Trebihenbras.
Jean Margo de 25 ans, taille baſſe, cheveux noirs.
Pierre Truoas, fils d'Yves, de 26 ans, taille haute, cheveux noirs.
Yvon Broudic de 20 ans, taille moyenne, cheveux noirs, de Guionbras.

PAROISSE DE TREVOUX.

GIlles le Montrer de 30 ans, taille haute, cheveux noirs, de Querilis.
Rolland Lequiniou de 25 ans, taille moyenne, cheveux chastains.
François Legal de 38 ans, taille *id.*

PAROISSE DE TRELEVERNE.

YVon le Coguen de 22 ans, taille moyenne, cheveux chastains.
Jean le Montrer fils, de 17 ans, taille moyenne, cheveux blonds.
Pierre Guyomar de 30 ans, taille moyenne, cheveux noirs, de Queriec.
Claude le Montrer, fils de Rolland, de 20 ans, taille haute, cheveux noirs.
Jean Nicolas de 40 ans, taille moyenne, cheveux chastains, de Quiriec.

PAROISSE DE LOUANEC.

YVon le Cuziat de 35 ans, taille haute, cheveux noirs, de Trozugal.
Pierre Galifot de 51 an, taille moyenne, cheveux gris, de Querilis.
Yvon Hamon de 30 ans, taille moyenne, cheveux noirs, *id.*
Guillaume Flenu de 30 ans, taille moyenne cheveux chastains, de Hantovec.
Guillaume le Quellec de 50 ans, taille haute, cheveux blonds, de Querilis.

PAROISSE DE S. QUAY.

YVon Nicolas de 40 ans, taille basse, cheveux roux.

PAROISSE DE PERROS.

JEan Quimper de 30 ans, taille moyenne, cheveux blonds, de Crach.
Alain le Goffic de 26 ans, taille moyenne, cheveux noirs, de Troperros.
Jean Lopés de 22 ans, taille *id.* de Crach.
Jean Riou de 28 ans, taille haute, cheveux noirs, *id.*
Jean Quimper de 50 ans, taille basse, cheveux chastains, de Troperros.
Michel Luron de 28 ans, taille haute, cheveux noirs, de Ploumanach.
François le Bescond de 37 ans, taille moyenne, cheveux noirs.
Rolland le Poufin de 28 ans, taille haute, cheveux blonds, de Quergomart.
Hervé le Cruguil de 45 ans, taille moyenne, cheveux chastains, de Crach.
Louïs le Heur de 29 ans, taille haute, cheveux noirs, de Troperros.
Pierre le Primenec de 30 ans, taille moyenne, cheveux noirs, de Ploumanach.
Jean le Drollec de 40 ans, taille *id.* de Troperros.
François le Bail, fils d'Yvon, de 27 ans, taille moyenne, cheveux chastains.
Gilles Philippes de 50 ans, taille basse, cheveux meslez.
Yvon le Bescond de 30 ans, taille haute, cheveux noirs, du Crezou.
Guillaume Lequinquis de 24 ans, taille haute, cheveux jaunes, du Crach.
Jean le Baille de 22 ans, taille moyenne, cheveux chastains, de Troperros.

PAROISSE DE TREGASTEL.

ROlland le Broizec de 50 ans, taille haute, cheveux chastains, de Golgom.
François Quimper de 30 ans, taille haute, cheveux noirs, *id.*
Guillaume le Heur de 16 ans, taille moyenne, cheveux noirs, de Langastel.
Yvon le Goaffic de 25 ans, taille haute, cheveux chastains.
Fiacre Nicolas de 50 ans, taille moyenne, cheveux noirs, de Querilis.
Jean Salriou de 34 ans, taille haute, cheveux noirs, de Golgom.
Yvon Geoffroy de 55 ans, taille moyenne, cheveux noirs, de Querilis.
Yvon le Guillouzer de 47 ans, taille moyenne, cheveux gris, de Langastel.
François le Bechet de 30 ans, taille haute, cheveux noirs, du Bourg.
Jean le Tourre de 22 ans, taille moyenne, cheveux chastains, de Langastel.

PAROISSE DE PLEMEUR-BODOU.

René le Heurt de 28 ans, taille haute, cheveux noirs, de Querjeannegant.
Yvon Bahic fils, de 33 ans, taille *id.* de l'Islegrand, *id.*
Jean Rolland de 20 ans, taille moyenne, cheveux blonds, *id.*
Yvon Pasquiou de 43 ans, taille haute cheveux chastains, de Querennoc.
Alain le Lurou de 32 ans, taille basse, cheveux noirs, *id.*
Estienne le Merrer de 18 ans, taille moyenne, cheveux blonds, *id.*
Jean le Bras, fils de Charles, de 45 ans, taille moyenne, cheveux noirs, *id.*
Yvon le Merrer de 45 ans, taille moyenne, cheveux chastains, de Querviziau.
Nicolas le Levier de 25 ans, taille *id.* de Querjeannegant.
Yvon le Gof de 17 ans, taille haute, cheveux noirs, de Quervergant.
Ollivier le Roux de 30 ans, taille *id.* de Querilis.
Jean le Barazer de 46 ans, taille moyenne, cheveux noirs, de Querennoc.
Silvestre le Merrer, fils de Jean, de 30 ans, taille haute, cheveux noirs.
Yvon le Bahic de 50 ans, taille moyenne, cheveux gris, *id.*
Vincent Gouello de 30 ans, taille haute, cheveux noirs.

PAROISSE DE TREBERDEN.

Rolland Hamon de 28 ans, taille moyenne, cheveux noirs, de Quervennec.
Jean Johan de 16 ans, taille moyenne, cheveux noirs, de Larmor.
Martin Brigand de 20 ans, taille haute, cheveux noirs, de Querellec.
Jean Herviou de 20 ans, taille basse, cheveux noirs, de Penland.
Jean le Cozic de 28 ans, taille moyenne, cheveux noirs, de la Villeneufve.
Louïs le Bris de 24 ans, taille moyenne, cheveux chastains, de Larmor
Jean Nicolas de 24 ans, taille moyenne, cheveux noirs, de Quervennec.
Yvon Daniel de 25 ans, taille haute, cheveux chastains, *id.*
Guillaume le Bescond de 30 ans, taille moyenne, cheveux chastains, *id.*
Guillaume le Jeune de 30 ans, taille haute, cheveux noirs.
Louïs Querguemou de 22 ans, taille moyenne, cheveux bruns.

PAROISSE DE SERVET.

Ollivier le Mayet de 50 ans, taille basse, cheveux chastains, chauve.

PAROISSE DE PRELEVENEZ.

Yvon le Licon de 27 ans, taille moyenne, cheveux noirs, de Penastang.
Jacques Quereveur de 35 ans, taille *id.* de Poullays.
Maury Touralastel de 35 ans, taille haute, cheveux noirs, de Querilis.

VILLE DE LANJON.

Pierre Derien de 25 ans, taille moyenne, cheveux noirs.
Guyon le Meut de 35 ans, taille haute, cheveux noirs.
Gilles Trimintin de 50 ans, taille moyenne, cheveux noirs.

PAROISSE DE LOGUIVY.

Marc Calvez de 18 ans, taille moyenne, cheveux noirs.

PAROISSE DE PLOULECH.

Alain Percherin de 45 ans, taille moyenne, cheveux noirs.

PAROISSE DE LOQVEMEAV.

Rolland Daniel de 42 ans, taille moyenne, cheveux noirs.

PAROISSE DE PLOMILIO.

Neant.

PAROISSE DE TREDEREZ.

Yvon le Bras de 30 ans, taille moyenne, cheveux blonds.
Jean le Briguer de 30 ans, taille moyenne, chauve.

PAROISSE DE S. MICHEL EN GREVE.

François Ollivier de 28 ans, taille baſſe, cheveux noirs.

PAROISSE DE LOQUERECH.

Rançois Cabon de 18 ans, taille moyenne, cheveux noirs, du Bourg.
Yvon Roparts de 23 ans, taille *id.* de Lingues.

PAROISSE DE QUIMEC.

Jean Laiſné de 16 ans, taille baſſe, cheveux noirs, de Pommeluen.

PAROISSE DE PLOUGASNO.

Pierre le Gac de 28 ans, taille haute, cheveux noirs, de Troperros.
Jean Marſin de 27 ans, taille moyenne, cheveux noirs, de Tregaſtel.
Yvon Maſſon de 24 ans, taille moyenne, cheveux blonds, de Troperros.
Raoul Caſſoulac de 27 ans, taille moyenne, cheveux chaſtains, de Queracoiſin.
François Prigent de 20 ans, taille moyenne, cheveux noirs, de Tregaſtel.
Jean Hamon de 16 ans, taille baſſe, cheveux noirs, de Terennes.
Jean Derien de 26 ans.
Guillaume Choguer de 32 ans, taille moyenne, cheveux blonds, de Troperros.
Jean Caſſoulac de 22 ans, taille moyenne, cheveux noirs, de Tregaſtel.
Ollivier le Pautric de 26 ans, taille moyenne, cheveux noirs.
Maurice Colin de 30 ans, taille moyenne, cheveux noirs, de Quermorvezan.
Pierre le Guernigou de 20 ans, taille *id.*
Thomas Riou de 34 ans, taille *id.*

PAROISSE DE PLOUEZOCH.

Pierre Perron, fils de Jean, de 18 ans, taille moyenne, cheveux chaſtains.
Guillaume Quernigoüet de 25 ans, taille baſſe, cheveux noirs.
Vincent le Naour de 28 ans, taille moyenne, cheveux jaunes.
Barbané Jaoüen de 33 ans, taille haute, cheveux noirs.
Jacques Boga de 40 ans, taille moyenne, cheveux chaſtains, du Paſſage.
Nicolas Perron de 23 ans, taille *id.*
François Gourmelon de 30 ans, taille moyenne, cheveux noirs.
Loüis Couhanet de 28 ans, taille moyenne, cheveux noirs.
Nicolas Troadec, fils de François, de 24 ans, taille haute.

PAÏS ET DUCHÉ
DE RETZ,
EN L'EVESCHÉ DE NANTES.

PREMIERE CLASSE,
dont le service finira au dernier Mars 1671.

Paroiſſe de Rezay & Iſles de Trentemoux.

CRiſtin Burban de 22 ans , petite taille , poil blond.
Iulien Breſron , fils de Pierre , de 24 ans , grande taille , poil noir.
Iulien Audebert , fils de René , de 18 ans , moyenne taille , poil noir.
Louïs Olive , de 23 ans , moyenne taille , poil blond.
Noel Marteau , de 18 ans , petite taille , poil noir.
Pierre Chauvillon , fils de grand Pierre , de 16 ans , moyenne taille , poil noir.
Pierre Artaud , fils de Iulien , de 23 ans , grande taille , poil noir.
Thomas Olive , fils de Noel , de 18 ans , moyenne taille , poil noir.

Bourg de Rezay.

NEant.

Canton de Couëts , Paroiſſe de S. Pierre de Bouguenais.

NEant.

Roche Balu , même Paroiſſe de Bouguenais.

NEant.

Village de Boizeau , Parroiſſe de S. Jean de Bouguenais.

NEant.

Le Bourg de S. Jean de Bouguenais.

NEant.

Village de la Telindiére en S. Jean de Bouguenais.

NEant.

Païs & Duché de Retz,

Paroisse du Pellerin.

Pierre Bersommé , dit la Boutique , de 35 ans , grande taille , poil blond.
Pierre Porteau , Charpentier , de 30 ans , moyenne taille , poil chastain.
Gilles Iosse , de 24 ans , moyenne taille , poil noir.

Le Village de Buzay , Paroisse du Pellerin.

Neant.

La Martinière.

Neant.

Paroisse de Veuë.

Neant.

Paroisse de Frossé & le Migron.

Gilles Fourneau , fils de Gilles , de 28 ans , grande taille , poil chastain.
Iean Haudecœur , de 25 ans , grande taille , poil noir.
Maturin Merier , de 28 ans , grande taille , poil blond.
Pierre Coindreau , de 35 ans , moyenne taille , poil chastain.
René Bécheu , fils de René , de 24 ans , moyenne taille , poil chastain.

Paroisse de Corset.

Iean Iauny , de 45 ans , grande taille , poil noir.

Paroisse de S. Per en Retz , Bourg de Paimbœuf.

Charles David , de 25 ans , moyenne taille , poil chastain.
Iulien David , de 23 ans , moyenne taille , poil chastain.

Paroisse de S. Viaux , Trait de la Herissiére.

Neant.

Paroisse de S. Brevain.

Germain Renaud , de 25 ans , moyenne taille , poil chastain.
Iean Morisseau , fils de François , de 24 ans , moyenne taille , poil blond.

Paroisse de S. Michel en Retz.

Iean Gastebeüre , de 33 ans , moyenne taille , poil noir.
Iulien Lormeau , Charpentier , de 45 ans , grande taille , poil chastain.

Pornic.

André Gauvin de 20 ans , moyenne taille , poil noir.
Gilles Deniau , fils de Gilles , de 25 ans , moyenne taille , poil noir.
Iulien Landreau de 42 ans , moyenne taille , poil gris.
Iulien Dubrais de 40 ans , moyenne taille , poil gris.
Iean Avril , fils d'Yves , de 32 ans , moyenne taille , poil noir.
Iean du Brais , fils de Iean.
Iean Gervaise de 22 ans , moyenne taille , poil noir.
Michel Texier de 22 ans , grande taille , poil noir.
Nicolas Deniau de 20 ans , moyenne taille , poil noir.
Pierre le Sang de 27 ans , moyenne taille , poil noir.
René le Rais de 22 ans , grande taille , poil noir.

Première Classe.

Guillaume Augareau de 26 ans, grande taille, poil chastain.
Iean Laurent, dit la Pucelle.
Simon Vigneux de 25 ans, moyenne taille, poil noir.
Sebastien Mouraud de 30 ans, moyenne taille, poil noir.
Alexandre Porcher de 30 ans, moyenne taille, poil noir.
Gilles Sanson de 30 ans, petite taille, poil noir.
Simon Nau, Charpentier, de 30 ans, petite taille, poil noir.

Paroisse de Clyon en Retz.

CLement Hardy, fils de Iean, de 20 ans, moyenne taille, poil chastain.
Estienne Tomeré de 22 ans, moyenne taille, poil blond.
Iean Iean, fils de Guillaume, de 25 ans, moyenne taille, poil noir.
Iean Tomeré, fils de Iean, de 25 ans, petite taille, poil noir.
Pierre Testart, fils de Pierre, de 18 ans, moyenne taille, poil noir.
Pierre le Porcher, fils de Iean, de 26 ans, moyenne taille, poil noir.

Paroisse de Sainte Marie.

CLement Roul, fils de Martin, de 28 ans, moyenne taille, poil noir.
Iean Olivier, fils d'Estienne, de 18 ans, moyenne taille, poil chastain.
Lucas Loquin, de 30 ans, moyenne taille, poil blond.
Iean Sandreau de la Gouïniére, de 23 ans, moyenne taille, poil chastain.
Maturin Butaux, fils de Pierre, de 23 ans, moyenne taille, poil blond.
Pierre Fouré, de 35 ans, grande taille, poil noir.
Pasquier Fourneau, fils de Iean, de 24 ans, moyennne taille, poil noir.
Pasquier Fourneau, fils de Pierre, de 22 ans, moyenne taille, poil blond.
Pierre Ollivier, fils d'Estienne, de 27 ans, moyenne taille, poil chastain.
Sauveur du Porteau, de 33 ans, moyenne taille, poil noir.
Pierre Porteau, de 23 ans, moyenne taille, poil chastain.

Paroisse de Pregny.

DOnatien Lorteau, de 16 ans, moyenne taille, poil noir.

Paroisse des Moutiers, & Village de la Bernerie.

IEan Burgaux, fils de Pierre, de 30 ans, moyenne taille, poil noir.
Clair Docet, de 28 ans, moyenne taille, poil roux.
Pierre Denis, fils de Pierre, de 28 ans, moyenne taille, poil noir.
Estienne Joye de 32 ans, grande taille, poil noir.
Estienne Renaud de la Deyoliére, de 25 ans, petite taille, poil noir.
Estienne Nau, dit la Balle, de 28 ans, petite taille, poil chastain.
Clement le Roux de 22 ans, moyenne taille, poil chastain.
Estienne Avril, fils de Iean, de 20 ans, moyenne taille, poil chastain.
Estienne Mion de 27 ans, moyenne taille, poil noir.
Michel Caillaux, fils de Gabriel, de 20 ans, grande taille, poil noir.
Iulien Ollivier de 40 ans, petite taille, poil blond.
Pierre Marchesse de 24 ans, moyenne taille, poil chastain.
Charles Roüaud, fils de Iean, de 24 ans, petite taille, poil chastain.
Estienne Trouïllon, gendre de Iean, de 27 ans, moyenne taille, poil noir.
Le Negre de la Boezilliére de 35 ans, petite taille, poil noir.
Gregoire Plisson de la Rinet, de 30 ans, moyenne taille, poil noir.
Guillaume le Rais, fils d'Ollivier, de 17 ans, petite taille, poil chastain.
Iean Docet, fils de Iean des Plantes, de 28 ans, moyenne taille, poil noir.
Iean le Rais, fils de Tarzais, de 25 ans, petite taille, poil noir.
Iean Gautier, fils de Maturin, de 30 ans, petite taille, poil noir.
Nicolas le Rais, fils de Donatien, de 25 ans, moyenne taille, poil noir.
Michel Huguet de la Sermetiere, de 35 ans, grande taille, poil blond.
Pierre Gelineau de Patory, de 35 ans, petite taille, poil noir.

Michel Dudouet de 28 ans, grande taille, poil chastain.
Iean Girard, fils de Pierre, de 20 ans, moyenne taille, poil noir.
Pierre le Rais, fils de Pierre, de 24 ans, grande taille, poil noir.
Simon Serenne, fils de Iulien, de 30 ans, petite taille, poil noir.
Thomas le Breton de 30 ans, petite taille, poil noir.
Yves le Rais, fils d'Yves, de 33 ans, moyenne taille, poil blond.

Paroisse de la Pleine en Retz.

CYprien Denis, fils de Fiacre, de 22 ans, moyenne taille, poil noir.
Guidas Fourneau, fils de Iean, de 20 ans, moyenne taille, poil noir.
Guillaume Roquet, de 28 ans, moyenne taille, poil noir.
Guillaume Hovesry, de 30 ans, grande taille, poil blond.
Iean Pegeaud, de 26 ans, grande taille, poil noir.
Henry Nau, de 20 ans, grande taille, poil noir.
Iean Botteau de la Ruë, de 23 ans, moyenne taille, poil chastain.
Iean Avril, de 25 ans, moyenne taille, poil chastain.
Iean Texier de 23 ans, petite taille, poil noir.
Loüis Gillet, fils de Philippes, de 25 ans, moyenne taille, poil noir.
Maturin Renaud Dumarais de 25 ans, moyenne taille, poil noir.
Maturin Roux, fils de Georges, de 26 ans, moyenne taille, poil blond.
Ollivier Fourneau de 24 ans, moyenne taille, poil noir
Pierre Cholet de 25 ans, moyenne taille, poil roux.
Pierre Soyce, dit Mazure, de 32 ans, moyenne taille, poil noir.
Pierre Fourneau, fils de Charles, de 22 ans, moyenne taille, poil noir.
Pierre Denis, fils de Iean de la Mazure, de 27 ans, moyenne taille, poil chastain.
Sire Boye de 25 ans, moyenne taille, poil blond.

Bourneuf en Saint Syre.

EStienne Bidaut de 40 ans, moyenne taille, poil noir.
François Bulet de 42 ans, moyenne taille, poil noir.
François le Voilat de 35 ans, moyenne taille, poil chastain.
Iean Peruchaux de 30 ans, moyenne taille, poil noir.
Iean Chevaleau de 40 ans, moyenne taille, poil noir.
Maturin Bidaux de 30 ans, grande taille, poil noir.
Pierre Manguy de 30 ans, petite taille, poil noir.
Pierre Jagu de 24 ans, grande taille, poil blond.
Daniel Peruchaux de 20 ans, moyenne taille, poil noir.
François Hervé, fils de Iacques, de 26 ans, grande taille, poil noir.
François Richardou de 27 ans, grande taille, poil noir.
François Mauguy de 24 ans, moyenne taille, poil noir.
Denis Mauguy de 27 ans, moyenne taille, poil noir.
Iean Baron de 27 ans, moyenne taille, poil chastain.
Honoré Dupan, fils de Cristophe, de 14 ans, moyenne taille, poil chastain.

Paroisse de la Roche en Sainte Croix de Machecoul.

MAturin Hery de 24 ans, moyenne taille, poil noir.
Iean Hery, fils de Iean, de 18 ans, moyenne taille, poil chastain.

Les Pois en l'Isle de Boüin.

IEan Vrignaud de 30 ans, moyenne taille, poil noir.
Iean Guerin, fils de Iean, de 24 ans, moyenne taille, poil chastain.
Pierre Baizaud de 18 ans, moyenne taille, poil chastain.
Pierre Renoux de 18 ans, moyenne taille, poil chastain.
Estienne Baraud de 26 ans, petite taille, poil chastain.
Iacques Lambert de 40 ans, grande taille, poil chastain.
Iacques Rousseau, fils de Iean, de 30 ans, moyenne taille, poil chastain.

SECONDE

SECONDE CLASSE,

dont le ſervice commencera au premier Avril 1671.
& finira au dernier Mars 1672.

Paroiſſe de Rezay & Iſles de Trentemoux.

Pierre Bertaud, fils de Iulien, de 23 ans, grande taille, poil noir.
Iean Cloüet, fils de Pierre, de 26 ans, petite taille, poil noir.
Pierre Ioye, fils d'André, de 22 ans, moyenne taille, poil chaſtain.
André Bruneau, fils de Claude, de 23 ans, moyenne taille, poil chaſtain.
Pierre Artaud, fils de Iean, de 24 ans, moyenne taille, poil noir.
Le fils de Iean Pajaud l'aiſné, de 20 ans, moyenne taille, poil chaſtain.
Silveſtre Cloüet de 23 ans, moyenne taille, poil blond.
Iean Ollive, fils de Iean, de 22 ans, moyenne taille, poil noir.

Bourg de Rezay.

Neant.

Canton des Coüets, Paroiſſe de S. Pierre de Bouguenais.

Neant.

Roche Balu même Paroiſſe de Bouguenais.

Neant.

Le Bourg de S. Pierre de Bouguenais.

Neant.

Paroiſſe de S. Jean de Bouguenais.

Neant.

Le Bourg de S. Jean de Bouguenais.

Neant.

Village de la Telindiére en S. Jean de Bouguenais.

Neant.

Paroiſſe du Pellerin, & la Martiniére.

Iulien Tabart de 30 ans, moyenne taille, poil noir.
Iean Camus de 24 ans, moyenne taille, poil noir.
Pierre Boyer de 32 ans, moyenne taille, poil noir.
Pierre Renaud de 25 ans, grande taille, poil noir.
Pierre Bernard, fils de Pierre, de 24 ans, moyenne taille, poil noir.
Iean David de 20 ans, moyenne taille, poil noir.
Iean Gorgeu de 16 ans, petite taille, poil chaſtain.

Paroiſſe de Veuë.

Neant.

Païs *&* Duché de Retz,
Paroiſſe de Cheix:

NEant.

Paroiſſe de Froſſé, *&* le Migron.

IAcques Fourneau, fils de Gilles, de 25 ans, moyenne taille, poil chaſtain.
Iacques Renaud de 23 ans, moyenne taille, poil noir.
Michel le Breton, dit la Roche, de 46 ans, moyenne taille, poil roux.
Touſſaint Coindreau de 40 ans, grande taille, poil noir.

Paroiſſe de Corſet.

CHarles Metilet de 25 ans, grande taille, poil roux.
Pierre Gicquiau, fils de Pierre, de 25 ans, petite taille, poil chaſtain.

Paroiſſe de S. Per en Retz, Bourg de Paimbeuf.

MArtin Ripot de 34 ans, moyenne taille, poil noir.
Iulien Rivaux de 34 ans, moyenne taille, poil noir.
Thomas Hendriſſe de 39 ans, Canonier, moyenne taille, poil roux.

Paroiſſe de S. Viaux, Traite de la Heriſſiére.

NEant.

Paroiſſe de S. Brevain.

IEan Baconnais de 25 ans, petite taille, poil noir.
Iean Renaud, fils de René, de 22 ans, petite taille, poil noir.
Pierre Thomas, fils de Denis, de 22 ans, moyenne taille, poil noir.

Paroiſſe de S. Michel en Retz.

IEan Lormeau de 26 ans, moyenne taille, poil noir.
Lucien le Prince de 17 ans, petite taille, poil roux.

Ville *&* Paroiſſe de Pornic.

CLaude Peliſſonneau de 35 ans, grande taille, poil noir,
Dominique Augareau de 24 ans, moyenne taille, poil blond.
Eſtienne Vigneux, dit Badroüille, de 24 ans, moyenne taille, poil blond.
Eſtienne Pellerin de 27 ans, moyenne taille, poil noir.
François Pajot, fils de Silveſtre, de 26 ans, grande taille, poil roux.
George David de 24 ans, petite taille, poil noir.
Guidas Seraut de 34 ans, moyenne taille, poil noir.
Iean Laurent, fils de Guillaume, de 33 ans, moyenne taille, poil noir.
Iean Avril de 35 ans, moyenne taille, poil noir.
Iean André de 25 ans, moyenne taille, poil noir.
Maturin Droüet de 25 ans, moyenne taille, poil noir.
Nicolas Fourneau, dit la Bouteille, de 34 ans, moyenne taille, poil blond.
René Mion de 23 ans, petite taille, poil blond.
Vital Thebaut de 25 ans, grande taille, poil noir.

Paroiſſe du Clion.

CLement Hardy, fils de Pierre, de 23 ans, moyenne taille, poil blond.
Macé Porcher, Beaufrere de Daviaux, de 25 ans, moyenne taille, poil noir.
Macé Giraud, fils de Pierre, de 23 ans, moyenne taille, poil chaſtain.
René Ollivier de 35 ans, moyenne taille, poil chaſtain.
Thomas Boüat de 20 ans, moyenne taille, poil noir.

Sainte Marie.

EStienne Ollivier, fils d'Eſtienne de 30 ans, moyenne taille, poil noir.
Iean le Roy, fils de Guillaume, de 26 ans, moyenne taille, poil noir.
Iulien Tardif, dit Baron, de 27 ans, moyenne taille, poil roux.
Nicolas Vigneux de 35 ans, moyenne taille, poil noir.
Pierre Rimbaud, fils de Iean, de 35 ans, moyenne taille, poil noir.
Pierre le Roy de 28 ans, moyenne taille, poil noir.
Vincent Broſſeau de 26 ans, moyenne taille, poil noir.

Paroiſſe des Moutiers, & Village de la Bernerie.

ADam Huguet de 33 ans, moyenne taille, poil noir.
Blaize Nau de 40 ans, moyenne taille, poil noir.
Eſtienne du Doüet, fils d'Eſtienne, de 24 ans, moyenne taille, poil noir.
Eſtienne Ollivier, fils d'Eſtienne, de 30 ans, grande taille, poil noir.
Guillaume Nau, fils de Guillaume, de 27 ans, grande taille, poil noir.
Hervé Nau de 40 ans, moyenne taille, poil noir.
Iulien Viridet, fils de Pierre, de trente ans, grande taille, poil noir.
Iacques Avril de 36 ans, grande taille, poil noir.
Donatien du Doüet, fils de Iean le Cadet, de 20 ans, moyenne taille, poil chaſtain.
Iulien Cheneau de 45 ans, grande taille, poil noir.
Iulien Doucet, fils de Louïs, de 40 ans, grande taille, poil chaſtain.
Iean Pellerin, fils de Pierre, de 45 ans, petite taille, poil noir.
Iean Lucas, fils de Vincent, de 35 ans, petite taille, poil noir.
Iean Iſacart, de 35 ans, moyenne taille, poil roux.
Iulien la Chatte, fils de Iean, de 35 ans, moyenne taille, poil noir.
Martin Ollivier de 44 ans, moyenne taille, poil noir.
Nicolas Doucet de 22 ans, grande taille, poil noir.
Ollivier Arnaud de 45 ans, grande taille, poil roux.
Pierre Gautier de 35 ans, petite taille, poil noir.
Philippes Tiroer de 25 ans, moyenne taille, poil chaſtain.
Simon le Rais, fils de Pierre, de 20 ans, grande taille, poil blond.
Vincent Ioye de 35 ans, moyenne taille, poil noir.
Vincent Viridet, fils d'Honoré, de 25 ans, moyenne taille, poil noir.
Vincent Colin Vallery de 30 ans, moyenne taille, poil noir.

Paroiſſe de la Pleine.

ANtoine Fourneau, de la Delotiére, de 25 ans, grande taille, poil blond.
Clair Gigonais de 25 ans, moyenne taille, poil blond.
Louïs Caillaux, fils de Philippes, de 20 ans, moyenne taille, poil noir.
François Thebaut de 32 ans, grande taille, poil blond.
Iacques Roland de 49 ans, moyenne taille, poil gris.
Iean Fourneau, fils de Iean, Maiſon d'ardoiſe, de 30 ans, moyenne taille, poil noir.
Ioſeph Avril de 34 ans, grande taille, poil noir.
Iean Botteau le jeune de 44 ans, moyenne taille, poil noir.
Iean Cabaran de 36 ans, moyenne taille, poil chaſtain.
Iean Fourneau du grand Kroüart, de 40 ans, moyenne taille, poil noir.
Iacques Roul de 36 ans, grande taille, poil noir.
Michel Roul de 40 ans, moyenne taille, poil gris.
Nicolas Doucet de 30 ans, moyenne taille, poil chaſtain.
Pierre Roquet de 35 ans, moyenne taille, poil noir.
Yves Bonamy, de 22 ans, moyenne taille, poil blond.

Bourneuf en Saint Syre.

IVlien Bonamy de 40 ans, moyenne taille, poil noir.
Antoine Bidaut de 24 ans, moyenne taille, poil noir.

Iacques Baſtard de 48 ans, moyenne taille, poil noir.
Iean Benoiſt le jeune de 30 ans, moyenne taille, poil blond.
Iean Amoureux frere d'Albert, de 30 ans, moyenne taille, poil noir.
Iulien Ioye de 44 ans, grande taille, poil noir.
Michel Loirat de 25 ans, petite taille, poil noir.
Ollivier Silveſtre, gendre de Loirat, de trente ans, moyenne taille, poil noir.
Pierre Bavarlé de 38 ans, moyenne taille, poil noir.
Ioachim Birlet, fils de Pierre de 22 ans, moyenne taille, poil noir.
Pierre Silveſtre de 25 ans, grande taille, poil noir.
Pierre Bidaut de 28 ans, moyenne taille, poil noir.
Pierre Veré de 28 ans, moyenne taille, poil noir.

Paroiſſe de la Roche en Sainte Croix de Machecoul.

François Rizion de 28 ans, moyenne taille, poil blond,
Pierre Boniau de 17 ans, moyenne taille, poil noir.
Marc Tranſy, fils de Pierre, de 17 ans, moyenne taille, poil blond.

Les Pois en l'Iſle de Bouïn.

Iean Baraud, fils de Louïs, de 33 ans, grande taille, poil noir.
François Vrignaud, fils de François, de 20 ans, moyenne taille, poil blond.
Iean Vincendeau, fils de la Molinette, de 24 ans, grande taille, poil blond.
André Fret de 32 ans, grande taille, poil chaſtain.
Iean le Conte, fils de Iean, de 14 ans, grande taille, poil chaſtain.
David Baraud, fils de René, de 30 ans, moyenne taille, poil chaſtain.
Maturin Convry, fils de Iulien, de 22 ans, moyenne taille, poil chaſtain.

TROISIÉME CLASSE,

dont le ſervice commencera au premier Avril 1672. & finira au dernier Mars 1673.

Paroiſſe de Rezay, & Iſles de Trentemoux.

Pierre Baujeu, fils de Iean, de 20 ans, moyenne taille, poil blond.
Iean Baujeu le jeune, fils de Iean, de 20 ans, moyenne taille, poil blond.
Iean Baujeu, fils de Martin, de 23 ans, moyenne taille, poil chaſtain.
Ioſeph Aubair de 20 ans, moyenne taille, poil noir.
Yvon Bertrand de 20 ans, moyenne taille, poil chaſtain.
Eſtienne Chauvelon, fils d'Abel, de 24 ans, moyenne taille, poil noir.

Bourg de Rezay.

Neant.

Canton des Couëts, Paroiſſe de Saint Pierre de Bouguenais.

Neanl.

Paroiſſe de Saint Jean de Bouguenais, village de Boizeau.

Neant.

Le Bourg de Saint Jean de Bouguenais.

NEant.

Paroiſſe du Pellerin.

ANdré Chauvreau de 48 ans, moyenne taille, poil noir.
François Pomier de 40 ans, moyenne taille, poil chaſtain.
Iulien Mandin de 32 ans, grande taille, poil noir.
Iean Ruffin de 35 ans, moyenne taille, poil noir.
Pierre Foulon, fils de feu Pierre, de 26 ans, grande taille, poil noir.
Iean Baraud de 36 ans, grande taille, poil noir.

La Martiniére.

NEant.

Paroiſſe de Veuë.

NEant.

Paroiſſe de Cheix.

NEant.

De Vertou.

NEant.

Paroiſſe de Froſſé & le Migron.

FRançois Merlet, fils de Iacques, de 32 ans, grande taille, poil noir.
Guillaume Rondineau de 40 ans, grande taille, poil chaſtain.
Iean le Grand de 30 ans, grande taille, poil blond.
Iean Deniau de 45 ans, moyenne taille, poil gris.
Vincent Coindet de 24 ans, moyenne taille, poil noir.

Paroiſſe de Corſet.

NEant.

Paroiſſe de Saint Per en Retz, Bourg de Paimbeuf.

NEant.

Paroiſſe de Saint Viaux.

NEant.

Paroiſſe de Saint Brevain.

HOnoré Guillou de 30 ans, grande taille, poil blond.
Nicolas Tregueret, de 27 ans, petite taille, poil blond.
Pierre Sardé de 20 ans, grande taille, poil chaſtain.

Paroiſſe de S. Michel en Retz.

NEant.

Ville & Paroiſſe de Pornic.

EStienne Fourneau Charpentier de 48 ans, moyenne taille, poil noir.
Honoré Bernard Charpentier de 35 ans, moyenne taille, poil chaſtain.
Ioſeph Roland de 39 ans, grande taille, poil noir.

Iean le Rai, fils de Michel, de 30 ans, grande taille, poil noir.
Iean Baulon, fils d'Euſtache, de 30 ans, grande taille, poil blond.
Iacques d'Aviaux, fils d'Ollivier, de 28 ans, moyenne taille, poil noir.
Iulien Nau, fils de Iulien, de 30 ans, moyenne taille, poil noir.
Pierre Baulon de 43 ans, grande taille, poil blond.
Pierre Arnaud le jeune de 22 ans, grande taille, poil blond.
Pierre le Sourſe de 42 ans, grande taille, poil gris.
Pierre Demon Charpentier, de 42 ans, grande taille, poil chaſtain.
Pierre Avril de 35 ans, grande taille, poil blond.
Pierre Fourneau, fils de Georges, de 45 ans, petite taille, poil gris.

Paroiſſe de Clyon en Retz.

Gildas Nau de 45 ans, grande taille, poil blond.
François Nau de 35 ans, petite taille, poil noir.
Honoré Nau de 44 ans, grande taille, poil noir.
Honoré Daviaux, gendre le Porcher, de 30 ans, grande taille, poil noir.
Iulien Ollivier de 24 ans, moyenne taille, poil chaſtain.
Iacques Marchiſe de 36 ans, petite taille, poil chaſtain.
Martin Dudoüet de 30 ans, moyenne taille, poil blond.
Laurent Bienvenu de 25 ans, petite taille, poil blond.
Vincent Boutu de 35 ans, petite taille, poil noir.

Paroiſſe de Sainte Marie.

Iean Roquet de 35 ans, grande taille, poil chaſtain.
Iean Ollivier, fils d'Honoré, de 25 ans, moyenne taille, poil blond.
Iean Tardif, fils de René, Charpentier de 45 ans, petite taille, poil gris.
Iean Moreau de 19 ans, moyenne taille, poil noir.
Pierre Fourneau de 20 ans, moyenne taille, poil noir.
Vincent le Rais Charpentier, de 38 ans, moyenne taille, poil noir.
Pierre Rimbaud, fils de Iulien, de 17 ans, petite taille, poil chaſtain.
Pierre Brutteau de 44 ans, petite taille, poil chaſtain.

Paroiſſe de Pregny.

Neant.

Paroiſſe des Moutiers, & Village de la Bernerie.

Eſtienne Ollivier, fils de Pierre, de 49 ans, grande taille, poil noir.
Eſtienne le Rais, fils de François, de 22 ans, petite taille, poil noir.
Guillaume Docet de 49 ans, moyenne taille, poil noir.
Guillaume Nau belle mine, de 38 ans, grande taille, poil noir.
Guillaume Buthelots de 40 ans, moyenne taille, poil noir.
Iacques Lucas, gendre de Iean Droüet, de 40 ans, moyenne taille, poil noir.
Iean Cheſneau, fils de Iacques, de 26 ans, moyenne taille, poil noir.
Iean Macheſſe de 49 ans, moyenne taille, poil gris.
Iean le Breton de 32 ans, moyenne taille, poil gris.
Iean Docet de Lommetiére de 45 ans, moyenne taille, poil noir.
Iean du Doüet, fils de Louïs, de 33 ans, petite taille, poil noir.
Michel Rais, fils d'Ollivier, de 25 ans, moyenne taille, poil chaſtain.
Marc Ollivier, fils d'Eſtienne, de 19 ans, moyenne taille, poil noir.
Michel Nau, Charpentier, de 26 ans, grande taille, poil blond.
Martin Giraud, fils de Iean, de 30 ans, moyenne taille, poil noir.
Martin Ollivier de 30 ans, petite taille, poil noir.
Ollivier Macheſſe de 22 ans, moyenne taille, poil blond.
Pierre Avril de 26 ans, moyenne taille, poil noir.
Pierre Genevois de 32 ans, grande taille, poil noir.
Pierre Nau de 32 ans, petite taille, poil noir.

Sebastien Rivalend, Charpentier, de 35 ans, grande taille, poil noir.
Thomas du Doüet, fils de Simon, de 20 ans, moyenne taille, poil brun.
Toussaint le Rais de 42 ans, grande taille, poil gris.
Vincent Loiras, de 35 ans, moyenne taille, poil noir.
Vincent Avril de 28 ans, moyenne taille, poil noir.
Vincent Genevois, fils de Pierre, de 25 ans, grande taille, poil roux.
Vincent Nau de 32 ans, moyenne taille, poil noir.
Fleury du Doüet de 30 ans, grande taille, poil blond.

Paroisse de la Pleine en Retz.

ANdré Roland de 44 ans, moyenne taille, poil gris.
Donatien Denis, de la Bretonniére, de 23 ans, moyenne taille, poil noir.
François Fouré de 26 ans, grande taille, poil noir.
Iean Botteau de 24 ans, moyenne taille, poil noir.
Iean Thebaut de 35 ans, moyenne taille, poil noir.
Iulien Morin de 35 ans, moyenne taille, poil noir.
Michel Hurvin de 40 ans, moyenne taille, poil noir.
Michel Alais, fils de Iacques, de 22 ans, moyenne taille, poil blond.
Michel Nau, fils de Michel, de 26 ans, petite taille, poil chastain.
Nicolas Boyer de 24 ans, moyenne taille, poil noir.
Ollivier Bamiaux de 30 ans, moyenne taille, poil blond.
Pierre Roul de 28 ans, moyenne taille, poil gris.
Iean Roquet, fils de Thomas, de 20 ans, grande taille, poil noir.
Yves Morin de 25 ans, moyenne taille, poil noir.
Toussaint Guiboué de 35 ans, moyenne taille, poil blond.

Bourneuf en Saint Syre.

ANdré Silvestre de 30 ans, grande taille, poil noir.
Iacques Bastard, fils de Iacques, de 22 ans, moyenne taille, poil noir.
Iean Soyen, fils de Guillaume, de 22 ans, moyenne taille, poil noir.
Iean Toutin, de 42 ans, moyenne taille, poil chastain.
Iean Benin l'aisné de 42 ans, moyenne taille, poil noir.
Iean Delle de 30 ans, moyenne taille, poil noir.
Iean Bidaut le jeune, de 33 ans, moyenne taille, poil noir.
Pierre Biclet, dit Bobillon, de 32 ans, petite taille, poil noir.
Pierre le Rais, Charpentier, de 35 ans, moyenne taille, poil noir.
Michel Coirat, fils de Pierre, de 30 ans, moyenne taille, poil noir.
Pierre le Biron le jeune, de 30 ans, petite taille, poil noir.
Philippes Charvaux de 45 ans, moyenne taille, poil noir.
René du Doüet de 40 ans, moyenne taille, poil noir.
Vincent Manguy de 35 ans, petite taille, poil noir.

Paroisse de la Roche en Sainte Croix de Machecoul.

VRbin Hery de 25 ans, moyenne taille, poil noir.
Nicolas Bonju de 24 ans, moyenne taille, poil blond.

Les Pois en l'Isle de Boüin.

ABel Muzeau de 30 ans, moyenne taille, poil chastain.
Estienne Cayveau de 34 ans, moyenne taille, poil noir.
Iean Vrignaud de 30 ans, moyenne taille, poil noir.
Maturin le Pau de 35 ans, moyenne taille, poil blond.
Nicolas Michaux de 26 ans, moyenne taille, poil noir.
Pierre Moinard, fils de Iean, de 20 ans, grande taille, poil noir.
Iean Baraud de 23 ans, moyenne taille, poil chastain.
René Vrignaud de 20 ans, moyenne taille, poil chastain.

QUATRIEME CLASSE,

dont le service commencera au premier Avril 1673.
& finira au dernier Mars 1674.

Paroisse de Rezay & Isles de Trentemoux.

IEan Taillenau, fils de la Varenne, de 20 ans, moyenne taille, poil noir.
Germain Giguelle, fils de Guillaume, de 20 ans, moyenne taille, poil noir.
Iacques Ioye, fils de Lucien, de 18 ans, moyenne taille, poil noir.
Iean Pullac, fils de Iean, de 17 ans, moyenne taille, poil noir.
Michel Aubain, de 20 ans, petite taille, poil noir.
Guillaume de Soye, de 20 ans, grande taille poil chastain.

Bourg de Rezay.

NEant.

Canton de Couëts, Paroisse de S. Pierre de Bouguenais.

NEant.

Parroisse de S. Jean de Bouguenais, Village de Boizeau.

NEant.

Le Bourg de S. Jean de Bouguenais.

NEant.

Paroisse du Pellerin.

IEan Roland, de 48 ans, moyenne taille, poil roux.
Ioseph Hervé, de 16 ans, petite taille, poil chastain.
Iulien Meon, de 26 ans, moyenne taille, poil noir.
Michel Gobin, de 32 ans, moyenne taille, poil noir.

La Martiniére.

NEant.

Paroisse de Veuë.

NEant.

Paroisse de Cheix.

NEant.

Paroisse de Frossé & le Migron.

GVillaume Brosseau, de 40 ans, grande taille, poil noir.
Iulien Mabiliau, de 30 ans, moyenne taille, poil noir.
Pierre Arnaud de 35 ans, grande taille, poil noir.
Pierre Martin, de 45 ans, petite taille, poil noir.

Paroiſſe de Corſet.

N^{Eant.}

Paroiſſe de S. Per en Retz , Bourg de Paimbeuf.

IAcques le Guay, fils de Iacques, de 30 ans, moyenne taille, poil blond.
Pierre le Rais Charpentier, de 40 ans, moyenne taille, poil noir.

Paroiſſe de S. Viaux, Trait de la Heriſſière.

N^{Eant.}

Paroiſſe de S. Brevain.

N^{Eant.}

Paroiſſe de S. Michel en Retz.

N^{Eant.}

Ville & Paroiſſe de Pornic.

CLement Picart de 18 ans, grande taille, poil noir.
François du Brais, de 35 ans, moyenne taille, poil noir.
Iacques Hoguet, de 44 ans, moyenne taille, poil brun.
Iean Bouëllas, fils de Iean, de 23 ans, grande taille, poil chaſtain.
Iean Rolland, fils de Iean, de 20 ans, grande taille, poil noir.
Claude Porcher, de 35 ans, petite taille, poil noir.
François Baulon, de 32 ans, grande taille, poil blond.
Guillaume Nau, fils de Guidas, de 20 ans, moyenne taille, poil noir.
Iacques Hoguet, fils de Iacques, de 19 ans, moyenne taille, poil blond.
Iulien Picart, de 26 ans, grande taille, poil noir.
Honoré Daviaux de 18 ans, grande taille, poil noir.
Maturin Pajot, fils de Silveſtre, de 22 ans, grande taille, poil noir.
Pierre Patoureau, de 30 ans, moyenne taille, poil noir.
Pierre Guichard, de 20 ans, moyenne taille, poil noir.

Paroiſſe du Clion.

HOnoré Daviaux, gendre de Iean Porcher, de 30 ans, grande taille, poil noir.
Hervé Nau, de 27 ans, moyenne taille, poil chaſtain.
Iean Marcheſſe, fils de Pierre, de 25 ans, grande taille, poil noir.
Iean Clairet, de 40 ans, moyenne taille, poil noir.
Michel Marcheſſe, fils de Nicolas, de 20 ans, grande taille, poil chaſtain.
Nau, fils de feu Thibaut, de 21 an, moyenne taille, poil noir.

Sainte Marie.

CLement Guichard de 21 an, moyenne taille, poil noir.
Eſtienne Vigneux, dit Bourlais, de 30 ans, moyenne taille, poil noir.
Iean Fouré, frere de Pierre, de 30 ans, moyenne taille, poil noir.
Iulien le Rais, de 28 ans, moyenne taille, poil blond.
Dominique Gautier, frere de Iulien, de 20 ans, moyenne taille, poil blond.
Honoré Guimer, de 20 ans, moyenne taille, poil blond.
Eſtienne Tardif de 30 ans, moyenne taille, poil blond.
Guillaume Moreau, fils de Georges, de 16 ans, moyenne taille, poil blond.

N^{Eant.}

Paroiſſe des Moutiers, & Village de la Bernerie.

FRançois Pliſſon de 35 ans, moyenne taille, poil noir.
Iulien Marcheſſe, fils de Iean, de 20 ans, moyenne taille, poil blond.
Iean Ioye, fils d'Honoré, de 44 ans, petite taille, poil noir.
Martin Renaud de 42 ans, moyenne taille, poil blond.
Martin le Roux de 26 ans, grande taille, poil roux.
Michel Daviaux, fils de Michel, de 20 ans, grande taille, poil noir.
Pierre Guillou de 36 ans, moyenne taille, poil noir.
Charles Docet de 26 ans, moyenne taille, poil noir.
Eſtienne Viridet, fils de Pierre, de 26 ans, moyenne taille, poil noir.
François le Rais, fils de Pierre, de 26 ans, moyenne taille, poil noir.
Guillaume Dudoüet de 45 ans, petite taille, poil noir.
Guillaume Girard de 20 ans, grande taille, poil noir.
Iulien Ioye de 40 ans, moyenne taille, poil gris.
Iulien le Rais, fils de Guillaume, de 40 ans, moyenne taille, poil noir.
Iulien Ioye, fils d'Eſtienne, de 45 ans, grande taille, poil noir.
André Auny, fils d'Eſtienne, de 19 ans, moyenne taille, poil noir.
Eſtienne Arnaud de 26 ans, moyenne taille, poil noir.
Eſtienne le Rais, fils de François, de 22 ans, petite taille, poil noir.
Honoré Ioye de 35 ans, moyenne taille, poil noir.
Iean Lucas de 25 ans, moyenne taille, poil noir.
Iacques Pellerin de 35 ans, moyenne taille, poil noir.
Iacques Dudoüet, dit poil blanc, de 40 ans, moyenne taille, poil blond.
Iean Burgoet de 35 ans, petite taille, poil noir.
Leon Dudoüet, fils de Iacques, de 32 ans, grande taille, poil chaſtain.
Simon Girard de 18 ans, petite taille, poil noir.
Laurent Rouſſeau de 40 ans, moyenne taille, poil noir.
Michel Avril de 18 ans, petite taille, poil noir.
Michel Docet, fils de Iean, de 18 ans, moyenne taille, poil noir.

Paroiſſe de la Pleine.

GVillaume Avril de 44 ans, moyenne taille, poil gris.
Georges Fourneau, Charpentier, de 18 ans, moyenne taille, poil chaſtain.
Iean Boyer, Charpentier, de 17 ans, petite taille, poil chaſtain.
Iulien Gillet, fils de Philippes, de 25 ans, moyenne taille, poil noir.
Lucas Viaux, fils de Nicolas, de 18 ans, moyenne taille, poil noir.
Michel Cabaran de 24 ans, moyenne taille, poil noir.
Maturin Guibour, Charpentier, de 19 ans, moyenne taille, poil noir.
André Fourneau de 14 ans, moyenne taille, poil noir.
Eſtienne Fourneau, fils de Iulien, de 20 ans, grande taille, poil noir.
Iean Hileret de 18 ans, moyenne taille, poil chaſtain.
Louïs Caillaux, fils de Philippes, de 17 ans, moyenne taille, poil noir.
Pierre Bernard de 36 ans, moyenne taille, poil blond.
Pierre Daviaux, fils de Pierre de la Simoniére, de 20 ans, moyenne taille, poil chaſtain.
Yves Thebaut de 35 ans, moyenne taille, poil blond.
Eſtienne Docet de 20 ans, moyenne taille, poil chaſtain.
Florend le Rais de 49 ans, moyenne taille, poil chaſtain.
François Bernard, fils de Paul, de 25 ans, moyenne taille, poil noir.
Georges Roquet, fils de Pierre, de 19 ans, petite taille, poil chaſtain.
Iean Fourneau, fils de Germain, de 26 ans, moyenne taille, poil noir.
Charles Caillaux, fils de Philippes, de 20 ans, moyenne taille, poil noir.
Iean Fourneau de 27 ans, moyenne taille, poil noir.

Bourneuf en Saint Syre.

MAturin Dudoüet, fils de Caſſet, de 19 ans, moyenne taille, poil noir.
Thomas Arnaud, fils de Thomas, de 25 ans, moyenne taille, poil noir.
Mathieu Maugui de 38 ans, moyenne taille, poil blond.
Nicolas Leſchaudoux de 20 ans, moyenne taille, poil chaſtain.
Aubain Ioly de 30 ans, moyenne taille, poil blond.
Charles Caillaux de 28 ans, moyenne taille, poil noir.
Michel Penot de 42 ans, moyenne taille, poil blond.
Simon Buiſſon de 30 ans, moyenne taille, poil noir.
Chriſtophe Dupas de 36 ans, grande taille, poil noir.
Louis Yves, de 24 ans, moyenne taille, poil blond.
Iean Foyer dit Bouquincan, de 26 ans, grande taille, poil chaſtain.
Pierre Birlet gendre de Mauguy, de 28 ans, moyenne taille, poil noir.
Pierre Pennetier gendre de Bonamy, de 47 ans, grande taille, poil gris.
Thomas Quiliac de 32 ans, grande taille, poil noir.

Paroiſſe de la Roche en Sainte Croix de Machecoul.

NEant.

Les Pois en l'Iſle de Boüin.

ANdré Colin de 24 ans, moyenne taille, poil chaſtain.
Gilles Gazon, fils de Iulien, de 18 ans, moyenne taille, poil chaſtain.
Maturin Vincendeau de 18 ans, grande taille, poil chaſtain.
Guillaume le Comte de 17 ans, moyenne taille, poil chaſtain.
Guyon Veré, fils de Iean, de 30 ans, moyenne taille, poil chaſtain.
Iean Guerin, fils de Iean, de 24 ans, moyenne taille, poil chaſtain.

CINQUIÉME CLASSE,

dont le ſervice commencera au premier Avril 1674.
& finira au dernier Mars 1675.

Paroiſſe de Rezay, & Iſles de Trentemoux.

IEan Gautret, fils de Pierre, de 17 ans, moyenne taille, poil brun.
Sebaſtien Pullac, fils de Iacques, de 18 ans, moyenne taille, poil chaſtain.
Iean de Ioye, fils de René, de 20 ans, grande taille, poil chaſtain.
Pierre Artaud, fils de Michel, de 20 ans, moyenne taille, poil chaſtain.
Gabriel Chouvelon, fils de Grand-Pierre, de 21 an, moyenne taille, poil noir.
Pierre Moreau, fils de Pierre, de 20 ans, petite taille, poil noir.
Eſtienne Pajaud, fils de Iean, de 15 ans, moyenne taille, poil noir.
Cefar Chauvillon, fils d'Abel, de 24 ans, moyenne taille, poil noir.

Bourg de Rezay.

NEant.

Canton des Couëts, Paroiſſe de S. Pierre de Bouguenais.

NEant.

Païs & Duché de Retz,

Paroisse de S. Jean de Bouguenais.

NEant.

Le Bourg de S. Jean de Bouguenais.

NEant.

Paroisse du Pellerin

YVes Deloire de 35 ans , moyenne taille , poil chastain.
Pierre Gobin , dit Perroquet , de 20 ans , petite taille , poil noir.
Iean Baraud de 36 ans , grande taille , poil noir.
Louïs Brosseau , de 36 ans , grande taille , poil noir.
Pierre Bernard , fils de Iean , de 22 ans , moyenne taille , poil noir.
Louïs Aubin , de 45 ans , moyenne taille , poil noir.
Pierre le Breton , de 30 ans , moyenne taille , poil noir.

La Martiniére.

NEant.

Paroisse de Veuë.

NEant.

Paroisse de Cheix.

NEant.

De Vertou.

NEant.

Paroisse de Frossé, & le Migron.

IEan Lucas , fils de la Doüillarde , de 27 ans , grande taille , poil blond.
Pierre Boyer , fils de feu Iacques , de 26 ans , moyenne taille , poil noir.
Pierre le Grand , de 30 ans , moyenne taille , poil noir.
Iean Fourneau , fils de Gilles , de 30 ans , moyenne taille , poil noir.

Paroisse de Corset.

NEant.

Paroisse de S. Per en Retz, Bourg de Paimbeuf.

FRançois Canel , Contre-Maistre , de 35 ans , grande taille , poil noir.
Henry Lagniau de 28 ans , grande taille , poil blond.

Paroisse de S. Viaux, Traite de la Herissiére.

NEant.

Paroisse de S. Brevain.

NEant.

Paroisse de S. Michel en Retz.

NEant.

Ville & Paroisse de Pornic.

BErnard Baulon de 38 ans , moyenne taille , poil blond.
Clement Dudoüet de 25 ans , moyenne taille , poil blond.

Iean

Iean Baulon, fils de Iean, de 30 ans, grande taille, poil blond.
Iulien Riviére, Charpentier, de 32 ans, grande taille, poil noir.
Guillaume Drendocet de 35 ans, moyenne taille, poil blond.
Fiacre Coiffé de 26 ans, grande taille, poil noir.
Hierofme Roguet, de 25 ans, grande taille, poil chaftain.
Iulien Duland de 27 ans, moyenne taille, poil roux.
Pierre Nau, fils de Guillaume, de 26 ans, grande taille, poil noir.
Eftienne Gauvier de 22 ans, grande taille, poil noir.
Iean Deuiau, fils de Iean, de 22 ans, moyenne taille, poil noir.
Iean Baulon, fils de Fiacre, de 18 ans, moyenne taille, poil chaftain.
Iean Gautier de 28 ans, moyenne taille, poil noir.

Paroiffe du Clion.

Pierre André, gendre de Guillaume Nau, de 30 ans, moyenne taille, poil noir.
Pierre Burgos, fils de Pierre, de 28 ans, moyenne taille, poil chaftain.
Pierre Bienvenu de 18 ans, petite taille, poil chaftain.
Iean Nau, fils de Thebaut, de 33 ans, moyenne taille, poil noir.
Michel Marcheffe, fils de Iulien, de 32 ans, moyenne taille, poil noir.
Pierre Giraud, fils de Pierre, de 25 ans, moyenne taille, poil noir.
Iean d'Aviaux, fils de Michel, de 22 ans, moyenne taille, poil chaftain.

Paroiffe de Sainte Marie.

George Monrand, de 40 ans, grande taille, poil noir.
Iean le Rais, fils d'Eftienne, de 35 ans, moyenne taille, poil noir.
Iulien Gautier, frere de Dominique, de 35 ans, moyenne taille, poil blond.
Iacques Fourneau, fils de Pierre, de 22 ans, grande taille, poil chaftain.
Vincent Gillet, fils de Vincent, de 18 ans, petite taille, poil chaftain.
Iean Carié de 20 ans, petite taille, poil noir.
Guillaume Rimbaud de 36 ans, moyenne taille, poil noir.

Paroiffe de Pregny.

Neant.

Paroiffe des Moutiers, & Village de la Bernerie.

Quentin Hebert de 35 ans, moyenne taille, poil noir.
Donatien le Rais de 36 ans, grande taille, poil noir.
Gabriel Arnaud, fils d'Eftienne, de 35 ans, moyenne taille, poil chaftain.
Pierre Auny de 22 ans, petite taille, poil noir.
Marc Ollivier, fils d'Eftienne, de 19 ans, moyenne taille, poil noir.
Iean Nau, fils de Guillaume, de 22 ans, petite taille, poil noir.
Germain Gerard de 19 ans, moyenne taille, poil noir.
Donatien Dudoüet, fils de Iacques, de 22 ans, moyenne taille, poil noir.
Michel Deu, fils de Pierre, de 20 aus, moyenne taille, poil blond.
Eftienne Morice, fils de Gilles, de Portarin, de 20 ans, moyenne taille, poil noir.
Nicolas Dudoüet, fils de Iacques, de 20 ans, moyenne taille, poil noir.
Pierre Arnaud, fils de Iulien, de 20 ans, moyenne taille, poil blond.
Pierre Lucas, fils de Laurent, de 35 ans, grande taille, poil noir.
Thomas Rouffeau, fils de Thomas, de 24 ans, petite taille, poil noir.
Thomas Docet, fils de Iean, Charpentier, de 19 ans, moyenne taille, poil noir.
Iean Flefchoux, de 22 ans, moyenne taille, poil noir.
Fleury Docet, fils de Iean, de 35 ans, moyenne taille, poil noir.
Gilles Arnaud de 46 ans, moyenne taille, poil blond.
Martin Avril de 22 ans, moyenne taille, poil noir.
Nicolas Dudoüet l'aifné, fils de Iacques, de 25 ans, moyenne taille, poil blond.
Pierre le Rais, fils de Iean, de 42 ans, moyenne taille, poil noir.
Honoré Renaud, fils d'Honoré, de 30 ans, moyenne taille, poil blond.
Saturin Mabilias, de 30 ans, moyenne taille, poil noir.

La Pleine.

Georges Hurvin de 45 ans, moyenne taille, poil noir.
Iean Fourneau de 30 ans, petite taille, poil chastain.
Lucien Benoist, Charpentier, de 22 ans, moyenne taille, poil brun.
Michel André, fils de Iacques, de 18 ans, petite taille, poil blond.
Pierre Docet, Charpentier, de 20 ans, moyenne taille, poil blond.
Toussaint Rolland de 28 ans, moyenne taille, poil noir.
Iean Cailleaux, fils de Philippes, de 22 ans, grande taille, poil chastain.
Iean le Rais, fils de Pierre de la Vinotiére, de 21 an, moyenne taille, poil chastain.
Maturin Iulienne de 28 ans, moyenne taille, poil blond.
Ollivier Bernard de 35 ans, moyenne taille, poil blond.
Pierre Benoist de 28 ans, moyenne taille, poil noir.
Pierre Raimbaud, fils de Iean, de 28 ans, grande taille, poil noir.
Pierre Moreau, fils de Georges, de 23 ans, moyenne taille, poil chastain.
Ioseph Caillaux de 26 ans, grande taille, poil noir.
Georges Boyer de 35 ans, moyenne taille, poil chastain.
Michel Avril de 25 ans, grande taille, poil noir.
Yves Morin de 25 ans, moyenne taille, poil noir.

Bourneuf en S. Syre.

Daniel Peruchaux, fils de René, de 24 ans, moyenne taille, poil noir.
Forin Pellerin, dit Grand bois, de 24 ans, grande taille, poil blond.
Iacques Bastard de 25 ans, moyenne taille, poil noir.
Marc Bidaut de 24 ans, moyenne taille, poil chastain.
Iacques Caillaux de 27 ans, petite taille, poil chastain.
Abraham Manguy de 32 ans, petite taille, poilnoir.
François de la Nau, fils de Lucas, de 22 ans, moyenne taille, poil noir.
Pierre Brelet l'aisné, dit la Croix Blanche, de 45 ans, moyenne taille, poil gris.
Pierre Buisson, dit Débauché, de 19 ans, moyenne taille, poil noir.
Iean Boiviau de 18 ans, moyenne taille, poil noir.
Pierre Voilat, fils de Pierre, de 22 ans, moyenne taille, poil noir.
Iean Pellerin le jeune de 24 ans, moyenne taille, poil noir.

Paroisse de la Roche en Sainte Croix de Machecoul.

Iean Rezion, fils de Iulien, de 23 ans, moyenne taille, poil noir.
Maturin Fauveau de 27 ans, petite taille, poil blond.

Les Pois en l'Isle de Bouïn.

Honoré Garnier de 20 ans, moyenne taille, poil noir.
Pierre Vincendeau de 20 ans, grande taille, poil chastain.
Iacques Vrignaud, dit la Concorde, de 37 ans, grande taille, poil noir.
Iacques Rousseau, fils de Iean, de 30 ans, moyenne taille, poil chastain.
Maturin Fauveau de 27 ans, petite taille, poil blond.
Denis Muzeau, de 35 ans, grande taille, poil chastain.
Nicolas Moinard de 18 ans, grande taille, poil chastain.

ISLE DE BELLE-ISLE.

PAROISSE DU PALAIS.

PREMIERE CLASSE,

dont le service finira au dernier Mars 1671.

ANDRE le Galen de 24 ans, taille grande, cheveux noirs.
Joseph Seveve de 22 ans, taille grande, cheveux noirs.
Thomas le Debrider de 26 ans, taille grande, cheveux noirs.
Antoine Guegan de 25 ans, taille grande, cheveux noirs.
Vincent Buan de 36 ans, taille grande, cheveux chastains.
Gabriel Moings de 26 ans, taille grande, cheveux chastains.
Pierre Lorealle le jeune de 25 ans, taille moyenne, cheveux noirs.
Louïs le Doux de 35 ans, taille grande, cheveux noirs.
Nicolas Fechan de 30 ans, taille moyenne, cheveux noirs.
Charles Lorealle de 28 ans, taille moyenne, cheveux noirs.
Jean Bodo de 34 ans, taille grande, cheveux noirs.
Clement le Bris de 30 ans, taille moyenne, cheveux noirs.
Pierre Salarun le jeune de 24 ans, taille moyenne, cheveux chastains.
Jean le Galen de 36 ans, taille moyenne, cheveux chastains.
Jean Pué de 30 ans, taille moyenne, cheveux noirs.
René Nio de 28 ans, taille grande, cheveux noirs.
Jean Cario de 25 ans, taille moyenne, cheveux noirs.
Jacques Texier de 19 ans, taille moyenne, cheveux noirs.
René Salarun de 20 ans, taille moyenne, cheveux noirs.
Jacques le Luc de 25 ans, taille moyenne, cheveux chastains.
Joseph le Galoudecq de 24 ans, taille moyenne, cheveux noirs.

DEUXIEME CLASSE,

dont le service commencera au premier Avril 1671.
& finira au dernier Mars 1672.

CHARLES Laurcalle fils de Samuël, âgé de 25 ans, taille moyenne, cheveux noirs.
Julien Pluhernel, dit la Pierre, de 36 ans, taille grande, cheveux blonds.
Michel Masson de 32 ans, taille grande, cheveux noirs.
Guillaume le Roux de 24 ans, taille grande, cheveux noirs.
Clement le Poray de 26 ans, taille moyenne, cheveux noirs.
René le Galoudecq de 35 ans, taille moyenne, cheveux noirs.
Julien Thomas de 26 ans, taille grande, cheveux chastains.
Michel Bertot de 40 ans, taille grande, cheveux noirs, Quartier-Maistre.
Jacques Lucas de 36 ans, taille moyenne, cheveux chastains.
François Henrio de 40 ans, taille moyenne, cheveux noirs.
Louïs le Doux de 36 ans, taille grande, cheveux chastains.
René Cormier de 28 ans, taille grande, cheveux chastains.
René Cario de 20 ans, taille moyenne, cheveux chastains.
Michel Nio de 20 ans, taille moyenne, cheveux chastains.
Martin Colonnay de 18 ans, taille moyenne, cheveux chastains.
Joseph Clouët de 23 ans, taille grande, cheveux chastains.
Estienne Thebaud de 26 ans, taille moyenne, cheveux chastains.

A

Jean le Matelot le Cadet de 21 an, taille moyenne, cheveux chastains.
Yvon le Bris de 29 ans, taille moyenne, cheveux chastains.
Louïs le Debrider de 35 ans, taille moyenne, cheveux noirs.
Nicolas Lanco de 35 ans, taille grande, cheveux noirs.

TROISIE'ME CLASSE,

dont le service commencera au premier Avril 1672. & finira au dernier Mars 1673.

JU L I E N Bonvegard de 38 ans, taille moyenne, cheveux noirs.
François le Doux de 28 ans, taille moyenne, cheveux noirs.
Guyon Garicq, fils de Guyon, de 20 ans, taille moyenne, cheveux noirs.
Pierre Bodo de 28 ans, taille moyenne, cheveux noirs.
Charles Lanco de 30 ans, taille moyenne, cheveux noirs.
Albert le Galoudecq de 25 ans, taille grande, cheveux chastains.
Charles le Goff de 29 ans, taille moyenne, cheveux noirs.
Jean Seveno de 26 ans, taille moyenne, cheveux chastains.
Jacques Brier de 29 ans, taille grande, cheveux chastains.
Barthelemy Samzun de 25 ans, taille moyenne, cheveux chastains.
Jean Thebaut de 35 ans, taille moyenne, cheveux chastains.
Maurice Feschaut de 28 ans, taille moyenne, cheveux noirs.
Jean Berthot de 25 ans, taille moyenne, cheveux chastains.
Jacques Bovet de 20 ans, taille moyenne, cheveux chastains.
Antoine le Guillecq de 20 ans, taille grande, cheveux noirs.
Martin le Galen de 20 ans, taille grande, cheveux noirs.
François le Glas de 20 ans, taille moyenne, cheveux chastains.
Martin le Bris de 21 an, taille grande, cheveux chastains.
Pierre l'Hermite de 30 ans, taille moyenne, cheveux chastains.
Samuel Bedex de 30 ans, taille moyenne, cheveux noirs.
Albert le Brun de 25 ans, taille moyenne, cheveux chastains.

QUATRIE'ME CLASSE,

dont le service commencera au premier Avril 1673. & finira au dernier Mars 1674.

AN D R E' Houchoüa de 30 ans, taille grande, cheveux chastains.
Guignolet le Luc de 30 ans, taille moyenne, cheveux noirs.
Estienne le Doux de 28 ans, taille moyenne, cheveux noirs.
Martin Masson de 28 ans, taille moyenne, cheveux chastains.
Gilles Feschaut de 25 ans, taille grande, cheveux noirs.
François Lucas de 25 ans, taille moyenne, cheveux noirs.
Pierre Luc, dit Roy de Marocq, de 35 ans, taille moyenne, cheveux noirs.
Gilles Berthot de 34 ans, taille moyenne, cheveux chastains.
Pierre Berthot de 26 ans, taille moyenne, cheveux noirs.
Clement Couroullioux de 32 ans, taille moyenne, cheveux noirs.
Banet le Flocq de 36 ans, taille moyenne, cheveux chastains.
Calixte Samzun de 28 ans, taille moyenne, cheveux chastains.
Clement Bodo de 30 ans, taille moyenne, cheveux chastains.
René Mabilliau de 27 ans, taille moyenne, cheveux noirs.
Guillaume le Diffond de 16 ans, taille moyenne, cheveux chastains.
Jean Matelot, dit Curé, de 24 ans, taille moyenne, cheveux chastains.
Charles Benardeau de 34 ans, taille moyenne, cheveux chastains.
Bruno le Luc de 25 ans, taille grande, cheveux chastains.
Estienne Cauziecq de 22 ans, taille grande, cheveux chastains.
Jean Lespaher de 17 ans, taille moyenne, cheveux chastains.
Martin Guyoré, dit Robineau, de 26 ans, taille moyenne, cheveux noirs.

CINQUIÈME CLASSE,

dont le service commencera au premier Avril 1674.
& finira au dernier Mars 1675.

MARTIN Moreau de 19 ans, taille grande, cheveux noirs.
Roland le Breton de 32 ans, taille moyenne, cheveux noirs.
Paul Joſſemain de 40 ans, taille moyenne, cheveux noirs.
Charles le Luc de 40 ans, taille moyenne, cheveux chaſtains.
Bonaventure Philipart de 36 ans, taille grande, cheveux noirs.
André Berthot de 46 ans, taille moyenne, cheveux noirs.
Michel Calvinecq de 18 ans, taille moyenne, cheveux chaſtains.
Antoine des Marais de 22 ans, taille grande, cheveux noirs.
Martin Guegan de 24 ans, taille moyenne, cheveux noirs.
François Houchoüa de 23 ans, taille moyenne, cheveux blonds.
Charles le Matelot de 18 ans, taille moyenne, cheveux chaſtains.
Jacques Joſſe de 24 ans, taille grande, cheveux chaſtains.
Le nommé Pierro, neveu de la Martiniere de 35 ans, taille moyenne, cheveux chaſtains.
Louis Peron de 38 ans, taille moyenne, cheveux noirs.
Guignolet le Galen de 26 ans, taille moyenne, cheveux noirs.
Louis Lucas de 30 ans, taille grande, cheveux chaſtains.
Charles Joſſemain de 16 ans, taille moyenne, cheveux chaſtains.
Jean Flocq de 32 ans, taille moyenne, cheveux noirs.
Gilles Samzun de 16 ans, taille baſſe, cheveux chaſtains.
Nicolas Calorge de 16 ans, taille moyenne, cheveux chaſtains.
Auguſtin l'Eſpine de 15 ans, taille moyenne, cheveux chaſtains.
Jean le Goüarecq de 28 ans, taille moyenne, cheveux blonds.

PAROISSE DE SAUZON.

PREMIERE CLASSE,

dont le service finira au dernier Mars 1671.

MARTIN Janot de 25 ans, taille moyenne, cheveux roux.
Pierre le Goüarecq de 23 ans, taille moyenne, cheveux roux.
Jean Seveno de Bangor de 24 ans, taille grande, cheveux roux.
Blaize Brix, de Sauzon, de 18 ans, taille moyenne, cheveux chaſtains.
Jean Saint Denys de 20 ans, taille moyenne, cheveux chaſtains.
Charles Maurice de 28 ans, taille moyenne, cheveux noirs.

DEUXIEME CLASSE,

dont le service commencera au premier Avril 1671.
& finira au dernier Mars 1672.

JEAN Seveno, fils de Pierre de Bangor, de 22 ans, taille moyenne, cheveux noirs.
Bonaventure Samzun de 24 ans, taille grande, cheveux noirs.
Vincent Querel de 20 ans, taille moyenne, cheveux noirs.
Hemery Banet, fils d'Hemery, de 25 ans, taille moyenne, cheveux chaſtains.
Jean Feſchaut de 25 ans, taille moyenne, cheveux noirs.
Jean le Goff de 18 ans, taille moyenne, cheveux chaſtains.

TROISIEME CLASSE,

dont le service commencera au premier Avril 1672.
& finira au dernier Mars 1673.

JACQUES Banet de 25 ans, taille moyenne, cheveux chaſtains.
Louïs le Gonarecq de 25 ans, taille moyenne, cheveux noirs.
Martin Maurice de 18 ans, taille moyenne, cheveux chaſtains.
Pierre le Bris de 20 ans, taille baſſe, cheveux chaſtains.
Martin Samzun de 22 ans, taille moyenne, cheveux noirs.
Eſtienne Maurice de 18 ans, taille moyenne, cheveux chaſtains.

QUATRIEME CLASSE,

dont le service commencera au premier Avril 1673.
& finira au dernier Mars 1674.

GABRIEL Guelecq, de Bangor, de 20 ans, taille moyenne, cheveux noirs.
Pierre Querel de 20 ans, taille moyenne, cheveux noirs.
Blaiſe le Goff de 17 ans, taille moyenne, cheveux chaſtains.
Louïs Daniello de 19 ans, taille moyenne, cheveux chaſtains.
Clement Samzun de 18 ans, taille moyenne, cheveux chaſtains.
Nicolas le Bedex de 18 ans, taille moyenne, cheveux bruns.

CINQUIEME CLASSE,

dont le service commencera au premier Avril 1674.
& finira au dernier Mars 1675.

TIMOTHE'E Laurcalle de 30 ans, taille moyenne, cheveux noirs.
Noël Feſchaut de 22 ans, taille moyenne, cheveux chaſtains.
Charles Saint Denys de 18 ans, taille moyenne, cheveux chaſtains.
Bonaventure Rohan de 22 ans, taille moyenne, cheveux chaſtains.
Pierre le Portugal de 22 ans, taille moyenne, cheveux noirs.
Blaize le Gonidecq de 20 ans, taille moyenne, cheveux noirs.

ISLE DE HOUAT.

PREMIERE CLASSE,
dont le service finira au dernier Mars 1671.

OLivier Fardel de 30 ans, taille moyenne, cheveux noirs.
Noel Gurun de 35 ans, taille grande, cheveux noirs.
Jean Feur de 38 ans, taille grande, cheveux noirs.
Hervé le Feur de 16 ans, taille moyenne, cheveux noirs.

DEUXIE'ME CLASSE,
dont le service commencera au premier Avril 1671.
& finira au dernier Mars 1672.

PIerre Pont de 35 ans, taille moyenne, cheveux noirs.
Furien le Becq de 23 ans, taille grande, cheveux noirs.
Laurent le Palmecq de 25 ans, taille moyenne, cheveux noirs.
Charles Maheas de 38 ans, taille grande, cheveux chastains.
Nicolas le Gurun de 18 ans, taille moyenne, cheveux chastains.

TROISIE'ME CLASSE,
dont le service commencera au premier Avril 1672.
& finira au dernier Mars 1673.

GUillaume Fardel de 16 ans, taille moyenne, cheveux noirs.
Jean le Palmecq de 35 ans, taille moyenne, cheveux noirs.
Guillaume Feur de 24 ans, taille grande, cheveux noirs.
Jacques Olivet de 25 ans, taille moyenne, cheveux chastains.

QUATRIE'ME CLASSE,
dont le service commencera au premier Avril 1673.
& finira au dernier Mars 1674.

PIerre Allain de 19 ans, taille moyenne, cheveux noirs.
Jean le Gourun de 37 ans, taille grande, cheveux noirs.
Jean le Pont de 30 ans, taille grande, cheveux noirs.
Gildas Scouarnecq de 18 ans, taille moyenne, cheveux noirs.

CINQUIE'ME CLASSE,
dont le service commencera au premier Avril 1674.
& finira au dernier Mars 1675.

ANtoine le Roux de 30 ans, taille grande, cheveux noirs.
Gildas Feur de 30 ans, taille grande, cheveux noirs.
Guillaume le Palmecq de 29 ans, taille grande, cheveux noirs.
Vincent le Feur de 15 ans, taille haute, cheveux chastains.

EVESCHE DE CORNOUAILLE

PREMIERE CLASSE,

dont le service finira au dernier Mars 1671.

PAROISSE DE DIRINON.

OLivier le Deduyer âgé de 19 ans, taille haute, cheveux chastains.
Jean Quervella de 21 ans, taille moyenne, cheveux noirs.
Louis André de 25 ans, taille *idem*.

PAROISSE DE PLOUGASTEL.

GUimarch Gourmelon de 18 ans , taille moyenne, cheveux chastains, de Talautem.
Allain le Gourvez, taille moyenne, cheveux noirs, de 19. ans, de Querdiou.
Jean le Segalen de 55 ans, taille *id*.

PAROISSE DE LOGONNA.

RIchard le Berre de 20 ans, taille haute, cheveux chastains, de Guillencoat.
Michel le Herroux de 23 ans, taille haute, cheveux noirs, de Quenecadec.
Yvon Salaun de 18 ans, taille basse, cheveux noirs, de Guillencoat.

LE FAOU EN LA PAROISSE DE ROSLOHAN.

NIcolas Laridon, de 21 ans.
Guinolé Thomas de 40 ans, taille moyenne, cheveux noirs, de Terennez.

PORT DE LAUNAY.

TAnguy Querros de 28 ans, taille moyenne, cheveux noirs, de Chasteaulin.

PAROISSE DE LANDEVENNEC.

JEan Ascouët de 20 ans, taille moyenne, cheveux chastains, du Bourg.
Guillaume Acuban de 25 ans, taille moyenne, cheveux noirs, *id*.
Julien le Bourvau de 25 ans, *id*.
Pierre Illy de 23 ans, taille *id*.

PLONIVEL.

JAcques Cariou.
Michel le Faux.

PLOZENNET.

COrantin Bosset.

PAROISSE DE CROZON.

Guillaume l'Espagnol de 19 ans , taille moyenne, cheveux noirs, de Crozon.
Bernard le Goff de 22 ans, taille baffe, cheveux chaftains, *id.*
Charles Caftra de 30 ans, taille baffe, cheveux noirs.
Sebaftien Souben de 55 ans, taille moyenne, cheveux noirs, du Bourg.
Jean Guezedé de 40 ans, taille haute, cheveux jaunes, de Crozon.
Jean Palud de 20 ans, taille baffe , cheveux chaftains.
Claude Menard de 21 ans, taille baffe, cheveux noirs.

TREVE DE LANVEOC EN CROZON.

Bernard Lanveoc de 35 ans, taille haute, cheveux noirs.
Tanguy le Borgnic de 35 ans, taille moyenne, cheveux noirs, de Lanveoc.
Allain le Roux de 35 ans, taille *id.*

LE FRET EN CROZON.

Jean Carn de 55 ans , taille haute, cheveux gris, de Gleguer.
Gabriel Mailloux de 38 ans, taille baffe, cheveux blonds, de Pratmeur.
Pierre Talgas de 28 ans, taille baffe, cheveux blonds, de Saint-Driec.
Hervé le Stipon de 30 ans, taille baffe, cheveux noirs, du Fret.

TREVE DE FROTCOLIN EN CROZON.

Lucas Yven de 40 ans, taille haute, cheveux noirs.
Claude le Bourhis de 30 ans , taille haute, cheveux chaftains.
Jacques Stephanic de 40 ans, taille moyenne, cheveux gris.
René Dizarbois de 35 ans, taille baffe, cheveux chaftains.

TREVE DE TALART EN CROZON.

Cleron Stephanic de 30 ans, taille baffe, cheveux noirs.
Jacques Daniellou, de 20 ans, taille moyenne, cheveux chaftains.
Yvon Largenton, de 44 ans, taille *id.*

TREVE DE TREFFLEZ EN CROZON.

Germain Thomas de 22 ans, taille courte, cheveux noirs.
Thomas le Bihan de 25 ans, taille *id.*
Jacques Stephan de 35 ans, taille haute, cheveux blonds.
Daniel Dizarbaut de 32 ans, taille haute, cheveux noirs.
Yvon Mellart *id.*
Gregoire Toman.
Jean Riou.
Jean Quermel de 25 ans, taille baffe, cheveux noirs.
Bernard Nicolas *id.*
Martin le Roux de 25 ans, taille baffe, cheveux noirs.

TREVE DE LA PALUD EN CROZON.

Yvon Querdomarec de 30 ans, taille moyenne, cheveux noirs.
Jean Page de 30 ans, taille baffe, cheveux noirs.
Philippes Poftic de 23 ans, taille moyenne, cheveux noirs.
Guillaume Nicolas de 18 ans, taille baffe, cheveux noirs.

TREVE DE TREMET.

Jean Jarven de 23 ans, taille moyenne, cheveux blonds.
Jean le Mignon de 30 ans, taille haute, cheveux noirs.

Michel Palud de 18 ans., taille baſſe, cheveux jaunes.

TREVE DE ROSTUDER EN CROZON.

FRançois Bozennec de 20 ans, taille baſſe, cheveux noirs.
Charles Meneſquen de 17 ans, taille *id.*

PAROISSE DE ROSCANVEL.

JEan Carn de 18 ans, taille baſſe, cheveux roux, du Lez.
Charles Thepot de 35 ans, taille moyenne, cheveux noirs, de Lanvern.
François Martin de 30 ans, *id.* du Bourg.
Jean le Trut de 40. ans, taille haute, cheveux roux, de Querlaer.
Philippes le Roy de 20 ans, taille haute, cheveux noirs, de Trevargan.
Allain Tepot de 55 ans, taille haute, cheveux gris.
Paſcoet le Treut de 20 ans, taille baſſe, cheveux noirs, du Bourg.

PAROISSE DE CAMARET.

JEan Torec.
Jean Quergroach de 46 ans, taille moyenne, cheveux gris.
Allain le Ferec de 40 ans, taille baſſe, cheveux noirs.
Yvon Torec de 45 ans, taille haute, cheveux noirs.
Marc Canivet de 55 ans, taille baſſe, cheveux noirs.
Jean Stephanic de 24 ans, taille baſſe, cheveux blonds.
Hervé Torillet de 30 ans, taille moyenne, cheveux blonds.
Charles Palut de 23 ans, taille haute, cheveux chaſtains.
Merry Batané de 30 ans, taille haute, cheveux blonds.

DOUARNENEZ.

JEan Roſmur de 18 ans, taille moyenne, cheveux chaſtains.
Jean Dizerbot de 23 ans, taille moyenne, cheveux blonds.
Perron Gouller de 35 ans, taille haute, cheveux chaſtains.
Bernard Beneat de 25 ans, taille baſſe, cheveux noirs.
Guillaume Nicolas de 35 ans, taille moyenne, cheveux noirs.
Simon le Mignon de 36 ans, taille haute, cheveux jaunes.
Bernard Cheſnay de 20 ans, *id.*
Yvon Perennou de 28 ans, taille moyenne, cheveux chaſtains.
Jean Perennes de 40 ans, taille haute, cheveux noirs.
Chriſtophle Leguen de 24 ans, taille moyenne, cheveux noirs.
Tanguy Jac de 28 ans, taille haute, cheveux noirs.
Jean Lozeach de 19 ans, taille baſſe, cheveux chaſtains.
Jacques le Mat de 25 ans, taille baſſe, cheveux jaunes.
Jean le Tinevez de 45 ans, taille haute, cheveux noirs.
Jean le Quinquis de 30 ans, *id.*
François Audren de 40 ans, taille moyenne, cheveux noirs.
Jean Dagorne de 48 ans, taille *id.* boiteux.
Auguſtin Madezo de 22 ans, taille haute, cheveux chaſtains.
Jean Legal de 50 ans, taille baſſe, cheveux chaſtains.
Charles Meneſguen de 33 ans, taille moyenne, cheveux noirs.
Antoine Gouller le jeune de 30 ans, taille *id.*
Charles Goüadalan de 32 ans, taille moyenne, cheveux jaunes.
Jean Palut de 30 ans, taille haute, cheveux noirs.
Guillaume Veron de 40 ans, taille haute, cheveux blonds.
Jean le Bourg le jeune de 35 ans, taille moyenne, cheveux noirs.
René le Ferec de 30 ans, taille courte, cheveux noirs.
Yvon le Borgne de 23 ans, taille moyenne, cheveux noirs.
Yvon Tretout de 45 ans, taille *id.*
Magadour frere de Guillaume, de 24 ans, taille *id.*

PAROISSE DE PLOLAN.

Canonier.

CLette Parisis de 34 ans, taille haute, cheveux noirs.
Henry le Normand de 58 ans, taille *id.* de Querdreat.
Pierre Urvoas de 50 ans, taille basse, cheveux noirs, de Treotta.
Estienne Cudon de 30 ans, *id.*
Estienne le Rour de 35 ans, taille moyenne, cheveux chastains, de Leydé.
Allain le Noüy de 22 ans, taille courte, cheveux noirs, de Loperhet.
Guillaume Quernillis de 55 ans, taille moyenne, cheveux blonds, *id.*
Jean Bourdigou le jeune, de 20 ans, taille basse, cheveux noirs, de Querlayou.
Jean le Bas de 35 ans, taille *id.* de Tombalan.
Jacques le Monter *id.* de Quermaban.
Daniel le Toulec de 30 ans, taille moyenne, cheveux noirs, de Trezulien.
Henry Leyde de 30 ans, taille haute, cheveux noirs, de Lestiovarne.
Jean Canivet de 45 ans, taille haute, cheveux gris, de Treboul.
Yvon le Men de 18 ans, taille moyenne, cheveux blonds, *id.*
Martin le Noüy de 35 ans, taille basse, cheveux noirs, *id.*
Jean le Pennevin de 30 ans, taille haute, cheveux blonds, *id.*
François le Marec de 30 ans, taille basse, cheveux noirs, *id.*
Jacques Gueno de 23 ans, taille moyenne, cheveux noirs, *id.*
Allain le Moing de 30 ans, taille *id.*
Hervé Coyat de 25 ans, taille haute, cheveux noirs, de Querugou.
Riou le Cozic de 20 ans, taille moyenne, cheveux blonds, de Lanargant.
Cudennec, fils de Guillaume, de 18 ans.
Jean Pichavan de 24 ans, taille haute, cheveux blonds, de Querloüarne.
Matthieu Boudigou de 24 ans, taille moyenne, cheveux blonds, de Troubalan.
Jean le Berre de 30 ans, taille haute, cheveux blonds, de Querigny.
Jean Labat de 16 ans, taille basse, cheveux noirs, de Querjestin.
Matthieu Boudigou, dit Traval, de 27 ans, taille moyenne, cheveux noirs.
Jean Elias de 41 ans, taille haute, cheveux noirs, de Querbasquen.

PAROISSE DE GOULIEN.

YVon le Moulec de 26 ans, taille moyenne, cheveux noirs, de Quernenguy.
Gregoire Perennou.
Yvon le Marec.
Hervé le Coz.
Daniel Perennes de 18 ans, taille moyenne, cheveux noirs, de Quermoal.
Henry le Roy de 18 ans, taille moyenne, cheveux chastains, de Meneguen.
Pierre Audren de 45 ans, taille moyenne, cheveux gris, de Quernenguy.
Nicolas Briand de 22 ans, taille moyenne, cheveux noirs, de Querizit.
Yvon Barao de 15 ans, taille *id.* de Quergullain.
Allain le Judé de 15 ans, taille basse, cheveux chastains.

PAROISSE DE CLEDEN.

YVon Parisis de 40 ans, taille basse, cheveux noirs, de Quermen.
Hervé Legof de 36 ans, taille haute, cheveux noirs, de Quercaradec.
Yvon Chalain.
Jean Querizy de 18 ans, taille basse, cheveux noirs, de Guermeur.
Yvon le Manach *id.* de Lanbobin.
Simon le Cohennec.
Noel Moal de 50 ans, taille courte, cheveux noirs, de Quervet.

En Perse.

Guillaume le Goardun de 25 ans, taille haute, cheveux noirs, de Querleauden.
Jean le Cornec de 40 ans, taille basse, cheveux noirs, de Quercaradec.
Michel Pellerin de 50 ans, *id.* de Quermeur.
Jean Levenou de 55 ans, taille moyenne, cheveux noirs, de Bressoulour.
Paul Legof de 40 ans, taille basse, cheveux noirs, de Quervaledan.

Guillaume

Guillaume Querval le jeune de 35. ans, taille basse, cheveux blonds, de Querguenn.
Allain Quezenec de 25 ans, taille haute, cheveux noirs, de Quergliguer.
Henry Querisi de 18 ans, taille moyenne, cheveux chastains, de Querlaoüin.
Nicolas Porlodec de 30 ans, taille basse, cheveux noirs, de Trougueno.
Allain le Pervez de 22 ans, taille haute, cheveux chastains, de Quergleguer.
Michel Charles de 22 ans, taille haute, cheveux blonds, de Mescrain.
René Porlodec de 22 ans, taille basse, cheveux noirs, de Querboul.
Michel Raoul de 20 ans, taille basse, cheveux chastains, de Troguern.
Guillaume le Menac de 35 ans, taille haute, cheveux blonds, de Querleoden.
Yvon Querizy de 28 ans, taille haute, cheveux noirs, de Quermeur.
Jean Toussaints de 30 ans, taille moyenne, cheveux blonds, de Queriolet.
Jean Moïsan de 25 ans, taille basse, cheveux noirs, de Querleguer.
Henry Guezenec de 40 ans, taille haute, cheveux noirs, de Teolin.
Jean Archam de 40 ans, taille haute, cheveux chastains, de Quercam.
Pierre Porlodec de 25 ans, taille basse, cheveux noirs, de Querboul.
Henry Legaro de 20 ans, taille moyenne, cheveux chastains, de Bressoulour.
Denys Calvez de 26 ans, taille basse, cheveux noirs, de Lanvet.

En Perse.
Idem
Id.
Id.
Id.
Id.
Id.

PAROISSE ET ISLE DES SAINTS.

Noël Choar de 55 ans, taille moyenne, cheveux noirs.
Hervé Promoguel de 35 ans, taille haute, cheveux noirs.
Noël Covillandre de 25 ans, *id.*
Noël Peton de 30 ans, *id.*
François le Miliner de 45 ans, *id.*
Henry le Timeur de 15 ans, taille moyenne, cheveux noirs.
Jean Goudedranches de 50 ans, taille basse, cheveux blonds.

PAROISSE DE PLOUGOF.

Laurens le Pellerin de 25 ans, taille moyenne, cheveux blonds, de Quererno.
Noël Querloch de 40 ans, taille basse, cheveux noirs, de Pindref.
Hervé Rozen de 26 ans. *id.* de Queresplez.
Guillaume Bourdon de 30 ans, taille moyenne, cheveux noirs, de Querven Izelaf.
Olivier Martin de 27 ans, taille moyenne, cheveux blonds, de Landreal.
Noël le Mareschal de 36 ans, taille moyenne, cheveux noirs.
Paul Legoardon de 50 ans, taille moyenne, cheveux gris, de Lavehal.
Henry Quersaudry de 23 ans, taille moyenne, cheveux blonds, de Pindref.
Bertrand Hervé de 30 ans, taille haute, cheveux noirs, de Querusella.
Cleden Quergos de 20 ans, taille moyenne, cheveux noirs, du Bourg.
Noël Largot de 25 ans, taille *id.* de Penneach.
Jacques le Meniner de 40 ans, taille *id.*
Paul le Normand de 40 ans, taille haute, cheveux noirs, de Quervingart.
Noël Covillandre de 26 ans, taille haute, cheveux noirs, de Quergonno.
Guillaume la Brillet de 35 ans, taille *id.* de Quererno.
Cleden Hervé de 25 ans, taille basse, cheveux chastains, de Querguidinela.
Jean Audren de 40 ans, taille moyenne, cheveux noirs, de Penneach.

En Perse.

PAROISSE DE PRIMELEN.

Guillaume le Loüarne de 46 ans, taille haute, cheveux noirs, de Querandraou.
Yvon Charles de 25 ans, *id.* de Querlozen.
Allain Ellias de 28 ans, *id.* de Queriolet.
Cleden le Priol de 35 ans, taille haute, cheveux blonds, de Querlozen.
Guillaume le Bourdon, de 30 ans, taille haute, cheveux noirs.
Hervé Sicourmat de 20 ans, taille basse, cheveux blonds, de Quermalero.
Yvon Archant, taille basse, cheveux noirs, du Bourg.
François Legal de 30 ans, taille moyenne, cheveux noirs, de Querlazec.
Jean Quersaudry de 55 ans, taille haute, cheveux gris, de Castel

PAROISSE D'ESQUIBIEN.

ALlain Audren de 25 ans, taille moyenne, cheveux chaftains.
Martin le Folic de 30 ans, taille haute, cheveux noirs, de Lervilly.
Jean Gouzian de 22. ans, taille moyenne, cheveux noirs.
Yvon Corre de 25 ans, taille baffe, cheveux noirs, de Querfiviniant.
Guillaume Leguillou de 24 ans, taille moyenne, cheveux noirs, de Brignevoch.
Jean le Loüarne de 48 ans, taille baffe, cheveux gris, de Querunus.
Yvon le Peoch de 46 ans, taille baffe, cheveux noirs, de Querforn.
Olivier le Velly de 55 ans, taille haute, cheveux noirs, de Troloarn.
Noël le Chevré de 30 ans, taille baffe, cheveux noirs, de Cozquerbihan.
Hervé Boutonneau de 45 ans, taille haute, cheveux noirs, du Crech.
Jean Salaun de 25 ans, taille haute, cheveux blonds, de Cofquerbras.
Jean Brignou de 26 ans, taille haute, cheveux roux.
Daniel Canivet de 48 ans, taille haute, cheveux noirs, de Lervilly.
Cleden le Prifer de 24 ans, taille moyenne, cheveux noirs, de Quermaviou.
Jean Allanou de 28 ans, taille moyenne, cheveux chaftains, de Querfcau.
Matthieu Guillou de 50 ans, taille baffe, cheveux noirs, de Poullaoüec.
Maurice Briand de 22. ans, taille moyenne, cheveux chaftains, du Bourg.

BOURG D'AUDIERNE.

NOël le Bourdon de 34 ans, taille moyenne, cheveux noirs.
Jean le Gouraguel de 27 ans, taille haute, cheveux noirs.
Yves le Folic de 40 ans, taille *id.*
Yvon le Dantec de 22. ans, taille baffe, cheveux noirs.
Jean le Choariel de 35 ans, taille haute, cheveux noirs.
Yvon le Momur de 50 ans, taille baffe, cheveux gris.
Daniel Caniver, de 30 ans, taille moyenne, cheveux noirs.
Jean le Canrec de 30 ans, taille haute, cheveux blonds, de Quervan.
Noël Archam de 22 ans, taille haute, cheveux noirs.
Jean Cloarec de 35 ans, taille baffe, cheveux chaftains.
Denys Jourdain de 20 ans, taille moyenne, cheveux noirs.
Calfateur. Jean le Rotenec de 30 ans, taille baffe, cheveux blonds.
Jean le Parifis de 45 ans, taille baffe, cheveux gris.
Jean Rioux de 25 ans, taille moyenne, cheveux noirs.
En Perfe. Martin le Serec de 18 ans, taille moyenne, cheveux blonds.
Canonier. Daniel Cam de 20 ans, taille moyenne, cheveux noirs.
Georges le Maguer de 30 ans, taille haute, cheveux noirs.
Jean le Cam de 45 ans, taille haute, cheveux noirs.
Cleden Sinou de 25 ans, taille moyenne, cheveux noirs.
En Perfe. Jean Canivet de 28 ans, taille baffe, cheveux noirs.
Pierre Briand de 30 ans, taille moyenne, cheveux noirs.
Martin Jourdain de 28 ans, taille *id.*

PAROISSE DE PLOHINEC.

MAtthieu Paul de 20 ans, taille haute, cheveux noirs, de Poulgazec.
Guillaume Goüefnou de 30 ans, taille baffe, cheveux noirs, de Saint Driec.
Yvon le Toulec de 25 ans, taille baffe, cheveux blonds, *id.*
Jacques Legoff de 42 ans, taille haute, cheveux noirs, de Plougoüazec.
Jean Sinou de 24 ans, taille moyenne, cheveux blonds.
Yvon Legentil de 20 ans, taille haute, cheveux noirs.
Jacques Leguevel de 19 ans, taille moyenne, cheveux noirs.
Louïs Leguillou de 22 ans, taille baffe, cheveux noirs, de Querarnec.
Jacques Coz de 45 ans, taille trape, cheveux noirs, de Sindrayer.
François le Moan de 45 ans, taille baffe, cheveux noirs, de Lezarovin.
Guillaume Coz de 48 ans, taille haute, cheveux noirs, de Ploüazec.
Guillaume Penneven de 30 ans, taille baffe, cheveux blonds, de Quergogle.

Gueguen Urvoas de 20 ans, taille moyenne, cheveux noirs, de Sindrayer.
Jean le Coüy de 45 ans, taille baſſe, cheveux roux, de Lezarovin.
Henry le Burel de 25 ans, taille trape, cheveux noirs, de Querſinoc.

PAROISSE DE PENMARCH.

YVon Charuel de 45 ans, taille moyenne, cheveux noirs, de Querfrez.   *En Perſé,*
    Jean Salaun.   *Mᵉ de chal,*
Claude Gouzien de 40 ans, taille baſſe, cheveux chaſtains.
André Carval de 30 ans, taille moyenne, cheveux *id.*
Jean Laurant de 40 ans, taille haute, cheveux noirs, de Quervilly.
Jacques le Calvez le jeune.
Guillaume le Guen.
Jacques Lequerré.
Laurens Lucas de 25 ans, taille haute, cheveux blonds, de Quervelec.
Allain Campion de 24 ans, taille haute, cheveux chaſtains, de Quererec.
Pierre Searin de 20 ans, taille haute, *id.* de Querbellec.
Jean Morvan de 20 ans, taille moyenne, cheveux noirs, de Querrits.   *En Perſé.*
Pierre le Tanter de 24 ans, *id.*
Jacques Rioux de 22 ans, taille haute, cheveux noirs, *id.*   *Idem.*
Jean Baptiſte Garnier de 26 ans, taille *id.*   *Id.*
Allain Lemoal de 23 ans, taille *id.*   *Id.*
Pierre le Croizen de 20 ans, taille *id.*
Paſcué le Dramme de 33 ans, taille moyenne, cheveux noirs *id.*
Jean le Tanter de 22 ans, taille baſſe, cheveux blonds *id.*
Yvon Leguriec de 30 ans, taille moyenne, cheveux noirs, de Quereon.

PAROISSE DE TREFFYAGAT.

JAcques Gouzien de 20 ans, taille baſſe, cheveux noirs, de Tronidy.   *En Perſé,*
    Thomas le Bron de 25 ans, taille moyenne, cheveux chaſtains, de Querfriant.   *Id.*
Corentin le Torelle de 20 ans, taille haute, cheveux chaſtains, de Lehan.   *Id,*
Allain Legohiac de 22. ans, taille haute, cheveux noirs, *id.*   *Id,*

LESCONNIL EN LA PAROISSE DE PLOBALANEC.

PHilibert le Cleuziou de 38 ans, taille haute, cheveux noirs.
    Yvon Daniel.
René Cariou de 20 ans, taille baſſe, cheveux noirs.

PAROISSE DE LOTUDY.

GUillaume Scotet de 43 ans, taille moyenne, cheveux noirs, de Querangos.
    Yvon Briet de 33 ans, taille haute, cheveux chaſtains, de Querovian.
Jacques Cariou.
Jean le Duceau de 38 ans, taille moyenne, cheveux noirs, de Querrurien.
Yves Longez de 50 ans, taille haute, cheveux gris, de la Foreſt.

ISLE TUDY.

YVon Riou de 22 ans, taille haute, cheveux chaſtains.
    Harvel Legars de 40 ans, taille moyenne, cheveux noirs.
Jacques Legohiac de 35 ans, taille haute, cheveux noirs.
Jean le Choaricbras de 35 ans, taille moyenne, cheveux noirs.
Riou le Brouch *id.*
Clement Audierne de 22 ans, taille haute, cheveux noirs.
Pierre Riou.
Yves Dabo.
Yvon le Divanac de 18 ans, taille moyenne, cheveux noirs.
Michel Guegen.

Jean Riou de 28 ans, taille baſſe, cheveux noirs.
Jean Gourmelin de 38 ans, taille haute, cheveux noirs.

PAROISSE DE COMBRIT.

Pierre Pochart de 35 ans, taille haute, cheveux chaſtains.
Noël Leſpoul de 20 ans, taille haute, cheveux noirs, de Penarhoüat.
Allain Riou de 44 ans, taille moyenne, cheveux chaſtains, de Tromarzin.
Michel le Prat.
Pierre Lagadec de 37 ans, taille moyenne, cheveux chaſtains, *id.*
Guillaume Lailec de 35 ans, taille haute, cheveux noirs, de Penarhoüat.

PAROISSE DE LOCMARIA.

Primel Leperroux de 27 ans, taille baſſe, cheveux noirs.
Corantin Legal de 30 ans, taille moyenne, cheveux noirs.
Yves Lemené.
Jean Caradec.
François le Bonnaire.
Corantin Paul.
René Coriou.
Pierre le Cabon.

PAROISSE DE PERGUET.

Jean Cariou de 25 ans, taille moyenne, cheveux noirs, de Cariou.
François Guingant de 30 ans, taille haute, cheveux noirs, du Canvez.
Yvon le Lilloche de 25 ans, taille moyenne, cheveux noirs, du Poulguer.

PAROISSE DE CLOARCHFOUESNANT.

Jean le Garo de 20 ans, taille moyenne, cheveux noirs, de Querlay.

PAROISSE DE FORESNANT.

Hervé Querjean de 27 ans, taille baſſe, cheveux chaſtains, de la Foreſt.
Jean Thomas de 30 ans, taille moyenne, cheveux noirs *id.*
François Quervin de 30 ans, taille haute, cheveux chaſtains, de Querbader.

PAROISSE DE BEUZEC lez *Foncarneau.*

Jean Boloré de 20 ans, taille haute, cheveux noirs.
Gilles Guillou de 30 ans, taille moyenne, cheveux noirs.
Jean Couhien de 40 ans, taille *id.*
Jean le Moyec.
Jacques Lequelenec.
Jean le Creoc.
En Perſe.   Chriſtophle de la Maiſon de 26 ans, taille moyenne, cheveux noirs.
Id.   Guenolé Merle *id.*
Id.   Jean Hulloas de 20 ans, taille haute, cheveux chaſtains.
Id.   Corantin Guegan de 23 ans, taille moyenne, cheveux noirs.

PAROISSE DE LANRIEC.

En Perſe.   François le Maëc de 23 ans, taille moyenne, cheveux noirs, de Querambras.
Id.   Guillaume Boloré de 23 ans, taille baſſe, cheveux chaſtains, du Paſſage.
Id.   Yvon Derez de 15 ans, taille haute, cheveux noirs, de Lanriec.

PAROISSE DE TREGUN.

En Perſe.   Jean le Bourhis de 30 ans, taille haute, cheveux chaſtains, de Pouldehan.
Id.   Guenolé Auſquet de 34 ans, taille haute, cheveux noirs.

PAROISSE

PAROISSE DE MOELLAN.

Pierre Fouënan de 43 ans, taille baſſe, cheveux noirs, de Querdroüallen.
Pierre Mordeau de 25 ans, taille haute, cheveux chaſtains, *id.*
Guillaume le Mellon de 25 ans, taille moyenne, cheveux noirs, *id.*
Yvon le Bourhis de 30 ans, taille haute, cheveux noirs, de Querdoüallen.
François Legarec de 25 ans, taille moyenne, cheveux jaunes, de Querduel.

PAROISSE DE CLOAC CARNOET.

Jean Colin de 25 ans, taille moyenne, cheveux noirs, du Prieuré d'Ouëllay.
Jean Lelenez de 30 ans, taille haute, cheveux noirs, de Port-Querné.
Pierre Guillou de 30 ans, *id.* de Quernegoullous.
Jean Derien *id.* de Querleau.
Julien Adam de 25 ans, taille haute, cheveux chaſtains, de Quernevena.
Stephan le Mau de 25 ans, taille haute, cheveux noirs, de Quergavarec.

QUIMPERLÉ.

Jacques Ruſtuel de 25 ans, taille moyenne, cheveux noirs.

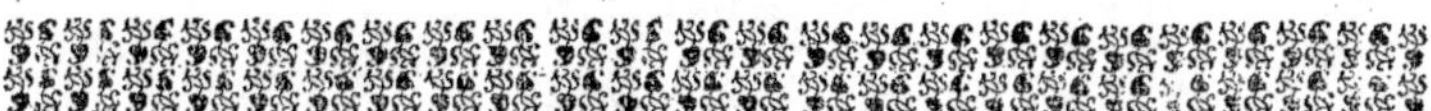

DEUXIEME CLASSE,

dont le service commencera au premier Avril 1671.
& finira au dernier Mars 1672.

PAROISSE DE DIRINON.

FRançois le Deduyer de 23 ans, taille haute, cheveux noirs.
Jean André de 20 ans, taille baffe, cheveux noirs.
Jean Liorzou de 20 ans, taille haute, cheveux noirs.

PAROISSE DE PLOUGASTEL.

JErofme Gourvez de 24 ans, taille moyenne, cheveux blonds, de Querdiou.
Pierre le Bris de 30 ans, taille moyenne, cheveux noirs, de Querriou.

PAROISSE DE LOUGONNA.

JEan Salaun de 30 ans, taille haute, cheveux noirs, du Caftel.
Michel Perres de 24 ans, taille moyenne, cheveux noirs, de Porfalu.

LE FAOU EN LA PAROISSE DE ROSTOHAN.

JEan le Dirop de 20 ans, taille haute, cheveux noirs, du Faou.

PORT DE LAUNAY.

CLaude le Clair de 21 ans, taille moyenne, cheveux noirs, de Chafteaulin.
Pierre Quiniou de 16 ans, taille baffe, cheveux blonds, de S. Segal.

PAROISSE DE LANDEVENNEC.

GErmain le Borgne de 35 ans, taille baffe, cheveux noirs.
Pierre Liziart de 35 ans, taille haute, cheveux blonds, du Bourg.
Jacques le Bourvau de 35 ans, taille moyenne, cheveux noirs, *id.*

BOURG ET PAROISSE DE CROZON.

BErnard Palud de 55 ans, taille moyenne, cheveux noirs, de Crozon.
Olivier Lefcop de 30 ans, taille *id.* de Lefquinec.
Jean le Treis de 50 ans, taille baffe, cheveux chaftains, de Crozon.
Henry le Marhadour de 25 ans, taille haute, cheveux noirs.
Hervé Leguen de 28 ans, taille moyenne, cheveux noirs.
François Olivier de 26 ans, taille haute, cheveux noirs.
Hervé Talgas de 31 ans, taille moyenne, cheveux noirs.
Yvon Quillien de 20 ans, taille baffe, cheveux chaftains.
Gueguen le Drivillion de 26 ans, taille moyenne, cheveux chaftains.

TREVE DE LANVEOC EN CROZON.

ALlain le Seveleder de 25 ans, taille baffe, cheveux noirs, de Lanveoc.
Yvon Cornec de 18 ans.
René le Bornic de 29 ans, taille moyenne, cheveux chaftains.

LE FRET EN CROZON.

JEan Carn fils, de 28 ans, taille, baſſe cheveux noirs, de Gleguer.
François Olivier de 30 ans, taille haute, cheveux noirs, du Fret.
Jean le Bleiz de 45 ans, taille baſſe, cheveux noirs, de Roſtelec.
Tanguy Madec de 34 ans, taille moyenne, cheveux noirs, de l'Iſlelongue.
Tanguy Lautrou   de Roſtelec.

TREVE DE FROTCOLIN EN CROZON.

JEan Stephanic de 35 ans, taille moyenne, cheveux noirs.
Yvon Palud de 30 ans, *id.*
Lucas le Pendu le jeûne de 28 ans, taille baſſe, cheveux noirs.

TREVE DE TREFFLEZ EN CROZON.

YVon Queraudren de 30 ans, taille moyenne, cheveux chaſtains.
Bernard le Seveler de 22 ans, taille baſſe, cheveux noirs.
Allain Queraudren de 25 ans, taille moyenne, cheveux noirs.
Bernard le Day de 25 ans, taille haute, cheveux noirs.
Hervé Guimard de 20 ans, taille *id.*
Daniel Palud de 18 ans, taille baſſe, cheveux blonds.
Jean Nicolas, fils de Jean, de 25 ans, taille haute, cheveux noirs.
Hervé Corp de 20 ans, taille baſſe, cheveux noirs.
Jean Hergent de 35 ans, *id.*
Jacques Moulin, fils de Jean, de 18 ans, taille haute, cheveux jaunes.

TREVE DE LA PALUD EN CROZON.

VIncent Riou de 30 ans, taille baſſe, cheveux chaſtains.
Jean le Marchand de 18 ans, taille baſſe, cheveux noirs.
Bernard Menezeven de 30 ans, taille baſſe, cheveux chaſtains.

TREVE DE TALLART EN CROZON.

NOël Cornec de 50 ans, taille moyenne, cheveux noirs.
Pierre Daniellou de 30 ans, taille haute, cheveux chaſtains.
Hervé Quermarec de 20 ans, taille moyenne, *id.*

Pilote cô-
ſtier.

TREVE DE TREMET EN CROZON.

JEan le Goaſcos de 32 ans, taille moyenne, cheveux chaſtains.
Pierre le Breton de 20 ans, taille baſſe, cheveux noirs.
André Folgart de 45 ans, taille moyenne, cheveux chaſtains.

TREVE DE LEDE' EN CROZON.

PHilippes Olivier de 35 ans, taille baſſe, cheveux chaſtains.
François Souben de 24 ans, taille moyenne, cheveux noirs.

TREVE DE DINAN EN CROZON.

JEan Largenton de 27 ans, taille moyenne, cheveux chaſtains.

TREVE DE ROSTUDER EN CROZON.

JEan le Drivillon de 27 ans, taille moyenne, cheveux chaſtains.
Henry Bras de 24 ans, taille baſſe, cheveux noirs.
Charles le Duc de 25 ans, taille moyenne, cheveux noirs.

PAROISSE DE ROSCANVEL.

Henry Harvel de 50 ans, taille moyenne, cheveux chaftains, de Quereneuf.
Charles Salaun de 35 ans, taille moyenne, cheveux roux, de Lanvern.
Bernard Palud de 30 ans, taille moyenne, cheveux chaftains, du Bourg.
Lucas le Beulin de 25 ans, taille moyenne, cheveux blonds.
Guillaume Logant de 30 ans, taille moyenne, cheveux noirs, de Querien.
Jean Nedellec de 25 ans, taille haute, cheveux noirs, de Querguennec.
Allain Harvel, fils de Laurent, de 20 ans, taille baffe, cheveux noirs, de Menefarvel.
François Bleis de 25 ans, taille baffe, cheveux noirs, de Lauverhal.
Pierre Harvel de 42 ans, taille moyenne, cheveux noirs, de Quermorvan.

PAROISSE DE CAMARET.

Dominique Bozennec de 36 ans, taille moyenne, cheveux blonds.
Yvon Quelen de 40 ans, taille moyenne, cheveux noirs.
Pierre Palud de 38 ans, taille haute, cheveux noirs.
François Perron de 22 ans, taille moyenne, cheveux blonds.
Jean Quellen de 50 ans, taille *id.*
Joseph Martin de 25 ans, taille baffe, cheveux noirs.
Martin le Pindu, dit Teftenoire, de 15 ans, taille baffe, cheveux blonds.
Thebaud Mazet de 28 ans, taille baffe, cheveux noirs.
Yvon Martin de   ans, taille baffe, cheveux chaftains.

DOVARNENEZ.

Pierre Leguen, frère d'autre Pierre, de 42 ans, taille moyenne, cheveux chaftains.
Philibert Daniel de 27 ans, taille moyenne, cheveux noirs.
Daniel Gourlaoüen de 35 ans, taille moyenne, cheveux chaftains.
Vincent Leberre de 40 ans, taille moyenne, cheveux noirs.
Allain Autret de 37 ans, *id.*
Jean Couloch de 27 ans, *id.*
Jean Harvel de 30 ans, *id.*
Laurens le Bras, fils d'Yvon, de 25 ans, *id.*
Jean Lefquividans de 40 ans, *id.*
Le Rofmeur, fils d'Yves, de 22 ans, *id.*
Hervé Harvel de 30 ans, taille moyenne, cheveux chaftains.
Le Diviguir, fils de Jacques, taille baffe, cheveux jaunes.
Charles Pelennec de 20 ans, taille haute, cheveux blonds.
Allain Laovenan de 25 ans, *id.*
Yvon le Borgne, fils d'Allain, de 26 ans, taille baffe, cheveux noirs.
Antoine Tinevez de 30 ans, taille moyenne, cheveux jaunes.
Nicolas Tretout de 35 ans, taille haute, cheveux noirs.
Yvon la Pomme de 40 ans, taille *id.*
Maturin le Cors de 32 ans, taille baffe, cheveux noirs.
Allain Daniel de 25 ans, taille moyenne, cheveux blonds.
Rolland Leguenno de 32 ans, taille haute, cheveux jaunes.
Auguftin Cottin de 30 ans, *id.*
Jean Simon de 40 ans, taille baffe, cheveux noirs.
Hervé le Blas de 25 ans, taille haute, cheveux noirs.
Jean le Dol, fils d'Yvon, de 24 ans, taille haute, cheveux chaftains.
Guillaume Leguiloux de 52 ans, taille baffe, cheveux gris.
Poquet, fils d'Olivier, de 18 ans, taille moyenne, cheveux noirs.
Guillaume le Magadour de 18 ans, taille baffe, cheveux noirs.
Philibert le Faou de 45 ans, taille moyenne, cheveux noirs.
Yvon Perault de 30 ans, *id*
Philippes Dragon de 21 ans, taille haute, cheveux noirs.
Philippes Efdunel de 50 ans, taille petite, cheveux blonds.
François Nicolas de 30 ans, taille haute, cheveux noirs.

Jean

Jean Madezo de 24 ans , taille haute , cheveux blonds.
Simon le Sault de 23 ans , petite taille , cheveux chastains.

PAROISSE DE PLOLAN.

HEnry le Bourhis de 36 ans , taille moyenne , cheveux noirs , de Querquazé.
Jean Poulan le jeune de 25 ans , taille moyenne , cheveux blonds , de Quergren.
Jean le Monter de 40 ans , taille basse , cheveux noirs , de Querdreat.
Yvon Quervarec de 35 ans , taille haute , cheveux blonds , de Querjeguel.
Guillaume Castrec de 35 ans , taille basse , cheveux noirs , de Leydé.
Henry Lejoncour de 40 ans , taille basse , cheveux noirs , de Racornec.
Jean Cariou de 50 ans , taille basse , *id.* de Querlayon.
Guillaume Boudigou de 23 ans.
Hervé Queralec de 30 ans , taille moyenne , cheveux noirs , de Queral.
Guillaume Puziac de 35 ans , taille *id.* de Trivoüarn.
Jean Doüarec de 35 ans , *id.* de Lestioüarne.
Yvon le Lair de 35 ans , taille basse , cheveux noirs , de Pencoat.
Jean le Noüy de 25 ans , taille basse , cheveux blonds , de Loperhet.
Jacques Quervarec de 18 ans , taille basse , cheveux noirs , de Ledé.
Guillaume Guenno de 50 ans , taille haute , cheveux blonds , de Treboul.
Daniel le Toullec de 25 ans , taille moyenne , cheveux noirs , *id.*
Henry le Marec de 20 ans , taille basse , cheveux noirs , *id.*
Jean Truras , dit Lhermitte , de 35 ans , taille basse , cheveux blonds.
Jean le Magadeur de 18 ans , taille haute , cheveux noirs.
Pierre le Guillou de 25 ans , taille basse , *id.*
Henry Dalin de 35 ans , taille basse , cheveux noirs , de Querguas.
Hervé Gueguen de 25 ans , taille haute , cheveux blonds , de Quergren.
Cozic , fils de René , de 20 ans.
Jean Pichavan de 20 ans , taille haute , cheveux noirs , de Querlioüarne.
Yvon le Marec de 20 ans , taille moyenne , cheveux blonds , de Quergoulenec.
Marc Riou de 20 ans , taille basse , cheveux noirs , de Tombalan.
Bernard le Basque de 25 ans , taille basse , cheveux noirs , de Queriguy.
Jacques Legof de 18 ans , taille petite , cheveux noirs.
Gregoire le Castrec de 46 ans , taille haute , cheveux noirs.
Jean Ninon de 30 ans , taille moyenne.

PONTECROIX EN BEUZEC.

JAcques Canivet , fils de Marc , de 22 ans , taille moyenne , cheveux noirs , de Trovedal.

PAROISSE DE GOULIEN.

JAcques le Duc de 45 ans , taille moyenne , cheveux gris , de Breharadec.
le Roy frere de Henry , de 17 ans , taille moyenne , cheveux blonds.
Jean Baro , fils de Guillaume , de 22 ans , taille moyenne , cheveux noirs.
Yves Querloüan de 50 ans , taille moyenne , cheveux noirs , de Querveguen.
Yves Querlan de 20 ans , taille moyenne , cheveux chastains , de Quernenguy.
Lucas le Parisy fils de 20 ans , taille *id.* de Querguendhuy.
Jean le Velly de 17 ans , taille basse , cheveux blonds , de Querlant.
Jean Riou de 20 ans , *id.* de Lanouret.

PAROISSE DE CLEDEN.

HEnry le Diller de 42 ans , taille haute , cheveux noirs , de Quervinon.
Simon Vigouroux de 28 ans , taille courte , cheveux noirs , de Trouzen.
Jean Riou de 40 ans , taille moyenne , cheveux bruns , de Querguerne.
Jean Maubras de 25 ans , taille basse , cheveux noirs , de Quertanguy.
Hervé Querloch de 35 ans , taille haute , cheveux noirs , *id.*
Simon le Plomb de 50 ans , taille moyenne , cheveux gris.

Cleden Cottin de 25 ans , taille baſſe , cheveux chaſtains , de Trouzen.
Noël Perron de 45 ans , taille haute , cheveux *id.*
Cleden Goudedranches , de 18 ans , taille baſſe , cheveux chaſtains.
Hervé Moan de 40 ans , taille baſſe , cheveux noirs , de Querſaudif Izelas.
Jean Querlouch de 50 ans , taille baſſe , cheveux gris , de Querbeſquen.
Nicolas Legof de 30 ans , taille haute , cheveux chaſtains , de Querermen.
Pierre Lequemener de 40 ans , taille baſſe , cheveux noirs , *id.*
Matthieu Evenou de 27 ans , taille haute , cheveux chaſtains , de Lezanguel.
François Tanguy de 30 ans , taille haute , cheveux noirs , de Lanoüan.
Cleden le Jadé de 45 ans , taille moyenne , cheveux *id.*
Yvon Evenou de 28 ans , taille haute , cheveux blonds , de Quermerien.
Michel Canté de 40 ans , taille baſſe , cheveux noirs.
Cleden le Carval de 40 ans , taille moyenne , cheveux noirs , de Querboul.
Canonier. Pierre Taurin de 45 ans , taille haute , cheveux noirs , de Trougueno.
Allain Querlouch le grand de 25 ans , taille haute , cheveux blonds , de Lanboban.
Guillaume Gloaguen de 20 ans , taille moyenne , cheveux noirs , de Querdurez en
 Vilain.
Yvon Ladam de 25 ans , taille baſſe , cheveux blonds , de Querſaudy Uhella.
Guillaume Came fils de Jean , de 20 ans , taille baſſe , cheveux blonds , de Breſoulour.
Daniel le Touleur de 35 ans , taille baſſe , cheveux noirs , de Querſperne.
André Calvez de 22 ans , taille moyenne , cheveux noirs , de Lanver.
Pierre Richard de 28 ans , taille baſſe , cheveux noirs , de Trevenan.
Noël Coquet de 50 ans , taille haute , cheveux gris , de Querfervel.
Yvon Caiphas de 19 ans , taille moyenne , cheveux chaſtains , de Queriven.

PAROISSE ET ISLE DES SAINTS.

YVon le Miliner de 25 ans , taille moyenne , cheveux noirs.
 Joſeph le Guilcher de 20 ans , taille *id.*
Nicolas Leſpinec de 50 ans , taille baſſe , cheveux gris.
Guillaume Piton de 20 ans , taille haute , cheveux noirs.
Clette Gouëſnou de 40 ans , taille *id.*
Pierre Leguilcher *id.*

PAROISSE DE PLOUGOF.

JAcques Salaun fils d'Henry , de 18 ans , taille moyenne , cheveux chaſtains , de
 Leſcof.
Giequel Foé de 27 ans , taille haute , cheveux blonds , *id.*
Jacques Briand de 50 ans , taille baſſe , cheveux noirs.
Jean Pennavin de 22 ans , taille moyenne , cheveux blonds , de Quererno.
Laurent le Caval de 30 ans , taille haute , cheveux blonds , *id.*
Hervé le Couïllandre de 17 ans , taille baſſe , cheveux noirs , de Querledec.
Germain Lancou de 38 ans , taille haute , cheveux noirs , de Pindref.
Allain Legoüardon de 45 ans , taille *id.* de Querhuret.
Guillaume Percherin de 22 ans , taille haute , cheveux blonds , de Quergonno.
Henry Normand de 38 ans , taille moyenne , cheveux noirs , du Manoir.
André le Bourdon de 26 ans , taille moyenne , cheveux blonds , de Querangart.
Guillaume Percherin de 18 ans , taille baſſe , cheveux blonds , de Leſtrivin.
Guillaume Cheverre de 30 ans , taille haute , cheveux blonds , du Dref.
Pierre Cloarec de 50 ans , taille moyenne , cheveux blonds , de Penneach.
Yvon Querlouch de 40 ans , taille haute , cheveux noirs , *id.*
Jacques le Priol de 20 ans , taille *id.* de Tregorn.
Henry le Marchand de 25 ans , taille moyenne , cheveux noirs , de Torenneur.
Allain Govergoüaradec de 30 ans , taille moyenne.
Clette le Barré de 24 ans , cheveux noirs.

PAROISSE DE PRIMELEN.

JEan le Guer de 30 ans , taille moyenne , cheveux noirs , de Querdigazul.
Jean le Priol de 22 ans , taille baſſe , cheveux noirs , de Caſtel.
Hervé Percherin de 23 ans , taille haute , cheveux noirs , de Quermalero.
Primel le Maubras de 40 ans , taille haute , cheveux noirs , *id.*
Guillaume de Querſaudit de 30 ans , taille moyenne , cheveux blonds , de Querandraon.
Jean Legal de 28 ans , taille moyenne , cheveux noirs , de Querlozen.
Jacques Salaun de 27 ans , taille haute , cheveux noirs ; de Querloa.
Jean Cagin de 35 ans , taille *id.* de S. Hugen.
Guillaume Horellou de 18 ans , taille moyenne , cheveux blonds , du Run.
Yvon Huon de 30 ans , taille moyenne , cheveux noirs , de Querhon.

PAROISSE D'ESQUIBIEN.

GUillaume Salaun de 46 ans , taille baſſe , cheveux gris.
Jacques Guenolé de 25 ans , taille baſſe , cheveux noirs.
Jean Brignon de 45 ans , taille baſſe , cheveux gris , de Querunus.
Hervé le Cloarec de 35 ans , taille haute , cheveux noirs , de Brignevoch.
Jean Leprizer de 36 ans , taille *id.*
Jean Boutonno de 18 ans , taille moyenne , cheveux noirs , du Creach.
Yvon le Normand de 48 ans , taille baſſe , cheveux gris , de Lervilly.
René le Carnec de 35 ans , taille haute , cheveux noirs , *id.*
Jean le Coliou de 55 ans , taille baſſe , cheveux gris , de Queriou.
Vincent Legal de 21 ans , taille haute , cheveux noirs , de Querboul.
Yvon Marhadour de 18 ans , taille baſſe , cheveux noirs , *id.*
Jacques Peoch , fils d'Yvon , de 20 ans , taille moyenne , cheveux chaſtains , de Querſorn.
Michel Briand de 45 ans , taille baſſe , cheveux noirs , de Troloarn.
Bertrand Quimper de 30 ans , taille *id.*
Jacques Cagen de 30 ans , taille haute , cheveux noirs , de Lanrreguenna.
Hervé Mellart de 20 ans , taille baſſe , cheveux noirs , de Queronou.

BOURG D'AUDIERNE.

GUillaume Boloré de 45 ans , taille moyenne , cheveux gris , de Quervan.
Clette Hurun , dit Sider , de 22 ans , taille moyenne , cheveux noirs.
Henry Caſtel de 38 ans , taille *id.* de Querureach Izelac.
Guillaume Rafalin de 30 ans , taille baſſe , cheveux blonds , d'Audierne.
Simon Salaun de 35 ans , taille haute , cheveux blonds , de Querbuzillic.
Corantin le Priol de 55 ans , taille baſſe , cheveux gris.
Simon Guillou de 30 ans , taille haute , cheveux noirs.
Yvon le Moulec de 20 ans , taille baſſe , cheveux noirs.
Jacques le Priol de 40 ans , taille moyenne , cheveux noirs.
Jean le Floch le jeune de 30 ans , taille *id.*
René Riou de 27 ans , taille haute , cheveux chaſtains.
Daniel Legal de 45 ans , taille haute , cheveux noirs.
Louïs Archam de 16 ans , taille courte , cheveux noirs.
Marc Archam de 20 ans , taille haute , cheveux blonds.
Allain Briant de 24 ans , taille haute , cheveux noirs.
Henry Guezenec de 30 ans , taille moyenne , cheveux noirs.
Jean le Blouc de 17 ans , taille haute , cheveux noirs.
Jean Coquet de 40 ans , taille baſſe , cheveux noirs.
Allain Cabuſſon de 17 ans , taille *id.*
Louïs Bertenas de 30 ans , *id.*
Jean le Priol Porſequal de 35 ans , *id.*
Jacques Spernec de 20 ans , *id.*
Yvon Salaun de 27 ans , taille baſſe , cheveux chaſtains.
Daniel le Cam.

Calfateurs

PAROISSE DE PLOHINEC.

HEnry Carré de 32 ans, taille baffe, cheveux noirs, de Quergroas.
Guillaume Salaun de 22 ans, taille baffe, cheveux chaftains, de Querovet.
Eftienne le Borgne de 40 ans, taille moyenne, cheveux noirs, de Querfivy.
Henry Guevel de 40 ans, taille baffe, cheveux noirs, de Roftelienou.
Allain Audren de 45 ans, taille haute, cheveux noirs, de Sindrayer.
Henry Pellaé de 21 ans, taille moyenne, cheveux noirs, de Brenillou.
Pierre le Burel de 35 ans, taille baffe, *id.* de Lezarcouin.
Allain le Corre de 46 ans, taille baffe, cheveux blonds, de Saint Driec.
Pierre Cozic de 46 ans, taille haute, cheveux noirs, de Lezarouin.
Guillaume Toulec de 20 ans, taille baffe, cheveux blonds, de Saint Driec.
Clette Calvez de 40 ans, taille haute, cheveux noirs, de Plougoüazec.
Yvon Legovill de 17 ans, taille moyenne, cheveux noirs, de Lanbabu.
Jean le Berre de 35 ans, *id.* de Quermezelec.
Jean le Burel de 40 ans, taille haute, cheveux noirs, de Saint Jean.
Daniel Querdreach le jeune de 27. ans, taille baffe, cheveux noirs, de Sindrayer.
David Bitort de 40 ans, taille moyenne, cheveux noirs.
Jean le Plomb de 40 ans, taille moyenne, cheveux blonds.
Guillaume le Borgne de 20 ans, taille moyenne, cheveux noirs, de Lefcurovant.
Jean Legal de 30 ans, taille moyenne, cheveux blonds.
Olivier Guilnic de 35 ans, taille trape, cheveux chaftains.

PAROISSE DE PENMARCH.

THomas Queravel de 40 ans, taille moyenne, cheveux chaftains, de Poulgalec.
Daniel Gourmelon de 32 ans, taille baffe, cheveux noirs, de Quervellie.
Nonas Gourmelon de 28 ans, taille moyenne, cheveux noirs *id.*
Jean Morvan de 50. ans, taille haute, cheveux gris, de Querity.
Laurent Lucas de 22 ans, taille moyenne, cheveux noirs, *id.*
Jean Adam de 40 ans, taille moyenne, cheveux chaftains, de Lezanou.
Yvon Lain frere de Jacques, de 22 ans, taille moyenne, cheveux chaftains.
Daniel Gourmelon de 20 ans, *id.* de Querity.
Jean le Tanter de 38 ans, taille haute, cheveux noirs, *id.*
Martin Hedeon de 18 ans, taille baffe, cheveux noirs, du Gauret.
Allain Durand de 18 ans, taille baffe, cheveux chaftains, de Querity.
Laurent Quergaoüen de 40 ans, taille moyenne, cheveux noirs.
Gabriel le Rez de 22 ans, taille baffe, cheveux noirs, de Querrezec.
Nicolas Janvier de 35 ans, taille moyenne, cheveux noirs, de Quervizec.
Guillaume Goüellec de 28 ans, *id.* de Querhourné.
François Picquet de 35 ans, taille moyenne, cheveux noirs, de Querity.
Yvon Bidaret.
Jean le Hez.
Jean le Lan.

PAROISSE DE TREFFIAGAT.

MAtthieu le Gof de 35 ans, taille moyenne, cheveux blonds.
Guillaume Legarec de 25 ans, taille baffe, cheveux blonds, de Poulguin.

LESCONNIL PLOBALANEC.

PIerre Quermarec de 22 ans, taille moyenne, cheveux noirs.
Guillaume Durand de 22 ans, *id.*
Yvon Gouzien de 40 ans, taille haute, cheveux noirs.
Thomas   taille *id.*

PAROISSE DE LOCTUDY.

JAcques le Taguerin de 55 ans , taille moyenne , cheveux gris , de Landounec.
Jacques Cariou de 50 ans , taille haute , cheveux noirs , de la Foreſt.
Henry le Moing de 40 ans , taille moyenne, *id.* de Langof.
Guillaume le Mauguen de 36 ans , taille moyenne , cheveux blonds , de Querfriant.

L'ISLE TUDY.

YVon Charuel de 44 ans , taille moyenne , cheveux noirs.
Jacques Legars de 36 ans , *id.*
Laurent Daniel de 27 ans , taille haute , cheveux blonds.
Michel Gouzatch de 18 ans , taille moyenne , cheveux chaſtains.
Allain le Divanach de 38 ans , taille moyenne , cheveux noirs.
Jacques Gueguen de 20 ans , taille haute , cheveux noirs.
Jean le Maou de 18 ans , taille moyenne , cheveux chaſtains.
Jean Biger de 52 ans , taille moyenne , cheveux noirs.
Yvon Charibras de 25 ans , *id.*
Jacques Gueguen de 38 ans , taille baſſe , cheveux noirs.
Vallentin Cariou de 35 ans , taille haute , cheveux noirs.   *Charpent.*

PAROISSE DE PONT L'ABBE PLOUBALANEC.

YVon Pelleoc de 45 ans , taille moyenne , cheveux noirs.
Noël Morvand de

PAROISSE DE COMBRIT.

CLement Reneau de 35 ans , taille haute , cheveux gris , de Lannio Izelaf.
Jean Legal de 32 ans , taille moyenne , cheveux noirs , de Goulequaër.
Noël Pochic de 30 ans , taille moyenne , cheveux blonds , du Bourg.
Jacques Leſpoul de 28 ans , taille haute , cheveux noirs , de Lanniou.
Pierre Gueziguellou de 25 ans , taille moyenne , cheveux chaſtains.

PAROISSE DE LOCMARIA.

HErvé le Hir de 20 ans , taille moyenne , cheveux blonds.
Guillaume Feon de 30 ans , taille moyenne , cheveux noirs.

PAROISSE DE PERGUET.

JEan Nedellec de 20 ans , taille moyenne , cheveux noirs , de Cariou.
Chriſtophle le Carel de 30 ans , taille haute , cheveux noirs , de Poulguer.
Guillaume Lucas de 30 ans , taille moyenne, *id.*

PAROISSE DE CLOARFOESNANT.

GUillaume Baudivic de 20 ans, taille moyenne , cheveux noirs.

PAROISSE DE FOESNANT.

LAurent Nedelec de 28 ans , taille baſſe , cheveux noirs , de la Foreſt.
Tanguy Gourmelon de 30 ans , taille moyenne, *id.*
Pierre Goleder de 30 ans , taille *id.* de Queraouïn.

PAROISSE DE BEUZEC lez Foncarneau.

JEan Scarin de 24 ans , taille moyenne , cheveux noirs.
Martin Boloré de 16 ans , taille *id.*

E

Macé Caradec de 30 ans , taille moyenne , cheveux chaftains.
Jean Queblen de 26 ans , taille haute , cheveux noirs.
Pierre le Faucheur de 40 ans , taille moyenne, cheveux gris.
François Turiec de 30 ans , taille moyenne , cheveux noirs.
Pierre Derien de 25 ans , taille haute, *id.*

PAROISSE DE LANRIEC.

Yvon Leguen de 24 ans taille haute , cheveux chaftains, de Queramborne.
Yvon Laber de 36 ans , taille haute,*id.* du Paffage.

PAROISSE DE MOELLAN.

François le Folgas de 33 ans , taille haute , cheveux chaftains, de Querdail.
François Levenic de 40 ans , taille haute , cheveux noirs , de Quervaffelin.
Michel Levenic de 30 ans , taille haute , cheveux noirs, *id.*
Corantin le Bourhis de 32 ans , taille haute ; cheveux chaftains , de Querdoüallen.
Guillaume Hervé de 30 ans , taille baffe , cheveux noirs, de Brorimont.

PAROISSE DE CLOAC CARNOET.

Yves Colin de 30 ans, taille moyenne, cheveux noirs, de Querlagat.
Guillaume le Gous de 30 ans,*id.* de S. Mandé.
Jacques le Timble de 40 ans, taille haute, cheveux gris , de Portzquerne.
Julien le Porcher de 20 ans, taille haute, cheveux noirs,de Quernigouloux.
Yvon Cohen de 35 ans, taille haute ,cheveux blonds, de Quervenec.
Jacques le Bloas de 50 ans, taille haute, cheveux noirs, de Querdoüel.

QUIMPERLE'.

Neant.

TROISIEME CLASSE,

dont le service commencera au premier Avril 1672.
& finira au dernier Mars 1673.

PAROISSE DE DIRINON.

FRANÇOIS Horlach de 32 ans, taille haute, cheveux noirs.
François André de 28 ans, taille moyenne, cheveux noirs.
Jean Morvan de 24 ans, *id.*

PAROISSE DE PLOUGASTEL.

YVon Quervella de 30 ans, taille moyenne, cheveux noirs.
Allain Nedellec de 33 ans, taille basse, cheveux blonds.

PAROISSE DE LOGONNA.

PIerre Quillien de 32 ans, taille moyenne, cheveux noirs, de Guillet Caër.
Jean Gourvez de 25 ans, taille *id.* de Gorequer.

LE FAOU EN ROSLOHAN.

SEbastien Lebris de 16 ans, taille basse, cheveux noirs, du Faou.
Jacques Ascouët de 25 ans, taille trape, cheveux chastains.

PORT DE LAUNAY.

JEan le Jonqueur de 21 ans, taille moyenne, cheveux bruns, de S. Segal.
Charles le Clerc de 15 ans, taille basse, cheveux noirs, *id.*

PAROISSE DE LANDEVENNEC.

DAniel Legal de 43 ans, taille haute, cheveux chastains, d'Argol.
Pierre le Faou, fils de Laurent, de 30 ans, taille moyenne, cheveux noirs, du Bourg.
Matthieu Coric de 18 ans, taille basse, cheveux blonds, *id.*
Antoine Raoul de 18 ans, taille moyenne, cheveux noirs, *id.*

BOURG ET PAROISSE DE CROZON.

JEan le Guimarch de 35 ans, taille moyenne, cheveux noirs, du Bourg.
Guillaume Daniellou de 30 ans, taille basse, cheveux noirs, de Crozon.
Jean Derien de 50 ans, taille moyenne, cheveux gris, *id.*
Bernard Melar de 38 ans, taille basse, cheveux noirs.
Yvon Teffany de 35 ans, taille haute, *id.*
Jean Lucas de 20 ans, taille moyenne, cheveux chastains.
Hervé le Page de 21 ans, taille moyenne, cheveux noirs.
François Palud de 22 ans, taille basse, cheveux noirs.
Hervé Page, fils d'Hervé, de 18 ans, taille basse, cheveux noirs, de Roslivinec.

TREVE DE LANVEOC EN CROZON.

HErvé Paul de 35 ans, taille moyenne, cheveux noirs.
Jean le Bornic de 25 ans, taille moyenne, cheveux chaſtains.
Jacques le Bras de 35 ans.

LE FRET EN CROZON.

HErvé le Breton de 33 ans, taille haute, cheveux chaſtains.
Jean le Maillous de 28 ans, taille haute, cheveux blonds, de Pratmeur.
Michel Lemignon de 35 ans, taille haute, cheveux noirs, de Querouriou.
Glaron le Carn de 28 ans, taille baſſe, cheveux *id.* de Roſtelec.
Thomas le Moing de 35 ans, taille haute, cheveux noirs, de l'Iſle-Longue.

TREVE DE FROTCOLIN EN CROZON.

FRançois Querbras de 40 ans, taille moyenne, cheveux noirs.
Daniel Leguen de 35 ans, taille baſſe, cheveux chaſtains.
Henry Palud de 18 ans, taille moyenne, *id.*
Daniel Leguen de 35 ans, taille haute, cheveux noirs.

TREVE DE TALLART EN CROZON.

JEan Bozennec de 18 ans, taille moyenne, cheveux noirs.
Allain le Mellennec de 30 ans, taille *id.*
Olivier le Seneſchal de 25 ans, *id.*

TREVE DE TREFFLEZ EN CROZON.

Baron fils de Jean de 18 ans, taille moyenne, cheveux chaſtains.
François Canivet de 30 ans, taille moyenne, cheveux blonds.
Hervé Lemoing de 19 ans, taille baſſe, cheveux noirs.
Jean Lemoing, fils de Chriſtophle, de 30 ans, taille haute, cheveux jaunes.
Hervé Moulin de 28 ans, taille haute, cheveux noirs.
Hervé le Bihan de 20 ans, taille moyenne, cheveux roux.
Hervé Palud de 25 ans, taille haute, cheveux noirs.
Henry Nicolas de 18 ans, taille baſſe, *id.*
Jacques Quermel de 22. ans, taille moyenne, cheveux noirs.
Allain de 50 ans, taille baſſe, cheveux jaunes.

TREVE DE LA PALU EN CROZON.

JEan Quermel de 23 ans, taille baſſe, cheveux noirs.
Jacques Gueguennou de 21 ans, taille moyenne, cheveux *id.*
François Querdreu de 25 ans, taille baſſe, cheveux chaſtains.
Jean Palud de 30 ans, taille haute, cheveux noirs.

TREVE DE TREMET EN CROZON.

YVon le Goaſcos de 35 ans, taille moyenne, cheveux chaſtains.
Allain Olivier de 30 ans, taille baſſe, cheveux blonds.
Charles Palud de 24 ans, taille baſſe, cheveux noirs.

TREVE DE LEDE EN CROZON.

Hilly fils d'Hervé, de 17 ans, taille baſſe, cheveux noirs.

TREVE

TREVE DE ROSTUDER EN CROZON.

EStienne Menezeven de 30 ans, taille basse, cheveux noirs.
Tanguy Leon de 25 ans, taille basse, cheveux chastains.

TREVE DE DIMAN EN CROZON.

ALlain Coulan de 22 ans, taille basse, cheveux chastains.
Jean Moulin, fils de Marc, de 20 ans, taille moyenne, cheveux blonds.

PAROISSE DE ROSCANVEL.

BErnard Harvel de 40 ans, taille basse, cheveux chastains, de Querenen.
Hervé Palud de 35 ans, taille haute, cheveux noirs, du Bourg.
Henry le Treut de 35 ans, taille moyenne, cheveux chastains, de Coatrez.
Jean le Tattor de 30 ans, taille moyenne, cheveux noirs, de Querien.
Maurice Senechal de 32 ans, taille haute, cheveux roux, de Menecaër.
Jean Podeur le jeune de 27 ans, taille basse, cheveux noirs, de Menefarvel.
Hervé Thepot de 18 ans, taille moyenne, cheveux chastains, de Laudouïn.
Hervé Carn de 23 ans, taille basse, *id.*

PAROISSE DE CAMARET.

FRançois Lanivinec de 28 ans, taille basse, cheveux noirs.
Antoine Bozennec de 32 ans, taille moyenne, cheveux chastains.
Guillaume Cariou de 26 ans, taille haute, cheveux noirs.
Julien Moreau de 40 ans, taille basse, cheveux blonds.
Jacques Pindu, dit Teste noire, de 15 ans, taille basse, cheveux blonds.
Vincent Folgart, de 45 ans, taille haute, cheveux chastains, de Tirguen.
Yvon le Mignon de 23 ans, taille moyenne, cheveux noirs, *id.*
Maurice Leguen de 19 ans, taille haute, cheveux chastains, de Quermeur.

DOUARNENEZ.

FRançois Marzin de 40 ans, taille moyenne, cheveux chastains.
Perennou, second fils d'Yvon, de 15 ans, taille basse, cheveux chastains.
Tobias, fils de Guillaume de 20 ans, taille moyenne, cheveux noirs.
Jean le Ham le jeune de 40 ans, taille *id.*
Jean le Corre de 35 ans, *id.*
Guillaume le Roux de 36 ans, taille *id.*
Guillaume le Bourg, fils d'Augustin, de 30 ans, taille *id.*
Augustin Beneat de 16 ans, taille basse, cheveux noirs.
Perron Querdunvel de 45 ans, taille moyenne, cheveux noirs.
Yvon Tretout de 45 ans, taille *id.* de Pommarch.
François Lequenquis de 24 ans, taille haute, cheveux noirs.
la Pomme, fils de Guillaume, de 22 ans, *id.*
le Fol, fils de Jean, de 17 ans, taille basse, cheveux noirs.
Jean le Saux de 40 ans, taille moyenne, cheveux jaunes.
Hervé Penanprat de 20 ans, taille basse, cheveux chastains.
Jean le Tinevez, gendre de Matthieu Roger, de 45 ans, taille haute, cheveux noirs.
Allain Penamprat de 24 ans, taille moyenne, cheveux jaunes.
Jean Leguen de 20 ans, taille moyenne, cheveux noirs.
Jean Jacques le jeune de 36 ans, taille haute, *id.*
Guillaume le Bescond de 30 ans, taille moyenne, cheveux noirs.
Yvon le Drivillon de 25 ans, taille *id.*
Yvon Laovenan de 25 ans, *id.*
Michel Leguillou de 30 ans, taille haute, cheveux noirs.
Guillaume le Bourg, fils de Laurent, de 45 ans, taille moyenne, cheveux chastains.
Jean le Faou de 20 ans, taille moyenne, cheveux noirs.

F

Jean Riou de 35 ans, taille haute, cheveux noirs.
Jean Tallegas de 15 ans, *id.*
Auguftin le Boſſec de 35 ans, taille *id.*
Thomas Lozeac de 30 ans, cheveux noirs, haute taille.
Jean Calvez de 54 ans, taille haute, cheveux blonds.

PAROISSE DE PLOLAN.

JEan Marc de 35 ans, taille haute, cheveux noirs, de Quergroüac.
Jean Coreach de 36 ans, taille moyenne, cheveux noirs, de Querandron.
Pierre le Lerre de 45 ans, taille haute, cheveux noirs, de Lanegat.
Jean le Monter dit Bras, de 42 ans, taille moyenne, cheveux noirs, de Querdreat.
Henry Laër de 38 ans, taille baſſe, cheveux noirs, de Querullec.
Loüis le Noüy de 20 ans, taille moyenne, cheveux blonds, de Loperhuet.
Guillaume le Moulin de 35 ans, taille baſſe, cheveux noirs, de Querlaou.
Jean le Marec fils de Gregoire, de 20 ans, taille baſſe, cheveux noirs, de Kgoulenec.
Loüis Laurent de 32 ans, taille haute, cheveux noirs, de Tombalan.
Laurent Roüy de 40 ans, taille baſſe, cheveux blonds, de Truzulien.
Germain Legovallez de 16 ans, taille baſſe, cheveux blonds, de Treboul.
François Urvoas de 22 ans, taille moyenne, cheveux blonds, de Quermabon.
Guillaume le Toulec de 32 ans, taille moyenne, cheveux noirs, de Treboul.
André le Noüy de 18 ans, *id.*
René Dagorne de 35 ans, taille baſſe, cheveux blonds, du Beret.
Daniel Parify de 24 ans, taille haute, cheveux noirs, de Treboul.
Guillaume Poulan de 30 ans, taille *id.* de Querhas.
Hervé de Burel de 25 ans, taille baſſe, cheveux noirs, de Querandron.
    Cozic, frere de Riou, de 18 ans, taille baſſe, cheveux blonds.
Matthieu Roux de 25 ans, taille haute, cheveux noirs, de Quergavan.
Yvon Bodigou de 20 ans, taille moyenne, cheveux noirs, de Lefconvelle.
Allain le Roux, fils de Jean, de 20 ans, taille moyenne, cheveux noirs, de Treboul.
Yvon le Cozic de 30 ans, taille haute, cheveux noirs, *id.*
Guinolet Cariou de 17 ans, taille haute, cheveux noirs, de Buret.
Jean Guevellec de 26 ans, taille haute, cheveux blonds, de Levoach.
Jean Madezo de 20 ans, taille moyenne, cheveux noirs, de Levergat.
Jean le Cozic de 40 ans, taille haute, cheveux noirs, de Lefgourguen.
Henry Poulan de 45 ans, taille trape, cheveux blonds, de Leydes.

PONTECROIX EN BEUZEC.

JEan le Gudenec, fils de Jacques, de 25 ans, taille moyenne, cheveux chaſtains.

BOURG DE QUERIDREU EN PLOUHINEC.

ALlain Querivel de 30 ans, taille baſſe, cheveux blonds.

PAROISSE DE GOULIEN.

JOſeph Velly de 22 ans, taille moyenne, cheveux noirs, de Breharadec.
Jean le Danzey de 40 ans, taille moyenne, cheveux blonds, de Querjan.
Barthelémy le Meur de 30 ans, taille moyenne, cheveux noirs, de Meſmeur.
    Cotten, fils de Jean, de 20 ans, taille *id.* de Querveguen.
Yvon Querizy de 30 ans, taille moyenne, cheveux chaſtains, de Querguendhuy.
Pierre Evenou de 16 ans, taille moyenne, cheveux noirs.
Yvon Judé de 20 ans, taille haute, cheveux chaſtains.
Guillaume Barao de 50 ans, taille moyenne, cheveux noirs, de Penaron.

PAROISSE DE CLEDEN.

Yvon le Bourdon de 20 ans, taille moyenne, de Quervizinic.
Simon Querlo de 40 ans, taille baſſe, cheveux noirs, de Querludu.
Simon Normand de 40 ans, taille moyenne, cheveux noirs, de Trouguer.
Jacques le Plomb de 20 ans, taille *id.* de Quertanguy.
Noël Rozin de 40 ans, taille haute, cheveux blonds, de Rouzen.
Michel Goudedranches de 40 ans, taille haute, cheveux noirs, de Querven.
Jean le Bourdon de 55 ans, taille baſſe, cheveux gris, de Quervizinic.
Cleden Pellerin de 45 ans, taille haute, cheveux blonds, de Querſaudy.
Cleden Quezenec de 20 ans, taille baſſe, cheveux noirs, de Querbaſquen.
Pierre le Jadé de 50 ans, taille baſſe, cheveux noirs, de Lozanquel.
Henry le Foſ de 30 ans, taille haute, cheveux chaſtains, de Querlouïn.
Jean le Carval de 40 ans, taille moyenne, *id.*
Simon le Pellerin, fils d'Olivier, de 40 ans, taille haute, cheveux blonds, de Kgaradec.
Simon Cottin de 40 ans, taille haute, cheveux noirs, de Quernivel.
Henry Cottin de 25 ans, taille baſſe, cheveux noirs, de Quermerien.
Michel Hedy de 25 ans, taille haute, cheveux noirs, de Meſeram.
Henry Coquet de 45 ans, taille baſſe, cheveux chaſtains, de Quercam.
Cleden Quergous de 30 ans, taille moyenne, cheveux blonds, de Lanovan.
Daniel Jourdain de 30 ans, taille moyenne, cheveux noirs, de Quercam.
Jean le Priol de 24 ans, taille baſſe, cheveux noirs, de Quilivic.
Cleden Boutonno de 38 ans, taille haute, cheveux noirs.
Guillaume Carval de 40 ans, taille *id.* de Querbous.
Pierre Evenou de 28 ans, taille haute, cheveux noirs, de Quernau.
Allain le Querlouch le jeune de 21 ans, taille moyenne, cheveux blonds, de Lanboban.
Hervé Barbeau de 35 ans, taille baſſe, cheveux noirs, de Bremeal.
Jean Quillivic de 40 ans, taille haute, cheveux noirs, de Breſoulouc.
Yvon Evenou, fils de Jean, de 23 ans, taille baſſe, cheveux noirs, *id.*
Yvon Calvez de 24 ans, taille moyenne, cheveux noirs, de Lanvet.
Jean Peronnez de 40 ans, taille haute, cheveux blonds, de Querguerne.
Jean Manach, fils d'Yvon, taille moyenne, cheveux blonds.
Jean Lepellerin de 20 ans, taille moyenne, cheveux noirs, de Quercaradec.
Ledreau, fils de Cleden de 16 ans, taille baſſe, cheveux noirs, du Bourg.

PAROISSE ET ISLE DES SAINTS.

François Leſpinec de 15 ans, taille baſſe, cheveux noirs.
François Leguilcher de 30 ans, *id.*
Paul Miliner de 30 ans, taille haute, cheveux blonds.
Jean Choar de 15 ans, taille moyenne, cheveux noirs.
Paul Leguilcher de 30 ans, taille haute, cheveux noirs.
Jean Legalée de 35 ans, taille baſſe, cheveux noirs.
Laurent Leguilcher de 50 ans, taille haute, cheveux noirs.

PAROISSE DE PLOUGOF.

Pierre le Pelle de 50 ans, taille haute, cheveux gris, de Leſcof.
Henry Hervichon de 30 ans, taille moyenne, cheveux blonds.
Jean Drouïn de 21 ans, taille haute, cheveux roux.
Yvon le Carvel de 55 ans, taille baſſe, cheveux gris, *id.*
Yvon Pennavin de 30 ans, taille moyenne, cheveux noirs, de Querterno.
Yvon le Querrec de 25 ans, taille haute, *id.*
Allain Floch de 27 ans, taille *id.* de Pendref.
Hervé Thomas de 35 ans, taille moyenne, cheveux blonds, de Querhuret.
Nicolas le Cam de 40 ans, taille haute, cheveux noirs, *id.*
Guillaume Helias de 24 ans, taille moyenne, cheveux blonds, de Quervingart.
Paul Hoch de 32 ans, taille baſſe, cheveux noirs, *id.*

Yvon Fichou de 26 ans, taille moyenne, cheveux noirs, du Dref.
Yvon Jarven de 40 ans, taille haute, cheveux noirs, *id.*
Priol, frere de Jacques, de 18 ans, taille moyenne, cheveux noirs, de Trogorn.
Jean Dagorne de 45 ans, *id.*
Jean Querlouch de 23 ans, taille haute, cheveux noirs, de Clutarec.
Noël Coquet de 30 ans, taille moyenne, cheveux blonds.
Henry Choariel de 14 ans, taille basse, cheveux chastains, de Quergonno.
Guillaume Escaver de 45 ans, taille moyenne, cheveux noirs.
Yvon le Floch de 60 ans, *id.*

PAROISSE DE PRIMELEN.

YVon le Lonze de 20 ans, taille haute, cheveux bruns, de Querfrant.
Allain Querloch de 36 ans, taille moyenne, cheveux noirs, de Quermalaroc.
Jean Cante de 18 ans, taille moyenne, cheveux bruns, de Querdigazul.
Jean Simon de 22 ans, taille haute, cheveux blonds, de Querfourne.
Guillaume le Maubras de 22 ans, taille haute, cheveux rouges, de Querlo-Izelaf.
Michel Glouguin de 35 ans, taille moyenne, cheveux noirs, de Querandraou.
Jean Hervichon de 43 ans, taille basse, cheveux noirs, de Querlozen.
Matthieu Jourdain de 30 ans, taille haute, cheveux rouges, de Querlazec.
Yvon le Corre de 16 ans, taille haute, cheveux blonds, de Loüal.
Daniel Lemerour de 50 ans, taille moyenne, cheveux gris, de Croasdivez.
Daniel Percherin de 30 ans, taille basse, cheveux chastains, de Quercas.

PAROISSE D'ESQUIBIEN.

GUillaume Leguével de 23 ans, taille moyenne, cheveux chastains.
Jean Salaun de 20 ans, taille basse, cheveux chastains, de Querunet.
Henry Brignou de 45 ans, taille basse, cheveux gris, de Querernet.
François Guillou de 24 ans, taille basse, cheveux noirs, de Brignevoch.
Allain Choüariel de 18 ans, taille moyenne, cheveux noirs, du Creach.
Simon Jaffry de 30 ans, taille basse, cheveux noirs, de Lervilly.
Pierre Mazias de 50 ans, *id.*
Louïs Lepriol de 38 ans, taille basse, cheveux gris, de Landrevet.
André Jaffry de 50 ans, taille haute, cheveux gris, de Perpoul.
Hervé le Priol de 36 ans, taille basse, cheveux noirs, de Quermanniou.
Jean le Bourdon de 18 ans, taille moyenne, cheveux noirs, *id.*
Yvon Rozen de 20 ans, taille *id.* du Bourg.
Louïs Ansquer de 18 ans, *id.*
René le Chapelain de 38 ans, taille haute, cheveux noirs, de Troloüarn.
Yvon Quermaniou de 30 ans, *id.* de Querandiern.
Pierre Quermaniou de 40 ans, taille basse, cheveux gris, *id.*

BOURG D'AUDIERN.

JEan Priol fils de 18 ans, taille moyenne, cheveux noirs, de Querguidec.
Jacques Jourdain de 26 ans, taille haute, cheveux blonds, de Querureach
Henry Riou de 42 ans, taille *id.* de Querbuzillic.
Christophle Pellaé de 32 ans, taille moyenne, cheveux blonds, *id.*
Jacques Calvez de 25 ans, taille moyenne, cheveux noirs.
Allain Brignou de 34 ans, taille basse, cheveux noirs.
Jean Roüallen de 25 ans, taille haute, cheveux noirs.
Jean Chovariel, fils de Marie Perron, de 15 ans, taille basse, cheveux chastains.
Jean Cagan de 45 ans, taille moyenne, cheveux gris.
Jacques Lequemener de 38 ans, taille *id.*
Calfateur. Clette Quimper de 25 ans, taille haute, cheveux noirs.
Hervé Cristian de 44 ans, taille moyenne, *id.*
Jean le Serec de 14 ans, taille basse, cheveux chastains.
Hervé le Sal de 35 ans, taille basse, cheveux noirs.

Calfateur.

Riou Queffrin de 50 ans, taille haute, *id.*
Guillaume Briand de 30 ans, taille moyenne, cheveux noirs.
Paul Querlouch de 20 ans, taille baffe, cheveux noirs.
Cleden le Bonis de 27 ans, taille *id.*
Nicolas Bourdon de 40 ans, taille moyenne, cheveux blonds,
Paul Cloarec de 17 ans, taille moyenne, cheveux noirs.
Guillaume Modeur de 32 ans, taille haute, cheveux noirs.
Yvon le Blohic de 27 ans, taille moyenne, cheveux noirs.
René le Prelaudrec de 23 ans, taille haute, cheveux blonds.

PAROISSE DE PLOHINEC.

JEan Gentric de 35 ans, taille moyenne, cheveux noirs, de Quergavillé.
Vincent le Doux de 25 ans, taille baffe, cheveux blonds, de Querouër.
Jean Bigot de 35 ans, taille moyenne, cheveux noirs, de Trebeuzer.
Pierre Lequerraé, dit Pellaé, de 40 ans, taille baffe, cheveux blonds, de Quervellec.
Henry Paul de 40 ans, taille moyenne, cheveux noirs, de Poulgazec.
Chriftophle Lefinou de 18 ans, taille baffe, cheveux blonds, de Sindrayer.
Chriftophle Guillou de 45 ans, taille trape, cheveux blonds, *id.*
Jacques Guillou de 40 ans, taille baffe, cheveux noirs, de Lezarovin.
Jean le Goüy de 19 ans, taille baffe, cheveux blonds, *id.*
Jean Leperron de 30 ans, taille haute, cheveux roux, de Poulguezec.
Nicolas Ururas de 50 ans, taille trape, cheveux noirs, de Saint Driec.
Martin le Corre de 45 ans, *id.* de Poulgoüazec.
Guillaume Salaün, dit Querch, de 40 ans, taille baffe, cheveux noirs, *id.*
Allain le Barbier de 25 ans, taille haute, cheveux noirs, de Poulgoüazec.
Hervé Mouëzic de 40 ans, taille moyenne.
Jean le Corre de 55 ans, taille moyenne, cheveux blonds.
Jacques Lequervel de 20 ans, taille moyenne, cheveux noirs.
Hervé le Corre de 40 ans, taille moyenne, cheveux chaftains.
Henry Ferrand de 24 ans, taille haute, *id.*

PAROISSE DE PENMARCH.

HErvé Gocharec de 18 ans, taille moyenne, cheveux noirs, du Bourg.
Nicolas Craver de 40 ans, taille baffe, cheveux noirs, de Querity.
Allain Lagadec de 18 ans, taille moyenne, cheveux chaftains, *id.*
Guillaume le Tenter de 19 ans, taille moyenne, cheveux noirs, *id.*
Henry Nené de 50 ans, *id.*
Jacques Legarec de 36 ans, taille baffe, cheveux chaftains, de Quervellec.
René Cozic de 18 ans, taille moyenne, cheveux noirs.
Jacques le Roux de 20 ans, taille *id.*
Michel Leperit de 41 ans, taille baffe, cheveux blonds, de Querity.
Jacques Morvan de 48 ans, taille baffe, cheveux noirs, de Lezanou.
Henry Jegou de 30 ans, taille haute, cheveux chaftains, de Querity.
Nedelec Goüallay de 18 ans, taille baffe, cheveux noirs, *id.*
Jean Laurent de 27 ans, taille haute, cheveux noirs, du Gauret.
Jacques Legac de 45 ans, taille moyenne, cheveux noirs, de Quervilic.
Martin Legoafcoz de 20 ans, taille *id.* de Tréoultré.
Jacques Cariou de 25 ans, taille haute, cheveux noirs, de Quergazecoat.
Bernard Gouëllé de 18 ans, taille moyenne, cheveux noirs, de Querity.
Guillaume Laurent de 28 ans, *id.*
Jacques Daülas.
Jacques Cochart.

PAROISSE DE TREFFIAGAT.

MAtthieu le Quiniou de 35 ans, taille haute, cheveux noirs, de Lehan.
Hervé le Dullec de 35 ans, taille moyenne, cheveux chaftains.

G

LESCONNIL EN PLOBANALEC.

JAcques Cariou de 28 ans, taille baſſe, cheveux noirs.
Guillaume le Lec de 28 ans, taille haute, *id.*
Corantin le Run de 37 ans, *id.*
Jean Legoayt, dit Plouguer, de 28 ans, taille baſſe, cheveux noirs, de Gueltinec.

PAROISSE DE LOCTUDY.

ANſquer Tagué de 35 ans, taille moyenne, cheveux noirs, de Pennehador.
Guillaume Thomas de 48 ans, taille moyenne, cheveux blonds, de Loctudy.
Jean Tagué de 40 ans, taille haute, cheveux noirs, des Airs.
Martin Cariou de 18 ans, cheveux noirs.

L'ISLE TUDY.

REné Riou de 14 ans, taille baſſe, cheveux chaſtains.
Pierre Couriou de 38 ans, taille haute, cheveux *id.*
Jean le Certain de 22 ans, *id.*
Vincent le Balacon de 18 ans, taille moyenne, cheveux blonds.
Daullas de 44 ans, taille haute, cheveux noirs.
Germain le Dreau de 38 ans, taille moyenne, cheveux noirs.
Jacques le Divanac de 40 ans, *id.*
Michel le Divanac de 16 ans, *id.*
Noël le Carre de 25 ans, taille haute, cheveux noirs.
Allain le Lart de 30 ans, taille *id.*

PAROISSE DE PONTLABE'.

GUillaume le Gohiat de 35 ans, taille moyenne, cheveux chaſtains.
Noël le Traon de 13 ans, taille courte, cheveux noirs.

PAROISSE DE COMBRIT.

MArtin Lepochart de 32 ans, taille baſſe, cheveux noirs, de Querloguen.
Guillaume Cochon de 35 ans, taille haute, cheveux noirs, de Roſcanvel.
Yvon Lahuec de 18 ans, taille moyenne, cheveux noirs, de Quercaradec.
Michel Leſpoul de 26 ans, *id.* de Nellez.
Jean Guivarch de 30 ans, *id.* de Sainte Marenne.

PAROISSE DE LOCMARIA.

JEan Evenou, dit Legof, de 42 ans, taille baſſe, cheveux chaſtains.
Pierre Leguyadeur de 32 ans, taille moyenne, cheveux noirs.
Olivier Lorec de 22 ans, taille moyenne, cheveux noirs.

PAROISSE DE PERGUET.

PIerre Nedelec de 25 ans, taille moyenne, cheveux noirs, de Cariou.
Henry Donnerts de 30 ans, taille haute, cheveux noirs, de Poulquet.
Pierre Colin de 50 ans, taille moyenne, cheveux *id.*

PAROISSE DE CLOARCFOUESNANT.

JEan Berrou de 30 ans, taille moyenne, cheveux noirs, de Querdanet.

PAROISSE DE FOUESNANT.

REné Suliec de 25 ans, taille baſſe, cheveux chaſtains, de la Foreſt.
Jacques le Moal de 30 ans, taille haute, cheveux noirs, de Quercaradec.
Jean Quervin de 20 ans, *id.* de Querbourien.

PAROISSE DE BEUZEC LEZ FONCARNEAU.

EUſtache le Souey de 26 ans, taille haute, cheveux noirs.
Nicolas Colart de 16 ans, taille moyenne, cheveux noirs.
François le Faou de 24 ans, taille moyenne, cheveux chaſtains.
Allain Guillou de 28 ans, taille moyenne, cheveux noirs.
Martin Clement de 30 ans, *id.*
Pierre le Joncour de 30 ans, taille moyenne, cheveux noirs.
Jeroſme Bonnet de 19 ans, taille moyenne, cheveux chaſtains.

PAROISSE DE LANRIEC.

GUinolé Bigot de 20 ans, taille moyenne, cheveux noirs, du Paſſage.
Michel Lebats de 29 ans, *id.* de Querancalvez.

PAROISSE DE TREGUN.

JUlien Granger de 40 ans, taille moyenne, cheveux bruns, de Pouldchan.

PAROISSE DE MOELLAN.

GUillaume le Bourhis de 28 ans, taille moyenne, cheveux chaſtains, de Quergouliou.
Martin le Robert de 20 ans, taille haute, cheveux jaunes, de Quervaſſelin.
Barthelemy le Bourhis de 30 ans, taille moyenne, cheveux noirs, de Querermen.
Yvon Hemon de 25 ans, taille haute, cheveux jaunes, de Querdoüalen.
Silveſtre le Silleur de 30 ans, taille moyenne, cheveux noirs, de Brorimon.

PAROISSE DE CLOAC CARNOET.

GUillaume le Ninon de 28 ans, taille moyenne, cheveux noirs, de Quernabat.
Michel Audren de 50 ans, taille haute, cheveux noirs, de Saint Maudé.
Claude le Touër de 35 ans, taille haute, cheveux noirs, de Portzquerne.
Jean le Dos de 23 ans, taille moyenne, cheveux noirs, de Querilleret.
François Bloas de 28 ans, *id.* de Querivellan.
Jean Audren de 28 ans, taille haute, cheveux noirs, *id.* de Querdouël.

QVIMPERLE.

MAthurin Goulien de 32 ans, taille haute, cheveux chaſtains.

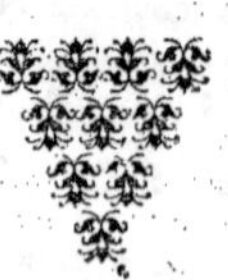

QUATRIEME CLASSE,

dont le fervice commencera au premier Avril 1673.
& finira au dernier Mars 1674.

PAROISSE DE DIRINON.

ALLAIN le Gueguenna de 20 ans, taille haute, cheveux blonds,
Matthieu Quervella de 19 ans, taille moyenne, cheveux blonds.
Paul André de 30 ans, taille moyenne, cheveux noirs.

PAROISSE DE PLOUGASTEL.

GUillaume le Gal de 30 ans, taille haute, cheveux blonds, de Quertanguy.
Michel Quervella de 33 ans, taille haute, cheveux noirs, de Querampennec.

PAROISSE DE LOGONNA.

REné André de 32 ans, taille haute, cheveux chaftains.
Jacques Salaun de 30 ans, taille haute, cheveux noirs, de Becavel.
René le Herrou de 16 ans, taille baffe, cheveux chaftains, du Ruau.

LE FAOU EN LA PAROISSE DE ROSLOHAN.

LOüis Leftobec de 55 ans, taille baffe, cheveux gris, du Faou.
Guillaume Dirop de 23 ans, taille baffe, cheveux noirs, *id.*

PORT DE LAUNAY.

ALlain Lizac de 32 ans, taille haute, cheveux noirs, de Saint Segal.

PAROISSE DE LANDEVENNEC.

LAurent Goüales de 20 ans, taille moyenne, cheveux chaftains, du Bourg.
Philippes Lars de 20 ans, taille baffe, cheveux noirs, *id.*
Mathurin Goüalles de 33 ans, taille moyenne, cheveux noirs, d'Argol.
Jean Quermorgant de 20 ans, taille moyenne, *id.* du Bourg.
Guillaume Jannou de 40 ans, taille moyenne, cheveux roux, *id.*

BOURG ET PAROISSE DE CROZON.

JEan le Mignon de 40 ans, taille moyenne, cheveux noirs, du Bourg.
Vincent Menezeven de 22 ans, *id.* de Crozon.
Hervé le Goff de 28 ans, taille baffe, cheveux chaftains, *id.*
Hervé Boucharé de 25 ans, taille baffe, cheveux noirs.
Jean Lefany, fils de Jean, de 18 ans, taille haute, cheveux chaftains.
Michel Talgas de 21 ans, taille baffe, cheveux noirs.
Michel Provoft de 20 ans, taille moyenne, cheveux noirs.
Pierre Guefnon de 17 ans, taille baffe, cheveux noirs.

TREVE DE LANVEOC EN CROZON.

JEan Cotglas de 35 ans, taille moyenne, cheveux noirs, de Lanveoc.
Pierre Marchand de 30 ans, taille haute, cheveux chastains,
Jean Moulin fils de 22 ans.

LE FRET EN CROZON.

ALlain Carn de 18 ans, taille basse, de Cleguer.
Pierre Quelen de 30 ans., taille haute, cheveux chastains, du Fret.
Pierre Querguiadeur de 16 ans, taille basse, *id.*
Jean le Mignon de 30 ans, taille haute, cheveux noirs, de Rostelec.
Jean Provost, fils de Daniel, de 18 ans, taille basse, cheveux noirs, de l'Isle-Longue.
Allain Olivier, fils de Jean, de 14 ans, taille *id.* de Rostelec.

TREVE DE FROTCOLIN EN CROZON.

YVon le Mignon, gendre de Noël Raguenez, de 35 ans, taille moyenne, cheveux noirs.
Guillaume Quermel de 35 ans, taille moyenne, cheveux noirs.
Marc Stephanio de 40 ans, taille basse, cheveux noirs.
Bernard Leguen de 28 ans, taille *id.*

TREVE DE TALLART EN CROZON.

JEan Cornec, fils de Noël, de 20 ans, taille moyenne, cheveux noirs.
Hervé Ascouët de 30 ans, taille basse, cheveux noirs.

TREVE DE TREFFLEZ EN CROZON.

FRançois Prizet de 20 ans, taille moyenne, cheveux chastains.
Jean le Baron le jeune de 30 ans, taille haute, cheveux noirs.
Allain le Moing de 25 ans, *id.*
Jean le Moing de 26 ans, taille basse, cheveux noirs.
Jean Lavininec de 25 ans, taille haute, *id.*
Bernard Nicolas de 30 ans, *id.*
Guillaume le Sevillec de 25 ans, taille moyenne, cheveux blonds.
Jean Quermel, fils de Jean de 29 ans, taille basse, cheveux noirs.
Jean Menezeven de 30 ans, taille haute, cheveux blonds.
Yvon Bourloux de 25 ans, taille moyenne, cheveux noirs.

TREVE DE LA PALU EN CROZON.

TAnguy le Drivillon de 20 ans, taille moyenne, cheveux chastains.
François Guillouroux de 23 ans, taille basse, cheveux jaunes.
Charles Lamy de 30 ans, taille basse, cheveux noirs.
François Menezeven de 18 ans, taille basse, *id.*

TREVE DE TREMET EN CROZON.

PIerre Palud de 22 ans, taille basse, cheveux noirs.
Philippes Queraudren de 16 ans, taille basse, cheveux chastains.
Antoine le Cornec de 22 ans, taille basse, cheveux noirs.

TREVE DE LEDE EN CROZON.

MIchel Souben de 30 ans, taille basse, cheveux noirs.
Allain Lestipon de 18 ans, taille moyenne, cheveux noirs.

TREVE DE DINAN EN CROZON.

MAtthieu Canivet de 18 ans, taille moyenne, cheveux chaftains.
Yvon Pendezec, fils d'Antoine, de 18 ans, taille baffe, cheveux noirs.

TREVE DE ROSTUDER EN CROZON.

YVon Bozennec de 18 ans, taille baffe, cheveux chaftains.
Jean Gelebart de 28 ans, taille moyenne, cheveux noirs.

PAROISSE DE ROSCANVEL.

HErvé Largenton de 30 ans, taille moyenne, cheveux chaftains, de Querien.
Allain Harvel, fils de Pierre, de 20 ans, taille moyenne, cheveux chaftains, de
    Quermorvan.
Jean Tepot de 33 ans, taille baffe, cheveux jaunes, du Bourg.
Hervé le Bullin de 36 ans, taille moyenne, cheveux blonds, de Coatrez.
Canonier. François Lehieraër de 55 ans, taille baffe cheveux gris, du Lez.
Bernard Palud de 20 ans, taille baffe, cheveux noirs, du Difcop.
Henry Harvel le jeune de 36 ans, taille moyenne, cheveux chaftains, de Menefarvel.
Jean Tepot de 22 ans, taille moyenne, cheveux chaftains, de Laudouïn.
Henry le Treut de 14 ans, taille baffe, cheveux chaftains, de Querencu.

PAROISSE DE CAMARET.

MArc Quergroach de 32 ans, taille haute, cheveux chaftains.
Louis Quergroach de 35 ans, taille haute, cheveux noirs.
Antoine Souben de 37 ans, taille haute, cheveux blonds.
Lucas Stambourg de 45 ans, taille moyenne, cheveux gris.
Jean Palud, fils de Jean, de 19 ans, taille baffe, cheveux noirs.
Jean Rigollo de 50 ans, taille moyenne, cheveux noirs.
Noël Lemoing de 18 ans, taille *id.*
Jean le Mavinec de 18 ans, taille baffe, cheveux chaftains, de Quermeur.

DOUARNENEZ.

JEan Queralec de 42 ans, taille haute, cheveux noirs.
Jean Dizebot de 47 ans, taille *id.*
Clette Guivarch de 20 ans, taille moyenne, cheveux chaftains.
Thomas Lars de 35 ans, taille baffe, cheveux noirs.
Guillaume Lemignon le vieil de 35 ans, taille moyenne, cheveux
Guillaume le Bourg, fils de Jean, de 37 ans, *id.*
Jean Belbeoc de 40 ans, taille moyenne, cheveux chaftains.
Guillaume le Ferec de 23 ans, taille moyenne, cheveux noirs.
Allain Leguen de 20 ans, taille baffe, cheveux chaftains.
Allain Tallou le jeune de 30 ans, taille moyenne, cheveux noir
Noël Monnier de 40 ans, taille baffe, cheveux noirs.
Laourent Laouënan de 25 ans, taille moyenne, cheveux jaunes.
Daniel Lanivinec de 28 ans, taille haute, cheveux noirs.
Jean Perhec de 20 ans, taille moyenne, cheveux blonds.
Jean le Bras de 45 ans, taille haute, cheveux jaunes.
Jean Penanprat de 22 ans, taille moyenne, *id.*
Jean Bouharé de 28 ans, taille moyenne, cheveux noirs.
Yvon Audren de 32 ans, *id.*
Henry Querleffry de 35 ans, taille moyenne, cheveux jaunes.
Jacques Leguillou de 30 ans, taille haute, cheveux noirs.
Guillaume le Drivillon de 25 ans, taille moyenne, cheveux noirs.
Daniel le Creach de 30 ans, *id.*

Vincent Lozeach de 15 ans, taille baſſe, cheveux blonds.
Auguſtin le Moing, fils de Jean, de 25 ans, taille baſſe, cheveux noirs.
Guillaume Queralec le vieil de 40 ans, taille moyenne, *id.*
      Lemonnier, fils de Noël, de 14 ans, taille baſſe, cheveux chaſtains.
Jean le Campion de 50 ans, taille moyenne, cheveux blonds.
Jean Melard de 30 ans, taille haute, cheveux noirs.
Vincent Jac de 40 ans, cheveux noirs.
Jean Stephan de 35 ans, taille moyenne, cheveux noirs.
Allain Penanprat de 56 ans, taille baſſe, cheveux noirs.
Hervé Homart de 18 ans, *id.*

PAROISSE DE PLOLAN.

Hervé Dalem de 35 ans, taille baſſe, cheveux noirs, de Quergazic.
Henry Quillivic de 30 ans, taille moyenne, cheveux noirs, de Lanergat.
Riou Coudry de 45 ans, taille moyenne, cheveux gris, de Leſtrevin.
Jean Coziec de 35 ans, taille haute, cheveux noirs, *id.*
Guillaume Pichavan de 35 ans, taille baſſe, cheveux blonds, de Quiliovarne.
Perron Lemarec de 30 ans, taille haute, cheveux blonds, de Quergoulinet.
François Querallec de 36 ans, taille haute, cheveux noirs, de Tombalan.
Guillaume le Croch de 24 ans, taille baſſe, cheveux noirs, de Treboul.
Guillaume le Monter de 35 ans, taille *id.* de Querigny.
Jean le Doüarec de 18 ans, taille moyenne, cheveux blonds, de Trivoarn.
Jean le Toulec de 42 ans, taille baſſe, cheveux noirs, de Treboul.
Guillaume Croch de 30 ans, *id.*
François Leon le jeune de 20 ans, taille *id.*
Bernard le Noüy de 25 ans, taille haute, cheveux blonds.
Bernard Laurent de 35 ans, taille baſſe, cheveux noirs.
Jean Couloch de 35 ans, taille moyenne, cheveux noirs.
Guillaume le Magadeur de 20 ans, taille haute, cheveux noirs.
Jacques Dagorne de 50 ans, taille baſſe, cheveux gris.
Jean le Toulec de 30 ans, taille baſſe, cheveux noirs, de Querfinidan.
Jean le Noüy de 17 ans, taille *id.* de Treboul.
André Lucia de Taraze de 22 ans, taille moyenne, cheveux noirs, de Querguirien.
Jean le Floch de 30 ans, taille haute, cheveux noirs, de Querandron.
Michel Aſcoüet de 24 ans, taille baſſe, cheveux blonds, de Louparec.
Allain le Loſq de 22 ans, taille baſſe, cheveux noirs, de Liſloüan.
Matthieu Cudennec de 20 ans, taille moyenne, cheveux blonds, de Laydé.
Rolland Ururas de 16 ans, taille baſſe, cheveux noirs, de Tombalan.
Guillaume le Cozic de 22 ans, taille haute, cheveux noirs, de Querigny.
Laurent Poulan de 32 ans, taille baſſe cheveux noirs, de Treota.
Hervé le Cudennec de 27 ans, taille moyenne, cheveux blonds.
Yvon le Pellay de 30 ans, taille *id.*

PONTECROIX EN BEUZEC.

Jean Legoff, fils de Jean, de 24 ans, taille moyenne, cheveux chaſtains.
Jacques Leſpernec de 45 ans, taille moyenne, cheveux gris.

BOURG DE QUERIDREU EN POUHINEC.

Denys Riou de 30 ans, taille moyenne, cheveux noirs.

PAROISSE DE GOULIEN.

Yves Querloch de 34 ans, taille haute, cheveux noirs, de Quergonnan.
Jean le Percherin de 29 ans, taille *id.* de Querlala.
Laurent le Velly de 16 ans, taille baſſe, cheveux chaſtains, de Querveguen.
Hervé Marec de 20 ans, taille moyenne, cheveux chaſtains, de Querguendhuy.

Michel Porlodec de 18 ans, taille baffe, cheveux blonds, de Lefgoülern.
Barthelemy Briand de 25 ans, taille moyenne, cheveux noirs, de Rifit.
René le Danzet de 20 ans, taille *id.* de Brevellen.

PAROISSE DE CLEDEN.

CLeden Porlodec de 50 ans, taille haute, cheveux noirs, de Querfaudic.
Cleden Pellerin de 30 ans, taille moyenne, cheveux blonds, *id.*
Pierre le Normand de 40 ans, taille moyenne, cheveux chaftains, de Querleau.
Guillaume Fily de 20 ans, taille baffe, cheveux chaftains, de Quertanguy.
Yvon Bouttono de 45 ans, taille haute, cheveux chaftains, de Querleauden.
Noël Goardun de 18 ans, taille baffe, *id.*
Daniel Goüyan de 30 ans, taille baffe, cheveux chaftains, de Querfaudic.
Jean Lehir de 22 ans, taille haute, cheveux blonds, *id.*
Allain le Pellerin, taille baffe, cheveux blonds, de 40 ans, de Quergleguer.
Hervé Querlouch de 20 ans, taille moyenne, cheveux chaftains, de Querbefquayen.
Yvon Mazeas de 16 ans, taille baffe, cheveux chaftains, de Querlaoüin.
Jean le Roy de 30 ans, taille baffe, cheveux noirs, *id.*
Guillaume Coquet de 45 ans, taille *id.* de Quercaradec.
Simon Dagorne de 26 ans, taille moyenne, cheveux noirs, de Lanoüan.
Michel Michelet de 28 ans, taille haute, cheveux blonds, *id.*
Simon le Normand de 45 ans, taille haute, cheveux chaftains, de Teolin.
Allain Pillos de 50 ans, taille moyenne, cheveux noirs, de Meferam.
Jean Beriet de 45 ans, taille baffe, cheveux blonds, de Quereram.
Jacques Querlouch de 35 ans, taille haute, cheveux noirs, *id.*
Jean le Cleret de 40 ans, taille moyenne, cheveux noirs, de Querbons.
Yvon le Bras de 22 ans, taille haute, cheveux noirs, de Trongueno.
Jean Marec, fils de Jean, de 25 ans, taille baffe, cheveux blonds.
Cleden le Normand de 30 ans, *id.* de Quilivich.
Yvon Querland de 45 ans, taille moyenne, cheveux noirs, de Querbelled.
Lebras, fils de Pierre, de 23 ans, taille baffe, cheveux noirs, de Lanué.
Cleden le Pellec de 23 ans, taille moyenne, cheveux blonds, de Quergaledan.
Cleden le Beriet de 28 ans, taille moyenne, cheveux noirs, du Bourg.
Gilles le Carval de 40 ans, taille haute, cheveux noirs, du Bourg.
Coquet, fils de Noël, de 28 ans, taille baffe, cheveux chaftains, de Queriolet.

PAROISSE ET ISLE DES SAINTS.

ALlain Leguilcher de 35 ans, taille baffe, cheveux noirs.
Jean Leguilcher de 25 ans, taille haute, cheveux noirs.
Yves Leguilcher, fils d'Yves, de 25 ans, taille baffe, cheveux noirs.
Perron Leguilcher de 28 ans, taille haute, cheveux noirs.
Jean Sinquin de 30 ans, taille *id.*

PAROISSE DE PLOUGOF.

PAul Rozen de 15 ans, taille haute, cheveux chaftains, de Lefcof.
Henry Salaun de 55 ans, taille haute, cheveux gris, *id.*
Laurent le Normand de 35 ans, taille haute, cheveux noirs, *id.*
Noël Marefchal de 14 ans, taille baffe, cheveux chaftains.
Jean le Bourdon de 30 ans, taille baffe, cheveux noirs, de Quererno.
Pierre Thomas de 25 ans, taille moyenne, cheveux noirs, de Querledec.
René Querfandy de 25 ans, taille haute, cheveux noirs, de Querhuret.
Pierre Siderre de 30 ans, taille haute, cheveux blonds, *id.*
Paul Cheverre de 36 ans, taille moyenne, cheveux noirs, de Lefcof.
Pierre le Pellerin de 45 ans, *id.*
Yvon Siderre de 35 ans, taille haute, cheveux noirs.
Noël Parify de 25 ans, taille baffe, cheveux noirs, de Penneach.
François Legoüardon de 30 ans, taille haute, cheveux noirs, de Clutarec.

Guillaume

Guillaume Querlouch de 40 ans, taille baſſe, cheveux noirs, du Run.
Cleden Coquet de 25 ans, taille haute, cheveux blonds, de Querven Izelaf.
Guillaume Legof de 27 ans, taille moyenne, cheveux noirs, de Querangart.
Jean Perron de 40 ans, taille haute, cheveux blonds, de Penneach.
Yvon le Mareſchal de 36 ans, taille moyenne, cheveux noirs.
Jean Querſaudy de 40 ans, *id.*
Paul Mareſchal de 40 ans, taille haute, cheveux noirs, de Quermeur.
Jean le Bourdon, fils de Noël, de 30 ans, taille baſſe, cheveux noirs, de Querledec.

PAROISSE DE PRIMELEN.

MAtthieu le Bourdon de 50 ans, taille moyenne, cheveux gris, du Bourg.
Pierre Cagen de 35 ans, taille moyenne, cheveux noirs, de Querfranc.
Jean Loüarne de 25 ans, taille haute, cheveux noirs, de Quermalero.
Jean Brehonnet de 18 ans, taille haute, cheveux blonds, de Querfourn.
Guillaume Belleguy de 23 ans, taille baſſe, cheveux blonds, de Querlo Izelaf.
Jean Dagorne de 30 ans, taille haute, *id.*
Henry Stephan de 30 ans, taille baſſe, cheveux noirs.
Jean Pillos de 38 ans, taille moyenne, cheveux noirs, de Quervedan.
Jean Riou de 45 ans, taille baſſe, cheveux noirs, de Quervedan.
Noël Leſpinec de 30 ans, taille baſſe, cheveux noirs, de Querafcou.
Guillaume Dagorne de 30 ans, *id.* de Croaſdivez.
Jean le Priol de 18 ans, taille moyenne, cheveux noirs, de Quercas.
René le Bourdon de 24 ans, *id.*

PAROISSE D'ESQUIBIEN.

IEan Charles de 38 ans, taille moyenne, cheveux noirs, de Penfeunteon.
Michel Lequerré de 24 ans, taille baſſe, cheveux noirs, de Couſtren.
Daniel Leloüarne de 19 ans, taille haute, cheveux chaſtains, de Querunus.
Yvon Quernilis de 20 ans, taille baſſe, cheveux noirs, du Creach.
René Urvoas de 40 ans, *id.*
Jean Jourdain de 16 ans, taille baſſe, cheveux chaſtains, *id.*
Jean Creou, dit Legal, de 25 ans, taille baſſe, cheveux noirs, de Querallou.
Yvon Melguen de 40 ans, *id.* de Lervilly.
Yvon Guillou de 26 ans, taille moyenne, cheveux noirs, de Landrenet.
Eſtienne Coüart de 22 ans, taille baſſe, cheveux noirs, de Querbous.
Daniel le Bourdon de 48 ans, taille haute, cheveux noirs, de Quermanniou.
Yvon Carne de 35 ans, *id.* de Querveniou.
Yvon Gonnidou de 35 ans, taille baſſe, cheveux chaſtains, du Bourg.
Yvon Peoch de 18 ans, taille moyenne, cheveux chaſtains, de Querforn.
Pierre Laour de 40 ans, taille haute, cheveux gris, de Querſcau.
Yvon Guillou de 28 ans, taille baſſe, cheveux noirs, de Poullans.
Hervé Jaoven de 40 ans, taille haute, cheveux noirs, de Querennou.

BOURG D'AUDIERNE.

MAtthieu Sider de 35 ans, taille moyenne, cheveux noirs, de Querman.
Perron Perrot de 30 ans, taille baſſe, cheveux noirs, de Queridreu.
Jean Calvez de 18 ans, taille moyenne, cheveux noirs.
Simon Rioux de 28 ans, taille *id.*
Yvon Barao de 36 ans, *id.*
Cleden le Touler de 40 ans, taille haute, cheveux chaſtains.
Jean le Carval de 20 ans, taille moyenne, cheveux blonds.
Jacques Leguevel de 30 ans, taille moyenne, cheveux noirs.
Henry Ellou de 22 ans, taille haute, cheveux noirs.
Jean Lepriol le jeune de 26 ans, taille baſſe, cheveux blonds.
Jacques Lepellé de 30 ans, taille moyenne, cheveux noirs.

Yvon le Sergent de 24 ans, *id.*
Germain Laridon de 29 ans, taille haute, cheveux noirs.
Cleden Chöüariel de 17 ans, taille basse, cheveux noirs.
Laurent Launay de 45 ans, taille haute, cheveux noirs.
Allain de Corre de 28 ans, taille basse, cheveux blonds.
René Guezenec de 50 ans, taille haute, cheveux gris.
Jacques le Sicourmat de 30 ans, taille haute, cheveux noirs.
Yvon Roüsset de 27 ans, taille *id.*
Yvon Corvesin de 48 ans, taille basse, cheveux gris.
Cleden Riou de 28 ans, taille basse, cheveux noirs.
Henry le Brillec de 30 ans, taille basse, cheveux blonds.

PAROISSE DE PLOHINEC.

Jacques Carabin de 35 ans, taille haute, cheveux noirs, de Lambabu.
Henry Boullec de 30 ans, taille basse, cheveux noirs, de Trebeuzec.
Vincent Lescarabin de 40 ans, taille moyenne, cheveux noirs, du Fautec.
Yvon Paul de 25 ans, taille *id.* de Poulgazec.
Henry Guillou Sindrayer de 40 ans, taille basse, cheveux noirs, *id.*
Jacques Ladam de 40 ans, taille haute, cheveux noirs, de Querlaonec.
Yvon Salaun de 25 ans, *id.* de Lezarouïn.
Yves Bittart de 40 ans, *id.*
Allain Cosit, dit Gril, de 50 ans, *id.*
Allain Quilivit le jeune de 40 ans, *id.* de Poulgoüazec.
Yves Salaun de 35 ans, taille basse, cheveux noirs, de Logueneau.
    Lescoüahec, fils de Jean, de 25 ans, taille basse, cheveux blonds, de Quersinoc.
Guillaume Donars de 25 ans, taille moyenne, cheveux noirs, de Poulgoüazec.
Guillaume Creoux de 48 ans, taille haute, cheveux noirs, de Saint Jean.
Daniel le Rotenec de 25 ans, taille basse, cheveux noirs, de Tregan.
Allain Pellais de 55 ans, taille moyenne, cheveux noirs.
Jean Pellais de 55 ans, taille moyenne, cheveux blonds.
Yvon le Bloin de 58 ans, taille haute, cheveux gris, de Saint Drié.
Jean le Roux de 50 ans, taille moyenne, cheveux gris.

PAROISSE DE PENMARCH.

Nicolas Coharé, fils de Guillaume, de 18 ans, taille moyenne, cheveux noirs, de Quererec.
Henry le Bescond de 22 ans, taille haute, cheveux chastains, de Querebellet.
Jacques le Cabon de 40 ans, taille moyenne, cheveux noirs, de Querity.
Bernard Legoillaye de 20 ans, taille basse, cheveux noirs, *id.*
Pierre Lepagne de 25 ans, taille basse, cheveux chastains, *id.*
Jacques Lain de 18 ans, taille moyenne, cheveux chastains, du Gouret.
René Croizé de 52 ans, taille moyenne, cheveux gris, de Querity.
Jean Querabel de 20 ans, taille haute, cheveux noirs, *id.*
Charpent. Allain le Tudic de 30 ans, taille basse, cheveux chastains, *id.*
Jacques le Moyet de 26 ans, taille moyenne, cheveux noirs, de Querveguen.
Jacques Durand de 22 ans, taille basse, cheveux noirs, de Querity.
Me de Chal. Laurent Laurent de 28 ans, *id.*
Thomas le Rez de 20 ans, taille moyenne, cheveux noirs, de Querfezec.
Allain le Carval de 18 ans, taille basse, cheveux chastains, de Quersalaun.
Jean Gigou de 35 ans, taille haute, cheveux roux, de Quervilly.
Laurent le Plomb de 18 ans, taille moyenne, cheveux blonds, de Quervellec.
Matthieu Quersazeguen de 24 ans, *id.* de Quersazeguen.
Gabriel Lepain.
Jean le Calvez.

PAROISSE DE TREFFIAGAT.

Guillaume le Quiniou de 30 ans, taille baſſe, cheveux chaſtains.
Jean le Badic, frere de Jacques, de 25 ans, taille baſſe.
Yvon le Boucher, dit Bottaran, de 30 ans, taille moyenne, cheveux noirs.

LESCONNIL PLOBALANEC.

Pierre Cariou de 18 ans, taille baſſe, cheveux noirs.
Pierre Legal de 32 ans, taille haute, cheveux noirs.

PAROISSE DE LOCTUDY.

Hervé Aurech de 33 ans, taille moyenne, cheveux chaſtains, de Pennehador.
Henry Lemoing de 43 ans, taille haute, cheveux chaſtains, de la Foreſt.
Jean Lheuffriou de 37 ans, taille moyenne, cheveux noirs, de Penamprat, Plonivel.

L'ISLE TUDY.

Noël le Brizel de 16 ans, taille moyenne, cheveux blonds.
Jacques le Bleis de 38 ans, taille baſſe, cheveux noirs.
Yvon Riou de 35 ans, taille baſſe, *id.*
Jacques le Certain de 22 ans, taille haute, cheveux chaſtains.
Laurent Gueguen de 14 ans, taille moyenne, *id.*
René Audierne de 16 ans, taille moyenne, cheveux blonds.
Laurent Dabo de 40 ans, taille haute, cheveux blonds.
Yves le Balacon de 30 ans, taille moyenne, cheveux noirs.
Jean André de 40 ans, taille *id.*
Jacques Biger de 24 ans, taille *id.*
Jean le Divanach de 15 ans, taille moyenne, cheveux noirs.

PAROISSE DE PONTLABBE.

Joſeph Lays de 28 ans, taille haute, cheveux noirs.
Jean Legars de 21 ans, taille moyenne, cheveux chaſtains.

PAROISSE DE COMBRIT.

Eſtienne Legorannic de 38 ans, taille moyenne, cheveux noirs, de Querlóguen.
Jean Coriou de 28 ans, taille moyenne, cheveux noirs, de Quergaradec.
Benoiſt Legorannic de 40 ans, taille baſſe, cheveux noirs, de Nellez.
Sebaſtien Queſquellou de 25 ans, taille baſſe, cheveux chaſtains, de Lanviou.
Jean le Flamand de 20 ans, taille haute, cheveux noirs, de Querbeſtin.

PAROISSE DE LOCMARIA.

Jacques le Hir de 22 ans, taille baſſe, cheveux chaſtains.
Yves Perroux de 25 ans, *id.*
Matthias Michel de 24 ans, *id.*

PAROISSE DE PERGUET.

Jean Tourin de 30 ans, taille moyenne, cheveux noirs, de Penevenan.
Jacques Crevin de 26 ans, taille haute, cheveux noirs, de Poulquer.
Jean Renou de 25 ans, taille moyenne, cheveux noirs, *id.*

Evêché de Cornoüaille,

CLOARC FOUESNANT.

NEant.

PAROISSE DE FOUESNANT.

CRoisic Legaro de 30 ans, taille basse, cheveux noirs, de la Forest.
Jean Surien de 27 ans, taille basse, cheveux blonds, de la Forest.
Noël Caradec de 30 ans, taille moyenne, cheveux noirs, de Portzcariou.

PAROISSE DE BEUZEC LEZ FONCARNEAU.

CHristophle le Bolloré de 25 ans, taille haute, cheveux jaunes.
Mathurin Bleyn de 30 ans, taille moyenne, cheveux noirs.
Jean le Lec de 24 ans, taille *id.*
Eustache le Droüallen de 35 ans, taille haute, cheveux noirs.
Jean le Berrou de 17 ans, taille moyenne, cheveux noirs.
Jean Carlot de 30 ans, taille haute, cheveux jaunes.
Pierre Merle de 27 ans, taille moyenne, cheveux noirs.

PAROISSE DE LANRIEC.

GUillaume Charlot de 29 ans, taille moyenne, cheveux noirs, de Querancalvez.

PAROISSE DE MOELLAN.

FRançois Fouësman de 23 ans, taille haute, cheveux noirs, de Querdroüallen.
Antoine Levenic de 24 ans, *id.* de Quervasselin.
Jean Derien de 25 ans, taille basse, cheveux noirs, dudit lieu.
Jean Lebouthis de 26 ans, taille haute, cheveux bruns, de Querdroüallen.
Yvon Colin de 30 ans, taille haute, cheveux noirs, de Querlogat.

PAROISSE DE CLOARCARNOET.

JEan Leliner de 25 ans, taille basse, cheveux noirs, de Rivisic.
Jean Delliou de 35 ans, taille moyenne, cheveux noirs, de Querdellec.
René Colin de 30 ans, taille haute, cheveux noirs, de Doüallen.
Raoul Pennec de 30 ans, taille haute, cheveux noirs, de Querqueré.
Jean Levenic de 25 ans, taille basse, cheveux noirs, de Querinelan.
François Derval de 20 ans, taille moyenne, cheveux noirs, de Querqueré.

QUIMPERLE'.

NEant.

CINQUIEME CLASSE,

dont le service commencera au premier Avril 1674.
& finira au dernier Mars 1675.

PAROISSE DE DIRINON.

Allain le Bidan de 18 ans, taille moyenne, cheveux chastains.
Yvon Morvan de 18 ans, taille moyenne, cheveux noirs.
Charles Hilly de 16 ans, taille moyenne, cheveux chastains.

PAROISSE DE LOGONNA.

Jean le Mairou de 28 ans, taille basse, cheveux noirs.
Jean le Boguennec de 28 ans, taille *id.* de Penara.

PAROISSE DE LANDEVENNEC.

Laurent Raoul de 30 ans, taille moyenne, cheveux noirs, d'Argol.
Guillaume Quermarec de 30 ans, taille haute, cheveux chastains, du Bourg.
Guyomar Rolland de 35 ans, taille moyenne, cheveux noirs, d'Argol.
Hervé Torilloc de 30 ans, taille haute, cheveux chastains, du Bourg.
Jean le Herrou de 26 ans, taille moyenne, cheveux noirs.
Mathurin le Gal de 40 ans, taille haute, cheveux noirs, du Bourg.

BOURG ET PAROISSE DE CROZON.

François de Bras de 18 ans, taille basse, cheveux noirs.
fils d'Allain Daniel de 20 ans, taille basse, cheveux noirs.
François Legof de 35 ans, taille moyenne, cheveux chastains.
Claude Carn de 26 ans, *id.*
Noël Lespagnol de 23 ans, taille moyenne, cheveux noirs.
Jean le Vergos de 36 ans, taille moyenne, cheveux chastains.
Laurent Talgas de 32 ans, taille basse, cheveux noirs.
Henry le Pagadour de 23 ans, taille *id.*
Corantin Souben de 22 ans, taille haute, cheveux noirs.
Jean Palud de 20 ans, *id.* de Tremet.
François Nicolas de   ans, taille basse, cheveux chastains.

TREVE DE LANVEOC EN CROZON.

Allain Legallou de 20 ans, taille moyenne, cheveux noirs.
Claude Legallon de 36 ans, taille *id.*
Jacques le Seveleder de 25 ans, taille basse, cheveux blonds.
Jacques le Febvre de 40 ans, taille moyenne, cheveux chastains.

LE FRET EN CROZON.

François le Mignon de 40 ans, taille basse, cheveux gris, de Querveden.
François Legoff de 28 ans, taille moyenne, cheveux noirs, de l'Isle-Longue.
François Legueval de 35 ans, taille haute, cheveux noirs.
Yvon le Vergos de 32 ans, taille basse, cheveux jaunes.
Bernard Madec de 40 ans, taille moyenne, cheveux noirs.
Matthieu Prigent de 38 ans, taille haute, cheveux noirs, de l'Isle-Longue.

K

TREVE DE FROTCOLIN EN CROZON.

CLaude Folgat de 26 ans, taille haute, cheveux noirs.
Yvon Leguen, fils de Jean, de 40 ans, taille baffe, cheveux noirs.
Yves le Pendu de 40 ans, taille moyenne, cheveux chaftains.
Yvon Stephanic de 21 ans, taille baffe, cheveux jaunes.
Jean Palud de 35 ans, taille baffe, cheveux noirs.

TREVE DE TALART EN CROZON.

JAcques Palud de 22 ans, taille moyenne, cheveux chaftains.
Iean Daniellou de 18 ans, taille baffe, *id.*

TREVE TREFFLEZ EN CROZON.

YVon Queraudren de 20 ans, taille baffe, cheveux noirs.
Pierre Sevellec *id.*
Daniel Lemoing de 16 ans, taille baffe, cheveux blonds.
Bernard Lemoing de 30 ans, taille baffe, cheveux noirs.
Jean Quermel de 35 ans, taille moyenne, cheveux noirs.
Bernard Canivet de 29 ans, taille baffe, cheveux noirs.
Bernard Sevellec de 26 ans, taille *id.*
Jean le Roux de 18 ans, taille moyenne, cheveux noirs.
Thomas Bourdigou de 25 ans, taille baffe, cheveux noirs.
Jacques le Sevellec de 18 ans, taille baffe, cheveux blonds.
Quermel du Run.
Guillaume Jacob de 25 ans, taille haute, cheveux noirs.
François Bourdigou de 22 ans, taille baffe, cheveux chaftains.

TREVE DE LA PALUD.

HEnry le Drivillon de 24 ans, taille baffe, cheveux noirs.
Bernard Gueguennou de 28 ans, taille moyenne, cheveux noirs.
Hervé Quentric, fils d'Allain, de 30 ans, taille moyenne, cheveux chaftains.
Henry Querdreu de 28 ans, taille moyenne, cheveux noirs.

TREVE DE TREMET.

GUillaume Palud de 25 ans, taille moyenne, cheveux noirs.
Olivier Lucas de 25 ans, taille moyenne, *id.*

TREVE DE LEDE.

FRançois Souben de 22 ans, taille baffe, cheveux noirs.

TREVE DE DINAN EN CROZON.

JEan Canivet de 22 ans, taille baffe, cheveux blonds.
François le Seneschal de 25 ans, taille haute, cheveux noirs.
François Bozennec de 20 ans, taille moyenne, cheveux noirs.

PAROISSE DE ROSCANVEL.

HErvé Penfrat de 20 ans, taille haute, cheveux noirs, de Queralan.
Bernard le Treut de 35 ans, taille moyenne, cheveux chaftains.
Pilote hauturier. Jean le Bullin de 40 ans, taille haute, cheveux chaftains, de Trevargan.
François Folgat de 40 ans, taille haute, *id.* de Quérayez.
Laurent Harvel de 35 ans, taille haute, cheveux noirs, du Bourg.
Matthieu le Treut, fils d'Hervé, de 17 ans, taille baffe, cheveux chaftains, de Lanvern.
Laurent Harvel de 55 ans, taille haute, cheveux gris, de Menefarvel.

Guillaume Thepot de 32 ans, taille moyenne, cheveux roux, de Laudouïn.
Allain Harvel de 28 ans, taille moyenne, cheveux chastains.
Yvon Palud de 17 ans, taille basse, cheveux noirs, du Bourg.
Jean Stevan de 45 ans, taille haute, cheveux noirs, de Laudouïn.

PAROISSE DE CAMARET.

YVon Mazet de 30 ans, taille basse, cheveux noirs.
Jacques Cariou de 23 ans, taille moyenne, cheveux chastains.
Guillaume le Mignon de 27 ans, taille moyenne, cheveux chastains.
François Bozennec de 36 ans, taille haute, cheveux blonds.
Jean Palud, fils de Michel, de 16 ans, taille moyenne, cheveux noirs.
Jean Lemoing de 43 ans, taille basse, cheveux bruns.
Gabriel Mazet de 46 ans, taille haute, cheveux noirs.
Henry Lepindu de 32 ans, taille moyenne, cheveux chastains, de Penir.

DOUARNENEZ.

PAul Calvez de 50 ans, taille moyenne, cheveux noirs.
Jean Legos de 36 ans, cheveux blonds.
Michel Perros de 40 ans, taille moyenne, cheveux noirs.
Jacques Querlévry de 52 ans, taille basse, cheveux noirs.
Jean le Fol de 50 ans, taille moyenne, cheveux noirs.
Jean Urien de 20 ans, cheveux noirs.
Jean Laovenan de 23 ans, taille basse, cheveux noirs.
Jacques Daniel de 22 ans, taille moyenne, cheveux noirs.
Matthieu Rofmeur de 17 ans, taille basse, cheveux chastains.
Jean Person de 40 ans, taille haute, cheveux noirs.
Henry le Bourg de 45 ans, taille haute, cheveux jaunes.
Denys Leguinec de 30 ans, taille haute, cheveux noirs.
Allain Lefquidividan de 28 ans, taille moyenne, cheveux blonds.
Philibert le Borgne de 50 ans, taille moyenne, cheveux noirs.
Yves le Dol le jeune de 25 ans, taille haute, cheveux noirs.
Jean Tretout de 35 ans, taille haute, cheveux blonds.
Henry Quervennec de 40 ans, taille haute, cheveux blonds.
Noël Cloarec de 30 ans, taille basse, cheveux jaunes.
Daniel Queralec de 30 ans, taille haute, cheveux noirs.
Bernard Mazet de 32 ans, taille haute, cheveux jaunes.
Yves Giraudeau de 33 ans, taille moyenne, cheveux blonds.
Philibert Riou de 30 ans, taille moyenne, cheveux noirs.
Henry le Perhec de 24 ans, taille haute, cheveux blonds.
Jean le Ferec de 36 ans, taille moyenne, cheveux chastains.
Matthieu Jacques.
Guillaume Leguen.
Laurent le Pelennec de 40 ans, taille haute, borgne.
Guillaume le Borgne de 19 ans, taille moyenne, cheveux noirs.
Clette Peru de 50 ans, taille basse, cheveux gris.
François Breneol de 45 ans, taille moyenne, cheveux noirs.
Laurent le Saux de 35 ans, taille moyenne, cheveux jaunes.
Jean le Roux de 32 ans, taille haute, cheveux noirs.

PAROISSE DE PLOLAN.

HErvé Cabilic de 40 ans, taille basse, cheveux noirs, de Laydé.
Jean Querallec de 25 ans, taille moyenne, cheveux noirs.
Allain le Roux de 25 ans, taille haute, cheveux noirs, de Treboul.
Jean Perrot de 30 ans, taille basse, cheveux noirs.
Jean Querivel de 20 ans, taille *id.* de Lefconvel.
Matthieu Dalin de 21 ans, taille haute, cheveux chastains.
Daniel Croceach de 24 ans, taille moyenne, cheveux noirs, de Queraudron.

Jean Queralec, dit Sabia, de 40 ans, taille haute, cheveux noirs, de Quermabon.
Jacques Laurent de 30 ans, taille moyenne, cheveux noirs, de Treboul.
Pierre le Leon de 36 ans, taille haute, cheveux gris.
Guillaume Guilivic de 45 ans, taille moyenne, cheveux noirs.
Hervé Lair de 45 ans, taille basse, cheveux noirs.
Jean Omnes de 28 ans, taille haute, cheveux blonds.
Marc le Crocq de 36 ans, taille moyenne, cheveux blonds.
Guillaume Cadouïn de 30 ans, taille moyenne, cheveux chastains, de Laydé.
Jean le Croch de 35 ans, taille basse, cheveux blonds, de Querguisten.
Guillaume le Men de 50 ans, taille basse, cheveux noirs, de Treboul.
André le Brelivet de 36 ans, taille *id.*
Guillaume Omnes de 25 ans, taille haute, cheveux blonds, de Querguelennec.
Guillaume le Goff de 20 ans, taille haute, cheveux noirs.
Jean Baudigou le jeune de 20 ans, taille basse, cheveux noirs.
Jean le Monter le jeune de 35 ans, taille haute, cheveux noirs.
Jean Queraurer de 40 ans, taille haute, cheveux blonds, de Queriellec.
Daniel Boudigou de 15 ans, taille moyenne, cheveux chastains, de Querlajou.
Guillaume le Ferec de 16 ans, taille basse, cheveux blonds, de Treboul.
René Couloch de 30 ans, taille haute, cheveux noirs.
Jean Querinel de 25 ans, taille basse, cheveux noirs, de Querandton.

PONTECROIX EN BEUZEC.

SEbastien le Menuez de 22 ans, taille basse, cheveux noirs.

BOURG DE QUERIDREU.

COrantin Salaun de 25 ans, taille haute, cheveux blonds.

PAROISSE DE GOULIEN.

BArthelemy le Trevidec de 45 ans, taille moyenne, cheveux gris, de Breharadec.
Guillaume Hevenou de 25 ans, taille haute, cheveux noirs.
François le Bihan de 22 ans, taille basse, cheveux noirs, de Querveguen.
Barthelemy le Cors de 45 ans, taille moyenne, cheveux chastains, de Troureach.
Guillaume Hivenou de 50 ans, taille haute, cheveux gris, de Quermaden.
Jean Lemarec de 45 ans, taille basse, cheveux blonds, de Quergonnan.
Lucas Leparisy le pere de 50 ans, taille moyenne, cheveux chastains, de Querguendhuy.
Laurent le Borgne de 18 ans, taille *id.* de Quervenguy.
Jean le Judé de 23 ans, taille haute, cheveux blonds, de Querest.

PAROISSE DE CLEDEN.

YVon Cohemur de 40 ans, taille moyenne, cheveux noirs, de Trougueno.
Pierre Beriet, taille moyenne, cheveux blonds.
Yvon le Moan de 20 ans, taille moyenne, cheveux chastains, de Querleau.
En Perso. Simon Tanguy de 40 ans, taille moyenne, cheveux noirs, de Lez Cleden.
Guillaume le Goardun l'aisné de 40 ans, *id.* de Lezanquel.
George Bonis de 28 ans, taille moyenne, cheveux blonds.
Pellerin, fils d'Eutrope, de 23 ans, taille moyenne, cheveux chastains, de Queradec.
Cleden Sinquin de 43 ans, taille haute, cheveux gris, de Querleauden.
Simon Querlouch de 40 ans, taille basse, cheveux noirs, de Querlouch.
Guillaume Coquet de 40 ans, taille haute, cheveux noirs, de Querlaoven.
Jean le Lovarne de 35 ans, taille basse, cheveux noirs, de Quercam.
Yvon le Taurin de 20 ans, taille moyenne, cheveux blonds, de Querlaoven.
Eutrope Goudedranches de 45 ans, taille haute, cheveux noirs, de Querguiminidic.
Hervé Sinquin de 20 ans, taille basse, cheveux noirs, de Querleauden.
Clette le Normand de 40 ans, taille haute, cheveux noirs, de Querermen.

Claude

Claude Percherin de 18 ans, taille baſſe, cheveux chaſtains.
Yvon Evenou de 22 ans, taille moyenne, cheveux noirs.
Cleden Normand de 46 ans, taille moyenne, cheveux chaſtains, de Quervet.
Jean Chalain de 50 ans, taille haute, cheveux noirs, de Querviſinic.
Yvon le fils de 40 ans, taille haute, cheveux blonds, de Querermen.
Olivier Dagorne de 37 ans, taille haute, cheveux chaſtains, de Lanoüan.
Yvon Charles de 19 ans, taille moyenne, cheveux chaſtains, du Bourg.
Yvon le Marec de 23 ans, taille moyenne, cheveux noirs, de Quilivic.
Olivier Michelic de 22 ans, taille *id.* de Lanoüan.

PAROISSE ET ISLE DES SAINTS.

JEan Leguilcher de 45 ans, taille moyenne, cheveux chaſtains.
Yves Fovavet de 20 ans, taille baſſe, cheveux noirs.
Yves Promoguer de 25 ans, taille haute, cheveux noirs.
Yves le Miliner de 30 ans, taille baſſe, cheveux noirs.

PAROISSE DE PLOUGOF.

CLeden le Normand de 35 ans, taille haute, cheveux noirs, de Querledeo.
Matthieu Coquet de 26 ans, taille moyenne, cheveux blonds, de Torenneur.
Yvon Dagorne de 40 ans, taille haute, cheveux noirs, de Querangart.
Guillaume Pozen.
Pierre Labrillec de 22 ans, taille moyenne, cheveux noirs, de Leſcof.
Henry Percherin de 16 ans, taille baſſe, cheveux chaſtains, de Queruſavel.
Yves le Normand de 35 ans, taille haute, cheveux blonds, de Leſcof.
Paul Pariſy de 28 ans, *id.* de Quervingart.
André Queſingart de 30 ans, taille baſſe, cheveux noirs.
Pierre le Pellé de 35 ans, taille moyenne, cheveux noirs, de Quererno.
Guillaume Huon de 23 ans, taille baſſe, cheveux roux, de Pindref.
André Cante de 40 ans, taille moyenne, cheveux blonds, du Bourg.
Jean Percherin de 30 ans, taille haute, cheveux noirs, de Quereven Izelaf.
Hervé Seguin de 40 ans, taille moyenne, cheveux noirs.
Noël Pelamen de 28 ans, *id.*
Yves Guillou de 55 ans, taille haute, cheveux noirs.
Hervé Mareſchal de 50 ans, taille haute, cheveux gris, de Leſcoff.
Pierre Legal de 30 ans, taille baſſe, cheveux noirs, de Querleder.
Noël Covillandre le jeune de 25 ans, taille haute, cheveux noirs, de Quergonno.
Guillaume Pariſy de 20 ans, taille moyenne, cheveux noirs, de Penneach.
Jean le Manac de 28 ans, taille haute, cheveux noirs, de Querangart.
Hervé Pellerin de 30 ans, taille moyenne, cheveux noirs.
Guillaume le Corval de 45 ans, taille haute, cheveux noirs.

PAROISSE DE PRIMELIN.

YVon Poulazen de 20 ans, taille moyenne, cheveux noirs, de Querdigazul.
Corantin Coquet de 30 ans, taille baſſe, cheveux chaſtains, *id.*
Michel Calvais de 35 ans, taille haute, cheveux noirs, de Querlo Izelaf.
Matthieu Gloaguen de 30 ans, taille baſſe, cheveux noirs, de Barados.
Guillaume Ladam de 40 ans, taille haute, cheveux noirs, de Queraſcou.
Jean Sevillon de 18 ans, taille moyenne, cheveux noirs, du Bourg.
Jacques Belleguy de 21 ans, taille baſſe, cheveux blonds.
Jean Folic de 19 ans, taille baſſe, cheveux noirs.
André Percherin de 35 ans, taille baſſe, cheveux noirs, de Quermalero.
Hervé Lepriol de 31 ans, taille haute, cheveux chaſtains, de Querlozen.
Guillaume le Folic de 20 ans, taille *id.* cheveux *id.* de Quercas.
Jean Coquet de 22 ans, taille *id.* de Querande.

L

PAROISSE D'ESQUIBIEN.

Yvon Baron de 32 ans, taille haute, cheveux chaſtains, du Crech.
Jean Prichant de 28 ans, taille moyenne, cheveux noirs, de Queriou.
Guillaume Legueffren de 30 ans, taille baſſe, cheveux noirs, du Songart.
Olivier Poquet de 22 ans, taille haute, cheveux chaſtains, du Coſquer Bihan.
Yvon Poulchagan de 25 ans, taille haute, cheveux noirs, de Trouduguentez.
Guillaume le Chapelain de 34 ans, taille *id.* de Querunus.
Yvon le Corre de 35 ans, taille courte, cheveux noirs, de Querhuan.
Matthieu Priol de 35 ans, taille moyenne, cheveux chaſtains, du Coſquer Bihan.
Olivier Lelovarn de 40 ans, taille baſſe, cheveux noirs, de Queraudiern.
Guillaume Salaun fils de 20 ans, taille baſſe, cheveux chaſtains.
Jean Jaury de 30 ans, taille baſſe, cheveux gris, de Quervan.
Allain Jaffry de 20 ans, taille moyenne, cheveux noirs.
Henry Jadé de 40 ans, taille haute, cheveux chaſtains, de Troloarn.
Simon Guillou de 19 ans, taille moyenne, cheveux noirs, de Brignevoc.
Henry Canivet de 20 ans, *id.* de Lervilly.
Eſtienne Anſquet de 36 ans, *id.* du Coſquer Bihan.
Guillaume Urvoas de 18 ans, *id.* de Querenou.

BOURG D'AUDIERNE.

Jean le Guevel de 20 ans, taille moyenne, cheveux noirs.
Gaſpard Hoüart de 38 ans, taille baſſe, cheveux noirs.
Yvon Quilivich de 36 ans, taille haute, cheveux noirs.
Hervé Priſer de 45 ans, taille haute, cheveux blonds.
En Perſe. André Querſaudec de 36 ans, *id.*
Id. Pierre Gloaguen de 30 ans, taille baſſe, cheveux blonds.
Simon le Priol de 55 ans, taille haute, cheveux gris, de Querbuzilic.
René le Floch de 20 ans, taille haute, cheveux noirs.
Jean Guillot de 18 ans, taille moyenne, cheveux noirs.
Jacques le Clerec de 30 ans, taille baſſe, *id.*
Jean Querlouch de 36 ans, *id.*
Guillaume Mens de 40 ans, taille haute, cheveux noirs.
Yvon Guillon de 35 ans, taille moyenne, cheveux noirs, de Quernan.
Guillaume Tanguy de 35 ans, taille haute, cheveux noirs, d'Audierne.
Martin Folic de 30 ans, taille baſſe, cheveux noirs.
Daniel Lebourg de 20 ans, taille moyenne, cheveux blonds.
Matthieu Lepriol de 24 ans, taille *id.*
Jean Laridon de 30 ans, *id.*
Corantin Lancou de 33 ans, taille baſſe, cheveux noirs.
Guillaume le Clerec de 34 ans, taille baſſe, cheveux chaſtains.
Jean le Bleomellen dit Perſquerin de 40 ans, taille baſſe, cheveux gris.
Guillaume le Cam de 45 ans, taille moyenne, cheveux gris.
Yvon le Moan de 17 ans, taille haute, cheveux noirs.
Cleden le Menez de 36 ans, *id.*
Lucas Canivet de 23 ans, *id.*
Henry Briant de 30 ans, taille moyenne, cheveux noirs.

PAROISSE DE PLOHINEC.

Jacques Urvoas de 23 ans, taille moyenne, cheveux noirs, de Leſvené.
Jean Penteven de 40 ans, taille *id.* de Querouër.
Guillaume Riou de 20 ans, taille *id.*
Guillaume le Brun de 45 ans, taille baſſe, cheveux blonds, de Querarnec.
Jean Quernilis de 45 ans, taille baſſe, cheveux gris, de Saint Jean.
Jean Lepommelec de 24 ans, taille haute, cheveux blonds, de Querſinic.
Yves Audren de 55 ans, taille haute, cheveux noirs, de Brenillou.

Guillaume Donars de 40 ans, taille courte, cheveux blonds, de Lezarovin.
Julien Guillou de 34 ans, taille moyenne, cheveux noirs.
Yvon Caër de 33 ans, taille moyenne, cheveux blonds.
Allain Penteven de 50 ans, taille moyenne, cheveux noirs.
Guillaume Belliec de 29 ans, taille *id.* de Querouzec.
Yvon Gueguenmat de 26 ans, taille haute, cheveux blonds, de Lezarouët.
Yves Pinful le jeune de 40 ans, taille haute, cheveux noirs, de Poulgoüazec.
Guillaume Salaun de 18 ans, taille trape, cheveux chaſtains, de Tregon.
Henry Leguillou de 18 ans, taille moyenne, cheveux blonds, de Querouër.
Nicolas Urvoas, fils de Guillaume, de 25 ans, taille baſſe, cheveux blonds, de Lezaroüan.
Jean Thomas de 40 ans, taille *id.* de Querſuga.
Henry le Breton de 45 ans, taille moyenne, cheveux chaſtains.

PAROISSE DE PENMARCH.

A Ndré Pochit.
Jean Bideret.
Guillaume Dollas de 23 ans, taille moyenne, cheveux noirs, du Bourg.
Nicolas le Pen fils de 23 ans, taille haute, cheveux noirs, de Querity.
Henry Pochic de 43 ans, taille moyenne, *id.*
Thomas Hederne de 23 ans, taille baſſe, cheveux blonds, de Querſalaun.
Yvon Dollas de 50 ans, taille baſſe, cheveux gris, de Querity.
Yvon le Moal de 24 ans, taille haute, cheveux noirs.
Guillaume Dollas de 44 ans, taille baſſe, cheveux *id.*
Guillaume Bargant de 18 ans, *id.* cheveux blonds.
Thomas Conais de 27 ans, taille moyenne, cheveux noirs, de Quergazecoat.
Jacques Cariou de 25 ans, taille haute, cheveux noirs, de Quergazecoat.
Jean Deniellou de 35 ans, taille baſſe, cheveux noirs.
Jean Eſtienne de 40 ans, *id.*
Yvon le Rez de 35 ans, taille moyenne, cheveux noirs, de Querfedec.
Jean le Targuier.
Pierre Lucas de 24 ans, taille moyenne, cheveux noirs, de Querity.
Jean Gourmel de 40 ans, taille baſſe, cheveux bruns, *id.*
Jean Querioval de 44 ans, taille moyenne, cheveux noirs, *id.*
Pierre Garez de 45 ans, taille haute, cheveux noirs, de Lezlanou.
René le Croizer le jeune, dit Gorer.

PAROISSE DE TREFFIAGAT.

J Acques le Badic de 35 ans, taille baſſe, cheveux noirs.
Guillaume Lenoret de 40 ans, *id.*
Allain le Soliec de 35 ans, *id.* de Poulguin.
Jean le Coziet de 31 ans, taille moyenne, cheveux chaſtains.

DE LESCONNIL PLOBALANEC.

J Acques le Gal de 24 ans, taille haute, cheveux chaſtains.
Pierre le Run de 31 ans, taille haute, cheveux noirs.

PAROISSE DE LOCTUDY.

J Acques le Möing.
Guillaume Dollas de 28 ans, taille moyenne, cheveux noirs, de la Foreſt.
Jacques Legrain de 33 ans, taille haute, cheveux noirs, de Queroüjan.

L'ISLE TUDY.

M Ichel le Divanat de 35 ans, taille moyenne, cheveux noirs.
Michel Daniel de 19 ans, taille moyenne, cheveux chaſtains.
Sebaſtien Leſquivy de 25 ans, taille baſſe, cheveux noirs.
Martin le Certain de 18 ans, taille haute, cheveux noirs.

En Perſe.

Germain le Carre de 44 ans, taille *id.*
Jacques le Briel de 18 ans, taille moyenne, cheveux noirs.
Jean Legars de 16 ans, *id.*
Tudoal Dollas de 35 ans, *id.*
Yvon Lours de 32 ans, taille haute, cheveux noirs.
Yves Barguin de 25 ans, taille moyenne, cheveux noirs.
Paul le Beuler de 33 ans, taille moyenne, cheveux chaſtains.

PAROISSE DE COMBRIT.

Michel Legorannic de 30 ans, taille moyenne, cheveux noirs, de Nellez.
Vincent Lagadec de 35 ans, taille *id.* de Quercaradec.
François Coriou de 40 ans, taille moyenne, cheveux *id.*
Chriſtophle le Calvez de 35 ans, taille moyenne, cheveux chaſtains, de Querguellé.
Noël Lauriou de 31 ans, taille haute, cheveux noirs, de Sainte Marenne.

PAROISSE DE LOCMARIA.

Jean Thomas.
Corantin Morel.

PAROISSE DE PERGUET.

Vincent Guelven de 25 ans, taille haute, cheveux noirs, de Poulguer.
Jean le Nader de 30 ans, taille haute, cheveux rouges, de Canüez.
Yvon Renot de 30 ans, taille moyenne, cheveux noirs, de Querangar.

PAROISSE DE FOUESNAN.

Chriſtophle Leguen de 22 ans, taille moyenne, cheveux noirs.
Jacques Quervain de 34 ans, *id.* de Querbourien.
Hervé Legoleder de 27 ans, taille moyenne, cheveux jaunes, de Querarvin.

PAROISSE DE BEUZEC LEZ CONCARNEAU.

En Perſe. Jean Fleur.
Id. Eſtienne Abraham de 22 ans, taille moyenne, cheveux noirs.
Michel Guyec de 27 ans, *id.*
François le Ros de 30 ans, taille *id.*
Pierre Janval de 40 ans, taille haute, cheveux noirs.
Louïs Guegant de 20 ans, taille baſſe, *id.*
Gabriel Quelen de 22 ans, taille moyenne, cheveux noirs.
François Derien de 22 ans, taille haute, cheveux noirs.

PAROISSE DE LANRIEC.

En Perſe. Guillaume Clement de 20 ans, taille baſſe, cheveux chaſtains.

PAROISSE DE MOELLAN.

Thomas Levenic de 40 ans, taille baſſe, cheveux noirs, de Querdoüallen.
Pierre Fouënan de 22 ans, taille haute, cheveux noirs, de Querdroüallen.
Gabriel Colin de 30 ans, taille *id.* de Querlogat.
Jean Mellon de 40 ans, taille moyenne, cheveux gris, de Creach Bertu.
Jean le Bourhis de 40 ans, taille haute, cheveux chaſtains, de Quervaſſelin.
Yvon Colin de 30 ans, taille haute, cheveux noirs, de Querlogat.

PAROISSE DE CLOAR CARNOET.

Jacques le Cloarch de 30 ans, taille haute, cheveux noirs, de Querdellec.
Louïs le Bloas de 25 ans, taille haute, cheveux chaſtains, de Querdavel.
Guillaume Quervel de 25 ans, taille moyenne, cheveux noirs, de Querguellen.
Chriſtophle le Dilly de 35 ans, taille baſſe, cheveux chaſtains, de Rivizic.
Julien Quevarch de 20 ans, taille moyenne, cheveux noirs, de Querivellan.
Pierre Delliou, de 26 ans, taille baſſe, cheveux blonds, de Querdellec.

EVESCHE'
DE VENNES.
PREMIERE CLASSE,
dont le service finira au dernier
Mars 1671.

PAROISSE DE BILLIERS.

IEAN Peruchaux fils Iean, aagé de 36. ans, grande taille, cheveux chaſtains.
Iean Evenicq l'aiſné, 32. ans, moyenne taille, cheveux noirs.
Iean le Monier fils François, 36. ans, grande taille, cheveux noirs.
Charles Olivier 30. ans, petite taille, cheveux chaſtains.
Allain Olivier, fils Iean, 24. ans, moyenne taille, cheveux chaſtains.
Iean Pecaud, 20. ans, moyenne taille, cheveux chaſtains.

PAROISSE DE SVRZVR.

IEan le Gacq, 23. ans, moyenne taille, cheveux chaſtains.
Pierre Hemon, 40. ans, petite taille, cheveux noirs.
Iean le Tevenicq, 20. ans, moyenne taille, cheveux chaſtains.

PAROISSE D'AMBON.

IEan Fleaud 21. ans, moyenne taille, cheveux noirs.
Iean Guyot dit Mapras 36. ans, grande taille, cheveux chaſtains.
Yves Maurice 18. ans, moyenne taille, cheveux noirs.
Yvon le Tourſon 28. ans, moyenne taille, chevex noirs.
François Baubes 33. ans, moyenné taille, cheveux chaſtains.
Yves Quiberan 26. ans, petite taille, cheveux roux.
Yves Iouan fils François, 23. ans, petite taille, cheveux chaſtains.
Guillaume le Trouſſon 18. ans, moyenne taille, cheveux chaſtains.
Iacques Quiberan fils Iulien 26. ans, moyenne taille, cheveux chaſtains.
Maury Iego 30. ans, moyenne taille, cheveux chaſtains.
François Savary 40. ans, moyenne taille, cheveux chaſtains.
Bertand Guyot fils Yves 22. ans, moyenne taille, cheveux chaſtains.
Iulien le Bouliquiot 30. ans, moyenne taille, cheveux chaſtains.
Pierre Briand dit Catter 18. ans, moyenne taille, cheveux noirs.
Iean Guyot, dit Coſquier 34. ans, moyenne taille, cheveux noirs.
Iean Maurice dit Bilian 26. ans, moyenne taille, cheveux noirs.
Iacques Guyot, dit gros Iean 22. ans, grande taille, cheveux chaſtains.
François Salahun, dit Perrinuguen, petite taille, cheveux chaſtains.
Iean Bizien 28. ans, petite taille, cheveux chaſtains.

A

2

Iacques Iego fils Iacques 19. ans, petite taille, cheveux chaftains.
Iacques Noblet 32. ans, moyenne taille, cheveux noirs.
Pierre Rio, dit Queyo 43. ans, moyenne taille, cheveux gris.
Guillaume Michel 30. ans, moyenne taille, cheveux noirs.
François Cheval 30. ans, moyenne taille cheveux noirs.
K. Royal. Iean Gigot, dit Sidan 18. ans, petite taille, cheveux chaftains.
Iullien Monier, fils Guillaume 36. ans, moyenne taille, cheveux chaftains.
Ieris Iarnier 42. ans, moyenne taille, cheveux gris.
Iean Iouan 22. ans, moyenne taille, cheveux chaftains.
Guillaume Bode, fils Guillaume 20. ans, grande taille, cheveux noirs.
Maury Tiffauche 22. ans, moyenne taille cheveux noirs.
Iean Doüarin 28. ans, moyenne taille, cheveux chaftains.
Silveftre Rozeau 25. ans, moyenne taille, cheveux bruns.
Iean Largemans 28. ans, petite taille, cheveux noirs.
Iullien Maurice, fils Guillaume 21. ans, grande taille, cheveux chaftains.
Iean le Moff 21. ans, moyenne taille, cheveux chaftains.
Iean Maurice dit Get 42. ans, moyenne taille, cheveux noirs.
Iean Pelletier fils Tourniere 18. ans, petite taille, cheveux noirs.
Pernef. Maurice Simon 22. ans, moyenne taille, cheveux noirs.
Guillaume Mahé, dit la Motte 40. ans, grande taille, cheveux roux.
Guillaume le Prince 18. ans, petite taille, cheveux noirs.
Iean Maurice, dit Goury 35. ans, moyenne taille, cheveux chaftains.
Iacques Chaudelecq 38. ans, grande taille, cheveux noirs.
Guillaume Roland 23. ans, moyenne taille, cheveux chaftains.
Loüis le Prince 35. ans, moyenne taille, cheveux blonds.
Guillaume le Mitouar 40. ans, moyenne taille, cheveux noirs.
Iean Tiffauche 21. ans, moyenne taille, cheveux chaftains.
Olivier Bizier 40. ans, moyenne taille, cheveux chaftains.
Iean le Pelletier 17. ans, moyenne taille, cheveux noirs.
Iean le Picart 16. ans, moyenne taille, cheveux noirs.

PAROISSE DE SERZEAVX.

Coedrefcoufc. THomas le Page fils de Iean de 25. ans, moyenne taille, cheveux noirs.
Iulien Largoet de 16. ans, moyenne taille, cheveux noirs.
Iean le Guzecq 25. ans, moyenne taille, cheveux chaftains.
Olivier Raoul fils de François 20. ans, moyenne taille, cheveux noirs.
Pierre Iobieux de 30. ans, grande taille, cheveux chaftains.
Noël Ploacq de 24. ans, moyenne taille, cheveux chaftains.
Olivier Largoet fils d'Olivier 26. ans, moyenne taille, cheveux noirs.
Iulien Quezercq 48. ans, grande taille, cheveux blonds.
Iean Eliquin de 30. ans, moyenne taille, cheveux chaftains.
Charles Daniel de 35. ans, petite taille, cheveux noirs.
Pierre Loget 35. ans, moyenne taille, cheveux noirs.
Iacques Raoul de 30. ans, grande taille, cheveux blonds.
Iean le Moël fils de Bertrand, de 30. ans, moyenne taille, cheveux blonds.
Ruaux. Iean Tual de 45. ans, moyenne taille, cheveux gris.
Iacques le Bloucq Charpentier pour la Terre, de 35. ans, petite taille, cheveux noirs.
François Picard, idem 32. ans, moyenne taille, cheveux noirs.
Nicolas le Pifquere, idem 25. ans, moyenne taille, cheveux noirs,
Guillaume Talouarne de 19. ans, moyenne taille, cheveux chaftains,
Iean le Goumelecq de 24. ans, moyenne taille, cheveux chaftains.
Mathurin Fraual de 95. ans, moyenne taille, cheveux chaftains.
Laurent Molgat de 16. ans, moyenne taille, cheveux chaftains.
Iean Blancho, dit Bobillon de 43. ans, moyenne taille, cheveux noirs.

PAROISSE DE S. GVIDAS.

IVlien Largoët de vingt-quatre ans, moyenne taille, cheveux noirs.

Iean Raoul, trente-deux ans, moyenne taille, cheveux noirs.
Iacques le Bilbou, vingt-ans, petite taille, cheveux noirs.
Guidas le Bourhil 40. ans, petite taille, cheveux chaſtains.
Guillaume Raoul, vingt-cinq ans, moyenne taille, cheveux noirs.
André le Gurun, vingt-cinq ans, moyenne taille, cheveux chaſtains.

PAROISSE D'ARZON.

Yves Tillio, dit Rozet 40. ans, moyenne taille, cheveux noirs.
Yves le Dheucq, trente-ans, grande taille, cheveux chaſtains.
Michel Glajan 36. ans, moyenne taille, cheveux noirs.
Pierre Cauzicq, dit Goëdel, vingt-ans, petite taille, cheveux chaſtains.
Pierre le Bars 18. ans, moyenne taille, cheveux chaſtains.
Pierre Alanicq, dit le Broq 38. ans, moyenne taille, cheveux noirs.
Thomas Maubré 16. ans, petite taille, cheveux chaſtains.
Miland Fardel, vingt-cinq ans, grande taille, cheveux blonds.
François Elizano 37. ans, grande taille, cheveux blonds.
Gregoire le Moyecq, trente-ans, grande taille, cheveux blonds.
Guillaume Roland, dit Ouen, 24. ans, petite taille, cheveux chaſtains.
Iullien Ruaut, trente-trois ans, grande taille, cheveux chaſtains.
Pierre Muillery, trente-trois ans, grande taille, cheveux noirs.
Loüis Caluart, vingt-ſept ans, moyenne taille, cheveux chaſtains.
Philippes le Quel fils Yves 33. ans, moyenne taille, cheveux chaſtains.
Albin le Faucheur, vingt-trois ans, moyenne taille, cheveux chaſtains.
Pierre le Moings, 28. ans, grande taille, cheveux chaſtains.
Pierre Alanicq, dit Ozan, vingt-vn an, moyenne taille, cheveux noirs.
François Cœdrude 43. ans, moyenne taille, cheveux chaſtains.
Iean Alanicq fils Brocq, 24. ans, moyenne taille, cheveux chaſtains.
Sebaſtien le Moyecq, 44. ans, moyenne taille, cheveux gris.
Philippes Cauzicq, dit Laumrecq 35. ans, grande taille, cheveux noirs.
Iullien Cauzicq, vingt-cinq ans, grande taille, cheveux chaſtains.
Iean Ruaudicq fils Riuiere, 18. ans, moyenne taille, cheveux chaſtains.
Sebaſtien Bonab. 45. ans, grande taille, cheveux gris.
Albin Stephanicq, vingt-cinq ans, grande taille, cheveux chaſtains.
Guillaume Cauzicq, dit Brocq, 40. ans, grande taille, cheveux noirs.
Iean Oliviero 25. ans, grande taille, cheveux chaſtains.
Pierre Alanicq, dit Fleury, 33. ans, grande taille, cheveux chaſtains.
Thomas Blanchart 26. ans, grande taille, cheveux chaſtains.
Iean Stephanicq, dit Vat, 28. ans, moyenne taille, cheveux noirs.
Iacques Glajan, 35. ans, grande taille, cheveux chaſtains.
Iean Iego fils François, 20. ans, moyenne taille, cheveux chaſtains.
Guillaume Edmond, 33. ans, grande taille, cheveux noirs.
Sebaſtien Hecho, 25. ans: grande taille, cheveux chaſtains.
Guillaume obieux, 14. ans, petite taille, cheveux chaſtains.

PAROISSE D'ARS.

Ioſeph le Calué 16. ans, moyenne taille, cheveux chaſtains.
Albin le Tucq 14. ans, petite taille, cheveux chaſtains.
Loüis le Moyecq 25. ans, moyenne taille, cheveux noirs.
Guillaume Alanio fils François 23. ans, moyenne taille, cheveux chaſtains.
Hervé le Trert 17. ans, petite taille, cheveux chaſtains.
Michel le Moyecq 26. ans, moyenne taille, cheveux chaſtains.
François Benoin 28. ans, petite taille, cheveux chaſtains.
Loüis le Coudecq 23. ans, grande taille, cheveux noirs.
Loüis le Baron 30. ans, moyenne taille, cheveux noirs.
Iulien Cayet 15. ans, moyenne taille, cheveux chaſtains.
Iulien le Gal 17. ans, moyenne, taille, cheveux noirs.
Iacques Lancelot 25. ans, moyenne taille, cheux noirs.

Iulien le Pleſſis 25. ans, moyenne taille, cheveux chaſtains.
Iulien Machefaux 18. ans, moyenne taille, cheveux chaſtains.
Iean Hamon 38. ans, petite taille, cheveux noirs.
Pierre Hornenes 38. ans, grande taille, cheveux noirs.
Yves Thibaut 24. ans, moyenne taille, cheveux blonds.
Loüis Caloche, dit Barouet 45. ans, petite taille, cheveux blonds.
Paul le Francq 35. ans, moyenne taille, cheveux noirs.
Iean Truſeau 35. ans, petite taille, cheveux noirs.
Albin Calué 42. ans, moyenne taille, cheveux chaſtains.
Iulien Iobieux 40. moyenne taille, cheveux chaſtains.
Hervé Laſcornecq 40. ans, moyenne taille, cheueux chaſtains.
Gilles Nicolazo 30. ans, moyenne taille, cheveux noirs.
Gilles Caluin 30. ans, moyenne taille, cheveux noirs.
Iean le Tiecq, dit Cardin 40. ans, moyenne taille, cheveux noirs.
Iean le Riand 40. ans, moyenne taille, cheveux chaſtains.
Hervé le Sens, dit mil affaires 25. ans, moyenne taille, cheveux chaſtains.
Denis Iobieux 50. ans, petite taille, cheveux noirs.
Pierre le Hein, dit Moine, 45. ans, moyenne taille, cheveux chaſtains.
Iean le Iobieux 18. ans, moyenne taille, cheveux chaſtains.
Michel Roland dit Toublancq 20. ans, moyenne taille, cheveux noirs.
Guillaume le Guénegaur, dit Attilly, 40. ans, grande taille, cheveux roux.
Hervé Lancelot 45. ans, taille moyenne, cheveux noirs,
Iean Colicher de 28. ans taille moyenne, cheveux noirs.
Iulien Thebaut fils Iulien de 25. ans taille grande, cheveux blonds.
Germain Roland 24. ans, taille moyenne, cheveux noirs.
Iean le Sens, 35. ans, moyenne taille, cheveux chaſtains.
François le Clanche, 17. ans, moyenne taille, cheveux chaſtains.
Iean le Francq, 18. ans, moyenne taille, cheveux chaſtains.

ISLES AVX MOINES.

Loüis Luco, dit Nicolas, 23. ans, moyenne taille, cheveux noirs.
Thomas Mahé, fils Marcq, 17. ans, moyenne taille, cheveux chaſtains.
Iulien le Moyecq, 38. ans, grande taille, cheveux chaſtains.
Vincent Gaudin, 25. ans, moyenne taille, cheveux chaſtains.
Loüis Thomazicq, 24. ans, moyenne taille, cheveux noirs.
Philippes le Divelecq, dit Soubize, 28. ans, grande taille, cheveux chaſtains.
Vincent le Barh, fils Patern, 26. ans, moyenne taille, cheveux chaſtains.
Guillaume le Tiecq, dit Iozicq, 30. ans, moyenne taille, cheveux noirs.
Iean le Bihan, 25. ans, grande taille, cheveux noirs.
Iean Briand, 25. ans, grande taille, cheveux noirs.
François Gouaſtin, fils Iulien, 26. ans, moyenne taille, cheveux chaſtains.
Iulien le Bihan, 20. ans, petite taille, cheveux chaſtains.
Iean le Moyecq, 25. ans, petite taille, cheveux chaſtains.
Yves Luco, dit Laurecq, 25. ans, grande taille, cheveux chaſtains.
Iean Thebaut, 25. ans, grande taille, cheveux noirs.
Thomas Daniel, fils Nicolas, 20. ans, moyenne taille, cheveux chaſtains.
Iacques Coho, 38. ans, petite taille, cheveux chaſtains.
Louïs Fardel, 32. ans, grande taille, cheveux noirs.
Iullien Kergaland, 36. ans, petite taille, cheveux noirs.
Iulien le Diuelecq, dit Patron, 28. ans, grande taille, cheveux chaſtains.
Yves Cauzicq, dit Nivet, fils d'Yves 20. ans, moyenne taille, cheveux noirs.
Iean Luco, fils de Michel, 18. ans, petite taille, cheveux noirs.
Iean Houarnenes, fils Yves, 18. ans, petite taille, cheveux chaſtains.
Benoiſt le Diuelecq, 18. ans, moyenne taille, cheveux chaſtains.
Vincent Luco Charpentier, 52. ans, moyenne taille, cheveux roux.
Simon le Bihan, 24. ans, petite taille, cheveux noirs.
François Morin, 36. ans, grande taille, cheveux noirs.
Benoiſt le Diuelecq, fils Thomas, 25. ans, moyenne taille, cheveux chaſtains.

Hervé

Herué le Bourch, 28. ans, grande taille, cheveux chaſtains.
Yves le Diuelecq, 44. ans, moyenne taille, cheveux noirs.
Marcq Orlanes, 25. ans, moyenne taille, cheveux chaſtains.
Pierre Hornenes, 22. ans, grande taille, cheveux noirs.
Iean Boizecq, fils Ioachim, 15. ans, petite taille, cheveux noirs.
Patern Luco, 37. ans, moyenne taille, cheveux noirs.

PAROISSE DE SINE.

YVon le Rey, 15. ans, moyenne taille, cheveux noirs.
Louïs Rio, 23. ans, grande taille, cheveux chaſtains.
Pierre Benoin, fils Benoin, 18. ans, moyenne taille, cheveux roux.
Pierre Olyo, 40. ans, moyenne taille, cheveux chaſtains.
Iean Guillou, 28. ans, moyenne taille, cheveux chaſtains.
Yvon le Gal Charpentier, 28. ans, moyenne taille, cheveux chaſtains.
Guillaume Benoin, 21. ans, moyenne taille, cheveux chaſtains.
Iean Rozo, vingt-trois ans, grande taille, cheveux chaſtains.
Nicolas le Loudecq, 30. ans, moyenne taille, cheveux noirs.
Iulien le Roy Charpentier, 40. ans, grande taille, cheveux chaſtains.
Pierre Haziuy, 40. ans, grande taille, cheveux noirs.
Albin le Rey Calfateur, 54. ans, grande taille, cheveux gris.
Yues le Ridant, trente-cinq ans, grande taille, cheveux noirs.
Iean le Francq, 20. ans, grande taille, cheveux bruns.

AVRAY PAROISSE DE S. GOVSTAN.

YVes Benoin, trente ans, grande taille, cheveux noirs.
Iulien Caré, 21. ans, moyenne taille, cheveux chaſtains.
Ioſeph le Caugre, 18. ans, moyenne taille, cheveux blonds.
Pierre Caly, 32. ans, moyenne taille, cheveux chaſtains.

PAROISSE DE QVIBERON.

FRançois le Marchand, 50. ans, moyenne taille, cheveux noirs.
François le Coruecq, 40. ans, grande taille, cheveux roux.
Iean Moizan, 25. ans, moyenne taille, cheveux chaſtains.
Germain Rohu, 30. ans, moyenne taille, cheveux noirs.
François le Poret, 40. ans, petite taille, cheveux noirs.
Gregoire le Marchand, 50. ans, moyenne taille, cheveux noirs.
Pierre Seillé, 22. ans, moyenne taille, cheveux chaſtains.
François Henry, 22. ans, moyenne taille, cheveux noirs.
Pierre le Prezecq, 40. ans, moyenne taille, cheveux noirs.
Claude le Marchand, 30. ans, moyenne taille, cheveux chaſtains.
Iean Moruan, 19. ans, moyenne taille, cheveux chaſtains.
Iulien le Coruecq, 25. ans, moyenne taille, cheveux noirs.
Germain Stéuar, 40. ans, moyenne taille, cheveux noirs.
Iean Belz Charpentier, 21. ans, moyenne taille, cheveux chaſtains.
François le Nezecq, 48. ans, moyenne taille, cheveux noirs.
François le Baoet, 23. ans, petite taille, cheveux chaſtains.
Pierre Belz, 24. ans, moyenne taille, cheveux noirs.
François Sanel, 22. ans, moyenne taille, cheveux bruns.
François Guilleuin 40. ans, grande taille, cheveux chaſtains.
Iean Mahé, 15. ans, petite taille, cheveux chaſtains.
François le Doré, fils Guillaume, 17. ans, moyenne taille, cheveux noirs.
Bonnaventure Guégan, 18. ans, moyenne taille, cheveux bruns.
Iean le Porcq, 15. ans, petite taille, cheveux chaſtains.
Laurens le Prezecq, 33. ans, grande taille, cheveux chaſtains.
Ioachim le Marchand, 30. ans, moyenne taille, cheveux roux.
Iean le Page, 31. ans, moyenne taille, cheveux blonds.
Pierre Bernard, 22. ans, moyenne taille, cheveux noirs.

François Bidaut, trente-trois ans, grande taille, cheveux chaſtains.
Ioachim Belz, trente-cinq ans, grande taille, cheveux noirs.
Pierre Plunier, quarante-huit ans, moyenne taille, cheveux noirs.
Iean Rio fils de Iean, vingt ans, petite taille, cheveux blonds.
Iean Maderan, vingt-huit ans, grande taille, cheveux chaſtains.
Iean Yvon, vingt ans, moyenne taille, cheveux noirs.
Germain Calvart, trente ans, grande taille, cheveux roux.
Olivier Stevan, trente-cinq ans, moyenne taille, cheveux noirs.
Louïs le Saunicq, vingt-trois ans, moyenne taille, cheveux blonds.
Bonnaventure Loho, cinquante deux ans, moyenne taille, cheveux roux.
Iean Maderan fils Iacques, trente-huit ans, grande taille, cheveux chaſtains.
Iean le Page, dix-neuf ans, petite taille, cheveux noirs.
Albin Guillevin, trente-huit ans, grande taille, cheveux noirs.
François le Quelecq, cinquante ans, grande taille, cheveux noirs.

GOVVERNEMENT DV PORT-LOVIS LA VILLE.

IAcques Loizecq, trente ans, moyenne taille, cheveux bruns.
François Henryo, cinquante-quatre ans, petite taille, cheveux gris.
Nicolas le Pauber, vingt-deux ans, grande taille, cheveux noirs.
Tanguy des Anges, trente ans, moyenne taille, cheveux chaſtains.
Iean Sauvegan, vingt ans, moyenne taille, cheveux chaſtains.
Pierre Grovelle, trente ans, moyenne taille, cheveux chaſtains.
Iean le Lüerne, trente-vn an, moyenne taille, cheveux noirs.
Gregoire Loget, vingt-cinq ans, moyenne taille, cheveux chaſtains.
Philipes le Texcier, 20 ans, moyenne taille, cheveux chaſtains.
Iean Iego, 30 ans, grande taille, cheveux noirs.
Iean Caſtillon, 21 ans, grande taille, cheveux chaſtains.
Iean Laurecq, 35 ans, grande taille, cheveux chaſtains.
Laurens Métan, 23 ans, moyenne taille, cheveux bruns.
Iean Philipparr, 16 ans, moyenne taille, cheveux chaſtains.
Oliuier Stevano, 52 ans, moyenne taille, cheveux gris.
François Dauo, 38 ans, grande taille, cheveux chaſtains.
Charles le Gage, 50 ans, grande taille, cheveux gris.
Nicolas le Beau, 24 ans, moyenne taille, cheveux chaſtains.
Iean des Anges, 22 ans, moyenne taille, cheveux noirs.
Yvon Breverecq, 26 ans, moyenne taille, cheveux chaſtains.
Yvon le Pavecq, 33 ans, moyenne taille, cheveux chaſtains.
Louïs le Flocq, 26 ans, grande taille, cheveux chaſtains.
Louïs Cleriſſau, 26 ans, petite taille, cheveux bruns.
François de Grois, 37 ans, petite taille, cheveux noirs.
Loüis Sauvegan, 25 ans, moyenne taille, cheveux noirs.
Yvon Clement, 30 ans, petite taille, cheveux chaſtains.
Mathias Leſquelin, 47 ans, petite taille, cheveux noirs.
Iulien Sauvegan, 17 ans, petite taille, cheveux blonds.
Robert Thoumin, 36 ans, petite taille, cheveux chaſtains.
Maurice Poenant Voillier, 38 ans, grande taille, cheveux noirs.
Iulien Cahin, 23 ans, moyenne taille, cheveux chaſtains.
François le Houzecq, 28 ans, moyenne taille, cheveux noirs.
Guillaume Blimau, 27 ans, grande taille, cheveux chaſtains.
Iacques le Houzecq, 28 ans, moyenne taille, cheveux chaſtains.
Iean Nezo, 45 ans, moyenne taille, cheveux bruns.
Guillaume Guillemot, 28 ans, moyenne taille, cheveux chaſtains.
Laurens Rio de Lomiquiely, 26 ans, moyenne taille, cheveux roux.
Iulien Genevis id. 38 ans, moyenne taille, cheveux chaſtains.
Iulien le Gaulaes, fils Gilles, 33 ans, grande taille, cheveux chaſtains.
Tomiquielli. Laurens Moello id. 25 ans, petite taille, cheveux roux.
Guillaume Kerdavid id. 22 ans, grande taille, cheveux chaſtains.
François Scolan id. 50 ans, grande taille, cheveux gris.
Guillame Godiver id. vingt-huit ans, grande taille, cheveux chaſtains.

Guillaume Godiver id. vingt-huit ans, grande taille, cheveux chaſtains
Iean Frolo id. trente-huit ans, grande taille, cheveux chaſtains.
François Tuander id. quarante ans, moyenne taille, cheveux chaſtains.
Iean de Rennes id. vingt-vn an, moyenne taille, cheveux chaſtains.
Iean Mulet de Lomalo, cinquante-deux ans, moyenne taille, cheveux chaſtains
Iacques le Gouron id. cinquante ans, moyenne taille, cheveux chaſtains.
Pierre Huau id. quarante huit, grande taille, cheveux noirs.
Maurice le Pauber id. vingt ans, grande taille, cheveux blonds.
François le Maiſtre id. vingt-ſix ans, grande taille, cheveux blonds.
Iulien le Maiſtre, fils Guillaume, dix-huit ans, moyenne taille, cheveux bruns.   *Delemalo.*
Iean Calacq Lezenel, dix-huit ans, moyenne taille, cheveux chaſtains.
Nicolas Henryo id. vingt-ſept ans, moyenne taille, cheveux chaſtains.
Yvon Quelocq id. vingt-deux ans, moyenne taille, cheveux roux.
Iean le Galau des Salles, vingt-trois ans, grande taille, cheveux noirs.
Laurens Molo de la Trinité, quarante-trois ans, grande taille, cheveux roux.
Iean Buhorecq id. vingt-vn ans, grande taille, cheueux chaſtains.
Iacques le Sonicq du Vizeran id. vingt-deux ans, moyenne taille, cheveux noirs.
Philipes Dovan du Bourg, trente ans, grande taille, cheveux chaſtains.
Laurens Loco id. vingt-deux ans, moyenne taille, cheveux chaſtains.
Michel Audrel id. quarante-ans, moyenne taille, cheveux chaſtains.
Pierre Quer du Gaure, quarante-deux ans, grande taille, cheveux chaſtains.
Pierre Guericq id. quarante-trois ans, moyenne taille, cheveux noirs.
Iean Hervé id. vingt-huit ans, moyenne taille, cheveux chaſtains.
Yvon le Berre id. trente ans, grande taille, cheveux noirs.
Iean Moyon id. trente-deux ans, moyenne taille, cheveux chaſtains.
Iulien Loho id. Kerder, trente-cinq ans, grande taille, cheveux blonds.
Iulien Galicq id. trente-trois ans, moyenne taille, cheveux chaſtains.
Pierre Iacob de Kerrivant, vingt ans, moyenne taille, cheveux blonds.
François le Pauber de Kerzau, dix-huit ans, moyenne taille, cheveux bruns.
Iean Drian de Stervin Charpentier à Terre, 43 ans, grande taille, cheveux noirs.
Iean Brouſſacq id. Kerprat, vingt-trois ans, moyenne taille, cheveux chaſtains.
Albin Eveno id. de Kerprat, vingt-trois ans, moyenne taille, cheveux bruns.
Georges le Bras id. de Kerprat, quarante-trois ans, grande taille, cheveux noirs.

HENNEBON PARROISSE DE S. CARADECQ.

IAcques le Roux, trente-trois ans, moyenne taille, cheveux chaſtains.
Iacques le Lianecq, vingt-deux ans, grande taille, cheveux chaſtains.
François Laberye, quarante-trois ans, moyenne taille, cheveux noirs.
Iulien Hilaire, fils Louïs, 16 ans, moyenne taille, cheveux chaſtains.

PAROISSE DE PLEMVR V. DE L'ARMOR.

MIchel le moings, trente-trois ans, grande taille, cheveux chaſtains.
Louïs Rio neveu d'Yves, vingt ans, moyenne taille cheveux bruns.
Claude Guegan, vingt cinq ans, moyenne taille, cheveux noirs.
François Cohal, vingt-cinq ans, moyenne taille, cheveux chaſtains.
Richard Robert Calfateur, vingt ans, moyenne taille, cheveux chaſtains.
Iean le Gouphir, vingt ans, moyenne taille, cheveux noirs.
Iacques Menille, vingt ans, moyenne taille, cheveux chaſtains.
Maurice Kernazen de Kerblais, 16 ans, moyenne taille, cheveux noirs.
Claude Levenacq id. trente-ſix ans, grande taille, cheveux noirs.
Louïs Yvon de Kerderf, quarante-cinq ans, moyenne taille, cheveux chaſtains.
Louïs Capitame id. trente-cinq ans, moyenne taille, cheveux noirs.
Louïs keroulis de Kerverne, vingt-quatre ans, moyenne taille, cheveux chaſtains.
Louïs Allain id. vingt-ſix ans, grande taille, cheveux bruns.
Iacob Guillerme, fils Thomas id. vingt ans, moyenne taille, cheveux noirs.
Iean Rault id. vingt-vn ans, moyenne taille, cheveux chaſtains.
François le Mevecq id. vingt-huit ans, grande taille, cheveux noirs.
Macé le Selecq de keryoch, vingt-ſept ans, moyenne taille, cheveux chaſtains.

Iacques le Bihan de Keryſois, dix-neuf ans, petite taille, cheveux chaſtains.
Yvon Broverecq id. vingt-trois ans, moyenne taille, cheveux noirs.
Michel le Moings, de Kervergam, 32. ans, moyenne taille, cheveux chaſtains.
Iulien le Diſcot, fils Allain, de Keryſau, 17. ans, moyenne taille, cheveux bruns.
Iacques Melo, de Laudecq, 20. ans, grande taille, cheveux chaſtains.
Guillaume Rio, de Loqueltas, 23. ans, grande taille, cheveux chaſtains.
Yves Tabbert, id. 30. ans, moyenne taille, cheveux noirs.
Pierre Kernel, de Menegoiüecq, 20. ans, moyenne taille, cheveux chaſtains.
Iean Yvon, de Kerpape, 26. ans, petite taille, cheveux noirs.
Iulien Cuan de Kérantré, 35. ans, moyenne taille, cheveux noirs.
Louïs le Tailleur de Kergoet, 40. ans, moyenne taille, cheveux noirs.
Pierre Lanié de Penerau, 30. ans, petite taille, cheveux chaſtains.
Iacques Caroul du Bourg, 40. ans, moyenne taille, cheveux chaſtains.
Lucas Kerlan de Keroulir, 26. ans, moyenne taille, cheveux chaſtains.
Louïs le Boulbart, id. 30. ans, moyenne taille, cheveux noirs.
Iean le Caroüer de Kerneuel 18. ans, moyenne taille, cheveux chaſtains.

ISLE DE GROIX.

IAcques Rault, fils Pierre Duméne, 20. ans, petite taille, cheveux chaſtains.
Laurens Triſtan, idem, 43. ans, moyenne taille, cheveux chaſtains.
Matthieu le Leſſol idem, 25. ans, petite taille, cheveux chaſtains.
Laurens Yvon, idem, 36. ans, moyenne taille, cheveux chiaſtains.
Bonnaventure le Bobinet Delomener, 18. ans, moyenne taille, cheveux noirs.
Iacques le Dreo de Keranpulo, 22. ans, moyenne taille, cheveux bruns.
Iacques le Gouron de Laumaria, 16. ans, moyenne taille, cheveux chaſtains.
Gilles le Beuen, id. 22. ans, grande taille, cheveux noirs.
Sebaſtien Broverecq, id. 20. ans, petite taille, cheveux noirs.
Iacques Yvon, id. 18. ans, petite taille, cheveux noirs.
Bonaventure le Davigo, id. 26. ans, grande taille, cheveux chaſtains.
Bonaventure Steuan, id. 23. ans, moyenne taille, cheveux chaſtains.
Laurens Steuan, id. 43. ans, grande taille, cheveux noirs.
Iean le Dauigo de Kerhelo, 16. ans, moyenne taille, cheveux chaſtains.
Pierre le Bobinet, de Kermoel, 44. ans, petite taille, cheveux chaſtains.
Iacob Iego de Mouſtero, 28. ans, moyenne taille, cheveux chaſtains.
Iulien Vzel de Kerdurand, 40. ans, moyenne, taille, cheveux bruns.
Laurens Ricouſſet, id. 29. ans, moyenne taille, cheveux chaſtains.
Guillaume Bernard, id. 39. ans, moyenne taille, cheveux chaſtains.
Iacques Vzel, id. 40. ans, grande taille, cheveux noirs.
Pierre Triſtan, fils Martin, de Kerlhuicq, 25. ans, moyenne taille, cheveux noirs.
Laurens le Tonnere, id. 40. ans, petite taille, cheveux noirs.
Laurens Brearecq, de Porlé, 26. ans, moyenne taille, cheveux bruns.
Allain le Debrider de Kerlat, 38. ans, petite taille, cheveux bruns.
Paul Queran de Kervaillecq, 19. ans, petite taille, cheveux chaſtains.
Hervé Miquello, id. 20. ans, grande taille, cheveux noirs.
Paul Iacob, de Keroriet, 18. ans, moyenne taille, cheveux chaſtains.
Iacques le Teſſol, fils Iean, id. 16. ans, petite taille, cheveux chaſtains.
Iulien Quibericq, id. 35. ans, grande taille, cheveux noirs.
Gilles Tonnere, de Kerloret, 25. ans, moyenne taille, cheveux noirs.
Bonaventure le Calo, Kerluyet, 22. ans, grande taille, cheveux bruns.
Iacques Brevrecq, de Kermarecq, 33. ans, moyenne taille, cheveux noirs.
François le Tonnere, de Loquettas, 35. ans, grande taille, cheveux chaſtains.
Claude Lorecq, id. 27. ans, petite taille, cheveux noirs.
Hiéroſme Vzel, de Kerouario, 20. ans, moyenne taille, cheveux chaſtains.
Gilles le Gouron de Kernilier, 25. ans, moyenne taille, cheveux bruns.
Paul Tonnere, de Kermario, 50. ans, grande taille, cheveux bruns.
Iacques Adam de Kergadourecq, 32. ans, grande taille, cheveux chaſtains.
Maurice Ganticq, de Loqudy, 26. ans, moyenne taille, cheveux chaſtains.

DEUXIEME CLASSE,

dont le service commencera au premier Avril 1671.
& finira au dernier Mars 1672.

PAROISSE DE BILLIERS.

Ollivier Bidaut de 25 ans, moyenne taille, poil chastain.
Ollivier Bidaut, fils de Macé.
François Croisié de 19 ans, moyenne taille, poil noir.
Julien l'Amoureux de 27 ans, grande taille, poil chastain.
Yvon Ollivier de 23 ans, moyenne taille, poil blond.
Henry Ollivier, fils, de Caraquy, de 25 ans, moyenne taille, poil chastain.

PAROISSE DE SURSUR.

Pierre Mahé de 22 ans, moyenne taille, poil noir.
Claude Perigaut de 25 ans, petite taille, poil chastain.

PAROISSE D'AMBON.

Jean Mahé de 27 ans, moyenne taille, poil noir.
Julien le Texier de 18 ans, moyenne taille, poil noir.
Ollivier Nio de 30 ans, petite taille, poil noir.
Abel Floau de 36 ans, moyenne taille, poil noir.
François Briand de 21 an, moyenne taille, poil noir.
Jean Quiberan de 44 ans, moyenne taille, poil roux.
Jean Joüan, fils d'Yves, de 20 ans, grande taille, poil chastain.
Jean Floau, fils de Jean, de 25 ans, petite taille, poil chastain.
Abel Bonnic de 23 ans, petite taille, poil noir.
Ollivier Maurice de 32 ans, petite taille, poil roux.
Pierre le Bodo de 35 ans, moyenne taille, poil noir.
François Jego, fils d'Abel, de 18 ans, petite taille, poil chastain.
Guillaume Cheval, fils de Pierre, de 23 ans, moyenne taille, poil noir.
François le Prince de 46 ans, moyenne taille, poil chastain.
Guillaume le Godic, dit Crapic, de 48 ans, moyenne taille, poil noir.
Julien Guyot, dit Papé, de 34 ans, moyenne taille, poil chastain.
Jean Guyot, dit Gros-Jean, de 40 ans, moyenne taille, poil noir.
Guillaume Lasquelec, dit le Maistre, de 45 ans, grande taille, poil noir.
Guillaume Alanio de 30 ans, grande taille, poil noir.
Yvon Henry de 33 ans, petite taille, poil noir.
Ollivier Salahun, dit Cadu, de 30 ans, moyenne taille, poil noir.
Jacques Rio, dit Queyo, de 47 ans, petite taille, poil chastain.
Jean le Mounier, fils de Guillaume, de 17 ans, moyenne taille, poil noir.
Jacques Oravé de 35 ans, petite taille, poil noir.
Jean Guyot, fils de Julien, de 31 an, moyenne taille, poil noir.
Jean Henry de 25 ans, moyenne taille, poil noir.
Jean Trehuën, fils de Jean, de 22 ans, moyenne taille, poil chastain.
Ollivier Maurice de 32 ans, moyenne taille, poil noir.
Iean Guyot de 35 ans, moyenne taille, poil noir.
Pierre Guerenic de 17 ans, petite taille, poil chastain.
François Rio de 30 ans, moyenne taille, poil noir.
Guillaume le Godec de 50 ans, petite taille, poil gris.

Jean le Chaudelec de 40 ans, moyenne taille, poil chaftain.
Julien Mo de 35 ans, grande taille, poil chaftain.
Yvon Maurice de 26 ans, grande taille, poil blond.
Alain Maurice de 29 ans, moyenne taille, poil chaftain.
François le Chaudelec de 48 ans, moyenne taille, poil gris.
Vincent Largoet de 25 ans, moyenne taille, poil chaftain.
Guillaume Olliviero de 25 ans, moyenne taille, poil chaftain.
Jacques le Natro de 23 ans, moyenne taille, poil noir.
Vincent Merian de 27 ans, moyenne taille, poil noir.
Jean le Molgat de 32 ans, moyenne taille, poil chaftain.
François le Goif de 27 ans, moyenne taille, poil chaftain.
Julien Simon de 30 ans, moyenne taille, poil noir.
Martin le Moff de 25 ans, moyenne taille, poil blond.
Pierre le Chaffireau de 26 ans, moyenne taille, poil noir.
Ollivier Olliviero de 18 ans, moyenne taille, poil chaftain.
Yves le Galec de 34 ans, moyenne taille, poil noir.

ISLE DE RHVIS, PAROISSE DE SERZEAV.

Vincent Loget de Cœdrefcouf, de 28 ans, moyenne taille, poil noir.
Thomas le Page, fils de Michel, de 22 ans, moyenne taille, poil noir.
Jean Seven de 23 ans, moyenne taille, poil noir.
Jean Legal de 45 ans, moyenne taille, poil blond.
Thomas Laudric de 24 ans, moyenne taille, poil noir.
François Cliquin de 42 ans, moyenne taille, poil chaftain.
Pierre le Page de 30 ans, grande taille, poil chaftain.
Pierre le Pavec de 28 ans, grande taille, poil noir.
Jean Tillieu, dit Bafque, de 42 ans, grande taille, poil noir.
Ollivier Lafcornec de 27 ans, moyenne taille, poil noir.
Jacques le Pefquer de 30 ans, moyenne taille, poil noir.
Jean Seven l'aifné, fils de Pierre, de 32 ans, grande taille, poil noir.
François Hulcoc de 25 ans, petite taille, poil noir.
Jean Chriftophe, fils d'André, de 31 an, grande taille, poil noir.
Jean Loget de 25 ans, grande taille, poil brun.
Claude Tual de 26 ans, grande taille, poil brun.
Jean Drean, fils de Saturnin, de 23 ans, grande taille, poil noir.
Charles le Vaillant, fils de Julien, de 28 ans, moyenne taille, poil brun.
Guillaume le Blaye de 35 ans, moyenne taille, poil noir.

PAROISSE DE S. GILDAS.

JEan Largoet, fils d'Ollivier, de 28 ans, moyenne taille, poil noir.
André le Gain de 18 ans, moyenne taille, poil brun.
Louïs Nicolazo, fils de Julien, de 21 an, moyenne taille, poil blond.
Jean le Guel de 35 ans, petite taille, poil noir.
Jean le Roux de 33 ans, grande taille, poil roux.

PAROISSE D'ARZON.

GUillaume Tillio, fils d'Yves, de 20 ans, moyenne taille, poil noir.
Thomas Fardel de 28 ans, moyenne taille, poil chaftain.
Pierre le Corre de 50 ans, petite taille, poil gris.
François Ollivier de 30 ans, grande taille, poil blond.
Guillaume le Berdigot de 15 ans, moyenne taille, poil chaftain.
Yvon Stephanic, dit Pilpeu, de 43 ans, moyenne taille, poil noir.
Philippes le Corre, fils d'Albert, de 14 ans, petite taille, poil chaftain.
Jean Bonable, fils de Louïs, de 18 ans, petite taille, poil noir.
Guillaume Guillotin, fils de Henry, de 25 ans, moyenne taille, poil noir.
Sebaftien le Faucheux de 20 ans, moyenne taille, poil noir.

Guillaume Jobart de 48 ans, moyenne taille, poil gris.
Julien Granjan de 40 ans, petite taille, poil noir.
Noël Fardel de 34 ans, grande taille, poil noir.
François Cauzic, dit Chicot, de 21 an, moyenne taille, poil chaſtain.
François Laſcornec de 48 ans, grande taille, poil noir.
Jean le Marc de 36 ans, grande taille, poil noir.
Guillaume Corchuan de 19 ans, moyenne taille, poil chaſtain.
Louïs le Moyec de 26 ans, moyenne taille, poil noir.
Iean Gauzic de 22 ans, moyenne taille, poil chaſtain.
Pierre Ruaudic de 51 an, moyenne taille, poil chaſtain.
Guillaume Caſtrec de 18 ans, petite taille, poil chaſtain.
Iean le Cormaron de 20 ans, moyenne taille, poil noir.
Iean Alanic, dit Broc, de 45 ans, moyenne taille, poil chaſtain.
Iean le Codic de 18 ans, moyenne taille, poil noir.
Michel Berbite, fils de Michel, de 20 ans, moyenne taille, poil chaſtain.
Guillaume Cauzic de 37 ans, moyenne taille, poil chaſtain.
François Kliau, dit Artus, de 29 ans, grande taille, poil chaſtain.
Simon Cauzic, dit Campagne, de 16 ans, moyenne taille, poil blond.
Yvon Iego, fils de François, de 18 ans, moyenne taille, poil roux.
Albin le Hecho de 22 ans, grande taille, poil chaſtain.
Iean le Corre de S. Viche de 34 ans, grande taille, poil chaſtain.
Iean Kobieu de 22 ans, moyenne taille, poil chaſtain.

PAROISSE D'ARS.

J Ean le Tiec de 38 ans, grande taille, poil chaſtain.
Iulien Evene de 26 ans, moyenne taille, poil noir.
Iean Colichet de 27 ans, grande taille, poil noir.
Iean le Tiec le jeune de 35 ans, grande taille, poil noir.
Louïs le Tiec, dit Milon, de 25 ans, grande taille, poil noir.
Michel Targoet, fils de François, de 30 ans, moyenne taille, poil noir.
Hervé le Moyec, fils d'Antoine, de 18 ans, moyenne taille, poil chaſtain.
Iulien le Vaillant de 30 ans, grande taille, poil blond.
Yves Tancelot de 18 ans, moyenne taille, poil chaſtain.
Benoiſt Hornenés de 18 ans, moyenne taille, poil chaſtain.
Iulien le Bourg de 30 ans, moyenne taille, poil chaſtain.
Noël Calau de 45 ans, grande taille, poil noir.
Yves Daniel de 45 ans, grande taille, poil noir.
Pierre le Bar, fils de Pierre, de 30 ans, moyenne taille, poil noir.
Ioſeph Baron de 20 ans, moyenne taille, poil noir.
François le Baron de 25 ans, moyenne taille, poil noir.
François Alaniou, dit Ménage, de 30 ans, moyenne taille, poil chaſtain.
Michel Toudec de 32 ans, moyenne taille, poil noir.
Roland Truſcat de 40 ans, moyenne taille, poil blond.
Vincent le Cocq de 18 ans, petite taille, poil chaſtain.
Jean le Sens de 30 ans, grande taille, poil chaſtain.
Hervé Dreano de 16 ans, petite taille, poil chaſtain.
André Cottorel de 30 ans, moyenne taille, poil noir.
Pierre le Tren de 16 ans, petite taille, poil chaſtain.
Guillaume Quieff de 32 ans, petite taille, poil chaſtain.
François Benoiſt de 25 ans, moyenne taille, poil chaſtain.
Jean le Dreano de 40 ans, moyenne taille, poil noir.
Turio Mahé de 45 ans, moyenne taille, poil noir.
Clement Amice de 36 ans, moyenne taille, poil noir.
Julien Roland, fils de Louïs, de 17 ans, petite taille, poil chaſtain.
Yvon Trudec de 30 ans, moyenne taille, poil noir.
Ollivier le Tiec de 35 ans, grande taille, poil noir.

Jean Guillou de 18 ans, moyenne taille, poil chaftain.
Guillaume le Boizec de 30 ans, moyenne taille, poil noir.
Pierre Bercoin, dit Tabourin, de 25 ans, moyenne taille, poil noir.
Louïs Benoift, dit Rochebert, de 30 ans, moyenne taille, poil noir.
Michel Loftec de 16 ans, petite taille, poil chaftain.
Jacques le Jobieu de 18 ans, petite taille, poil chaftain.
Vincent le Doüarin de 16 ans, moyenne taille, poil chaftain.
Jean Trufcat de 32 ans, moyenne taille, poil noir.
Jean Pattary de 30 ans, moyenne taille, poil noir.

ISLE AUX MOINES.

JEan Mahé, fils de Marc, de 23 ans, moyenne taille, poil chaftain.
Guillaume le Moyec de 19 ans, petite taille, poil noir.
Michel Bars de 50 ans, petite taille, poil chaftain.
Michel le Franc de 40 ans, petite taille, poil chaftain.
Benoift le Divelec, dit Gauche, de 19 ans, grande taille, poil noir.
Jacques Mahio de 41 an, moyenne taille, poil noir.
Michel Goaftin de 30 ans, moyenne taille, poil chaftain.
Simon le Bars, fils Patern, de 28 ans, petite taille, poil noir.
Jacques le Dridou, Charpentier, de 54 ans, moyenne taille, poil chaftain.
Philippes le Sen de 24 ans, moyenne taille, poil noir.
Vincent Martin de 23 ans, petite taille, poil chaftain.
Michel Mahé, fils de Thomas, de 18 ans, petite taille, poil chaftain.
Jean Luco de 40 ans, moyenne taille, poil noir.
Yvon Dumé, fils de Nicolas, de 28 ans, petite taille, poil chaftain.
Patern le Moyec de 25 ans, moyenne taille, poil noir.
Nicolas Hornenés de 26 ans, moyenne taille, poil chaftain.
Eftienne le Moyec de 40 ans, petite taille, poil chaftain.
Jean Franc, fils d'Yves, de 22 ans, grande taille, poil noir.
Thomas Goff de 32 ans, moyenne taille, poil noir.
Pierre Luco, fils de Michel, de 22 ans, moyenne taille, poil noir.
Jean le Blavec de 30 ans, moyenne taille, poil noir.
Louïs le Divelec de 36 ans, grande taille, poil noir.
Philippes le Grohic de 20 ans, petite taille, poil noir.
Michel le Franc, dit Bidaut, de 30 ans, moyenne taille, poil chaftain.
Philippes Morin de 36 ans, petite taille, poil noir.
Yves d'Anau de 17 ans, petite taille, poil noir.
Michel Tanguy de 26 ans, moyenne taille, poil roux.
Michel le Bars de 17 ans, petite taille, poil noir.
Ollivier le Jobé de 23 ans, petite taille, poil noir.
Jean Maheau de 33 ans, petite taille, poil noir.
Yves Cauzic de 25 ans, grande taille, poil chaftain.
Jean le Franc, fils de François, de 14 ans, petite taille, poil chaftain.
Yves le Divelec, dit Maurice, de 40 ans, moyenne taille, poil chaftain.

PAROISSE DE SINE'.

JAcques Rey de 19 ans, moyenne taille, poil noir.
Yves le Flaud de 40 ans, moyenne taille, poil noir.
Pierre le Franc, dit Groudin, de 23 ans, moyenne taille, poil chaftain.
Pierre Rozo de 40 ans, moyenne taille, poil noir.
Julien le Franc, fils de Julien, de 16 ans, moyenne taille, poil chaftain.
Jean le Cerf de 20 ans, moyenne taille, poil chaftain.
Pierre Benoift de 40 ans, moyenne taille, poil brun.
Eftienne Luco de 50 ans, grande taille, poil gris.
Alain l'Oftec de 20 ans, moyenne taille, poil noir.
Jean Moël, Charpentier, de 18 ans, moyenne taille, poil chaftain.
Guillaume

Guillaume Rozo de 25 ans, grande taille, poil noir.
Pierre Benoist de 20 ans, grande taille, poil chastain.
Pierre le Loudec de 25 ans, grande taille, poil chastain.
Jean le d'Heuc de 40 ans, moyenne taille, poil roux.
Louïs le Duc de 24 ans, moyenne taille, poil noir.
Pierre le Flaud de 18 ans, moyenne taille, poil noir.
Nicolas Benoist de 27 ans, moyenne taille, poil noir.
Pierre le Franc, Charpentier, de 35 ans, grande taille, poil chastain.

VILLE D'AVRAY, PAROISSE DE S. GOUSTAN.

François le Cerf de 25 ans, grande taille, poil roux.
René Saget de 18 ans, moyenne taille, poil chastain.
Gilles Caré de 26 ans, grande taille, poil chastain.
François Pelletier, dit Podac, de 25 ans, grande taille, poil noir.

PAROISSE DE QUIBERON.

Jean Mathieu de 20 ans, petite taille, poil noir.
Pierre le Doré de 31 an, moyenne taille, poil roux.
Bonnaventure Blanche, fils de Pierre, de 18 ans, moyenne taille, poil noir.
Yvon Lohé de 18 ans, petite taille, poil noir.
Vincent Conan de 24 ans, moyenne taille, poil brun.
Vincent le Bidaut de 30 ans, grande taille, poil chastain.
Julien le Prezec de 42 ans, moyenne taille, poil chastain.
Laurent le Gril de 44 ans, grande taille, poil noir.
Jacques Guillemin de 24 ans, moyenne taille, poil chastain.
François Plemer de 40 ans, moyenne taille, poil roux.
Yvon Maderan de 40 ans, petite taille, poil chastain.
Bonnaventure Stevan de 44 ans, grande taille, poil noir.
Germain le Lezec de 24 ans, moyenne taille, poil chastain.
Guillaume le Marchand de 26 ans, moyenne taille, poil noir.
François Loho de 27 ans, moyenne taille, poil noir.
François le Luiec de 43 ans, moyenne taille, poil chastain.
Jean le Marchand de 28 ans, moyenne taille, poil noir.
Vincent le Marchand de 40 ans, moyenne taille, poil chastain.
Michel Rohu de 32 ans, grande taille, poil chastain.
Michel Landelec de 40 ans, moyenne taille, poil noir.
Claude Gourhel de 40 ans, moyenne taille, poil noir.
Pierre Rio, fils de Jean, de 26 ans, petite taille, poil noir.
Jacques le Page de 33 ans, moyenne taille, poil noir.
Pierre le Bihan de 40 ans, grande taille, poil noir.
Germain Roheo de 31 an, moyenne taille, poil noir.
Vincent Churlais de 30 ans, moyenne taille, poil noir.
Jacques le Saunic de 33 ans, grande taille, poil noir.
Bonnaventure le Quellec de 20 ans, moyenne taille, poil chastain.
Vincent Conan de 22 ans, moyenne taille, poil noir.
Louïs Maderan de 42 ans, moyenne taille, poil noir.
Jean Samson de 16 ans, moyenne taille, poil noir.
Guillaume Pleumer de 30 ans, moyenne taille, poil roux.
François Stevan de 45 ans, grande taille, poil roux.

GOUVERNEMENT DU PORT LOUIS.
LA VILLE.

Guillaume le Ber, de la Ville, de 38 ans, moyenne taille, poil noir.
Bonnaventure le Bouvins de 52 ans, moyenne taille, poil gris.
Pierre le Gage de 25 ans, grande taille, poil noir.

D

Pierre le Floc de 30 ans, grande taille, poil noir.
Jean Menart de 25 ans, grande taille, poil noir.
Nicolas Huau de 30 ans, grande taille, poil chaſtain.
Louïs Clement de 25 ans, moyenne taille, poil chaſtain
Jean Lezeno de 29 ans, petite taille, poil chaſtain.
Cado le Trouïdec de 31 an, moyenne taille, poil chaſtain.
Jean Derien de 30 ans, moyenne taille, poil brun.
Bernard Formal de 36 ans, moyenne taille, poil noir.
Guillaume Sceau de 20 ans, grande taille, poil blond.
Paul Lefquelen de 21 an, moyenne taille, poil noir.
Yves le Camps de 35 ans, moyenne taille, poil noir.
Pierre Hervé de 25 ans, moyenne taille, poil chaſtain.
Pierre Forbin, fils de Jean, de 25 ans, grande taille, poil noir.
Jean Stevano de 52 ans, moyenne taille, poil noir.
Jean Blois de 53 ans, grande taille, poil gris.
Yvon Rio de 45 ans, moyenne taille, poil chaſtain.
Paul Rio de 44 ans, petite taille, poil blond.
Henry Kmorvan de 50 ans, moyenne taille, poil chaſtain.
Pierre Cauzillon de 54 ans, petite taille, poil gris.
François des Anges de 25 ans, moyenne taille, poil noir.
Laurent Joüin de 40 ans, moyenne taille, poil chaſtain.
Bien Seco de 47 ans, moyenne taille, poil chaſtain.
Hilaire Guibert de 20 ans, petite taille, poil noir.
Jean Floc de 26 ans, moyenne taille, poil noir.
François Frezec de 18 ans, moyenne taille, poil chaſtain.
Louïs le Marle de 18 ans, petite taille, poil chaſtain.
Patrice Laleur de 39 ans, petite taille, poil noir.
Bonaventure Touïn de 25 ans, moyenne taille, poil chaſtain.
Jean Mogal, fils, de 22 ans, moyenne taille, poil chaſtain.
Yvon le Paubert de 16 ans, moyenne taille, poil chaſtain.
Jean le Breverec, du Bourg, de 22 ans, moyenne taille, poil noir.
Jean du Pont de 18 ans, petite taille, poil noir.
Nicolas le Galic de 35 ans, grande taille, poil noir.
Michel le Roux, Charpentier, de 31 an, moyenne taille, poil chaſtain.
François Caboreau de 44 ans, moyenne taille, poil roux.
Yvon Briand de 33 ans, petite taille, poil chaſtain.
Jean le Beure de 20 ans, grande taille, poil chaſtain.
Guy le Roy de 32 ans, moyenne taille, poil chaſtain.
Jean Lefcozec, de 50 ans, grande taille, poil gris.
Denis Beliau de 24 ans, moyenne taille, poil chaſtain.
Lucas Perenais de 30 ans, moyenne taille, poil chaſtain.
Lucas le Cloüerec de 16 ans, moyenne taille, poil chaſtain.
Guillaume Quer de 39 ans, moyenne taille, poil noir.
Julien Gabriel de 28 ans, moyenne taille, poil chaſtain.
Pierre Scolan de 43 ans, grande taille, poil noir.
Gilles le Priol de 50 ans, grande taille, poil gris.
Jacques Paubert, fils de Jacques, de 17 ans, moyenne taille, poil chaſtain.
Ollivier le Gouron de 20 ans, moyenne taille, poil chaſtain.
Michel Kmorvan de 40 ans, moyenne taille, poil noir.
Jean Stephano de 22 ans, moyenne taille, poil chaſtain.
Claude Jacob, de Kvian, de 26 ans, moyenne taille, poil chaſtain.
Denis Pradeau de 21 an, grande taille, poil chaſtain.
Guillaume Thomas de 33 ans, grande taille, poil chaſtain.
François Molo de 24 ans, grande taille, poil chaſtain.
Pierre le Berre de 31 an, moyenne taille, poil noir.
François Forbin de 46 ans, moyenne taille, poil chaſtain.

Noël Audren de 25 ans, grande taille, poil chaſtain.
Michel Cloüerec de 31 an, grande taille, poil chaſtain.
Jean le Peneven de 35 ans, grande taille, poil chaſtain.
Jean Talgorme de 30 ans, moyenne taille, poil roux.
Guillaume Jego de 50 ans, grande taille, poil roux.
Michel Jego de 45 ans, moyenne taille, poil noir.
Pierre Calmar de 35 ans, moyenne taille, poil chaſtain.
Benoiſt Kgaland de 40 ans, moyenne taille, poil chaſtain.
Thomas Scolan, fils de François, de 20 ans, moyenne taille, poil chaſtain.
Yves Moyon de 20 ans, moyenne taille, poil noir.
Pierre Quiberic de 26 ans, moyenne taille, poil noir.
Jacques Conque de 24 ans, grande taille, poil chaſtain.
Jean Silveſtre de 20 ans, moyenne taille, poil noir.
Jacques le Bojozec de 32 ans, moyenne taille, poil noir.
Jean Bets de 26 ans, grande taille, poil noir.
Baptiſte Jego de 32 ans, grande taille, poil chaſtain.
Pierre Rozo de 16 ans, moyenne taille, poil chaſtain.
Jean Boul, Charpentier, de 33 ans, grande taille, poil noir.
Jean le Gof de 33 ans, grande taille, poil chaſtain.
Le fils de Jean le Berre, de 28 ans, moyenne taille, poil noir.
Jacques Daniel, de 44 ans, grande taille, poil noir.
Jean Gaffic de 33 ans, moyenne taille, poil noir.
Jean Breverec de 22 ans, grande taille, poil chaſtain.
Louis de Rennes de 40 ans, grande taille, poil chaſtain.
Yvon Coppenec de 33 ans, moyenne taille, poil chaſtain.

HENNEBON SAINT CARADEC.

JAcques la Berie de 38 ans, petite taille, poil noir.
Jacques Caynet de 47 ans, moyenne taille, poil noir.
Laurent Peron de 23 ans, moyenne taille, poil noir.
Ollivier du Viguan de 25 ans, grande taille, poil noir.
Caradec Hilaire, fils de Julien, de 26 ans, moyene taille, poil noir.

PAROISSE DE PLEMVR.

GUillaume Gourlaven de 20 ans, moyenne taille, poil chaſtain.
Jean le Maiſtre de 30 ans, petite taille, poil chaſtain.
Pierre Sceau, de Sinderan, de 26 ans, moyenne taille, poil blond.
Vincent Knazen de 26 ans, moyenne taille, poil brun.
Chriſtophe Guegan de 23 ans, moyenne taille, poil noir.
Guillaume Guillou de 48 ans, moyenne taille, poil noir.
Jacques le Moinget de 25 ans, petite taille, poil chaſtain.
Guillaume le Houzec de 22 ans, moyenne taille, poil chaſtain.
Jean Rio de 30 ans, moyenne taille, poil noir.
François Hervé de 36 ans, moyenne taille, poil noir.
Nicolas le Pape de 18 ans, moyenne taille, poil chaſtain.
Jean le Diſcot de 25 ans, grande taille, poil chaſtain.
Jean Yvon de 38 ans, moyenne taille, poil roux.
Ollivier Roul de 54 ans, moyenne taille, poil noir.
René Secau de 20 ans, moyenne taille, poil noir.
Pierre Kner de 40 ans, moyenne taille, poil noir.
Jean Yvon de 24 ans, moyenne taille, poil noir.
Pierre Paubert, de la Trinité, de 33 ans, grande taille, poil noir.
Julien Raoul, Charpentier, de 27 ans, moyenne taille, poil noir.
Richard Broſſeau de 30 ans, grande taille, poil noir.
Nicolas Leſtumo de 40 ans, grande taille, poil chaſtain.
Nicolas Yvon de 40 ans, grande taille, poil noir.

Yvon Penhuen de 26 ans, moyenne taille, poil noir.
Laurent le Zillé, de Kderf, de 25 ans, moyenne taille, poil noir.
Pierre Venedy, de Kbreveſt, de 40 ans, moyenne taille, poil chaſtain.
Jacques Rigouſſe de 41 an, moyenne taille, poil brun.
Yvon le Berre de 28 ans, petite taille, poil chaſtain.
François le Meſtrec de 23 ans, grande taille, poil chaſtain.
Marc le Zellé de 24 ans, grande taille, poil chaſtain.
Sebaſtien Secau, de Kder, de 24 ans, moyenne taille, poil noir.

ISLE DE GROIS.

THudic Quevart de 26 ans, moyenne taille, poil chaſtain.
Julien le Beven de 25 ans, moyenne taille, poil noir.
Jacques Teſſol de 52 ans, moyenne taille, poil brun.
Bonnaventure le Bobinet, fils de Gildas, de 23 ans, moyenne taille, poil noir.
Jean Godan de 32 ans, grande taille, poil chaſtain.
Gildas le Bouvio de 35 ans, grande taille, poil chaſtain.
Gildas le Dreau de 20 ans, petite taille, poil chaſtain.
Jean le Droüer de 30 ans, moyenne taille, poil chaſtain.
Jacques le Mettrayer de 40 ans, moyenne taille, poil chaſtain.
Gildas le Barbier de 30 ans, moyenne taille, poil chaſtain.
Jean Salahum, fils d'Hervé, de 33 ans, moyenne taille, poil chaſtain.
François Nero, fils de Bonnaventure, de 18 ans, moyenne taille, poil chaſtain.
Bonnaventure le Barbier de 25 ans, petite taille, poil noir.
Jean le Galo de 28 ans, moyenne taille, poil chaſtain.
Bonnaventure le Tomure de 40 ans, petite taille, poil chaſtain.
Gilles Tharot de 53 ans, moyenne taille, poil noir.
Hervé Raut de 28 ans, grande taille, poil chaſtain.
Yvon Stevan de 40 ans, moyenne taille, poil chaſtain.
Jean le Baron, fils de Denis, de 18 ans, moyenne taille, poil chaſtain.
Gildas le Debrider de 22 ans, moyenne taille, poil chaſtain.
Eſtienne Jeune fils, de 36 ans, petite taille, poil brun.
Laurent Malaterre de 22 ans, moyenne taille, poil chaſtain.
Jacques Malaterre, fils de Bonnaventure, de 19 ans, m. taille, poil noir.
Hervé Gueran de 24 ans, moyenne taille, poil noir.
Evan Rolte de 22 ans, moyenne taille, poil noir.
Alain Raut de 16 ans, moyenne taille, poil noir.
Jean Salahun, fils de Laurent, de 32 ans, moyenne taille, poil chaſtain.
Laurent le Davigo de 30 ans, moyenne taille, poil chaſtain.
François le Gournu de 41 an, moyenne taille, poil brun.
François Jego de 25 ans, grande taille, poil noir.
Charles Beven de 25 ans, grande taille, poil noir.
Laurent le Gouron de 54 ans, moyenne taille, poil chaſtain.
Gilles le Gourun de 25 ans, moyenne taille, poil brun.
Jean le Pipe de 50 ans, moyenne taille, poil brun.
Jacques le Gourun de 33 ans, grande taille, poil brun.
Jacques Even, de Quimperlais, de 45 ans, moyenne taille, poil roux.
Jacques Job de 26 ans, moyenne taille, poil chaſtain.
Maurice Kantic, du Bourg, de 25 ans, moyenne taille, poil noir.

PAROISSE DE LOMMARIAQUER.

YVes le Gouézerec, du Bourg, de 16 ans, moyenne taille, poil noir.
Pierre Thomazo de 30 ans, petite taille, poil noir.
Michel Rio de 28 ans, grande taille, poil noir.

TROISIÉME

TROISIEME CLASSE,

Dont le service commencera au premier Avril 1672.
& finira au dernier Mars 1673.

PAROISSE DE BILLIERS.

Jean Evenic le jeune, de 28. ans, taille moyenne, cheveux chastains.
Iean Bidault fils Michel, de 35. ans, taille moyenne, cheveux chastains.
Abel Helein de 37. ans, taille petite, cheveux noirs.
Iean Vaillant, de 32. ans, taille moyenne, cheveux chastains.
Martin Bertaud, de 25. ans, taille moyenne, cheveux noirs.
Iean Olivier, fils Iean, de 27. ans, taille moyenne, cheveux chastains.

PAROISSE DE SVRZVR.

Gvillaume le Goiff, de 27. ans, taille grande, cheveux noirs.
Louys Masé, de 35. ans, taille moyenne, cheveux chastains.
Louïs le Iallé, de 25. ans, taille moyenne, cheveux noirs.

PAROISSE D'AMBON.

Jean Maurice d'Amegam, de 23. ans, taille moyenne, cheveux noirs.
Hervé Poulain, de 26. ans, taille moyenne, cheveux noirs.
Olivier Hulcoch, de 40. ans, taille moyenne, cheveux noirs.
Iean Piedron fils Iean, de 20. ans, taille petite, cheveux châtains.
Yves Quiberan fils Yves, de 30. ans, taille moyenne, cheveux châtains.
Iulien Philippes, de 25. ans, taille petite, cheveux châtains.
François Quiberan fils Iulien, de 9. ans, taille moyenne, cheveux châtains.
Pierre Iego, de 20. ans, taille moyenne, cheveux châtains.
Roland le Texier, de 40. ans, taille moyenne, cheveux roux.
Sebastien Estienne, de 27. ans, taille petite, cheveux châtains.
Guillaume Guyot fils Yves, de 18 ans, taille grande, cheveux noirs.
Iean Bodo dit Gauche, de 19 ans, taille petite, cheveux noirs.
François Givot dit Gros Iean, de 35 ans, taille moyenne, cheveux châtains.
Iean le Monier dit Muguet, de 25 ans, taille moyenne, cheveux noirs.
Iean Salahun dit Latin, de 30. ans, taille moyenne, cheveux noirs,
Abel le Monnier du Mareille, de 18 ans, taille moyenne, cheveux bruns.
Iulien le Monier dit Forgu, de 35 ans, taille moyenne, cheveux châtains.
Raoul Mahé, de 36 ans, taille grande, cheveux châtains.
Iacques le Bodo, de 50 ans, taille moyenne, cheveux noirs.
Guillaume le Monier, dit Cadet, de 45 ans, taille moyenne, cheveux noirs.
Iean Bodo fils Guillaume, de 25 ans, taille petite, cheveux noirs.
Yves le Prince, de 18 ans, taille moyenne, cheveux noirs.
Yvon Masé, de 27 ans, taille moyenne, cheveux châtains.
Olivier Guyot dit Fiancle, de 57 ans, taille grande, cheveux gris, Pilote.
Guillaume Bode dit Milouar, de 40 ans, taille moyenne, cheveux roux.
Iean Oravé, de 48 ans, taille grande, cheveux gris.
Iacques Bodo dit Coullibeau, de 48 ans, taille grande, cheveux gris.
Guillaume Maurice, de 47 ans, taille grande, cheveux roux.
Iacques Rio, de 50 ans, taille moyenne, cheveux châtains.
Iean Trehüen, de 22 ans, taille moyenne, cheveux roux.
François le Godeq, de 15. ans, taille petite, cheveux châtains.

E

Louïs le Pelletier, de 40 ans, taille moyenne, chauve.
Abel Maurice fils Guillaume, de 18 ans, taille grande, cheveux roux.
Iulien Fauché fils Iulien, de 28 ans, taille moyenne, cheveux noirs.
Iean Iego dit Ambaſſat, de 50 ans, taille moyenne, cheveux noirs.
Iulien Briaud dit Flicaud, de 27 ans, taille moyenne, cheveux noirs.
Yvés Tronſon dit Blandin, de 18 ans, taille moyenne, cheveux chaſtains.
Iean Levenas fils François, de 48 ans, taille moyenne, cheveux noirs.
Iacques Roland dit Miquion, de 18 ans, taille moyenne, cheveux noirs.
Iean Rio dit Frier, de 40 ans, taille moyenne, cheveux noirs.
Guillaume le Bodo, de 35 ans, taille moyenne, cheveux chaſtains.
Guillaume Dano, de 16 ans, taille moyenne, cheveux chaſtains.
Pierre le Bodo dit Gauche, de 45 ans, taille grande, cheveux noirs.
François Perenes, de 35 ans, petite taille, cheveux noirs.
Yvon Fauvain, de 40 ans, taille moyenne cheveux bruns.
Charles le Barbier, de 19 ans, taille moyenne, cheveux noirs.

ISLE DE RHVIS.

PAROISSE DE SERZEAV.

Vincent Maurice, de 23 ans, taille grande, cheveux noirs.
Mathurin le Page, de 18 ans, taille moyenne, cheveux chaſtains.
Vincent Truſeau, de 30 ans, taille moyenne, cheveux bruns.
François Hullocq fils Vidau, de 23 ans, taille moyenne, cheveux noirs.
Guillaume Nicolle, de 22 ans, taille grande, cheveux chaſtains.
Iulien Cliquin fils Vincent, de 20 ans, taille grande, cheveux bruns.
Thomas Largoet, de 20 ans, taille moyenne, cheveux noirs.
François Legal, de 18 ans, taille moyenne, cheveux chaſtains.
Iacques Cliquin, de 30 ans, taille grande, cheveux bruns.
Iean Loget fils Iean, de 16 ans, taille petite, cheveux bruns.
Pierre Hulcocq fils Iean, de 33 ans, taille petite, cheveux noirs.
Pierre le Vaillant, de 25 ans, taille petite, cheveux noirs.
Vincent le Tiecq, de 25 ans, taille petite, cheveux noirs, Charpentier.
Guillaume Loget dit Tartary, de 43 ans, taille grande, cheveux noirs.
Iean le Gourmelecq, de 21 ans, taille grande, cheveux blonds.
François le Goiff, de 21 ans, taille moyenne, cheveux blonds.
François Normand, de 16 ans, taille moyenne cheveux noirs.

PAROISSE DE S. GVIDAS.

Iean Largoet, de 20 ans, taille moyenne, cheveux noirs.
Iean le Roux fils Iean, de 33 ans, taille moyenne, cheveux chaſtains.
Louïs Mauffray, de 24 ans, taille moyenne, cheveux chaſtains.
Iulien Nicolazo, de 28 ans, taille grande, cheveux roux.
Iacques Nicolazo, de 30 ans, taille grande, cheveux chaſtains.
François Fardes fils Olivier, de 18 ans, taille moyenne, cheveux chaſtains.
Laurens le Bourhis, de 45 ans, taille grande, cheveux noirs.

PAROISSE D'ARZON.

Albin Fardel, de 31 ans, taille moyenne, cheveux chaſtains.
Vincent Iego fils Pierre, de 15 ans, petite taille, cheveux noirs.
Clement Rolando, de 27 ans, taille grande, cheveux noirs.
François le Moings fils François, de 16 ans, taille moyenne, cheveux chaſtains.
Guillaume Alaviq dit Iobart, de 35 ans, taille grande, cheveux chaſtains.

Iacques le Dheucq, de 30 ans, taille moyenne, cheveux chaſtains.
Iean le Corre dit Goumery l'aîné, de 36 ans, taille moyenne, cheveux blonds.
Iean Bonabes le jeune fils Louïs, de 18 ans, taille moyenne, cheveux chaſtains.
Philippes l'Aſcornecq, de 50 ans, petite taille, cheveux gris.
Saturin Taſcon, de 23 ans, taille moyenne, cheveux noirs.
François Guillotin fils Henry, de 18 ans, taille moyenne, cheveux noirs.
Yves le Guef fils Yve, de 30 ans, taille grande, cheveux chaſtains.
Louïs le Faucheux, de 16 ans, taille moyenne, cheveux noirs.
Vincent le Marce, de 23 ans, taille moyenne, cheveux noirs.
Iean le Corre fils Guillaume, de 14 ans, taille moyenne, cheveux noirs.
Noël Corehuan, de 18 ans, taille moyenne, cheveux chaſtains.
Denys Alavicq fils Broch, de 18 ans, taille petite, cheveux chaſtains.
Iean l'Eſcop fils François, de 18 ans, taille petite, cheveux chaſtains.
Guillaume Cauzicq dit Mardoecq, de 50 ans, taille moyenne, cheveux noirs.
François Alavicq du Nordeſt, de 40 ans, taille moyenne, cheveux noirs.
Iean Moyecq le jeune, de 25 ans, taille moyenne, cheveux roux.
Yvon le Gain, de 28 ans, taille moyenne, cheveux chaſtains.
Louïs le Caſtrecq, de 25 ans, taille grande, cheveux chaſtains.
Iulien Cauzicq dit Ogier, de 44 ans, taille moyenne, cheveux chaſtains.
Michel Nicolazo fils Pierre, de 14 ans, taille petite, cheveux noirs.
Sebaſtien Ilgo, de 20 ans, taille moyenne, cheveux chaſtains.
Iean Deſmoulins, de 45 ans, taille petite, cheveux noirs.
André Mauffre, de 37 ans, taille moyenne, cheveux noirs.
Pierre Stephanicq dit Baron, de 37 ans, taille moyenne, cheveux noirs.
Iean Stephanicq, de 40 ans, taille grande, cheveux chaſtains, Canonier.
Louïs Moulins, de 15 ans, taille petite, cheveux chaſtains.
Iean le Corre, de 48 ans, taille petite, cheveux chaſtains.
Iean Largoet, de 32 ans, taille grande, cheveux noirs.

ISLE D'ARS.

Michel Legal Dubourg, de 14 ans, taille petite, cheveux chaſtains.
Michel Ralié, de 15 ans, taille moyenne, cheveux noirs.
Iean Evene, de 32 ans, taille moyenne, cheveux noirs.
Iacques Guenegaud, de 54 ans, taille grande, cheveux gris.
Georges Cotorel, de 20 ans, taille grande, cheveux chaſtains.
Iean Conſarve, de 16 ans, taille petite, cheveux chaſtains.
Iulien Benoiſt, de 25 ans, taille moyenne, cheveux chaſtains.
Iean Roland dit Lampon, de 20 ans, taille moyenne, cheveux chaſtains.
Hervé le Francq, de 35 ans, taille moyenne, cheveux noirs.
Iean Pattary, de 25 ans, taille moyenne, cheveux noirs.
Louïs Moyecq, de 30 ans, taille moyenne, cheveux chaſtains.
Louïs Moyecq fils Iean, de 42 ans, taille moyenne, cheveux noirs.
Iulien le Francq, de 28 ans, taille moyenne, cheveux noirs.
Michel Daniel fils Yves, de 15 ans, taille moyenne, cheveux chaſtains.
Yvon Thibaut dit Galpautre, de 20 ans, taille moyenne, cheveux chaſtains.
Iean le Bar, de 26 ans, taille grande, cheveux chaſtains.
René Hoüarnenes, de 35 ans, taille moyenne, cheveux chaſtains.
François Alainé fils Iulien, de 30 ans, taille moyenne, cheveux chaſtains.
François le Celens, de 25 ans, taille grande, cheveux chaſtains.
Yves le Tuiq, de 40 ans, taille grande, cheveux chaſtains.
Iulien le Sens, de 26 ans, taille moyenne, cheveux chaſtains.
François le Loudecq, de 28 ans, taille grande, cheveux noirs.
Guillaume Benoiſt fils Simon, de 16 ans, taille moyenne, cheveux chaſtains.
François Truſcat, de 18 ans, taille moyenne, cheveux noirs.
Guillaume le Cocq, de 18 ans, taille moyenne, cheveux chaſtains.
Iean Fardel, de 29 ans, taille grande, cheveux noirs.

Gilles le Iobicux, de 42 ans, taille moyenne, cheveux chaſtains.
Iulien Rozo dit Fazecq, de 30 ans, taille moyenne, cheveux chaſtains.
Louïs le Iobieux, de 26 ans, taille petite, cheveux noirs.
Iulien Rozo fils Yves, de 30 ans, taille moyenne, cheveux chaſtains.
Guillaume le Gain, de 30 ans, taille petite, cheveux chaſtains.
Guillaume Calau, de 45 ans, taille petite, cheveux chaſtains.
Thomas le Truedicq, de 40 ans, taille moyenne, cheveux noirs.
Nicolas Guerenicq, de 30 ans, taille moyenne, cheveux noirs.
Pierre le Loſtecq, de 25 ans, taille moyenne, cheveux chaſtains.
Michel le Tuïq fils Croquant, de 28 ans, taille moyenne, cheveux chaſtains.

ISLE AVX MOINNES.

Vincent Moureau, de 45 ans, taille moyenne, cheveux chaſtains.
René le Divelecq, de 40 ans, taille petite, cheveux blonds.
Yves le Divelecq dit Dagonne, de 40 ans, taille petite, cheveux noirs.
Iulien le Chet, de 30 ans, taille petite, cheveux noirs.
Yvon Luco dit Dauphin, de 43 ans, taille moyenne, cheveux noirs.
Laurens Iaffrigau, de 20 ans, taille petite, cheveux chaſtains.
Yves Maché fils Benoiſt, de 29 ans, taille moyenne, cheveux noirs.
François Daniel fils Iulien, de 17 ans, taille moyenne, cheveux noirs.
Iulien Luco, de 40 ans, taille moyenne, cheveux noirs.
Maurice le Caut, de 29 ans, taille grande, cheveux noirs.
Eſtienne Hulbron, de 36 ans, taille moyenne, cheveux roux.
Yves Cauzicq fils Paterou, de 28 ans, taille moyenne, cheveux noirs.
Yvon Fardel, de 27 ans, taille moyenne, cheveux noirs.
Yves Cauzicq dit Nigu, de 50 ans, taille grande, cheveux gris.
Iean le Divelecq, de 20 ans, taille petite, cheveux noirs.
Vincent Luco fils Michel, de 16 ans, taille petite, cheveux noirs.
Michel le Huhau, de 16 ans, taille petite, cheveux noirs.
Iean le Francq, de 38 ans, taille grande, cheveux noirs.
Iean le Calvi, de 30 ans, taille moyenne, cheveux noirs.
Iean le Divelecq, de 16 ans, taille petite, cheveux chaſtains.
Pierre Horneves fils Germain, de 21 ans, taille petite, cheveux noirs.
Yves Moureau, de 15 ans, taille petite, cheveux noirs.
Louïs le Herhau, de 18 ans, taille petite, cheveux noirs.
Iean Moureau, de 48 ans, taille grande, cheveux noirs.
Olivier Morin, de 19 ans, taille petite, cheveux noirs.
Iulien Davo, de 20 ans, taille moyenne, cheveux noirs.
Louïs le Iob, de 29 ans, taille petite, cheveux chaſtains.
Claude Moureau, de 20 ans, taille moyenne, cheveux chaſtains.
Vincent le Francq fils François, de 15 ans, taille petite, cheveux noirs.
Yves le Moyecq, de 29 ans, taille moyenne, cheveux chaſtains.
Iean Daniel fils Gregoire, de 36 ans, taille moyenne, cheveux chaſtains.

PAROISSE DE SINE'.

Bernard le Flaud, de 50 ans, taille moyenne, cheveux noirs.
Patern Daniel, de 40 ans, taille moyenne, cheveux bruns.
Henry le Francq, de 30 ans, taille moyenne, cheveux noirs.
Iacques le Roy, de 18 ans, taille moyenne, cheveux noirs.
Iean Benoiſt, de 40 ans, taille moyenne, cheveux noits.
Iacques le Cerf, de 16 ans, taille moyenne, cheveux chaſtains
Pierre Benoiſt, de 23 ans, taille moyenne, cheveux noirs.
Iulien Sevé, de 20 ans, taille moyenne, cheveux chaſtains.
Yvon Doriou, de 40 ans, taille moyenne, cheveux blonds, Charpentier.

Yves Loudecq, de 17 ans, taille grande, cheveux chaftains.
Iacques le Flaud, de 25 ans, taille grande, cheveux noirs.
François le Francq, de 50 ans, taille moyenne, cheveux gris, Charpentier.
Benoift Danet, de 37 ans, taille moyenne, cheveux chaftains, Charpentier.

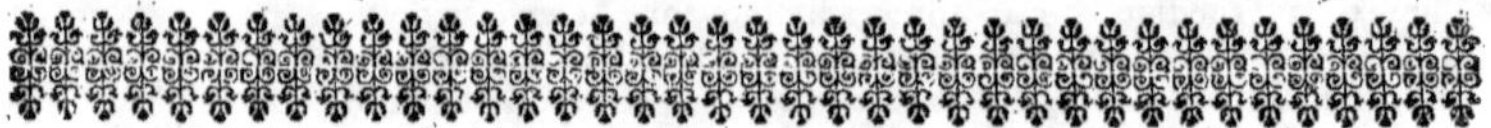

VILLE D'AVRAY.

PAROISSE DE S. GOVSTAN.

HEnry Boüy, de 26 ans, taille moyenne, cheveux noirs.
Pierre Fablet, de 23 ans, taille moyenne, cheveux blonds.
François le Sage, de 50 ans, taille moyenne, cheveux bruns.
Guillaume le Baron, de 18 ans, taille moyenne, cheveux chaftains.
Iean Cauzicq le jeune, de 35 ans, taille grande, cheveux chaftains.

PAROISSE DE QVIBERON.

MAthurin Riblet du Bourg, de 16 ans, taille moyenne, cheveux chaftains.
Pierre Mathurin, *id.* de 16 ans, taille moyenne, cheveux chaftains.
Vincent Beraudeau fils Henry, de 40 ans, taille grande, cheveux noirs.
Yvon Michel, de 20 ans, taille moyenne, cheveux chaftains.
Yves Conan fils Henry, de 26 ans, taille grande, cheveux noirs.
François le Couriant, de 32 ans, taille grande, cheveux roux.
Iacques Henry fils Bonnar, de 18 ans, taille moyenne, cheveux chaftains.
Iean Rio, de 22 ans, taille moyenne, cheveux chaftains.
François Guillemin, de 26 ans, taille moyenne, cheveux chaftains.
Pierre Kervergau, de 40 ans, taille grande, cheveux noirs.
Vincent Guillas, de 22 ans, taille moyenne, cheveux noirs.
François Stevan, de 22 ans, taille moyenne, cheveux noirs.
Iacques le Corvecq, de 22 ans, taille moyenne, cheveux chaftains.
Michel Stevano, de 42 ans, taille moyenne, cheveux chaftains.
Iean Gourhel, de 50 ans, taille petite, cheveux gris.
Bonaventure Guillevin, de 23 ans, taille grande, cheveux chaftains.
Pierre Guillevin, de 48 ans, taille grande, cheveux chaftains.
Iean Maderan fils Yvon, de 20 ans, taille grande, cheveux noirs.
François Sallés, de 23 ans, taille moyenne, cheveux chaftains.
Germain le Lezecq, de 40 ans, taille moyenne, cheveux chaftains.
Iean Marchand, de 20 ans, taille moyenne, cheveux chaftains.
François Stevan, de 23 ans, taille moyenne, cheveux chaftains.
Martin Maderan, de 17 ans, taille moyenne, cheveux noirs.
Pierre Charon, de 23 ans, taille moyenne, cheveux chaftains.
Claude le Riblecq, de 28 ans, taille grande, cheveux chaftains.
Iean Conan, de 20 ans, taille moyenne, cheveux noirs.
Vincent Stevan, de 40 ans, taille moyenne, cheveux roux.
Claude Moino, de 26 ans, taille grande, cheveux chaftains.
Iean le Direfon Portiguy, de 34 ans, taille moyenne, cheveux noirs.
François Yvon fils Bonnaventure, de 22 ans, taille moyenne, cheveux noirs.
Noël Maderan, de 40 ans, taille grande, cheveux roux.
Guillaume le Maître, de 46 ans, taille grande, cheveux chaftains.
Yvon Rohu, de 30 ans, taille grande, cheveux chaftains.
Guillaume Michel, de 40 ans, taille grande, cheveux chaftains.
Iulien Samfon, de 20 ans, taille grande, cheveux chaftains.
François le Page, de 35 ans, taille moyenne, cheveux chaftains.

F

GOVVERNEMENT
DV PORT
LOUYS-LA-VILLE.

Yvon le Goff, de 25 ans, taille moyenne, cheveux chaftains.
Olivier le Gage, de 30 ans, taille grande, cheveux chaftains.
Richard Lezenot, de 27 ans, taille grande, cheveux bruns.
Iean Soüin, de 40 ans, taille moyenne, cheveux noirs.
Iean de Rennes, de 48 ans, taille moyenne, cheveux roux.
Iean Blais, de 40 ans, taille grande, cheveux chaftains.
Iean le Beven, de 28 ans, taille moyenne, cheveux chaftains.
Michel Hubert, de 51 ans, taille petite, cheveux chaftains.
Denys Forbin, de 28 ans, taille petite, cheveux chaftains.
Mathurin Denais, de 35 ans, taille grande, cheveux noirs.
Richard de Lezeno, de 24 ans, taille moyenne, cheveux chaftains.
Iacques Du-Pied, de 32 ans, taille grande, cheveux chaftains.
Pierre Gomes, de 19 ans, taille moyenne, cheveux blonds.
Guillaume le Drapier fils Iulien, de 23 ans, taille moyenne, cheveux chaftains.
Gilles Scolan, de 18 ans, taille petite, cheveux chaftains.
François Renaud dit la Liberté, de 15 ans, taille petite, cheveux blonds.
Iean des Anges, de 42 ans, taille grande, cheveux chaftains.
Thomas Rupert, de 37 ans, taille moyenne, cheveux noirs.
Vincent Nicolas, de 16 ans, taille petite, cheveux blonds.
Iacques le Roux, de 20 ans, taille moyenne, cheveux noirs.
Iacques Stephané de Kerderf, de 18 ans, taille moyenne, cheveux blonds.
Iacques Noël, de 22 ans, taille grande, cheveux chaftains.
Iacques Laleur, de 16 ans, taille petite, cheveux chaftains.
André Roquet, de 30 ans, taille grande, cheveux chaftains.
Iean Lotin, de 40 ans, taille moyenne, cheveux chaftains.
Iulien Tomin, de 33 ans, taille moyenne, cheveux chaftains.
François Cain, de 30 ans, taille petite, cheveux noirs.
Olivier Fraval, de 30 ans, taille moyenne, cheveux chaftains, Charpentier.
Charles Chiron, de 30 ans, taille moyenne, cheveux noirs.
Iean Drean, de 45 ans, taille moyenne, cheveux noirs.
Eftienne Mogart, de 42 ans, taille grande, cheveux noirs.
Iean Rolando dit Bourneuf, de 48 ans, taille grande, cheveux chaftains.
Pierre Cauzillon dit la Roze, de 24 ans, taille moyenne, cheveux noirs, Charpentier.
Yves de Rennes, de Comiquielly, de 45 ans, taille grande, cheveux chaftains.
Guillaume Heryo, de 45 ans, taille petite, cheveux noirs.
François Loho, de 15 ans, taille petite, cheveux chaftains.
Yves Marquer, de 42 ans, taille moyenne, cheveux noirs.
Michel le Maiftre, de la Trinité, de 18 ans, taille moyenne, cheveux chaftains.
Matthieu Peneven, de 36 ans, taille grande, cheveux chaftains.
Pierre Molo, de 35 ans, taille grande, cheveux chaftains.
Pierre le Quenecq, de 23 ans, taille grande, cheveux chaftains.
François Seolan, de 43 ans, taille moyenne, cheveux noirs.
Iean Iego le jeune, de 30 ans, taille moyenne, cheveux noirs.
Pierre Lebero de Lomaco, de 30 ans, taille grande, cheveux noirs.
Olivier le Cloverceq, de 45 ans, taille grande, cheveux chaftains.
Iulien Pereno, de 26 ans, taille moyenne, cheveux noirs.
Guillaume Caradeu fils Guillaume, de 16 ans, taille petite, cheveux chaftains.
Patern le Galieq fils Pierre, de 17 ans, taille moyenne, cheveux chaftains.
Iacques Derennes fils Iean, de 24 ans, taille moyenne, cheveux noirs.

François le Berre, de 27 ans, taille moyenne cheveux blonds.
Michel Clovereq, de 36 ans, taille grande, cheveux chaſtains.
Thibaud Guion, de 35 ans, taille moyenne, cheveux noirs.
Baptiſte Mathio, de 24 ans, taille moyenne, cheveux noirs.
Iean le Maiſtre, de 30 ans, taille moyenne, cheveux chaſtains.
George le Govicq, de 28 ans, taille moyenne, cheveux noirs.
Vincent Calacq, de 25 ans, taille moyenne, cheveux chaſtains.
Philippe le Texier de Sterven, de 20 ans, taille moyenne, cheveux chaſtains.
Guillaume Kernel fils Yves, de 19 ans, taille moyenne, cheveux chaſtains.
Eſtienne le Gueneq, de 25 ans, taille grande, cheveux noirs.
François le Guenecq, de 45 ans, taille moyenne, cheveux chaſtains.
Armel Bertecq, de 22 ans, taille moyenne, cheveux noirs.
Guillaume Molo, de 15 ans, taille petite cheveux bruns.
Louïs Sonicq, de 23 ans, taille moyenne, cheveux blonds.
Pierre le Laurecq, de 27 ans, taille moyenne, cheveux chaſtains.
Bertrand Sonicq, de 17 ans, taille moyenne, cheveux chaſtains.
Iean Canivet, de 40 ans, taille moyenne, cheveux noirs.
François le Bihan, de 16 ans, taille moyenne, cheveux chaſtains.
Michel le Helecq, de 14 ans, taille moyenne cheveux chaſtains.
Abel Daniel, de 24 ans, taille grande, cheveux chaſtains.
Pierre Cloverecq, de 18 ans, taille petite, cheveux noirs.
Mathias le Cam, de 17 ans, taille moyenne, cheveux châtains.
Pierre Sconan, de 43 ans, taille grande, cheveux châtains.
Iean Scolan fils François, de 16 ans, taille peite, cheveux chaſtains.
Iean Henry, de 27 ans, taille moyenne, cheveux noirs.
Pierre Leſcoüet, de 30 ans, taille grande, cheveux châtains.
Gregoire Gahier de Lomalo, de 22 ans, taille moyenne, cheveux noirs.
François le Berre, de 35 ans, taille grande, cheveux gris.
Denys le Maiſtre, de 15 ans, taille moyenne, cheveux bruns.
Iulien Gabriel, de 29 ans, taille moyenne, cheveux châtains.
Pierre le Cornecq fils Iean, de 14 ans, taille moyenne, cheveux noirs.
Denys le Maiſtre, de 15 ans, taille petite, cheveux noirs.
Corentin le Viſage, de 30 ans, taille moyenne, cheveux noirs, Voilier.
Iulien Thomas de Kerprat, de 33 ans, taille moyenne, cheveux noirs, Charpentier
François Bruſſacq, de 23 ans, taille moyenne, cheveux châtains, *id.*
Iacques le Bouzicq, de 30 ans, taille moyenne, cheveux châtains, *id.*
Guillaume Secau du Port-Louys, de 18 ans, taille moyenne, cheveux bruns.
Yves de Rennes, de 15 ans, taille petite, cheveux noirs.
Pierre le Maiſtre de Kerbel, de 25 ans, taille grande, cheveux noirs.

HENNEBON.

PAROISSE DE S. CARADECQ.

IEan le Quen, de 20 ans, taille moyenne, cheveux noirs.
François Hervian, de 24 ans, taille grande, cheveux noirs.
François Kerneau, de 25 ans, taille grande, cheveux noirs.
Louïs le Pigan, de 25 ans, taille moyenne, cheveux châtains.
René Laurens, de 37 ans, taille moyenne, cheveux noirs.

PAROISSE DE PLEMVR.

IEan Caroere, fils François, de 15 ans, taille moyenne, cheveux chaſtains.
Yvon Guilleuit, 20 ans, taille petite, cheveux chaſtains.
Laurens Rio de Loqueltas, de 25. ans, moyenne taille, cheveux blonds.
Iacques le Meſtreicq, de 25 ans, taille grande, cheveux chaſtains.
Yvon Sceau, de 18 ans, taille moyenne, cheveux noirs.
Laurens Levenecq, de 14 ans, taille petite, cheveux chaſtains.
Henry Robpert, de 16 ans, taille petite, cheveux bruns.
Claude Keroulis, de 16 ans, petite taille, cheveux chaſtains.
Allain le Diſcot, de 28 ans, taille petite, cheveux noirs.
Iulien Guillerme, de 16 ans, petite taille, cheveux chaſtains.
Guillaume le Diſcot, de 40 ans, grande taille, cheveux chaſtains.
Yvon Philippes, de 14 ans, petite taille, cheveux chaſtains.
Lucas Guilleuit, de 18. ans, taille petite, cheveux noirs.

Yvon le Discot, de 18 ans, taille moyenne, cheveux noirs.
René Sallé de Kerjesau, de 28 ans, taille moyenne, cheveux roux.
Guillaume Roul, de 18 ans, taille moyenne, cheveux bruns.
Guidas le Berre, de 40 ans, moyenne taille, cheveux chastains.
Marcq le Chatton fils Iacques, de 18 ans, taille moyenne, cheveux chastains.
Iean Gertin, de 41 ans, taille grande, cheveux noirs.
Iacques Richard, de 22. ans, taille petite, cheveux chastains.
Ambroise Allain, de 30 ans, taille grande, cheveux noirs.
Guillaume Scéau, de 18 ans, taille moyenne, cheveux bruns.   Charpentier.
Iulien le Zellé de Kervero, de 16 ans, taille petite, cheveux chastains.

ISLE DE GROIX.

PAdern Even fils Simon, de 27 ans, taille moyenne, cheveux noirs.
Gilles Tastonner, de 25 ans, moyenne taille, cheveux bruns.
Iean le Gouron, de 22. ans, taille grande, cheveux chastains.
Sebastien le Deliat, de 24. ans, taille grande, cheveux chastains.
Iean Benoist fils Paul, de 20 ans, taille petite, cheveux bruns.
Gildas de Bobinet, de 50 ans, taille moyenne, cheveux chastains.
Bonaventure Gueran, de 44 ans, taille moyenne, cheveux bruns.
Iacques Gueran, de 38 ans, taille grande, cheveux chastains.
Gildas le Trovidec fils Iean, de 25 ans, taille grande, cheveux chastains.
Armel le Bisan, de 24 ans, taille grande, cheveux chastains.
Hierosme Stevan, de 30 ans, taille moyenne, cheveux chastains.
Gildas Droüer, de 27 ans, taille moyenne, cheveux noirs.
Paul Gouron, de 55 ans, taille grande, cheveux gris.
Iean Guillerme, de 16 ans, taille moyenne, cheveux chastains.
Bonaventure Nero, de 44 ans, taille moyenne, cheveux chastains.
Gilles le Barbier, de 23 ans, taille moyenne, cheveux chastains.
François Even, fils Sebastien, de 20 ans, taille moyenne, cheveux chastains.
Laurent Stevan, de 30 ans, taille moyenne, cheveux noirs.
Laurent Rau, de 35 ans, taille grande, cheveux noirs.
Pierre le Pillon, de 16 ans, taille moyenne, cheveux noirs.
Hierosme Vzel, de 21 an, taille moyenne, cheveux noirs.
Pierre le Tonnere, de 30 ans, taille moyenne, cheveux chastains.
Louis Tersol, fils Laurent, de 22 ans, taille grande, cheveux noirs.
Pierre Lirois, de 30 ans, taille moyenne, cheveux chastains.
François le Calo, de 16 ans, taille moyenne, cheveux chastains.
Vincent Bernard, de 23 ans, taille moyenne, cheveux noirs.
Louis Rotte, de 15 ans, taille moyenne, cheveux blonds.
François Bobinet, de 45 ans, taille moyenne, cheveux chastains.
Claude Salahun, fils Herué, de 25 ans, taille grande, cheveux noirs.
Herué Raut, de 27 ans, taille grande, cheveux chastains.
Alain Noël, de 30 ans, taille moyenne, cheveux châtains.
Iacques le Beven, de 34 ans, taille moyenne, cheveux noirs.
Iean Tersol, de 45 ans, taille moyenne, cheveux chastains.
Anthoine Noël, de 30 ans, taille moyenne, cheveux bruns.
Iean le Tonnere, de 18 ans, taille grande, cheveux noirs.
Charles Ricousse, de 44 ans, taille moyenne, cheveux chastains.
François Milo, de 44 ans, taille petite, cheveux chastains.
Laurent le Barbier, de 31 an, taille moyenne, cheveux chastains.
Iean le Tonnere de Lomaria, de 36 ans, taille moyenne, cheveux noirs.
Laurent le Gouron, de 50 ans, taille moyenne, cheveux chastains.
Iacques Adam, de 42 ans, taille moyenne, cheveux bruns.
Iacques Lirois, de 20. ans, taille moyenne, cheveux chastains.
Iacques Noël, de 38 ans, taille grande, cheveux châtains.
Iulien le Soulieq, de 35. ans, taille grande, cheveux chastains.

PAROISSE DE LOMARIAQUES.

FRançois Torbie, de 27. ans, taille moyenne, cheveux noirs.
Henry Drian, de 26. ans, taille moyenne, cheveux noirs.
Padern Guillaume de 15. ans, taille moyenne, cheveux chastains.
Padern Bhachois, de 16. ans, taille petite, cheveux blonds.

QVATRIEME CLASSE,

dont le service commencera au premier Avril 1673. & finira
au dernier Mars 1674.

PAROISSE DE BILLIERS.

Pierre l'Amoureux de 26. ans, taille petite, cheveux blonds.
Daniel le Moine, de 42 ans, taille moyenne, cheveux noirs.
Guillaume Olivier, de 22 ans, taille moyenne, cheveux bruns.
François Evenicq, fils Esprit, 15. ans, taille moyenne, cheveux noirs.

PAROISSE DE SVRZVE.

Vincent le Bodo, de 24 ans, taille grande, cheveux noirs.
Iean Simon dit Barbitte, de 30 ans, taille moyenne, cheveux noirs.
Louys le Goiff, de 15 ans, taille petite, cheveux noirs.

PAROISSE D'AMBON.

François Maurice, de 27 ans, taille petite, cheveux noirs.
Iean le Bail, de 18 ans, taille petite, cheveux noirs.
Iean le Bihac, de 29. ans, taille petite, cheveux noirs.
François Guyot dit Pape, de 30 ans, taille moyenne, cheveux chastains.
Pierre Guyot, de 22 ans, taille petite, cheveux noirs.
Iean Quiberan, de 14 ans, taille petite, cheveux noirs.
Iean Dano, de 28 ans, taille moyenne, cheveux noirs.
Iulien Cheval, de 16 ans, taille moyenne, cheveux chastains.
François Bertrand dit Bodo, de 15 ans, taille petite, cheveux chastains.
Iean Briand dit Carterre, de 16 ans, taille petite, cheveux noirs.
Pierre le Mounier fils Allan, de 18 ans, taille moyenne, cheveux noirs.
Guillaume Sego dit Bombo, de 41 an, taille moyenne, cheveux chastains.
Guillaume Monier dit Marer, de 18 ans, taille petite, cheveux chastains.
Charles Barbier, de 24 ans, taille moyenne, cheveux bruns.
Hervé Guyonart, de 16 ans, taille grande, cheveux noirs.
Iean Bidaut, de 37 ans, taille grande, cheveux chastains.
Iean Iego fils Iean, de 22 ans, taille moyenne, cheveux chastains.
Olivier Iego de Royal, de 20 ans, taille moyenne, cheveux noirs.
Iacques le Mounier fils Guillaume, de 18 ans, taille petite, cheveux chastains.
Guillaume Pedron, de 18 ans, taille moyenne, cheveux noirs.
Iean le Prince fils Guillaume, de 25 ans, taille grande, cheveux bruns.
Olivier Iego, dit Carabin, de 40 ans, taille grande, cheveux chastains.
Pierre le Mounier, dit Mitau, de 27 ans, taille grande, cheveux noirs.
Olivier Pedron, de 30 ans, taille grande, cheveux noirs.
Iacques Guyot, dit Dauphin, de 33 ans, taille petite, cheveux noirs.
Iacques Paulu, de 37 ans, taille grande, cheveux noirs.
Iean Cottorel, de 25 ans, taille grande, cheveux noirs.
Iean le Bodo, de 40 ans, taille moyenne, cheveux chastains.
François Maurice fils Guillaume, de 15 ans, taille moyenne, cheveux chastains.
Iulien le Gal, de 23 ans, taille moyenne, cheveux chastains.
Guillaume Tiffauche, dit Roux, de 15 ans, taille petite, cheveux noirs.
Guillaume le Pelletier, fils Loüis, de 15 ans, taille petite, cheveux roux.
Iean Trehuen, fils Iean, de 15 ans, taille moyenne, cheveux noirs.
Iacques Fauché, fils Iean, de 23 ans, taille moyenne, cheveux noirs.

G

Loüis Largot, de 26 ans, taille grande, cheveux chaſtains.
Iean Leveno, de 38 ans, taille grande, cheveux chaſtains.
Iean Bodo, fils ſieur Quirin, de 18 ans, taille moyenne, cheveux noirs.
Iean Simon, de 26 ans, taille moyenne, cheveux noirs.
Iean le Nattro, fils Iean, de 20 ans, taille moyenne, cheveux noirs.
Guillaume le Bodo, dit ſaint Quirin, de 30 ans, taille petite cheveux noirs.
Iean Roland, dit Sourſacq, de 26 ans, taille moyenne, cheveux noirs.
Yvon Levenas, fils Yves, de 15 ans, taille moyenne, cheveux noirs.
Yves Mahé, dit Roy, de 35 ans, taille petite, cheveux chaſtains.
Guillaume le Normand, fils Iean, de 15 ans, taille petite, cheveux chaſtains.
Guillaume le Muff, de 25 ans, taille petite, cheveux chaſtains.
Iean le Paubre, de 35 ans, taille moyenne, cheveux noirs.
Allain le Muff, de 38 ans, taille grande, cheveux chaſtains.
Iulien le Salucq, de 30 ans, taille moyenne, cheveux chaſtains.
Allain le Goiff, fils François, de 22 ans, taille moyenne, cheveux chaſtains.
Guillaume Morel, de 24 ans, taille moyenne, cheveux chaſtains.
Iean Dano, de 18 ans, taille moyenne, cheveux chaſtains.
François Levenas, fils Giblot, de 17 ans, taille moyenne, cheveux noirs.

ISLE DE RHVIS, PAROISSE DE FERZEAV.

SEbaſtien Sayer, de 45 ans, taille moyenne, cheveux chaſtains.
Iean Taſcornecq, de 30 ans, taille moyenne, cheveux chaſtains.
Guillaume le Berquin, de 26 ans, taille petite, cheveux chaſtains.
Vincent Fournis, de 18 ans, taille petite, cheveux noirs.
Iean Savary, de 25 ans, taille grande, cheveux bruns.
Iean le Prince, de 18 ans, taille grande, cheveux chaſtains.
Iean Logu, dit Lez, de 47 ans, taille moyenne, cheveux bruns.
Iean Vaillant, de 20 ans, taille moyenne, cheveux bruns.
Sebaſtien Laſpartien, de 22 ans, taille grande, cheveux chaſtains.
Guillaume Bourbon, de 16 ans, taille petite, cheveux roux.
Loüis le Blais, de 50 ans, taille moyenne, cheveux roux.
Guillaume Molgat, de 22 ans, taille moyenne, cheveux bruns.
Iean le Normand, de 15 ans, taille petite, cheveux blonds.
Armel Fraval, de 30 ans, taille moyenne, cheveux noirs.

PAROISSE DE SAINT GILDAS.

IEan le Palmuq, de 33 ans, taille grande, cheveux noirs.
François Danielle, de 23 ans, taille moyenne, cheveux noirs.
Guillaume le Bourhis, fils Yves, de 15 ans, taille moyenne, cheveux blonds.
André le Palmuq, fils Guillaume, de 24 ans, taille moyenne, cheveux noirs.
Iean le Gain, de 24 ans, taille moyenne, cheveux noirs.
André Fardel, de 24 ans, taille moyenne, cheveux chaſtains.
Iulien Largou, fils Guillaume, de 28 ans, taille grande, cheveux chaſtains.

PAROISSE D'ARZON.

PHilippes Corchuan, de 20 ans, taille grande, cheveux chaſtains.
Iacques Iego, de 24 ans, taille moyenne, cheveux noirs.
Iean Cauzicq, dit Coedel, de 25 ans, taille petite, cheveux chaſtains.
Horace Cauzicq, dit Coedel, de 15 ans, taille petite cheveux chaſtains.
Yves le Moings, de 14 ans, taille petite, cheveux blonds.
Sebaſtien Alanicq, fils Iobart, de 14 ans, taille petite, cheveux chaſtains.
Olivier Elizervo, de 26 ans, taille moyenne, cheveux chaſtains.
Philippes Coſſecq, dit Mordocq, de 18 ans, taille petite, cheveux chaſtains.
François Taſcon, fils René, de 14 ans, taille petite, cheveux chaſtains.
Guillaume Moulin, de 14 ans, taille petite, cheveux chaſtains.
Iean le Faucheur, de 14 ans, petite taille, cheveux chaſtains.
Guillaume Alanicq, dit Fleury, de 30 ans, taille moyenne, cheveux chaſtains.

Albin le Moings, fils Iean , de 30 ans , taille grande, cheveux noirs.
Guillaume le Corre, de 45 ans, taille moyenne, cheveux chaſtains , Plote.
Henry Pleſſis, de 15 ans, taille petite, cheveux roux.
Philippes Corchuan, de 14 ans, taille petite, cheveux chaſtains.
Iulien Blanchart, de 40 ans, taille grande, cheveux chaſtains.
François Leſcopt, de 52 ans, taille moyenne, cheveux chaſtains.
Loüis Cauzicq, fils Mordocq, 18 ans, taille moyenne, cheveux chaſtains.
Guillaume Bonable, de 18 ans, taille moyenne, cheveux chaſtains.
Guillaume Moulin, de 14 ans, taille petite, cheveux roux.
Laurens Cauzicq, de 30 ans, taille moyenne, cheveux chaſtains.
Fabien Berbette, 25 ans, taille moyenne, cheveux chaſtains.
Yvon Breé de Montono, de 18 ans, taille moyenne, cheveux chaſtains.
Charles Couſſan, de 26 ans, taille grande, cheveux chaſtains.
Loüis Stephanicq, dit Bauquet, de 34 ans, taille grande, cheveux roux.
Georges Barré, de 19 ans, taille moyenne, cheveux blonds.
Denis Corehuan, dit Martinique, de 47 ans, taille grande, cheveux chaſtains.
Pierre Nicolazo, de 28 ans, taille grande , cheveux chaſtains.
Iean Iego, de 16 ans, taille moyenne, cheveux chaſtains.
Vincent Keriobjo, de 15 ans, taille petite, cheveux chaſtains.
Albin Corno. de 37 ans, taille moyenne, cheveux noirs.
Noël Pauceq, de 35 an, taille moyenne, cheveux noirs.

ISLE D'ARS.

Loüis le Moyieq, de 25 ans, taille grande, cheveux noirs.
Yves Alanio, de 38 ans, taille moyenne, cheveux noirs.
Iulien Benoin, fils Iulien, de 31 an, taille moyenne, cheveux noirs.
François le Francq, de 15 ans, taille moyenne, cheveux roux.
Iacques Aneclot, de 24 ans, taille moyenne, cheveux noirs.
François Hagaſſau, de 14 ans, taille petite, cheveux chaſtains.
Iulien Benoin, fils du Roy, de 15 ans, taille petite, cheveux chaſtains.
Iulien Roland, de 16 ans, taille petite, cheveux chaſtains.
Gregoire le Cloverceq, de 14 ans, taille petite, cheveux chaſtains.
Vincent le Bol, dit Favory, de 50 ans, taille moyenne, cheveux noirs.
Iulien Even, de 26 ans, taille moyenne , cheveux chaſtains.
Laurent Moyieq, de 22 ans, taille moyenne, cheveux noirs.
Pierre Moyaq, de 38 ans, taille moyenne, cheveux chaſtains
Iulien Benoin, de 50 ans, taille moyenne, cheveux gris.
François Dornencet, de 14 ans, taille petite, cheveux chaſtains,
Iulien Hedan, de 14 ans, taille petite, cheveux chaſtains.
Iulien de Venne, de 16 ans, taille petite, cheveux chaſtains.
Iulien Thibaut, de 30 ans, taille moyenne, cheveux noirs.
Loüis Drean, dit Baloüecq, de 50 ans, taille moyenne, cheveux gris.
Iulien Thebaut, fils Grelon, de 14 ans, taille petite cheveux chaſtains.
Sahourbin le Coſtecq, de 25 ans, taille grande , cheveux chaſtains.
Pierre Calau, de 14 ans, taille petite, cheveux chaſtains.
Louys le Roy, de 10 ans, taille petite, cheveux chaſtains.
Touſſaint Crahay, de 25 ans, taille moyenne, cheveux noirs.
Iulien Rozo le Ieune, de 15 ans, taille petite, cheveux chaſtains.
Pierre le Francq, de 38 ans, taille petite, cheveux roux.
Yves Even, de 30 ans, taille moyenne, cheveux noirs.
Iulien Gueregaud, de 38 ans, taille grande, cheveux chaſtains.
Pierre Fardel, de 14 ans, taille petite, cheveux chaſtains.
Pierre Thebaut, de 30 ans, taille moyenne, cheveux noirs.
Louys Trudecq, 15 ans, taille petite, cheveux chaſtains.
Iean le Beniquet, de 38 ans. taille moyenne, cheveux noirs.
Iean le Douarin, de 30 ans, taille moyenne, cheveux noirs.
Iulien Lantellin, de 14 ans, taille moyenne, cheveux noirs.
Guillaume Drean, de 45 ans, taille moyenne, cheveux noirs.
François le Ticeq, de 14 ans, taille petite, cheveux chaſtains.

ISLE AVX MOINES.

FRançois Maillard, fils Iean, de 15 ans, taille petite, cheveux noirs.
Pierre le Bar, de 18 ans, taille petite, cheveux chaſtains.
Pierre le Bihan, de 43 ans, taille petite, cheveux chaſtains.
Iean Thomazecq, de 19 ans, taille petite, cheveux noirs.
Vincent Horlenais, de 24 ans, taille petite, cheveux noirs.
Albin Luco, de 40 ans, taille moyenne, cheveux noirs, Charpentier.
Iean Iaffrigau, fils Benoin, de 22 ans, taille moyenne, cheveux chaſtains.
Yves Govaſtin, de 14 ans, taille petite, cheveux chaſtains.
Iean Mourau, fils Yvon, de 53 ans, taille petite, cheveux gris.
Iean Cam, de 35 ans, taille moyenne, cheveux chaſtains.
Eſtienne Hubron, de 36 ans, taille moyenne, cheveux chaſtains.
Vincent Fardel, de 22 ans, taille moyenne, cheveux noirs.
Iean Fardel, fils Bihan, de 30 ans, taille moyenne, cheveux noirs.
Mareq l Duillecq de 23 ans taille moyenne, cheveux chaſtains.
Yvon l Goff, de 18 ans, taille moyenne, cheveux noirs.
Thoms le Goiff, de 32 ans, taille moyenne, cheveux noirs.
Iean ſuinegaud, de 42 ans, taille moyenne, cheveux chaſtains.
Gregire le Calué, de 25 ans, taille moyenne, cheveux chaſtains.
Bench Moureau, de 20 ans, taille moyenne, cheveux noirs.
Oliver le Dieluq, de 35 ans, taille moyenne cheveux noirs.
Micel Dano, de 15 ans, taille petite, cheveux noirs.
Iulin Guyot, de Broval, de 33 ans, taille petite, cheveux roux.
Iearle Goff, fils Nico, de 15 ans, taille petite, cheveux noirs.
Pier Hornenais, dit Hararore, de 40 ans, taille moyenne, cheveux noirs.
Frarois le Sens, de 25 ans, taille moyenne, cheveux chaſtains.
Guiiume le Bolzuq, fils Ioachim, de 14 ans, taille petite, cheveux chaſtains.
Iulic Briand, de 14 ans, taille petite, cheveux noirs.

PAROISSE DE SINE.

IEa le Flaud, de 15 ans, taille petite, cheveux chaſtains.
Gilaume le Francq dit Grezuq, de 40 ans, taille petite, cheveux chaſtains, Calfat.
Iean Inoin, de 18 ans, taille petite, cheveux chaſtains.
Hervé Francq, fils Benoin, de 14 ans, taille petite, cheveux chaſtains.
Iacqude Flaud, de 19 ans, taille moyenne, cheveux chaſtains.
Henryz Cerf, de 18 ans, taille moyenne, cheveux chaſtains.
Iean le Coſtucq, de 15 ans, taille petite, cheveux chaſtains.
Vincen Benoin, de 16 ans, taille petite, cheveux chaſtains.
Bertrari Lebenier, de 14 ans, taille moyenne, cheveux noirs.
Iulien ivé, de 35 ans, taille petite, cheveux noirs.
Iean Driou, de 47 ans, taille moyenne, cheveux chaſtains, Charpentier.
Iacque le Rouduq, de 14 ans, taille moyenne, cheveux chaſtains.
Iean Alevifſe, de 20 ans, taille moyenne, cheveux noirs.
Iulien Texier, de 14 ans, taille moyenne, cheveux chaſtains.
Sebaſtien le Franq de 48 ans, taille moyenne, cheveux chaſtains.
Guillaume le Texier, de 14 ans, taille moyenne, cheveux blonds, Charpentier.

VILLE D'AVRAT, PAROISSE DE SAINT PATERN.

IOſeph Rotureau, taille moyenne, cheveux chaſtains.
Iacques Langlois, de 50 ans, taille moyenne, cheveux noirs.
Iacques le Baron, de 14 ans, taille petite, cheveux chaſtains.
Iacques Calmar, de 20 ans, taille moyenne, cheveux chaſtains.
Charles Marie, fils Iulien, de 15 ans, taille moyenne, cheveux chaſtains.

PAROISSE DE QUIBERON.

FRançois le Queleq, de 28 ans, taille moyenne, cheveux roux.
Iean Maderan, de 30 ans, taille moyenne, cheveux noirs.
Guillaume le Marchand, de 14 ans, taille petite, cheveux chaftains.
Iean Conan, de 20 ans, taille grande, cheveux chaftains.
Laurens Ardeven Demenemur, de 14 ans, taille moyenne, cheveux chaftains.
Olivier Mahon, de 35 ans, taille moyenne, cheveux noirs.
Pierre Bidaut, de 29 ans, taille grande, cheveux noirs.
Henry le Prezecq, de 30 ans, taille moyenne, cheveux noirs.
Iean Morvan, de 19 ans, taille moyenne, cheveux bruns.
Vincent Mahé, de 24 ans, taille moyenne, cheveux chaftains.
Iean le Poreq, de 28 ans, taille grande, cheveux noirs.
Iean le Coruceq, de 18 ans, taille moyenne, cheveux chaftains
Germain Cloverceq, fils Yves, de 14 ans, taille moyenne, cheveux chaftains.
Pierre Cloverceq, de 40 ans, taille grande, cheveux blonds.
Vincent Sonnicq, de 46 ans, taille moyenne, cheveux chaftains.
Vincent le Quoleq, de 40 ans, taille moyenne, cheveux chaftains.
François Morian, de 38 ans, taille grande, cheveux chaftains.
Germain Quegan, de 36 ans, taille moyenne, cheveux chaftains.
Ioseph le Bihan, de 19 ans, taille moyenne, cheveux chaftains.
Yves le Doré, fils Guillaume, de 17 ans, taille moyenne, cheveux noirs.
Vincent Quegan, de 14 ans, taille petite, cheveux chaftains.
Noël Loho, de 25 ans, taille moyenne, cheveux chaftains.
Olivier le Page, de 28 ans, taille grande, cheveux chaftains.
Michel Landolceq, de 30 ans, taille moyenne, cheveux chaftains.
Guillaume Belzs, de 45 ans, taille moyenne, cheveux roux.
Ioachim le Marchand de Port-Iarry, de 33 ans, taille moyenne, cheveux noirs.
Iean le Toulceq, de 22 ans, taille moyenne, cheveux noirs.
Loüis Loho de Kdandel, de 40 ans, taille grande, cheveux noirs.
Bonnaventure le Maiftre, de 14 ans, taille moyenne, cheveux chaftains.
Hierôme Roche, de 18 ans, taille petite, cheveux chaftains.
Olivier Henry, de 42 ans, taille moyenne, cheveux roux.
Ioseph le Cloverceq, de 14 ans, taille petite, cheveux chaftains.
Sebaftien Samfon, de 26 ans, taille moyenne, cheveux noirs.
Maurice Samfon, de 17 ans, taille moyenne, cheveux chaftains.
Vincent Caradec, de 28 ans, taille moyenne, cheveux noirs.
Germain le Linceq, de 40 ans, taille grande, cheveux noirs.

GOVVERNEMENT DU PORT LOVIS LA VILLE.

FRançois Pauber, de 20 ans, taille moyenne, cheveux bruns.
Paul Bihan, de 40 ans, taille moyenne, cheveux chaftains.
Olivier Setevano, de 20 ans, taille moyenne, cheveux blonds.
Yvon Kfaro, de 20 ans, taille moyenne, cheveux noirs.
Iacques Henryo, de 40 ans, taille grande, cheveux chaftains.
Iean le Gal, de 48 ans, taille grande, cheveux chaftains.
Laurens le Cans, de 35 ans, taille moyenne, cheveux chaftains.
Pierre Rupert, de 31 ans, taille moyenne, cheveux chaftains.
Richard Rupert, de 21 ans, taille moyenne, cheveux noirs.
François le Penever, de 39 ans, taille moyenne, cheveux chaftains
Loüis Peron, de 36 ans, taille moyenne, cheveux noirs.
Iacques Secan, de 26 ans, taille moyenne, cheveux noirs.
Vincent Nicolas, de 16 ans, taille moyenne, cheveux chaftains.
François Solmian, de 38 ans, taille grande, cheveux chaftains, Canonier.
Yvon le Goff, de 30 ans, taille grande, cheveux blonds.
François le Drapier, fils Iulien, de 17 ans, taille petite, cheveux blonds.
Georges le Gohir, de 35 ans, taille petite, cheveux blonds.
Yvon Iovin, de 48 ans, taille grande, cheveux noirs.
Sebaftien Barbe de 38 ans, taille moyenne, cheveux chaftains, Pilotte.

H

Anthoine le Beau, de 15 ans, taille petite, cheveux chaſtains.
Pierre Rupert, fils Allain, de 25 ans, taille moyenne, cheveux chaſtains.
Guillaume Badé, de 40 ans, taille grande, cheveux blonds.
François Rupert, de 47 ans, taille grande, cheveux chaſtains.
Guillaume Tuauden, de 40 ans, taille grande, cheveux blonds, Charpentier.
Yves Tuauden, de 42 ans, taille grande, cheveux chaſtains.
Iulien Kroner, de 46 ans, taille grande, cheveux chaſtains.
Denis le Beau, de 45 ans, taille grande, cheveux noirs.
Aubin Guillemot, de 28 ans, taille moyenne, cheveux chaſtains.
Maurice Fourbin, de 30 ans, taille moyenne, cheveux chaſtains.
Iacques le Tourneur, de 26 ans, taille moyenne, cheveux bruns.
Iean Gautier, dit la Foreſt, de 30 ans, taille moyenne, cheveux bruns.
Sebaſtien le Roux, de 27 ans, taille grande, cheveux chaſtains.
Charles Chiron, de 29 ans, taille moyenne, cheveux chaſtains.
Denis Baux, de 43 ans, taille grande, cheveux noirs, Pilotte.
Viencent Rio Delomiquielly, de 30 ans, taille moyenne, cheveux chaſtains.
Iean Tual, de 24 ans, taille moyenne, cheveux noirs.
Pierre Pereno, de 30 ans, taille moyenne, cheveux noirs.
Laurens Lavoceq, de 18 ans, taille moyenne, cheveux chaſtains.
Iean Lavoceq, de 25 ans, taille petite, cheveux noirs.
Laurens le Briet, fils Pierre, de 21 ans, taille grande, cheveux blonds.
Yvon Henryo, de 50 ans, taille moyenne, cheveux gris.
Iulien Rio, de 25 ans, taille grande, cheveux blonds.
François Seolan, dit Roquin, de 42 ans, taille moyenne, cheveux noirs.
Paul Danicq, de 27 ans, taille grande, cheveux blonds.
Pierre Kner, de 33 ans, taille grande, cheveux noirs.
Yvon Rouſſel, de 23 ans, taille moyenne, cheveux chaſtains.
Yvon Iego, de 16 ans, taille moyenne, cheveux blonds.
Bonnaventure Michel, de 30 ans, taille grande, cheveux chaſtains.
Iulien Denis, de 41 an, taille grande, cheveux noirs.
Pierre de Rennes, de 33 ans, taille grande, cheveux noirs.
Michel le Maiſtre de Comalo, de 33 ans, taille grande, cheveux noirs.
Vincent le Maiſtre, de 52 ans, taille moyenne, cheveux roux.
Iean le Maiſtre, fils Iean, de 18 ans, taille moyenne, cheveux chaſtains.
Iean le Cain, de 20 ans, taille moyenne, cheveux blonds.
Iean le Clovereq, de 49 ans, taille moyenne, cheveux roux.
Loüis Pereno, de 13 ans, taille petite, cheveux chaſtains.
Iacques Bertin, de 25 ans, taille grande, cheveux noirs.
Iulien Kner, de 50 ans, taille grande, cheveux chaſtains.
Guillaume Leſpagnol, fils Iean, de 28 ans, taille moyenne, cheveux chaſtains.
Yvon le Gouron, de 25 ans, taille moyenne, cheveux noirs.
René le Flocy, de 38 ans, taille grande, cheveux chaſtains.
Iacques Rival, 18 ans, taille moyenne, cheveux chaſtains.
Vincent le Breton, de 16 ans, taille petite cheveux chaſtains.
Paul Forbin Lezenel, de 30 ans, taille grande, cheveux noirs.
Michel Kenais, de 22 ans, taille moyenne, cheveux chaſtains.
Laurens Forbin, de 28 ans, taille moyenne, cheveux roux.
Pierre le Grand, de 38 ans, taille moyenne, cheveux chaſtains.
Iulien Clovereq des Salles, de 18 ans, taille moyenne, cheveux noirs.
Olivier Eſqueleq, de 20 ans, taille moyenne, cheveux chaſtains.
Pierre Dariet de la Trinité, de 31 ans, moyenne taille, cheveux chaſtains.
Iean Melo, de 20 ans, taille moyenne, cheveux chaſtains.
Pierre Gerard, de 18 ans, taille moyenne, cheveux chaſtains.
Michel le Maiſtre Dubourg, de 18 ans, taille moyenne, cheveux chaſtains.
François Seolan, fils Paul, de 14 ans, taille moyenne, cheveux noirs.
Allain le Berre, de 14 ans, taille moyenne, cheveux noirs.
Michel Moyon, de 16 ans, taille moyenne, cheveux chaſtains.
Yvon, de 30 ans, taille moyenne, cheveux chaſtains.
Pierre Iego, de 50 ans, taille grande, cheveux blonds.
François le Maiſtre de Kebel, de 46 ans, taille petite, cheveux roux.

Gregoire le Maiftre, *Idem*, de 14 ans, taille petite, cheveux chaftains.
Iean Mole de Dref' de 25 ans, taille moyenne, cheveux chaftains.
François le Goft, de 29 ans, taille moyenne, cheveux chaftains.
Nidolas Conquer, de 34 ans, taille moyenne, cheveux chaftains.
Iean Goff, de 36 ans, taille moyenne, cheveux noirs.
François Quhunicq, de 16 ans, taille petite, cheveux noirs.
Germain le bras de Keiprat, de 31 an, taille grande, cheveux noirs, Charpentier.
Le fils de Mathieu Tonnelier de 26 ans, taille moyenne, cheveux noirs, Charpentier.
François le Bras jeune de 23 ans, taille moyenne, cheveux roux, Charpentier.
Patern le Dimer, de 30 ans, taille grande, cheveux chaftains, Charpentier.
Guillaume Stevano de Kevader, de 27 ans, taille grande, cheveux chaftains.
Pierre Caruecq de Rienteeq, de 13 ans, taille petite, cheveux chaftains.
Pierre de Rennes de Comiquielly, de 30 ans, taille moyenne, cheveux noirs.
Paul Mulet de Comalo, de 20 ans, taille moyenne, cheveux noirs.

PAROISSE DE PLENVVR.

THomas Catoer, fils François Delamos, de 14 ans, taille petite, cheveux chaftains.
Loüis de Heuffecq, de 16 ans, taille moyenne, cheveux chaftains.
Maurice Contreau, de 14 ans, taille petite, cheveux chaftains.
Iean Seau, de 33 ans, taille grande, cheveux noirs.
Vincent le Monier, de 26 ans, taille moyenne, cheveux noirs.
Maurice le Guignel, de 14 ans, taille petite, cheveux chaftains.
Maurice le Meftreicq, de 16 ans, taille moyenne, cheveux chaftains.
Pierre Rio, fils Iacques de Kerblais, de 15 ans, taille petite, cheveux noirs.
Henry Rupert, de 14 ans, taille petite, cheveux chaftains.
Yvon Gourot, de 18 ans, taille petite, cheveux chaftains.
Georges Yvon, de Kerderf, de 16 ans, taille petite, cheveux chaftains.
Maurice Rupert, fils Colin, de 15 ans, taille moyenne, cheveux chaftains.
Pierre Sceau, de 22 ans, taille moyenne, cheveux chaftains.
Pierre le Difcot, de 36 ans, taille grande, cheveux noirs.
François Kernel, de 25 ans, taille grande, cheveux chaftains.
André le Salo, de 26 ans, taille grande, cheveux bruns.
Iean le Diocot, de 15 ans, taille moyenne, cheveux bruns.
Richard Guigan, de 13 ans, taille moyenne, cheveux bruns.
Iacques le Toire, de 35 ans, taille grande, cheveux bruns, Menegoivecq.
René le Toire, jeune, de 26 ans, taille moyenne, cheveux noirs.
Yvon Guegaud, jeune, de 28 ans, taille moyenne, cheveux chaftains.
Yvon Lezenot, de 20 ans, taille moyenne, cheveux chaftains, Kaiveecq.
Sebaftien le Chatton, de 23 ans, taille grande, cheveux chaftains, Kergavaire.
Yves Kernazen, de 15 ans, taille moyenne, cheveux chaftains, Kerguelin.
Iean Yvon, fils Iean, de 24 ans, taille moyenne, cheveux blonds, Kerhou.
Loüis Levenas, de la Foffe, de 14 ans, taille petite, cheveux chaftains.

ISLE DE CROIX

BOnnaventure Even, fils Simon Dubourg, de 24 ans, taille moyenne, cheveux noirs.
Iean le Iallaire, de 24 ans, taille petite, cheveux chaftains.
Bonnaventure Guillerme, de 23 ans, taille moyenne, cheveux bruns.
Charles Lefquer, de 40 ans, taille moyenne, cheveux noirs.
Tudicq Grovain, de 38 ans, taille petite cheveux, chaftains Dumené.
Charles Benen, de 28 ans, taille petite, cheveux chaftains.
Gidas Stuan, de 52 ans, taille petite, cheveux chaftains.
Allain Triftan, de 20 ans, taille grande, cheveux chaftains, de Comence.
Pierre de Trovidecq, de 23 ans, taille moyenne, cheveux chaftains.
Maurice Salahucq, de 36 ans, taille petite, cheveux chaftains.
Bertrand Miloeq, de 38 ans, taille grande, cheveux chaftains.
Bonnaventure Gueran, de 18 ans, taille grande, cheveux noirs.
Iulien Stevan, de 24 ans, taille grande, cheveux chaftains, Delomaria.
Iacques Stavam, de 25 ans, taille moyenne, cheveux chaftains.

Claude Yvon, de 15 ans, taille petite, cheveux chaftains.
Bonnaventure le Pipe, de 32 ans, taille moyenne, cheveux bruns.
Gilles Stuan, de 20 ans, taille moyenne, cheveux chaftains, de Kerhelo.
Laurens Stavan, fils Ican, de 36 ans, taille moyenne, cheveux bruns.
Bonauenture Stavan, de 28 ans, taille moyenne, cheveux chaftains.
Iacques Vzel, de 38 ans, taille moyenne, cheveux noirs.
Mathias Triftan, de 32 ans, taille moyenne, cheveux noirs.
Allain Gennevis, de 17 ans, taille moyenne, cheveux noirs, de Monteto.
Charles Tirois, de 42 ans, taille grande, cheveux chaftains, Kerdurand.
Allain Triftan, de 25 ans, taille moyenne, cheveux chaftains.
Iacques le Maruq, de 15 ans, taille moyenne, cheveux chaftains.
Gildas Bernard, fils Iean, de 20 ans, taille moyenne, cheveux noirs.
Iean le Botterf, de 16 ans, taille petite, cheveux bruns,
Bonnaventure Noël, de 30 ans, taille grande, cheveux chaftains.
Laurent Stevan, fils Iulien, de 20 ans, taille moyenne, cheveux noirs, Porlé.
Pierre le Marieq, de 53 ans, taille petite, cheveux chaftains.
Tudy Salafun, fils Hervé, de 18 ans, taille moyenne, cheveux chaftains, Kervaillecq
Pierre le Gueran, fils Iacques, de 13 ans, taille moyenne, cheveux noirs.
Bonnaventure Caudan, de 40 ans, taille moyenne, cheveux chaftains.
Bonnaventure le Marceq, de 26 ans, taille grande, cheveux chaftains.
Charles le Davigo, de 37 ans, taille grande, cheveux chaftains.
Allain Noël, de 32 ans, taille moyenne, cheveux chaftains.
Iacob Iob, de 27 ans, taille moyenne, cheveux chaftains.
Claude Lorecq, de 27 ans, taille petite, cheveux noirs.
Iacob le Goff, fils Thomas, de 21 an, taille moyenne, cheveux noirs.
Geldes Kerdavid, de 18 ans, taille moyenne, cheveux noirs.
Laurent Quindal, de 25 ans, taille moyenne cheveux bruns.
Bonnaventure Even, de 18 ans, taille moyenne, cheveux chaftains.
Claude Yvon, de 46 ans, taille petite, cheveux noirs.

CINQVIESME CLASSE,

dont le service commencera au premier Avril 1674.
& finira au dernier Mars 1675.

PAROISSE DE BILLIERS.

MICHEL le Berre, 24 ans, taille grande, cheveux chastains.
Pierre Boüé, fils Maurice, 25 ans, taille petite, cheveux noirs.
Iean Peruchau, fils Iean, 21 an, taille grande, cheveux noirs.
Iulien Maguet, 26 ans, taille grande, cheveux chastains.
Iean le Monier, fils Iacques, 25 ans, taille grande, cheveux chastains.
Iean Bertaud, fils Gaudicq, 20 ans, taille moyenne, cheveux noirs.
Iean Cossé, 27 ans, taille grande, cheveux noirs.

PAROISSE DE SVRZVR.

IEan le Galicq, 28 ans, taille grande, cheveux noirs.
Guillaume le Pauceq, 21 an, taille moyenne, cheveux noirs.
Pierre le Goiff, 15 ans, taille moyenne, cheveux chastains.

PAROISSE D'AMBON.

SEbastien le Palmecq d'Amegan, 33 ans, taille grande, cheveux chastains.
Guillaume Nio, *idem*, 26 ans, taille grande, cheveux chastains.
Hervé Guyot, de Kervoyal, 35 ans, taille moyenne, cheveux noirs.
Iean Guyot, dit Colas, 42 ans, taille moyenne, cheveux noirs.
Iean Floho, 45 ans, taille petite, cheveux noirs.
Guillaume Maurice, 18 ans, taille petite, cheveux noirs.
Iean Selecq, fils Iean, 18 ans, taille moyenne, cheveux noirs.
Iean Maurice, dit Poquet, 23 ans, taille petite, cheveux noirs.
Abel Picart, 24 ans, taille petite, cheveux chastains.
Guillaume Roland, dit Miquion, 22 ans, taille moyenne, cheveux noirs.
Roland le Moinet, dit Cadet, 40 ans, taille moyenne, cheveux noirs.
Charles Benoist, 20 ans, taille moyenne, cheveux chastains.
Iulien Benoist, 16 ans, taille petite, cheveux chastains.
Olivier Denis, 45 ans, taille petite, cheveux chastains.
Pierre Guyot, 38 ans, taille moyenne, cheveux noirs.
Iean Mounier, dit Boutade, 40 ans, taille moyenne, cheveux noirs.
Iulien Briaud, dit Cartier, 48 ans, taille grande, cheveux noirs.
Iulien Meuguet, 18 ans, taille moyenne, cheveux chastains.
Iacques Pelletier, 15 ans, taille petite, cheveux chastains.
Iean Selecq, 15 ans, taille petite, cheveux noirs.
Ieau Maurice, fils Gillaume, 16 ans, taille petite, cheveux chastains.
Iean Sego, dit Bouliar, 30 ans, taille moyenne, cheveux noirs.
Iean Selecq, dit Rouge, 35 ans, taille moyenne, cheveux roux.
Guillaume Iovan, fils Iean, 16 ans, taille moyenne, cheveux noirs.
Hervé le Nevé, 40 ans, taille moyenne, cheveux noirs.
Abel Texier, 16 ans, taille petite, cheveux chastains.
Iean Cato, 35 ans, taille grande, cheveux noirs.
Iean le Monier, dit Cadet, 40 ans, taille moyenne, cheveux noirs.
Iean Sego, fils Abel, 32 ans, taille moyenne, cheveux noirs.

I

Pierre le Bodo, 14 ans, taille petite, cheveux chaſtains.
Iulien Taſquelecq, dit Toizicq, 40 ans, taille moyenne, cheveux gris.
Olivier Armegant, 15 ans, taille petite, cheveux chaſtains.
Pierre Pelletier fils, 16 ans, taille moyenne, cheveux chaſtains.
Iean le Bihan, 15 ans, taille petite, cheveux chaſtains.
Guillaume Tiffauche, 14 ans, petite taille, cheveux noirs.
Guillaume Tiffauche, dit Taca, 40 ans, taille grande, cheveux noirs.
Yvon le Sallecq, dit Bivicq, 35 ans, taille moyenne, cheveux chaſtains.
Yves le Bras, 40 ans, taille petite, cheveux noirs.
Michel Hornelais, 35 ans, taille moyenne, cheveux noirs.
Iean Philippes, 15 ans, taille petite, cheveux noirs.
Guillaume Laſquelecq, 38 ans, taille moyenne, cheveux noirs.
Iean Denis, 14 ans, taille petite, cheveux chaſtains.
Abel Guyot, 33 ans, taille moyenne, cheveux noirs.
Guillaume Iovan, 15 ans, taille petite, cheveux chaſtains.
François Guyot, dit Baudet, 35 ans, taille grande, cheveux chaſtains.
Iacques Cotorel, 15 ans, taille petite, cheveux noirs.
Yves Bihan, 16 ans, taille petite, cheveux chaſtains.
Iulien le Texier, 30 ans, taille grande, cheveux chaſtains.
Iean Floho, fils Iulien, 15 ans, taille petite, cheveux noirs.
Guillaume Tiffauche, fils Iacques, 16 ans, taille petite, cheveux noirs.
Maurice Tiffauche, fils Iean, 16 ans, taille petite, cheveux noirs.
Guillaume Oravé, 17 ans, taille petite, cheveux noirs.

ISLE DE RHVIS, PAROISSE DE SERZEAV.

GVidas le Pavecq, 35 ans, taille moyenne, cheveux chaſtains
Iean le Guezecq, fils Guillaume, 18 ans, taille moyenne, cheveux chaſtains.
Louis le Goff, 28 ans, taille moyenne, cheveux noirs.
Iean Layecq, fils Iean, 28 ans, taille moyenne, cheveux chaſtains.
Iean Blancho, dit Bobillon, 43 ans, taille moyenne, cheveux noirs.
Hervé Payen, fils Hervé, 27 ans, taille moyenne, cheveux noirs.
Iacques le Gourmelecq, 28 ans, taille petite, cheveux noirs,
Louis le Godecq, 21 an, taille moyenne, cheveux chaſtains.
Guillaume Frevial, 35 ans, taille moyenne, cheveux bruns.
Iean Toget, fils Pierre, 18 ans, taille moyenne, cheveux bruns.
Vincent Luco, 16 ans, taille moyenne, cheveux noirs.
Bertrand Taſcon, 35 ans, taille moyenne, cheveux noirs.
Louis le Gourmelecq, 25 ans, taille moyenne, cheveux chaſtains.
Iean le Page, 13 ans, petite taille, cheveux blonds.
André le Gurenecq, 40 ans, taille gande, cheveux bruns.
Iean Molgat, dit Gauche, 35 ans, taille moyenne, cheveux noirs.

PAROISSE DE S. GVIDAS.

IAcques Raoul, 18 ans, taille moyenne, cheveux noirs,
Gilles le Guel, 25 ans, taille moyenne, cheveux noirs.
Guillaume le Quirun, 26 ans, taille moyenne, cheveux bruns.
Iean le Guef, fils François, 18 ans, taille moyenne, cheveux bruns.
Iean Raoul, 21 an, taille moyenne, cheveux bruns.
Iacques le Fur, 14 ans, taille petite, cheveux chaſtains.

PAROISSE D'ARZON.

FRançois Stephanicq, 28 ans, taille grande, cheveux chaſtains.
Michel Fardel, 15 ans, taille petite, cheveux chaſtains.
Iean Mahé, dit Bés, 19 ans, taille moyenne, cheveux noirs.
Vincent Moulin, 18 ans, taille petite, cheveux roux.
Iean Alaincq, dit Norden, 17 ans, taille moyenne, cheveux bruns.

Yves Nicolazo , 21 an, taille grande , cheveux bruns.
Abel Legal , 25 ans , taille grande , cheveux chastains.
Ioseph le Corre , fils Iean , 19 ans , taille moyenne , cheveux chastains.
François Corchuan , 20 ans , taille moyenne , cheveux chastains.
Guillaume Fardel , 35 ans , taille moyenne , cheveux noirs.
François Nicolazo, fils Laurens , 15 ans , taille moyenne , cheveux chastains.
Albin le Cerf , 35 ans , taille grande , cheveux noirs.
Guillaume Guillotin , 29 ans , taille petite , cheveux noirs.
Iean Roland , dit Ouin , 28 ans , taille moyenne , cheveux chastains.
Sebastien Raux , 29 ans , taille moyenne , cheveux chastains.
Yves le Moyecq , le jeune , 24 ans , taille moyenne , cheveux blonds.
François Tillio , fils Yves , 15 ans , taille petite , cheveux chastains.
Iean Govano , 33 ans , taille moyenne , cheveux noirs.
Iean le Corre , dit Goumery le jeune , 33 ans , taille grande , cheveux blonds.
François Plessis , 41 an , taille moyenne , cheveux roux.
Vincent Tilio , 16 ans , taille moyenne , cheveux blonds.
Pierre Cauzicq , dit Cocq , 30 ans , taille grande , cheveux noirs.
Iean Persau , 34 ans , taille moyenne , cheveux roux.
Guillaume Cauzicq , dit Gauvel , 22 ans , taille moyenne , cheveux chastains.
Philippes Luco , 27 ans , taille moyenne , cheveux chastains.
Yvon Fardel , 15 ans , taille petite , cheveux chastains.
Iean le Corre , fils Pierre , 15 ans , taille petite , cheveux chastains.
François Maubré , 15 ans , taille petite , cheveux chastains.
Iean Stephanicq , dit Pilpeu , 15 ans , taille petite , cheveux chastains.
René Corono , fils François , 28 ans , taille moyenne , cheveux chastains.
Iean le Moyecq , 35 ans , taille grande , cheveux chastains.
François Ianau , 25 ans , taille moyenne , cheveux noirs.

PAROISSE D'ARS.

Michel le Francq , 25 ans , taille moyenne , cheveux noirs.
Iulien Legal , 17 ans , taille moyenne , cheveux noirs.
Benoin Calau , 30 ans , taille petite , cheveux noirs.
Yvon Calvé , 20 ans , taille moyenne , cheveux bruns.
Iulien Rore , dit Fasecq , 20 ans , taille moyenne , cheveux chastains.
Gilles la Forest , 16 ans , taille petite , cheveux chastains.
Michel Hedan , 18 ans , taille moyenne , cheveux chastains.
Louis Roland , 45 ans , taille moyenne , cheveux noirs.
Mathieu Renigaud , 40 ans , taille grande , cheveux noirs.
Iacques Roland , dit Rach , 40 ans , taille moyenne , cheveux noirs.
Denis Brevain , 25 ans , taille grande , cheveux bruns.
Iean Alaino , fils François , 20 ans , taille grande , cheveux chastains.
Albin Truscat , 35 ans , taille moyenne , cheveux noirs.
Benoist le Tren , 16 ans , taille moyenne , cheveux chastains.
Vincent Alaincq , 40 ans , taille grande , cheveux noirs.
Ambroise Mabon , 16 ans , taille petite , cheveux chastains.
Guillaume le Sens , 16 ans , taille petite , cheveux chastains.
François le Gouvecq , 16 ans , taille petite , cheueux chastains.
Pierre Bouval , fils Iulien , 16 ans , taille petite , cheveux chastains.
Louis Truscat , 38 ans , taille grande , cheveux noirs.
Hervé Benoist , 35 ans , taille moyenne , cheveux noirs.
Iacques Drean , 16 ans , taille petite , cheveux chastains.
Charles Roland , 18 ans , taille moyenne , cheveux chastains.
François Tablet , dit Toulicq , 40 ans , taille moyenne , cheveux chastains.
Iean Calau , 48 ans , taille moyenne , cheveux gris.
Yves le Francq , 30 ans , taille grande , cheveux noirs.
Iean le Tuiq , dit Tropfort , 38 ans , taille moyenne , cheveux chastains.
François le Tren , 15 ans , taille petite , cheveux chastains.
René Loudecq , 27 ans , taille moyenne , cheveux noirs.

Iean le Clauche , 38 ans, taille moyenne, cheveux noirs.
Pierre le Cloverecq , fils Michel , 18 ans, taille moyenne, cheveux chastains.
Yves le Palmecq , 30 ans. taille grande, cheveux noirs.
Iean Benoist , fils Grellon , 45 ans, taille grande, cheveux noirs.
Louis Iobieux, 20.ans, taille moyenne, cheveux chastains.
Gilles le Trec , dit Cohé, 48 ans, taille grande, cheveux noirs.
Iean Iobieux, 40 ans, taille moyenne , cheveux noirs.
Yves le Roy, dit Toublacq , 40 ans , taille moyenne, cheveux chastains.
George le Clanche , 17 ans, taille petite, cheveux noirs.

ISLE AVX MOINES.

IEan le Blevecq , 18 ans, taille moyenne , cheveux noirs.
Vincent Briand , 35 ans , taille moyenne , cheveux noirs.
Michel le Divelecq , 33 ans, taille moyenne , cheveux noirs.
Georges Mahé , 20 ans , taille petite, cheveux chastains.
Iean Flaudrin, fils Philippes , 16 ans, taille petite, cheveux noirs.
Jean le Francq, dit Floury , 18 ans, taille moyenne, cheveux chastains.
Olivier Hornenes , 25 ans, taille moyenne, cheveux chastains.
Iulien Maheau, dit Calesse, 35 ans, taille grande, cheveux noirs.
Simon Gastin, 18 ans, taille petite, cheveux chastains.
Hervé Daniel , fils Iulien, 22 ans, taille moyenne , cheveux chastains.
Abbin Hornenes, 33 ans, taille moyenne, cheveux chastains.
François Caruzicq, fils Patern, 17 ans, taille petite, cheveux chastains.
Iean Fardel , 35 ans, taille moyenne, cheveux noirs.
Thomas Bainelle, 33 ans, taille petite, cheveux noirs.
Marc Galand, 40 ans, taille grande, cheveux noirs.
Iean Briand , 26 ans, taille grande, cheveux chastains.
Thomas le Moyecq, 16 ans, taille petite, cheveux noirs.
Benoist le Franc , dit Belle-barbe, 40 ans, taille grande, cheveux chastains.
Marc le Bihan, 16 ans, taille petite, cheveux chastains.
Iean Mahé , fils Thomas, 18 ans, taille petite, cheveux chastains.
Yvon le Bihan, 30 ans, taille moyenne, cheveux noirs.
Simon Fardel, 15 ans, taille moyenne, cheveux noirs.
Vincent le Bars de S. Amant, 47 ans, taille grande, cheveux roux.
Iean le Franc, dit Bedic, 36 ans, taille petite, cheveux noirs.
Simon Mahé, 22 ans, taille petite, cheveux noirs.
Vincent Luco, 26 ans, taille petite, cheveux chastains.
Iean Tuco , dit Perian, 45 ans, taille moyenne, cheveux chastains.
Hervé Fardel, 16 ans, taille petite, cheveux noirs.
Benoist le Grohicq, 16 ans, taille petite, cheveux noirs.
Benoist Thibaut, dit Gaguineau, 36 ans, taille moyenne, cheveux chastains.

PAROISSE DE SINE.

IEan Daniel, 40 ans, taille moyenne, cheveux chastains.
Patern le Costuq, 27 ans, taille grande, cheveux chastains.
Iulien Texier, 15 ans, taille moyenne, cheveux chastains.
Yves le Francq, dit Grezicq, 15 ans, taille moyenne, cheveux chastains.
Yves Maheau, 18 ans, taille moyenne, cheveux noirs.
Iulien le Francq, 45 ans, taille grande, cheveux noirs.
Yves Perotin, 40 ans, taille grande, cheveux chastains.
Iean Guillou, 23 ans, taille grande, cheveux noirs.
Michel le Francq, dit Grezicq, 23 ans, taille grande, cheveux noirs.
Iulien Benoist, 18 ans, taille moyenne, cheveux chastains.
Guillaume le Francq, 23 ans, taille grande, cheveux chastains.
Yvon Flaud, 32 ans, taille moyenne, cheveux chastains.
Bertrand Benoist, 15 ans, taille moyenne, cheveux chastains.
Benoist Benoist , 16 ans, taille moyenne, cheveux roux.

PAROISSE

PAROISSE DE QVIBERON.

Nicolas Stevar, 30 ans, taille moyenne, cheveux blonds.
Louys Saillien, 40 ans, taille moyenne, cheveux roux.
François le Marchand, 22 ans, taille moyenne, cheveux chaſtains.
Iean Covan, 21 an, taille moyenne, cheveux blonds.
Iulien Siliane, 21 an, taille grande, cheveux noirs.
Iulien Sonicq, 40 ans, taille moyenne, cheveux noirs.
Iean Guillemin, 36 ans, taille moyenne, cheveux noirs.
Iean le Bidaut, 40 ans, taille grande, cheveux roux.
Guillaume Loho, 30 ans, taille moyenne, cheveux noirs.
Guillaume le Quelecq, fils Pierre, 17 ans, taille moyenne, cheveux blonds.
Iean le Tivecq, 32 ans, taille moyenne, cheveux noirs.
Henry Riblet, 40 ans, taille moyenne, cheveux roux.
Vincent Loho, 40 ans, taille petite, cheveux noirs.
Germain Moiſan, 35 ans, taille grande, cheveux chaſtains.
Bonnaventure Guegan, 35 ans, taille grande, cheveux noirs.
Patern, Thomazicq, 40 ans, taille moyenne, cheveux gris.
Iean Falhun, 40 ans, taille moyenne, cheveux roux.
Yves Henry, 16 ans, taille moyenne, cheveux chaſtains.
Yves Gourhel, 19 ans, taille moyenne, cheveux chaſtains.
Vincent Moineau, 40 ans, taille grande, cheveux chaſtains.
Pierre Stephano, 27 ans, taille moyenne, cheveux chaſtains.
François Marchand, fils François, 15 ans, taille petite, cheveux noirs.
Iacques Conan, 30 ans, taille petite cheveux bruns.
François Blanche, 15 ans, taille petite, cheveux chaſtains.
Guillaume le Baſou, 33 ans, taille grande, cheveux roux.
Germain le Bizet, 25 ans, taille grande, cheveux chaſtains.
Iacques Gril, 25 ans, taille moyenne, cheveux noirs.
Claude Yvon, 35 ans, taille moyenne, cheveux chaſtains.
Martin le Doré, 16 ans, petite taille, cheveux chaſtains.
Eſtienne le Tivecq, 17 ans, taille baſſe, cheveux noirs.
Marc le Marchand, 15 ans, taille petite, cheveux chaſtains.
Grégoire Stevan, 26 ans, taille grande, cheveux noirs.
Michel le Nezec, 15 ans, taille petite, cheveux noirs.
François Brazau, 22 ans, taille grande, cheveux noirs.
Iean Guillemin, 43 ans, taille grande, cheveux chaſtains.
Yves Guegan, 40 ans, taille moyenne, cheveux chaſtains.
Germain Yvon, 15 ans, taille petite, cheveux chaſtains.
Guillaume le Prezec, 30 ans, taille moyenne, cheveux noirs.

PAROISSE DE LOMARIAQVES.

Yvon le Neonde, 18 ans, taille moyenne, cheveux chaſtains.
Yves Rochart, 42 ans, taille moyenne, cheveux noirs.
Pierre Calioffe, 16 ans, taille moyenne, cheveux blonds.

GOVVERNEMENT DV PORT LOVIS.
LA VILLE.

Louis le Flocq, 50 ans, taille moyenne, cheveux chaſtains.
Iulien le Roy, 20 ans, taille grande, cheveux blonds.
Nicolas le Galenceq, 48 ans, taille petite, cheveux noirs.
Louis Taudrin, 34 ans, taille moyenne, cheveux chaſtains.
Michel le Sage, 37 ans, taille moyenne, cheveux chaſtains.
Armel Henrio, 30 ans, taille grande, cheveux chaſtains.
François de Ruures, 33 ans, taille moyenne, cheveux chaſtains.

François le Galicq, 39 ans, taille grande, chevaux chastains.
Guillaume le Houzecq, 29 ans, taille moyenne, cheveux chastains.
Iean Mahé, 22 ans, taille grande, cheveux chastains.
Yves Tuauden, 18 ans, taille grande, cheveux chastains.
Guillaume Ioscq, 50 ans, taille moyenne, cheveux noirs.
Iean Stephano, 35 ans, taille grande, cheveux chastains.
Iacques Colin, 25 ans, taille moyenne, cheveux noirs.
Bonaventure Bobinet, 53 ans, taille grande, cheveux gris.
René Garnier, 31 an, taille moyenne, cheveux noirs.
Cordo, dit David, 43 ans, taille moyenne, cheveux blonds.
Yvon le Maistre, 16 ans, taille moyenne, cheveux chastains.
Iean le Cloverecq, 40 ans, taille moyenne, cheveux chastains.
Pierre Seolan, fils Paul, 22 an, taille grande, cheveux noirs.
Georges Bonaben, 27 ans, taille petite, cheveux chastains.
Yves le Galecq, 40 ans, taille moyenne, cheveux blonds.
Louis Caudrin, 34 ans, taille moyenne, cheveux chastains.
Yvon Melo, 33 ans, taille petite, cheveux chastains.
Yvon le Heve, 26 ans, taille grande, cheveux noirs.
Iean le Beau, 16 ans, taille petite, cheveux chastains.
Pierre Drovan, 33 ans, taille petite, cheveux chastains.
Louis Genneuis, 23 ans, taille moyenne, cheveux noirs.
Guillaume Ialoux, 24 ans, taille moyenne, cheveux chastains.
Yvon Soüan, 19 ans, taille moyenne, cheveux blonds.
Claude le Ber fils Guillaume, 17 ans, taille petite, cheueux chastains.
Iacques Roverecq, 16 ans, taille petite, cheveux chastains.
Iulien Perot, 30 ans, taille moyenne, cheveux roux.
Paul Cheureau, 35 ans, taille moyenne, cheveux noirs.
Iean Bertin, 38 ans, taille moyenne, cheveux roux.
Pierre Gadicq, 25 ans, taille petite, cheveux chastains.
François Seolan, 18 ans, taille grande, cheveux noirs.
Allain Vary, 21 an, taille petite, cheveux roux.
Denis Iego, 20 ans, taille petite, cheveux noirs.
Iean Molo, 23 ans, taille petite, cheveux noirs.
Guillaume Molo, 25 ans, taille moyenne, cheueux noirs.
Paul Mulecq, 18 ans, taille moyenne, cheveux noirs.
Pierre Forbin, 18 ans, taille grande, cheveux chastains.
Iean le Bar, 32 ans, taille moyenne, cheveux noirs.
François Renaud, dit la Liberté, 15 ans, taille petite, cheveux blonds.
Iean le Pordelecq, 45 ans, taille moyenne, cheveux noirs.
François le Vassecq, 40 ans, taille grande, cheveux noirs.
Barthelemy Guibert, 14 ans, taille petite, cheveux chastains.
Iean Tuauder, 15 ans, taille petite, cheveux bruns.
Guillaume Molo, de Lomalo, 25 ans, taille moyenne, cheveux noirs.
Claude Liubert, 16 ans, taille petite, cheveux chastains.
Yvon le Berre, 30 ans, taille moyenne, cheveux chastains.
Iean Iego, 47 ans, taille grande, cheveux noirs.
François le Galicq, 16 ans, taille petite, cheveux noirs.
Michel Seolan, 22 ans, taille grande, cheveux noirs.
René Lestoqües, 15 ans, taille petite, cheveux chastains.
Michel le Sage, 37 ans, taille moyenne, cheveux chastains.
François Guillemin, 25 ans, taille grande, cheveux chastains.
Patern de Rennes, 15 ans, taille petite, cheveux chastains.
Martin Leiquer, 40 ans, taille moyenne, cheveux chastains.
Iean Rupert, 28 ans, taille moyenne, cheveux noirs.
Iean Iourdan, 15 ans, taille moyenne, cheveux chastains.
Iean Coboureau, 18 ans, taille moyenne, cheveux chastains.
Pierre le Gaulois, 18 ans, taille moyenne, cheveux chastains.
Iean Seolan, 18 ans, taille petite, cheveux chastains.

Yvon le Gouron , 39 ans, taille grande, cheveux noirs.
Guillaume le Bret , 34 ans, taille moyenne, cheveux chaſtains.
François Lefpagnol de Commaco , 15 ans, taille moyenne, cheveux chaſtains.
Iean le Penegan, 16 ans, taille petite, cheveux chaſtains.
Marc le Gouron , 42 ans, taille grande , cheveux chaſtains.
Nicolas Seolan, 43 ans, taille moyenne , cheveux noirs.
Laurens Sonicq , 14 ans, taille petite cheveux noirs.
Anthoine le Padelecq , 16 ans, taille moyenne , cheveux chaſtains.
François David , 15 ans, taille petite cheveux noirs.
Guillanme Thomas , 30 ans, taille moyenne, cheveux chaſtains.

PAROISSE DE PLENIVERS.

CHarles Geſtin , 35 ans, taille grande, cheveux chaſtains.
Yves Rio , 40 ans, taille grande, cheveux chaſtains.
Vincent le Moings, 22 ans, taille petite , cheveux noirs.
Richard Chatton , 35 ans, taille moyenne , cheveux chaſtains.
François le Difcot , fils François, 30 ans, taille moyenne, cheveux bruns.
Yvon Guegan, 25 ans, taille grande, cheveux chaſtains.
Maurice Rodars , 52 ans, taille moyenne , cheveux chaſtains.
Pierre le Motaguet , 24 ans, taille moyenne, cheveux chaſtains.
Pierre Gouffier , 30 ans, taille moyenne , cheveux noirs.
Hierofme Gagnacq , 25 ans, taille moyenne, cheveux bruns.
Iacques Rigoufin , 14 ans, taille petite, cheveux noirs.
René Kernazen , 20 ans, taille moyenne , cheveux bruns.
Iean Calvar , fils Bihan , 24 ans, taille moyenne, cheveux noirs.
Guillaume le Gourhir , 15 ans, taille moyenne, cheveux chaſtains.
Yvon Kernazen, 15 ans, taille moyenne, cheveux chaſtains.
Louis Fichon , 28 ans, taille grande, cheveux chaſtains.
Pierre de Difcot , 30 ans , taille grande , cheveux noirs.
Louis le Gourhis , 16 ans, taille petite, cheveux bruns.
Maurice Secau , 16 ans, taille moyenne, cheveux chaſtaſtins.
Louis Guillerme , fils Thomas , 17 ans, taille petite, cheveux chaſtains.
Iacques Petit-bruit , 16 ans, taille petite, cheveux chaſtains.
Michel Kernazen , 25 ans, taille moyenne, cheveux noirs.
Iacques Nifcoet , 40 ans, taille grande , cheveux chaſtains.
François Seeau , dit Godecq , 42 ans, taille grande, cheveux chaſtains.
Marc le Chatton , 24 ans, taille moyenne, cheveux noirs.
François Guehemecq de Kerderf , 16 ans, taille petite , cheveux chaſtains.

GROIX.

BErtrand le Maricq , 18 ans, taille moyenne, cheveux noirs.
Guillaume Codan , 18 ans, taille moyenne, cheveux noirs.
Laurens Gueren , 25 ans, taille grande, cheveux chaſtains.
Iean Lefquer , 30 ans, taille moyenne, cheveux bruns.
Pierre le Bobinet , 28 ans, taille moyenne, cheveux chaſtains.
Guillaume le Lenve , 50 ans, taille moyenne , cheveux chaſtains.
Guillaume le Teſſol , 17 ans, taille moyenne, cheveux bruns.
Iean Malaterre , 24 ans, taille grande, cheveux noirs.
Pierre Brincet , 23 ans, taille moyenne, cheveux noirs.
Mathurin Rotte , 18 ans, taille moyenne, cheveux noirs.
Paul Pentrou , 40 ans, taille petite, cheveux noirs.
Bonnaventure Noël , fils Iean , 15 ans, taille moyenne, cheveux bruns.
Michel Bernard , 16 ans, taille moyenne, cheveux chaſtains.
François le Davigo , fils Iean , 16 ans, taille moyenne, cheveux chaſtains.
Guignolais Evin , 40 ans, taille moyenne, cheveux bruns.
Iacques Noël , 40 ans, taille moyenne, cheveux chaſtains.
Louis le Baron , 38 ans, taille grande, cheveux chaſtains.

Iean le Tonnere, 40 ans, taille grande, cheveux chastains.
Allain Lemico, 32 ans, taille grande, cheveux chastains.
Ioseph Roh, 17 ans, taille moyenne, cheveux chastains.
Hervé Tristan, fils Laurens, 16 ans, taille petite, cheveux chastains.
Yvon Dreo, fils Iean, 16 ans, taille moyenne, cheveux bruns.
Claude le Davigo, 16 ans, taille petite, cheveux chastains.
Hervé le Gouron, 33 ans, taille grande, cheveux chastains.
Iean Lescoüer, 15 ans, taille petite, cheveux noirs.
Bonnaventure Noël, 27 ans, taille moyenne, cheveux bruns.
Simon Gennevis, 16 ans, taille moyenne, cheveux blonds.
Iulien Rodas, 16 ans, taille moyenne, cheveux noirs.
Iean Gouron, 18 ans, taille moyenne, cheveux bruns.
Pierre Keraron, 38 ans, taille grande, cheveux noirs.
Laurens le Bourhis, 48 ans, taille moyenne, cheveux gris.
François Even, 15 ans, taille petite, cheveux noirs.
Iean le Gouron, 48 ans, taille grande, cheveux bruns.
Iean Dreo, 28 ans, taille moyenne, cheveux noirs.
Iozeas Stevan, 25 ans, taille grande, cheveux chastains.
Iacques le Gueran, 28 ans, taille petite, cheveux chastains.
Mathieu Tristan, 36 ans, taille moyenne, cheveux bruns.
Bonnaventure le Lessol, 16 ans, taille petite, cheveux chastains.
Laurens le Gouron, fils François, 16 ans, taille moyenne, cheveux chastains.
Iean Blanchet, fils Iean, 15 ans, taille moyenne, cheveux noirs.
Iacob Breharecq, de Grois, 30 ans, taille moyenne, cheveux chastains.
Iean le Davigo, 21 an, taille moyenne, cheveux chastains.
Laurens Adam, 14 ans, taille petite, cheveux chastains.
Pierre Gennevis, 38 ans, taille moyenne, cheveux noirs.
Iacques Adam, 16 ans, taille moyenne, cheveux chastains.
Allain Raut, 22 ans, taille grande, cheveux chastains.
Hervé Eziquiellot, 22 ans, taille grande, cheveux chastains.
Paul Esquello, 16 ans, taille moyenne, cheveux noirs.
François Iego, 25 ans, taille grande, cheveux noirs.
Pierre Bernard, 20 ans, taille grande, cheveux noirs.
Iulien Sellecq, 35 ans, taille moyenne, cheveux chastains.
Georges Peuhovach, 16 ans, taille moyenne, cheveux chastains.
Iacob Gueran, 28 ans, taille moyenne, cheveux chastains.
Iacques Liné, 30 ans, taille moyenne, cheveux chastains.

VILLE D'AVVRAY, *Paroisse de S. Goustan.*

Iean Chalmeau, 35 ans, taille moyenne, cheveux chastains.
Iean le Moings, 35 ans, taille petite, cheveux chastains.
Yves Potin, dit Luço, 29 ans, taille moyenne cheveux chastains.
Claude Roteau, 16 ans, taille petite, cheveux chastains.
Gilles Caré, 26 ans, taille grande, cheveux chastains.
Gilles le Sago, 18 ans, taille moyenne, cheveux chastains.

HENNEBON, *Paroisse de S. Caradec.*

Iulien Lespinay, 21 an, taille moyenne, cheveux chastains.
François du Bray, 21 an, taille moyenne, cheveux chastains.
François Nedelecq, fils François, 18 ans, taille moyenne, cheveux chastains.
Sebastien Hervian, fils Iulien, 22 ans, taille moyenne, cheveux chastains.

EVESCHÉ DE DOL.

PAROISSE DE PLEUDIHEN.

PREMIERE CLASSE,

dont le service finira au dernier Mars 1671.

MATHURIN Coupé de 27 ans, haute taille, poil chastain.
Philipes Cocquelin de 24 ans, haute taille, poil noir.
Vincent Raffré de 22 ans.
Guillaume Mary de 17 ans.
Charles Bouvet de 24 ans.
Jean Portier de 22 ans, Tonnelier.
Jean Pommeret de 47 ans, petite taille, poil gris.
Guillaume du Hâl de 30 ans.
Jacques Thomas de 55 ans.
Pierre Turenne de 30 ans.
Guion du Hal de 59 ans, moyenne taille, poil gris.
Pierre Fauvel de 17 ans.
Claude Pied-Vache de 22 ans, petite taille, poil noir.
François Hervé de 27 ans, petite taille, poil chastain.

SECONDE CLASSE,

dont le service commencera au premier Avril 1671.
& finira au dernier Mars 1672.

FRançois Cocquelin de 15 ans.
Jacques Ollivier de 18 ans.
Ollivier Bourdelas de 18 ans.
Pierre Coupé de 55 ans.
Jean Patart de 22 ans.

A

Guy Rouffel de 15 ans.
Nicolas Loifon de 19 ans.
Vincent Huë de 20 ans.
Julien Coüenon de 41 an, Tonnelier.
François Laudel de 57 ans, petite taille, poil chaftain.
Guillaume Brignon de 24 ans.
Germain Auger de 18 ans, moyenne taille, poil chaftain.

TROISIEME CLASSE,

dont le service commencera au premier Avril 1672. & finira au dernier Mars 1673.

Thomas Champion de 22 ans.
Jean Avice de 22 ans.
Gilles Maffin de 20 ans.
Julien du Hal de 26 ans.
Joseph Bouvet de 20 ans.
Jean Bréen de 25 ans.
Jean Quinot de 21 an.
François Jambon de 28 ans.
Jean Piednoir de 35 ans.
Ardoüin Turenne de 26 ans, moyenne taille, poil chaftain.
Julien le Mée de 26 ans, petite taille, poil chaftain.
Claude Brignon de 24 ans.
Julien Huë de 45 ans.
Julien Paris de 23 ans, haute taille, poil brun.

QUATRIE'ME CLASSE,

dont le service commencera au premier Avril 1673. & finira au dernier Mars 1674.

Bertrand Chalois de 35 ans.
Alain Maffin de 26 ans.
Elie Flau de 30 ans, moyenne taille, poil chaftain.
Jacques Bourdelas de 30 ans.
René Bouvet de 14 ans.
Ollivier Ferart de 19 ans.
Jean le Cointe de 25 ans.
Charles Quinot de 20 ans.
Nicolas Coüefnon de 42 ans.
Julien Thomas de 18 ans.
Jean Fauvel de 26 ans.
Julien Mainfroy de 30 ans.
Julien Tuffais de 50 ans, haute taille, poil chaftain.

CINQUIEME CLASSE,

dont le service commencera au premier Avril 1674.
& finira au dernier Mars 1675.

Barnabé Bourdelas de 28 ans.
Charles Briand de 26 ans.
Julien Huë de 45 ans.
Jean Grand-Amy de 18 ans.
Jean Briand, dit la Ruette, de 44 ans.
Jean Miniac de 30 ans.
Guillaume Giquel de 28 ans.
Guillaume Coupé de 19 ans.
Bertrand l'Evefque de 26 ans.
Guillaume Giquel de 17 ans.
Nicolas Jambon de 24 ans.
Gilles Mofny de 17 ans.
Ollivier du Hal de 18 ans, moyenne taille, poil chaftain.

PAROISSE
DE SAINT PERE.

PREMIERE CLASSE,

dont le service finira au dernier Mars 1671.

Estienne du Pré de 24 ans.
Jean Coufin, fils de Pierre, de 30 ans, Charpentier.
Guillaume Ollivier de 29 ans.
Julien Quinart de 25 ans.
Laurent Macé de 18 ans.
Georges Oüit de 55 ans.
Alain Gobelin de 60 ans, petite taille, poil gris.

SECONDE CLASSE,

dont le service commencera au premier Avril 1671.
& finira au dernier Mars 1672.

Thomas Seigneur de 17 ans.
Pierre Castellier de 45 ans.
Laurent Benic de 25 ans.
Pierre Paris de 17 ans.
Charles l'Angevin de 17 ans.
Guillaume Frotet de 55 ans.
Jean Martin de 22 ans, haute taille, poil chastain.

TROISIE'ME CLASSE,

dont le service commencera au premier Avril 1672.
& finira au dernier Mars 1673.

François Binic de 30 ans.
Jean des Coignets de 35 ans.
Thomas Yvon de 26 ans.
Jean Pointel de 25 ans.
Pierre Chrestienne de 55 ans.
Michel Trichet de 48 ans.
Mathurin Paris de 23 ans, moyenne taille, poil brun.

QUATRIE'ME CLASSE,

dont le service commencera au premier Avril 1673.
& finira au dernier Mars 1674.

Jean du Pré de 25 ans.
Laurent le Cocu de 44 ans.
Servan Benic de 30 ans.
Pierre Pointel de 20 ans.
Louis Herbert de 35 ans, Charpentier.
Estienne Chrestienne de 22 ans.

CINQUIE'ME CLASSE,

dont le service commencera au premier Avril 1674.
& finira au dernier Mars 1675.

Alain Sauvage de 40 ans.
Pierre le Meilleur de 40 ans.

Bertrand

Bertrand Trichart de 44 ans.
Bertrand Briand de 30 ans.
Pierre Bourdelas de 28 ans.
Jean Rouſſin de 30 ans.

PAROISSE
DE LA GOUESNIERE.
PREMIERE CLASSE,
dont le ſervice finira au dernier Mars 1671.

Guillaume l'Abbé de 50 ans.

SECONDE CLASSE,
dont le ſervice commencera au premier Avril 1671.
& finira au dernier Mars 1672.

René Salomon de 36 ans.

TROISIÉME CLASSE,
dont le ſervice commencera au premier Avril 1672.
& finira au dernier Mars 1673.

Gilles Dauple de 22 ans.
Ollivier Baudoüart de 24 ans.

QUATRIEME CLASSE,
dont le ſervice commencera au premier Avril 1673.
& finira au dernier Mars 1674.

Laurent Renoul de 19 ans.

CINQUIEME CLASSE,

dont le fervice commencera au premier Avril 1674.
& finira au dernier Mars 1675.

Guillaume Boude de 25 ans.

PAROISSE
DE S. MELOIR.
PREMIERE CLASSE,

dont le fervice finira au dernier Mars 1671.

Guillaume le Mounier de 25 ans, Contre-Maiftre.
Jean Jumeau de 17 ans.
Guy Boüexiere de 18 ans.
Louis Pilla de 25 ans, haute taille, poil chaftain.

SECONDE CLASSE,

dont le fervice commencera au premier Avril 1671.
& finira au dernier Mars 1672.

Eftienne Baflé de 30 ans.
Pierre Bouvet de 30 ans.
Yves le Gendre de 31 an.
Jean Journeau de 31 an.

TROISIE'ME CLASSE,

dont le fervice commencera au premier Avril 1672.
& finira au dernier Mars 1673.

Euftache le Roy de 40 ans, Contre-Maiftre.
Eftienne Cahoret de 32 ans, Charpentier.
Pierre Baflé, fils d'Eftienne, de 45 ans.
Jean Ogier de 16 ans.

QUATRIE'ME CLASSE,

dont le service commencera au premier Avril 1673.
& finira au dernier Mars 1674.

JEan Chartier de 30 ans.
Guillaume Mazure de 35 ans.
Julien de Zis de 20 ans.

CINQUIE'ME CLASSE,

dont le service commencera au premier Avril 1674.
& finira au dernier Mars 1675.

GUillaume Jamet de 45 ans.
Guillaume Bouvet de   ans.
Guyon David de   ans, Charpentier.
Gilles Soublou de 18 ans.

PAROISSE
DE S. BENOIST DES ONDES.

PREMIERE CLASSE,

dont le service finira au dernier Mars 1671.

GIlles Thebaut de 20 ans, haute taille, poil chastain.

SECONDE CLASSE,

dont le service commencera au premier Avril 1671.
& finira au dernier Mars 1672.

JUlien Genu de 30 ans, haute taille, poil noir.

TROISIE'ME CLASSE,

dont le service commencera au premier Avril 1672.
& finira au dernier Mars 1673.

Nicolas le Gentilhomme de 20 ans.

QUATRIE'ME CLASSE,

dont le service commencera au premier Avril 1673.
& finira au dernier Mars 1674.

EStienne Boiffet de 40 ans.

CINQUIE'ME CLASSE,

dont le service commencera au premier Avril 1674.
& finira au dernier Mars 1675.

THomas Breffin de 17 ans.

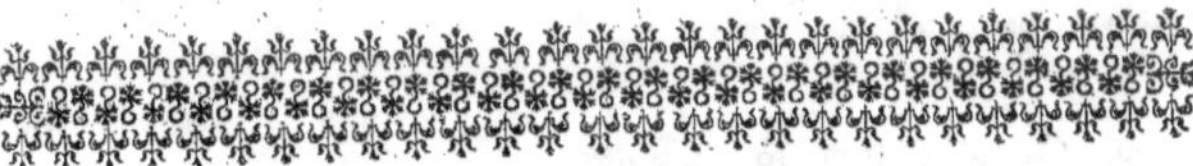

PAROISSE
DE CANCALLE.

PREMIERE CLASSE,

dont le service finira au dernier Mars 1671.

GIlles Trotin de 24 ans.
G Michel Gidoüin, fils de Geffroy, de 30 ans.
Guillaume Couvert de 20 ans.
Eftienee le Meilleur de 18 ans.

Pierre

Pierre Licornu de 27 ans.
Barthelemy Morel de 50 ans.
Mathurin Coulomb de 35 ans.
Pierre le Bret de 25 ans.
Alain Rigaut de 45 ans.
Claude du Chefne de 20 ans.
Pierre Divert de 38 ans.
Geffroy le Petit, fils de Joffelin, de 30 ans.
Philippes Lignel de 48 ans.
Lancelot Boutier de 58 ans.
Jacques du Puy de 18 ans.
Julien Fortin de 58 ans, Canonier.
Macé Rigaut, fils de Julien, de 30 ans.
Pierre du Puy de 40 ans.
Nicolas Cliquin de 24 ans.
François Bouvet de 40 ans.
Julien Gauvain, de 18 ans.
Pierre Mathurin de 32 ans.
Marin Breon de 33 ans.
Jean Jourdan de 17 ans.
Philippes Brignon de 40 ans.
Joffelin le Rafle de 36 ans.
Julien Renoul de 44 ans.
Alain Richeux de 45 ans.
Jean le Jay, fils de Bertrand, de 52 ans.
Pierre Mathurin de 30 ans.
François Herpin de 58 ans.
Robert Gillot de 40 ans.
Noël Roüillart de 30 ans, Charpentier.
Guillaume Boutier de 36 ans.
Jacques Femelle de 22 ans.
Noël Bouvet de 45 ans.
Daniel Guyot de 25 ans.
Charles Baudoüart de 20 ans.
Mathieu Macé de 24 ans.
Gabriel Pinot de 40 ans.
Loüis Cliquin, fils de Joffelin, de 18 ans.
Joffelin Préal de 58 ans.
Macé Foreftier de 55 ans.
Laurent Marion, fils de Robert, de 36 ans.
Joffelin Mounier, fils de Guillaume, de 48 ans.
Loüis des Bois de 32 ans.
Gilles Cliquin de 42 ans.
Michel Raguidel de 55 ans.
Julien le Conte de 23 ans.
Guillaume Boutier de 50 ans.
Jean Nicolas de 55 ans.
Macé le Redde de 40 ans.
Eutrope Roüillé de 25 ans.
Pierre Piron de 29 ans.
Jacques Garnier de 30 ans.
Jean Robinot de 15 ans.
François Jagoret de 15 ans.
Gilles Baudoüin de 17 ans.
Macé Gervin de 21 an.

Guillaume Robinot de 22 ans.
Joffelin Guguen de 21 an.
Jacob Baudoüin de 57 ans.
Jean Lignel de 36 ans.
Jean Renard de 20 ans.
Pierre le Mounier de 38 ans.
Julien Pranveille de 50 ans.
Guillaume Girard de 57 ans.
Guion Nouvel de 45 ans.
Nicolas Naviant de 25 ans.
Ollivier Cliquin de 22 ans.
Guillaume Groffin de 55 ans.
Geffroy le Petit de 26 ans.
Pierre Cœuru le jeune, de 50 ans.
Euftache Girard de 32 ans.
Pierre Martin de 40 ans.
Jean le Mounier de 28 ans.
Pierre Landrin de 20 ans.
Jean l'Homme de 26 ans.
Louïs Gauvain de 46 ans.
Jean Robert de 28 ans.
Louïs Rouffel de 20 ans, Contre-Maiftre.
Eftienne Jagoret de 40 ans.
Nicolas Ricordel de 50 ans.
François Fougeray de 32 ans.
Jean Herbert de 18 ans.
Charles Caillez de 50 ans.
Jean Gervin de 43 ans.
Jean Nicolle de 48 ans.
Jean Cleraut de 24 ans.
François Cadiou de 20 ans.
Guillaume Janois de 32 ans, Charpentier.
Noël Landrin de 40 ans.
François Bréon de 32 ans.
Nicolas Morel de 28 ans.
Sebaftien le Mounier de 40 ans.
Michel Cliquin de 25 ans.
Jean de l'Ifle de 30 ans.
Thomas de la Rofe de 55 ans.
Jean Toüail de 20 ans.
Macé du Gué de 24 ans.
Nicolas Delot de 20 ans.
Alexis Bignon de 26 ans, petite taille, poil chaftain.
Briand Chevalier de 60 ans, haute taille, Borgne, Canonier.
Euftache Trigalle de 42 ans, haute taille, poil blond.
François Ridou de 24 ans, haute taille, poil brun.

SECONDE CLASSE,

dont le service commencera au premier Avril 1671.
& finira au dernier Mars 1672.

Noel Hiquel de 45 ans.
François Indoüart de 20 ans.
Jean Ricordel de 24 ans.
Jean Sept Livres de 55 ans, Maistre
Ollivier Licornu de 40 ans.
Mathurin Lancelin de 55 ans.
Guillaume Rochart de 23 ans.
Charnel Doüesnel de 50 ans.
François le Bret de 45 ans.
Guillaume Girard de 58 ans.
Thomas Indoüart de 19 ans.
Laurent le Febvre de 25 ans.
Christophe Fortin de 28 ans.
Jacob Rigaud de 28 ans.
Estienne Guillery de 59 ans.
Geffroy Cliquin de 16 ans.
Thomas du Puy de 20 ans.
Guillaume Gauvain de 23 ans.
Guillaume Mathurin de 26 ans.
Nicolas Henry de 58 ans.
Jean de Miaux de 20 ans.
Michel le Febvre de 21 an.
Julien Trobert de 55 ans.
Josselin Cormier de 48 ans.
Josselin Ricordel de 55 ans.
Jean Priere de 53 ans.
François Mathelin de 40 ans.
Jean Ricordel de 55 ans, Canonier.
Jean Faffart de 49 ans.
Jean Gidoüin de 23 ans.
Ollivier Chevalier de 27 ans.
Josselin Bouvet de 20 ans.
Pierre Baudoüart de 27 ans.
Thomas l'Evesque de 44 ans, Maistre.
Noël Frezé de 35 ans.
Jean Godefroy de 22 ans.
Bertrand Perigant de 51 an.
Thomas Lignel de 18 ans.
Jacques Etnart de 21 an.
Yves Hardy de 30 ans.
Mathurin Preal de 23 ans.
Laurent Chevalier de 38 ans.
François Bouvet de 35 ans.
Jacques Corneille de 45 ans.
Gilles le Conte de 17 ans.

Mathurin Jome de 50 ans.
Jean Lignel le jeune, de 24 ans.
Pierre Lignel de 15 ans.
Pierre Halmot de 50 ans.
Jean Lancieu de 33 ans, Maiſtre.
François Baudoüin de 50 ans
Noël le Fevre de 30 ans.
François Georges de 22 ans.
Pierre Caillez de 27 ans.
Julien Rouïllé de 18 ans.
Jean Foreſtier de 30 ans.
Jean Boudart de 21 an.
Guillaume Baudouïn de 56 ans.
Jean Robinot de 24 ans.
Joſſelin le Roux de 25 ans.
Jacques Torſeul de 48 ans.
François Groſſin de 30 ans.
Sebaſtien de l'Iſle de 18 ans.
Ollivier Baudouïn de 19 ans.
Noël Mounier de 30 ans.
Pierre de l'Iſle de 35 ans.
Ollivier Groſſin de 22 ans.
Pierre Cœvru de 16 ans
Georges Hebert de 50 ans.
Mathurin Hodé de 45 ans.
Julien le Bon de 40 ans.
Jacques de Miaux de 22 ans.
Eſtienne Bouvier de 55 ans.
Julien l'Homme de 16 ans.
Guillaume l'Hoſtelier de 17 ans.
Pierre Gauvain de 18 ans.
Raoul Jagoret de 16 ans.
Gilles Hamon de 49 ans, Contre-Maiſtre.
Julien Henry de 30 ans.
Jean Rouſſel de 18 ans.
Nicolas le Febvre de 26 ans.
Jacques Labbé de 20 ans.
André Cadiou de 20 ans.
Nicolas Lanjulien de 20 ans.
Ollivier Cleraut de 18 ans.
Jean Cadiou de 26 ans.
Jean Amice de 32 ans.
Jean des Bois de 30 ans.
Chriſtophe Nouvel de 23 ans.
Noël Gervin de 22 ans.
Thomas du Bourg de 30 ans.
Georges le Marchand de 18 ans.
Joſſelin Gautier de 24 ans.
Louïs le Breton de 50 ans.
Philippes Daniel de 30 ans.
Gilles du Val de 54 ans.
Laurent Cohuë de 26 ans.
Julien Beſnard de 26 ans.
Jean Mathurin de 50 ans, Charpentier.
Pierre Savary de 23 ans.

Jean

Jean le Mounier de 40 ans.
Guillaume le Rafle de 25 ans, moyenne taille, poil chaftain.
Gilles Droguet de 13 ans, petite taille, poil chaftain.
Gilles Daniel de 26 ans, haute taille, poil brun.

TROISIEME CLASSE,

dont le fervice commencera au premier Avril 1672.
& finira au dernier Mars 1673.

JEan Trotin de 20 ans.
  Jean Pellé de 15 ans.
Guillaume du Chefne de 31 an, Charpentier.
Julien Licornu de 35 ans.
Jean le Gendre de 40 ans, Charpentier.
Philippes Bien-Levant de 30 ans.
Jean Gourdel de 26 ans.
Ollivier Rocha de 18 ans.
Julien Baziére de 35 ans.
Thomas Piron de 57 ans.
Guillaume le Rafle de 40 ans.
Ollivier Amice de 48 ans.
Macé Brignon de 27 ans.
Nicolas d'Agofne de 21 an.
François Philippes de 40 ans.
Jacques Belevant de 22 ans.
Jacques Puel de 16 ans.
Briand Fortin de 24 ans.
Chriftophe le Breton.
Ollivier Maillart de 18 ans.
Nicolas Gauvain de 17 ans.
Pierre Marion de 22 ans.
Macé Hamon de 35 ans.
Henry Cleraut de 20 ans.
Thomas le Mounier de 55 ans.
Louïs le Rafle de 20 ans.
Laurent Gourdel de 16 ans.
Guillaume le Renard de 41 an.
Pierre Portier de 32 ans, Charpentier.
Eftienne Bouvet de 24 ans.
Robert Droguet de 26 ans.
Michel Baudoüart de 53 ans.
Laurent Droguet de 20 ans.
Jean Marion de 22 ans.
Michel Ruellan de 26 ans.
Philippes Nergan de 20 ans.
Guillaume Noël de 23 ans.
Geffroy de la Touche de 18 ans.
Gilles du Bourg de 48 ans.
Jean Guyot de 24 ans.
Jean Raguidel de 48 ans.
Mathurin Raguidel de 23 ans.

D

Jean Roger de 32 ans.
Jean Lignel, fils de Nicolas, de 27 ans.
Mathurin Boutier de 40 ans.
Mathurin Ollivier de 40 ans.
Jacques le Gallais de 29 ans, Contre-Maiſtre.
Eſtienne Renaud de 16 ans.
Jacques le Petit de 16 ans.
Louïs Mathurin de 38 ans, Charpentier.
Nicolas Dagorne de 23 ans.
Louïs Baudart de 28 ans.
Jean Girard de 50 ans.
Robert de l'Iſle de 27 ans.
Bertrand Eſtienne de 28 ans.
Guillaume Boudart de 40 ans.
Julien Petit de 30 ans.
Julien l'Hoſtelier de 26 ans.
Eſtienne Hiquel de 25 ans.
Robert Gautier de 22 ans.
Jean Roüaux l'aiſné de 45 ans.
Ollivier Gilbert de 50 ans.
Louïs Bien-Levant de 24 ans.
Benoiſt Richeux de 35 ans.
Eſtienne Bouvier de 23 ans.
Pierre Landrin de 56 ans.
Gilles Landrin de 16 ans.
François Jean de 35 ans.
Jean Geffroy de 30 ans.
Jean Janoüas de 30 ans.
François Grimaut de 25 ans.
Julien Philippes de 35 ans.
Thomas Amée de 54 ans, Maiſtre.
Jacques Rouſſel de 50 ans.
Louïs Ricordel de 22 ans.
Mathurin Baudoüin de 16 ans.
Joſſelin Lanjullien de 40 ans.
Ollivier Blouët de 20 ans.
Gilles Lanjullien de 18 ans.
Ollivier Redouté de 48 ans.
Jeàn Eſtienne de 45 ans.
Noël Simon de 25 ans.
Eſtienne le Marié de 45 ans.
Eſtienne Groſſin de 30 ans.
Jacques le Mercier de 38 ans.
Noël Petit de 47 ans.
Laurent Jagoret de 25 ans.
Pierre Gourdel de 48 ans.
Raoul Talvart de 18 ans.
Joſſelin Hay de 35 ans.
Jean le Roy de 45 ans.
Pierre Toüaille de 16 ans.
Eſtienne Bidal de 45 ans.
Jean de la Roze de 22 ans.
Ollivier d'Agoſne de 30 ans.
François le Febvre de 38 ans, Contre-Maiſtre.
André Nicolas de 52 ans.

François de Miaux de 24 ans.
Philippes Mathurin de 25 ans.
François Robuchon de 25 ans.
Gilles Bouvier de 30 ans, Charpentier.
Jacques Gouvain de 15 ans.
Noël Boquet de 45 ans, Maiftre.
Jean Jagoret de 14 ans, petite taille, poil chaftain.
Joffelin Gervin de 19 ans, moyenne taille, poil chaftain.
Louïs Gervin de 61 an, moyenne taille, poil blond.

QUATRIEME CLASSE,

dont le fervice commencera au premier Avril 1673. &
finira au dernier Mars 1674.

Mathurin Trotin de 19 ans.
François Gidouïn de 26 ans.
Claude Pelé de 16 ans.
François le Buff de 15 ans.
Jean Picart de 27 ans.
Sebaftien l'Evefque de 30 ans.
Jean Septlivres de 21 an.
Guillaume Ricordel de 44 ans.
Laurent Girard de 15 ans.
Robert Girard de 40 ans.
Helie Colomb de 28 ans.
Guillaume de la Touche de 35 ans.
Julien Gervain de 28 ans.
Jacques Boutier de 34 ans.
Laurent le Bret de 40 ans.
Jean Menet de 54 ans.
Thomas Vaugeon de 55 ans.
Benoift Morel de 14 ans.
Jacques Mathurin de 32 ans.
Jacques Girard de 42 ans.
Malo Puel de 18 ans.
Pierre Baudouïn de 20 ans.
Guillaume le Dien de 15 ans.
Jean Guillery de 14 ans.
Alain Helevant de 20 ans.
Guillaume Cliquin de 14 ans.
Nicolas Baziére de 15 ans.
Macé Noël de 25 ans.
Joffelin Bouvet de 35 ans.
Alexis Bignon de 26 ans.
Laurent Paillaffe de 14 ans.
Macé Gervin de 40 ans.
Thomas Mathurin de 45 ans.
Jacques le Bret de 54 ans.
Jean le Bret de 14 ans.
Guillaume le Mercier de 20 ans.
Jean Ricordel de 22 ans.
Jacques Gauvain de 55 ans.

Guillaume Groffin de 45 ans.
Ollivier Mathurin de 35 ans.
Nicolas Hardy de 55 ans.
Gilles Gauvain de 26 ans.
Jean Bouvet de 28 ans.
Noël Simon de 47 ans.
Joseph Marion de 20 ans.
Mathurin Pinot de 16 ans.
Mathurin Droguet de 22 ans.
Jean Meflé de 35 ans.
François Hardy de 15 ans.
Jean Daniel de 30 ans.
Raoul la Touche de 14 ans.
Robert Trigalle de 39 ans.
Jean Guiot de 22 ans.
Jean Poitevin de 30 ans.
Eftienne Ermon de 35 ans.
Sebaftien Femelle de 24 ans.
François Boutier de 42 ans.
François Puet de 48 ans.
François Lignel de 30 ans.
Joffelin Gourdel de 45 ans.
Michel Cliquin de 40 ans.
Jacques Nouvel de 50 ans.
Michel Groffin de 17 ans.
Nicolas Naviant de 25 ans.
Jacques Boulain de 36 ans.
Guillaume Boudart de 25 ans.
Jean Hury de 15 ans.
Guillaume de l'Ifle de 42 ans.
Georges Bouvet de 37 ans.
Charles le Roux de 35 ans.
Ollivier Cœuru de 23 ans.
Geffroy Groffin de 37 ans.
Ollivier Cliquin de 22 ans.
Pierre Gautier de 24 ans.
Yves l'Hoftelier de 24 ans.
Guillaume Femelle de 48 ans.
Ollivier Daniel de 24 ans.
Julien Gilbert de 40 ans.
Briand Gilbert de 15 ans.
Pierre Groffin de 25 ans.
François Bouvier de 17 ans.
Laurent le Rafle de 35 ans.
Jean Loüait, dit Bafchamp, de 45 ans, Maiftre.
Henry le Mounier de 48 ans.
Jean Hamon de 14 ans.
Robert Avice de 15 ans.
Guillaume le Mounier de 34 ans.
Joffelin Rouffel de 15 ans.
Guillaume le Febvre de 23 ans.
Mathurin Baudoüin de 50 ans, Contre-Maiftre.
Michel le Chantou de 55 ans.
Mathurin le Marié de 18 ans.
Jean Redouté de 16 ans.

Jean

Jean le Gay de 38 ans.
Guillaume l'Evefque de 15 ans.
Laurent Mefnier de 24 ans.
Ollivier Gervin de 27 ans.
Noël Baziére de 32 ans.
Jean Buiffon de 14 ans.
Jean Gauvain de 50 ans.
François le Marchand de 14 ans.
Joffelin Daniel de 35 ans.
François Ruellan de 33 ans.
Jacques Roüaux de 22 ans.
François Mefnier de 22 ans, Tonnelier.
François Toüail de 27 ans.
François Befnard de 18 ans.
Eftienne Marcel de 21 an.
Guillaume Delot de 16 ans.
Jean Georges de 32 ans.
Thomas Adam de 55 ans.
Louïs Gauvain de 15 ans, petite taille, poil brun.
Louïs Jourdan de 18 ans, moyenne taille, poil chaftain.
Laurent Ricordel de 19 ans, petite taille, poil chaftain.

CINQUIEME CLASSE,

dont le fervice commencera au premier Avril 1674.
& finira au dernier Mars 1675.

Thomas Hamon de 60 ans, Maiftre.
Laurent le Febvre de 50 ans.
Joffelin Indoüart de 22 ans.
Joffelin Fortin de 20 ans.
Noël Maillard de 17 ans.
Bertrand Menet de 24 ans.
Eftienne Boquet de 28 ans.
Georges Coupeau de 35 ans.
Guillaume Girard de 18 ans.
Mathieu Etuart de 27 ans.
Joffelin Mounier de 48 ans.
Noël Lignel de 23 ans.
Thomas Boutier de 25 ans.
Julien le Roux de 28 ans.
François Ollivier de 45 ans.
Louïs le Mounier de 28 ans.
Guillaume Gervin de 40 ans.
Robert Gervin de 55 ans.
Ollivier Gilbert de 18 ans.
Joffelin Avice de 27 ans.
Allain le Febvre de 24 ans.
Pierre Goumellé de 35 ans.
Noël Gourdel de 58 ans.
Pierre Baudoüin de 55 ans.
Noël Prévert de 20 ans.
Thomas du Chefne de 24 ans.

Euſtache Gourdel de 20 ans.
Jacques Hodé de 20 ans.
Macé le Galas de 55 ans.
Jean Daniel de 35 ans.
Julien Gauvain de 50 ans
Raoul Boquet de 58 ans, Contre-Maiſtre.
François le Buff de 50 ans.
Mathurin Etmon, dit Rogeret, de 26 ans.
Noël Pinot de 20 ans.
Jean Hardy de 30 ans.
Gilles Guiot de 55 ans, Canonier.
Noël l'Eveſque de 24 ans.
Thomas de Montbré de 18 ans.
Pierre le Roux de 23 ans.
Guillaume Hury de 20 ans.
Laurent Gilbert de 40 ans.
Jean Groſſin de 37 ans.
Gilles Groſſin de 22 ans.
Jean Grimaut de 42 ans.
Jean Fortin de 58 ans, Canonier.
Jean Saudray de 40 ans.
Raoul Brion de 40 ans.
Jean Meſnier de 25 ans.
Jean Meſnier de 17 ans.
Jean le Roux de 30 ans.
François Ricordel de 16 ans.
Michel le Petit de 35 ans.
François le Breton de 40 ans.
Thomas le Bret de 51 an.
Jean le Jay de 45 ans, Contre-Maiſtre.
Jean Gourdel de 35 ans.
Alain Fortin de 26 ans.
Guillaume le Hardy de 35 ans.
Noël Trigalle de 19 ans.
François le Liévre de 18 ans.
Michel le Febvre de 21 an.
Eſtienne Renard de 34 ans.
Nicolas le Roux de 24 ans.
Bertrand Renard de 27 ans.
François Baudouïn de 21 an.
Briand Lignel de 20 ans.
Laurent l'Eveſque de 30 ans.
François Hamon de 48 ans.
Jacques Fortin de 24 ans.
Georges Robert de 35 ans.
Pierre Henry de 25 ans.
Laurent Gourdel de 48 ans.
Guillaume le Gallais de 35 ans, Maiſtre.
Raoul Ruellan de 26 ans.
Philippes Gillot de 20 ans.
Jean le Mounier de 28 ans.
Nicolas du Cheſne de 26 ans, **Charpentier.**
Laurent Girard de 15 ans.
Thomas Bienlevau de 25 ans.
Michel Philippes de 33 ans.

Pierre Perigaut de 24 ans.
Gilles le Dien de 14 ans.
Pierre le Gendre de 55 ans.
Laurent Paillasse de 20 ans.
Thomas Janoüas de 40 ans.
Robert Ermon de 23 ans.
Thomas Laisné de 25 ans.
Joseph le Mounier de 22 ans.
Nicolas Gauvain de 17 ans.
Guillaume Bouvet de 18 ans.
Julien Lignel de 20 ans.
Pierre Picart de 14 ans.
Elie le Buf de 54 ans.
Jean Licornu de 30 ans.
Jean Jagoret de 38 ans.
Georges Baudouin de 48 ans.
Guillaume Fortin de 16 ans.
Guyon le Hachu de 30 ans.
Michel du Val de 45 ans.
Charles Bouvet de 25 ans.
Jean le Febvre de 14 ans.
Jean le Gallais de 26 ans, Contre-Maistre.
Guillaume Mounier de 25 ans.
Noël Bruslé de 35 ans, moyenne taille, poil brun.
Noël Hesry de 18 ans, petite taille, poil chastain.
Sebastien Prévert de 23 ans, moyenne taille, poil chastain.

PAROISSE
DE S. COULOMB.
PREMIERE CLASSE,
dont le service finira au dernier Mars 1671.

Denis Boudehen de 18 ans.
Charles du Breil de 32 ans.
Josselin Turpin de 20 ans.
Gabriel Pelchien de 48 ans, Canonier.
Pierre Cœuru de 25 ans.
Ollivier Gautier de 30 ans.
Ollivier Hamon de 57 ans.
Julien Froumy de 28 ans, Charpentier.
François Harhel de 27 ans, Charpentier.
Gilles le Roux de 26 ans, Tonnelier.
Pierre Chasteau de 36 ans.
Alain Croslart de 50 ans.

Jean Baudouïn de 26 ans.
Jean Poupon de 35 ans.
Julien Garnier de 32 ans.
Louïs le Mazurier de 21 an.
Bertrand Pinou de 22 ans.
Gilles Serfeau de 18 ans.
Joseph le Gay de 26 ans.
Ollivier meflé de 23 ans, Charpentier.
Alain Girard de 15 ans, moyenne taille, poil roux.
Charles Couïllard de 16 ans, petite taille, poil blond, Tonnelier.

SECONDE CLASSE,

dont le service commencera au premier Avril 1671.
& finira au dernier Mars 1672.

Pierre Cœuru de 26 ans.
Guy des Clos de 23 ans.
Jean Bourdé de 17 ans, Charpentier.
Gilles Gautier de 48 ans, Tonnelier.
Louïs Turpin de 30 ans.
Joseph Daniel de 30 ans.
Jacques du Puy de 38 ans.
Gilles Fourmy de 18 ans.
Ollivier Nergant de 30 ans.
Jacob Gilbert de 15 ans, Charpentier.
André le Meflé de 18 ans.
Ollivier le Mounier de 45 ans.
Joffelin Mazurier de 30 ans.
Georges Cœuru de 30 ans, Charpentier.
Guillaume Goéret de 55 ans, Charpentier.
François Bourdé de 26 ans, Charpentier.
Georges Huë de 30 ans, Charpentier.
Yves le Gallay de 30 ans, Charpentier.
Le fils de Jacques Turbic de 24 ans.
Gilles Cartier de 45 ans, haute taille, poil brun, Charpentier
Guillaume des Bois de 15 ans, petite taille, poil noir.

TROISIÉME CLASSE,

dont le service commencera au premier Avril 1672.
& finira au dernier Mars 1673.

Jacques Pinou de 15 ans.
Laurent Giraud de 19 ans.
Gilles le Moine de 47 ans.
Charles Gobin de 30 ans.
Henry Hamelot de 25 ans, Charpentier.
Jean Bourdé de 43 ans, Charpentier.

Jean

Jean Macé de 28 ans.
Philippes Chasteau de 30 ans.
François Valet de 26 ans, Tonnelier.
Alain Macé de 35 ans.
Guillaume Delot de 22 ans.
Laurent le Mazurier de 23 ans.
Allain Gilbert de 32 ans.
Estienne Pointel de 48 ans, Charpentier.
Jacques Pointel Trobert de 20 ans, Charpentier.
Guillaume Belot de 38 ans.
Jacques Hervy,   Charpentier.
Pierre des Clos de 35 ans, Charpentier.
Robert Hery de 22 ans, haute taille, poil blond.
Pierre des Clos.
Guillaume Jamet de 17 ans.
Julien le Roux de 40 ans, moyenne taille, poil chastain.

QUATRIE'ME CLASSE,

dont le service commencera au premier Avril 1673.
& finira au dernier Mars 1674.

NIcolas des Clos de 28 ans, moyenne taille, poil noir.
Pierre Girard de 55 ans, haute taille, poil gris.
Jean Braud de 35 ans, haute taille, poil chastain.
Pierre Filastre de 25 ans.
François Gautier de 25 ans.
Josselin Cliquin de 35 ans, moyenne taille, poil chastain.
Estienne Philippes de 58 ans, haute taille, poil chastain, Charpentier.
Jean le Roy, fils de Guillaume, de 19 ans.
Estienne Belot de 23 ans moyenne taille, poil ardent.
Michel le Sage de 50 ans, Charpentier.
Josselin Poitevin de 25 ans, haute taille, poil chastain, Charpentier.
Mathurin Coupeaux de 30 ans, haute taille, poil ardent.
Guillaume Melasse de 20 ans, moyenne taille, poil chastain.
Jean le Mazurier de 28 ans.
Pierre Vincent de 19 ans, haute taille, poil blond.
Jean Belot de 14 ans, petite taille.
Louis Briand de 24 ans, Charpentier.
Pierre le Gallay de 21 an.
Gilles des Bois de 15 ans.
Jean Belhoste de 33 ans, haute taille, poil chastain, Charpentier.

CINQUIE'ME CLASSE,

dont le service commencera au premier Avril 1674.
& finira au dernier Mars 1675.

NOël l'Alloüé de 27 ans.
Henry le Charpentier, de 40 ans, haute taille, poil chastain.

Ollivier Macé de 45 ans.
Jean Gourdel de 50 ans.
René le Jay de 18 ans.
Jacques Berthelot de 28 ans.
Guillaume le Bon-Homme de 35 ans, haute taille, poil chaſtain.
François Chaſteau de 26 ans.
Jacques Gilbert de 20 ans, petite taille, poil chaſtain.
Laurent des Bois de 17 ans.
Pierre Daniel de 23 ans, haute taille, poil roux.
Yves Harel de 21 an, moyenne taille, poil blond.
Jean Garnier de 32 ans, moyenne taille, poil ardent.
Gilles Cartier de 28 ans, Charpentier.
Guillaume Meſle de 28 ans.
Alain Cartier de 40 ans, Charpentier.
Mathurin Ruellan de 45 ans, moyenne taille, poil ardent.
Pierre Gilbert, fils de Pierre, de 31 an, haute taille, poil chaſtain.
Laurent Melaſſe de 21 an.
Ollivier Garet de 15 ans, petit taille, poil noir.

PAROISSE

DE PARAME.

PREMIERE CLASSE,

dont le ſervice finira au dernier Mars 1671.

Jean Banaſtre de 32 ans, Charpentier.
Jacques Gilbert de 47 ans, haute taille, poil chaſtain, Charpentier.
Jean Ruaux de 25 ans, haute taille, poil noir.
Thomas Baſlé de 32 ans.
Bertrand Boulain de 48 ans, Charpentier.
Macé Doubler de 31 an.
Alain Beſtin de 20 ans.
Eſtienne le Charpentier de 24 ans.
Alain Vincent de 20 ans.
Jacques Gilbert de 35 ans, Charpentier.
Jean Vincent, fils de Charles, de 18 ans.
Henry Cartier de 26 ans.
Georges Vaſſe de 24 ans.
Robert Gourdin de 35 ans.
Ollivier Macé de 22 ans.
Jacques Loquet de 30 ans, Charpentier.
Gilles Vincent de 16 ans
Eſtienne du Tertre de 23 ans, moyenne taille, poil brun.
Eſtienne la Terre de 22 ans, moyenne taille, poil chaſtain.

SECONDE CLASSE,

dont le service commencera au premier Avril 1671.
& finira au dernier Mars 1672.

Thomas Gilbert, fils d'Ollivier, de 15 ans.
Mathurin le Prince de 53 ans, Borgne.
Eftienne Baflé de 25 ans.
Servan de Meaux de 32 ans, Charpentier.
Julien Jagoret de 20 ans, Charpentier.
Jacques Vincent de 55 ans.
Guillaume Martin de 30 ans, Charpentier.
Pierre Joly de 24 ans.
Jean Chartier de 35 ans, Canonier.
Gilles Vincent de 58 ans, Charpentier, haute taille, poil chaftain.
Pierre le Bon de 48 ans, Charpentier.
Jean Vizel de 24 ans.
Pierre Cornillet de 20 ans.
Jean Guenrier de 32 ans, Charpentier.
François Charpentier de 22 ans, Charpentier.
Julien Blanchet de 37 ans.
Gabriel Vincent de 15 ans.
Jean Garnier de 20 ans, moyenne taille, poil chaftain.
Jean du Tertre de 16 ans, moyenne taille, poil chaftain.

TROISIEME CLASSE,

dont le service commencera au premier Avril 1672.
& finira au dernier Mars 1673.

Renaud du Chefne de 45 ans.
Pierre Hunaut de 30 ans, Charpentier.
Jean Lurene de 32 ans, moyenne taille, poil chaftain.
Joseph du Val de 20 ans, Charpentier.
Guillaume le Gay de 25 ans, Charpentier.
Guillaume le Charpentier de 30 ans.
Jean Bétin de 24 ans.
François le Charpentier de 22 ans.
Pierre le Febvre de 17 ans.
Pierre le Bon de 18 ans.
Guillaume le Maiftre de 40 ans.
François Portier de 24 ans.
Robert Carhuel de 24 ans.
Louïs Turpin de 28 ans.
Urbin Martin de 30 ans.
Julien Mervin de 18 ans.
Geoffroy Gillet de 35 ans.
Julien le Maiftre de 60 ans, haute taille, poil gris, Voilier.

QUATRIE'ME CLASSE,

dont le service commencera au premier Avril 1673.
& finira au dernier Mars 1674.

CHristophe Joüane de 20 ans.
Jean Hunaut de 45 ans, Charpentier.
Jacques le Maistre, fils de Julien, de 16 ans.
Jean Blanchet de 38 ans.
Jean Boulain de 15 ans.
Jacques le Maistre de 25 ans.
Jean Froumy de 45 ans, moyenne taille, poil chastain.
Guillaume le Maistre de 30 ans.
Michel le Maistre de 45 ans.
Charles Vincent de 48 ans.
Toussaint Cartier de 18 ans.
Bernard Gourdin de 25 ans.
Gilles Cartier de 46 ans, haute taille, poil noir.
Pierre Gervin de 40 ans.
Christophe Bethuel de 25 ans.
Jean Portier de 22 ans, moyenne taille, poil chastain.

CINQUIE'ME CLASSE,

dont le service commencera au premier Avril 1674.
& finira au dernier Mars 1675.

GUillaume Gourneu de 20 ans.
Charles Texier de 38 ans.
Pierre de l'Isle de 50 ans, Borgne.
Laurent le Prince de 20 ans.
Georges Gourneu de 50 ans, haute taille, poil chastain.
Robert Carré de 40 ans, Charpentier.
François Bourdé de 30 ans, Charpentier.
Jacques Gueurier de 20 ans.
Jean Toupet de 25 ans, Tonnelier.
Estienne Melasse de 35 ans.
Martin Vasse de 20 ans.
Henry le Marchand de 22 ans.
Thomas le Maistre de 45 ans.
Jean Adam de 35 ans.
Gabriel l'Abbé de 40 ans, haute taille, poil noir.
Alain Rozeau de 17 ans.
Pierre Caron de 18 ans, petite taille, poil chastain.

PAROISSE

PAROISSE
DE SAINT IDEUC
PREMIERE CLASSE,

dont le service finira au dernier Mars 1671.

JEan Vincent de 48 ans, Canonier, haute taille, poil noir.
Guillaume Carron de 28 ans.
Gilles Henry de 25 ans, moyenne taille, poil chastain.

SECONDE CLASSE,

dont le service commencera au premier Avril 1671.
& finira au dernier Mars 1672.

CHarles Vincent, fils de Mathurin, de 28 ans.
Antoine Jamet de 28 ans.
Pierre le Chevis de 17 ans, petite taille, poil chastain.

TROISIE'ME CLASSE,

dont le service commencera au premier Avril 1672.
& finira au dernier Mars 1673.

PIerre Pelchien de 40 ans.
Gilles Cartier, fils de Gilles, de 15 ans.

QUATRIE'ME CLASSE,

dont le service commencera au premier Avril 1673.
& finira au dernier Mars 1674.

JEan Pointel de 33 ans, Voilier, haute taille, poil chastain.
Charles Quinart de 30 ans, Voilier.

G

CINQUIEME CLASSE,

dont le service commencera au premier Avril 1674.
& finira au dernier Mars 1675.

Nicolas le Rouge de 20 ans.

PAROISSE
DE S. JEAN DES GUERETS.

PREMIERE CLASSE,

dont le service finira au dernier Mars 1671.

Michel Pitel de 35 ans.
Julien le Moine de 24 ans, moyenne taille, poil chastain.
Jean Baffet le jeune, de 21 an, moyenne taille, poil chastain.
Bertrand Baflé de 15 ans, petite taille, poil brun.

SECONDE CLASSE,

dont le service commencera au premier Avril 1671.
& finira au dernier Mars 1672.

François Rouffel de 35 ans.
Guillaume le Saunier de 36 ans.
Pierre Ruaûx de 17 ans.
Marc Huet de 25 ans.

TROISIE'ME CLASSE,

dont le service commencera au premier Avril 1672. &
finira au dernier Mars 1673.

Guillaume Biart de 36 ans, Charpentier.
Julien le Conte de 44 ans.
François de la Noë de 40 ans.

QUATRIE'ME CLASSE,

dont le service commencera au premier Avril 1673.
& finira au dernier Mars 1674.

Julien le Breton de 38 ans, Charpentier.
Guillaume des Prez de 17 ans.
Pierre Besnier de 20 ans.
Servan de la Noë de 15 ans.

CINQUIEME CLASSE,

dont le service commencera au premier Avril 1674.
& finira au dernier Mars 1675.

Julien des Prez de 24 ans.
Pierre le Saunier de 26 ans, Charpentier, moyenne taille, poil chastain.
Guillaume Flaud de 15 ans, petite taille, poil chastain.

EVESCHÉ DE LEON.

PREMIERE CLASSE

dont le service finira au dernier Mars 1671.

VILLE DE MORLAIX
Paroisse de Saint Martin.

FRANÇOIS Trelan âgé de trente ans, taille moyenne, cheveux chastains.
Gilles Montfort de 17 ans, taille basse, cheveux chastains.
Maurice Poignant de 20 ans, taille moyenne, cheveux noirs.
François Nicolle de 18 ans, taille moyenne, cheveux noirs.
Pierre Brelivet de 27 ans, taille moyenne, cheveux roux.
Guion le Roy de 42 ans, taille basse, cheveux noirs.
Guillaume Quermarés de 21 an, taille basse, cheveux chastains.
Iean Chapelain de 19 ans, taille *id.*
René le Roux de 35 ans, taille moyenne, cheveux roux.
Hervé Riovallé de 26 ans, taille basse, cheveux blonds.   *En Perso.*
Allain le Blonder de 42 ans, taille basse, cheveux chastains.
Pierre Rolland de 24 ans, taille moyenne, cheveux chastains.

PAROISSE DE LOQVENOLLE' près Morlaix.

Nicolas Briaud de 22 ans, taille basse, cheveux noirs, de Taullé.
François Querlisquin de 32 ans, taille haute, cheveux noirs.

TREVE DE CARANTÉE Paroisse de Taullé.

André Querenmoal de trente ans, taille haute, cheveux chastains.
Yvon de Dourfer de 36 ans, taille basse, cheveux noirs.
Yvon Madec de 27 ans, taille basse, cheveux blonds.

PAROISSE DE TAVLLE'.

Gvillaume Quervé de 28 ans, taille moyenne, cheveux noirs.
Goulven Taux de 18 ans.
Allain Quervé de trente ans.

TREVE DE HANVICH, Paroisse de Taullé.

Claude Lespagnol de 40 ans, taille moyenne, cheveux noirs, du passage de la Corde.
François Prigent de 21 an, taille basse, cheveux noirs, *id.*
Philippes Prigent de 23 ans, *id.*

A

Guillaume Quervé de 30 ans, taille haute, cheveux blonds, de Querrenan.

PAROISSE DE PLOVENAN.

GVillaume Allain de 30 ans, taille moyenne, cheveux noirs, de Trohir.
Yvon Coat de 32 ans, taille haute, cheveux noirs, *id.*
Henry le Roux de 25 ans.
Yvon le Brun de 32 ans, taille moyenne, cheveux blonds, de Pondean.
Marc Rognan de 22 ans, taille moyenne, cheveux noirs.
Hervé Floch de 25 ans, taille moyenne, cheveux blonds, de Trohir.
Yvon André de 40 ans, taille haute, cheveux noirs, *id.*
François Folcavel le jeune, de vingt ans.

PAROISSE DE TREGONDERNE.

HEnry Pezron de 45 ans, taille moyenne, cheveux blonds, de Penpol.
Claude Yuen de 25 ans, taille haute, cheveux chaftains, *id.*
Canonier. Iean Corre de 30 ans, taille moyenne, cheveux *id.*
Bernard Rioux de 45 ans, taille baffe, cheveux noirs, de Penpol.
Iacques Prigent, fils d'Ifaac, de 22 ans, taille moyenne, cheveux noirs.
En Perfe. François Bofecq, dit Doüillé, de 18 ans, taille haute, cheveux noirs, de Penpol.
Guillaume Raoul de 32 ans, taille baffe, cheveux noirs, de Saint Yves.
Yvon Picart, fils d'Olivier de 23 ans, taille baffe, cheveux blonds, de Querven.
Yvon Colet de 30. ans, cheveux noirs, de Penpol.
François Picart, fils d'Alain, de 17 ans, taille moyenne, cheveux noirs, du Porton.

ROSCOSE.

YVon Pardeau de 26 ans, taille moyenne, cheveux noirs.
Contre-Maiftre. Noël Daniel de 45 ans, taille haute, cheveux chaftains.
Pierre le Hou de 20 ans, taille moyenne, cheueux chaftains.
Pilote. Yvon Guillerain de 33 ans, taille haute, cheveux chaftains.
Maiftre. Hervé Serécq de 40 ans, taille baffe, cheveux *id.*
Contre-Maiftre. Laurens Olivier de 55 ans, taille haute, cheveux blancs.
Pierre Calvés, de 36 ans, taille baffe, cheveux noirs.
François Gilet de 42 ans, taille baffe, cheveux chaftains.
Thomas Hoch de 27 ans, taille haute, cheveux noirs.
Boffeman. Hervé Morgant de 36 ans, taille *id.*
Guillaume Dizarbeau de 55 ans, taille haute, cheveux gris.
Nicolas Meloüet de 38 ans, taille haute, cheveux noirs.
François Gaudin de 22 ans, taille baffe, cheveux noirs.
Maiftre d'Equipage. Pierre Pardeau de 25 ans, taille moyenne, cheveux noirs.
Thomas Legac de 19 ans, taille moyenne, cheveux noirs.
Iean Legac de 24 ans, taille baffe, cheveux noirs.
Iean le Fauxjour de 24 ans, taille baffe, cheveux chaftains.
Alain Chapelain de 24 ans, taille haute, cheveux noirs.
François le Gouez le jeune, de 20 ans, taille baffe, cheveux roux.
Alain le Roy le jeune, de 28 ans, taille haute, cheveux noirs.
Iean Morgant de 28 ans, taille baffe, cheveux noirs.
Yvon Paul de trente ans, *id.*
Iean le Belec, dit Quarteron, de 20 ans, taille courte, cheveux noirs frifez.
André Folcavez de 18 ans, taille baffe, cheveux blonds.
Iean Iezequel, dit Mifmeurs, de 34 ans, taille haute, cheveux chaftains.
Yvon Chapelain de 20 ans, taille baffe, cheveux chaftains.
Thomas le Diveric de 30 ans, taille baffe, cheveux noirs.
Canonier. Iean Loanver de 23 ans, taille haute, cheveux chaftains.
Guillaume Moncus, dit Boniel, de 20 ans, taille haute, cheveux noirs.
Olivier de Pavis de 18 ans, taille baffe, cheveux bruns.
Iean Legof de 30 ans, taille baffe, cheveux noirs.

Michel Legouez de 40 ans, taille haute, cheveux gris.
Chriſtophle Legaliou de 20 ans, taille baſſe, cheveux chaſtains.
Nicolas Alain, dit la Vaillance, de 24 ans, taille baſſe, cheveux noirs.   *Calfateur.*
Nicolas Legal de 24 ans, taille courte, cheveux noirs.   *Pilote.*
Tanguy Godin.

PAROISSE DE PLOVESCAT.

Q Verſanzon, fils de Maurice, de 15 ans, taille moyenne, cheveux noirs.

PAROISSE DE PLONCOVR.

Y Von Cos de 30 ans, taille baſſe, cheveux noirs.
  Goulven Lagadec de 24 ans, taille baſſe, cheveux noirs.   *En Perſe.*
François Bertous de 50 ans, taille moyenne, cheveux noirs.
Hervé Michel de 20 ans, taille *id.*
Yvon Chapelain de 25 ans, *id.*
Vincent Leguevel de 30 ans, taille baſſe, cheveux chaſtains.
Tanguy Abyven de 25 ans, taille haute, cheveux noirs.

PAROISSE DE QVERLOVAEN.

Y Von Queribel de 20 ans, taille haute, cheveux noirs.

ISLE DE BAS.

P Ierre Piſivin de 45 ans, taille moyenne, cheveux chaſtains.
  Bernard Cloarec le pere, de 60 ans, taille haute, cheveux blonds.
Iean Coan de 28 ans, taille moyenne, cheveux blonds.
Michel le Moal de 32 ans, taille baſſe, cheveux noirs.
Robert le Beſcoud de 32 ans, taille baſſe, cheveux chaſtains.
Guillaume Quemener de 41 an, taille *id.*
Philippes Trelucher de 40 ans, taille baſſe, cheveux noirs.
Iean Moulin de 23 ans, taille moyenne, cheveux noirs.
Iacques Philippes de 20 ans, taille haute, cheveux noirs.
Iean Philippe le Ieune, dit Queruvan, de 22 ans, taille moyenne, **cheveux noirs.**
Iean le Ieune de 25 ans, taille moyenne, cheveux noirs.
Hervé Lelezde de 21 an, taille *id.*
Iean le Biozais de 20 ans, taille haute, cheveux chaſtains.
Pierre Guillou de 20 ans, taille moyenne, cheveux chaſtains.
Yvon Gral, dit Galand, de 25 ans, taille moyenne, cheveux noirs.
Hieroſme Goaſdoué de 18 ans, taille *id.*
Iean Floch, fils de Nicolas, de 20 ans, taille haute, cheveux noirs.
Sebaſtien Heven de 18 ans, taille haute, cheveux noirs.
Pierre Olivier de 30 ans, taille haute, cheveux noirs.
Philippes Legouez de 18 ans, taille moyenne, cheveux chaſtains.
Olivier Lelea de 25 ans, *id.*
Yvon Denis, fils de François, de 20 ans, taille baſſe, cheveux chaſtains.
Yvon Beſcond de 30 ans, taille haute, cheveux jaunes.
François Gral, fils d'Yvon de 38 ans, taille moyenne, cheveux chaſtains.
Yvon Philippe, fils de Paul, de 21 an, taille baſſe, cheveux chaſtains.
Ioſeph Lucia de 34 ans, taille baſſe, cheueux noirs.
Yvon Philippe, fils d'Yvon, de 22 ans, taille baſſe, cheveux chaſtains, de **Portelleau.**

PAROISSE DE PLOVQVERNEAV.

N Icolas Blangrach, fils de Nicolas, de 27 ans, taille haute, cheveux noirs, de
S. Cava.

PAROISSE DE TREMENECH.

Benoist Perrot, fils de Iean, de 23 ans, taille haute, cheveux noirs, de Querveloguen.
Guillaume Roudaut de 22 ans, taille moyenne, cheveux noirs, de Guergof.

PAROISSE DE BRENOV.

Gabriel Ledun de 35 ans, taille haute, cheveux noirs, du Brenou.

PAROISSE DE LANDEDA.

Laurens Lebartes de 25 ans, taille basse, cheveux noirs, de Landeda.
Yvon Quatervou de 30 ans, taille basse, cheveux noirs, de Larmorique.
Iean Leost de 18 ans, taille moyenne, cheveux noirs, de Querfalou.
Robert Treguier de 28 ans, de Larmorique.
Guillaume Cozen, fils de Guillaume, de 30 ans, taille moyenne, cheveux blonds, de Kmeidic.
Iean Legof de 30 ans, taille moyenne, cheveux blonds.

PAROISSE DE LANILIS.

Iean Tusval de 30 ans, taille moyenne, cheveux noirs, de Sivis.
Iean Conrou de 30 ans, cheveux *id.*
Tanguy Elliou de 25 ans, taille moyenne, *id.* de Quervesquin.

PAROISSE DE TREFFGLOZNOV.

Iean Fagon de 22 ans, taille basse, cheveux blonds.

PAROISSE DE PLOVVIEN.

Alain Coatual de 32 ans, taille haute, cheveux noirs, de Querellen.
Guillaume Alain de 22 ans, taille moyenne, cheveux chastains.

TREVE DE S. PABV *Paroisse de Guitalmezé.*

François Morel de 20 ans, taille moyenne, cheveux chastains, de Quergniniou.
Laurens Helou de 30 ans, taille haute, cheveux blonds, de Quertanguy.

PAROISSE DE QVITALMEZE.

Contre-Maistre. Guillaume le Dru, dit Lurée de 42 ans, taille haute, cheveux noirs, de Portsal.
François Corolleu de 30 ans, taille moyenne, cheveux blonds.
Yvon Mazon, dit Soucy, de 40 ans, taille moyenne, cheveux noirs, de Portsal.
François Trebaol de 30 ans, taille moyenne, *id.*
Yvon Bellec de 36 ans, taille basse, cheveux chastains.
Olivier Provost de 45 ans, taille haute, cheveux chastains.
Yvon Docq de 30 ans, taille haute, cheveux chastains.
Gabriel Queros de 40 ans, taille moyenne, cheveux chastains,

PAROISSE DE LANDVNVEZ.

Yvon Lanuzel de 26 ans, taille haute, cheveux noirs, de Tremazan.
Guillaume Gral de 40 ans, taille *id.*
Canonier. Yvon Iean de 40 ans, boiteux, d'Argenton.
André le Hir taille moyenne, cheveux noirs, *id.*
Iean Pellen de 25 ans, taille moyenne, *id.*

Samson

Samson Talarvin, de 35 ans, taille basse, cheveux chastains.
Fiacre Lezech, de 50 ans, taille basse, cheveux gris, d'Argenton.
Gouesnon Trimenech, de 24 ans, taille basse, cheveux chastains, *id.*
Iean Perrus, de 35 ans, taille moyenne, cheveux noirs, de Tremazan.
Nicolas Lizioux, de 35 ans, taille basse, cheveux noirs, d'Argenton.
      Legalle, fils de Barados, de 14 ans, taille. *id.* de Tremazan.
Pierre Querros de Saint Conval, de 14 ans, taille haute, cheveux chastains.
François le Bescond, de 20 ans, taille basse, cheveux chastains.
Iean Queroron, de 22 ans, taille moyenne, cheveux chastains, de Tremazan.
Pierre Polahet, de 18 ans, taille moyenne, cheveux noirs, d'Argenton.

PAROISSE DE PORTZPODER.

MAudez le Roux, de 23 ans, taille haute, cheveux blonds, de Queroustaut.
Iean Page, de 26 ans, taille basse, cheveux chastains, de Radennée.
Iean Aphamon, fils de Prigent, de 23 ans, taille moyenne, cheveux noirs.
Iean Querneau, de 22 ans, taille basse, cheveux noirs, de Querdervare.
Iean Legal, fils de Iean, de 18 ans, taille basse, cheveux chastains, du Bourg.
Ollivier Brenterch, de 32 ans, taille haute, cheueux blonds, de Querzelé.
Yvon Iean, de 50 ans, taille basse, cheveux gris, de Meascoet.
Iean Lelezec, fils de Iean, de 22 ans, taille basse, cheveux roux, de Mazou.
André Mareau, de 25 ans, taille basse, cheveux blonds, de Drec.
Tanguy Lespagnol, de 26 ans, taille haute, cheveux noirs, de Laber.
François Quermezet, dit Berthelet, de 37 ans, taille moyenne, cheveux chastains,
    de Pratmeur.
Tanguy le Moquaer, de 30 ans, taille haute, cheveux noirs, de Glizie.
Yvon Petton, de 28 ans, taille haute, cheveux noirs, de Queroustal.
Gueguen Second, fils de François, de 18 ans, taille haute, cheveux chastains.
Iean Prigent, de 17. ans, ttaille moyenne, cheveux chastains.
François Marzin, fils de Iean, de 18 ans, taille courte, cheveux noirs, de Laber.
François Iourdain, de 30 ans.
Olivier Fourdelis de 21. an, taille basse, cheveux blonds, du Bourg.
Thomas Richard de 17, ans, cheveux noirs.
Pierre Querhennie, de 30 ans, taille haute, cheveux noirs, de Laber.
Yvon Legal, dit Asquel, de 36 ans, taille haute, cheveux chastains.
Iean Peton, de 50 ans, taille basse, cheveux blonds.
Mathieu Querneau, dit Ruyter, de 40 ans, taille basse, cheveux blonds, de Glazic.
Hervé Leosticq, de 28 ans, taille basse, cheveux noirs, de Verne.
Iean Legal, fils de Sebastien, de 16 ans, taille basse, cheveux blonds, de Mellon.
François le Roux, de 23 ans, taille moyenne, cheveux noirs, d'Argenton.
André Riovallen, de 24 ans, taille haute, cheveux noirs, de Quergaran.
Yvon Lelizur, de 25 ans, taille moyenne, cheveux chastains, de Querisela.
Nicolas Iulien, de 50 ans, taille moyenne, cheveux gris, du Radeneé.

PAROISSE DE LANPAVL ET DE PLOVARGEL.

IEan Lesaux, fils de Iean, de 27 ans, taille haute, cheveux noirs, de Lanpaul.
Hamon Querboul, de 50 ans, taille moyenne, cheveux gris *id.*
François le Millour, de 35 ans, taille moyenne, cheveux noirs.
Iean Gratian, de 48 ans, taille moyenne, cheveux noirs, *id.*
Iean Perré, dit Pillon, de 27 ans, taille moyenne, cheveux blonds.
Mathieu Brenterch, de 40 ans, taille haute, cheveux noirs.
François Breno, de 30 ans, taille *id.*
Iean Allain, de 18 ans, taille basse, cheveux noirs, de Lanpaul.
Noël le Pape, de 24. ans, taille moyenne, cheveux noirs, de Trezian.
Guillaume Fourdelis, de 33 ans, taille haute, cheveux blonds.
Christophle Hamon, de 24 ans, taille haute, cheveux noirs.

CONQVET ET PAROISSE DE LOCHRIST.

Contre-Maistre.

Gvuillame Mellegan, de 32 ans, taille baſſe, cheveux noirs, du Conquet.
Mathieu Prigent, de 32 ans, taille moyenne, cheveux *id.*
Yvon Gallou, de 32 ans, taille baſſe, cheveux noirs.
Yvon le Rouzic, de 34 ans, taille haute, cheveux chaſtains.
Vincent Caradec, de 32 ans, taille haute, cheveux noirs.
Guillaume Ven, de 40 ans, taille baſſe, cheveux noirs.
Iean Querneis, de 40 ans, taille haute, cheveux gris.

Canonier.
Philippes Cornec, de 28 ans, taille moyenne, cheveux blonds, de Ploumoguer.
Allain le Dos, âgé de 30 ans, taille moyenne, cheveux noirs.
Mathieu Seas, de 20 ans, taille moyenne, *id.*

Canonier.
Yvon Maſcon, fils de Tanguy, de 18 ans, taille baſſe, cheveux noirs.
Mathieu Floch, de 45 ans, taille moyenne, cheveux noirs.
Iean Lequelee, de 18 ans, taille haute, cheveux noirs.
François Moal, de 40 ans, taille baſſe cheveux noirs, du Conquet.
Mathieu Querveau, de trente ans, taille moyenne, cheveux noirs.
Pierre Maçon de
Ollivier le Tremen, de 45 ans, taille baſſe, cheveux noirs.
Michel le Bourg, de 26 ans, taille baſſe, cheveux noirs.
Iean le Guicheur, de 28 ans, taille baſſe, *id.*
Olivier Legleau, de 36 ans, taille baſſe, cheveux blonds.
Iean Iavin, dit Infant, de 36 ans, cheveux noirs, taille baſſe.
Michel Leſtang, de 24 ans, taille haute, cheveux blonds.
Allain Lequentrech, de 24 ans, taille haute, cheveux chaſtains.
Yvon le Maçon, fils d'Yvon, de 24 ans, taille haute, cheveux noirs.
Iacques Pezron, fils de Marc, de 29 ans, taille baſſe, cheveux noirs.
André Salaun, de 32 ans, taille haute, cheveux noirs.
Ollivier Iezequel, de 45 ans, taille baſſe, cheveux noirs.
Iacques Tremen le pere, de 48 ans, taille moyenne, cheveux noirs.
Francois le Sail, de 22 ans, taille moyenne, cheveux chaſtains.
Noël le Fourcheur, de 22 ans, taille moyenne, cheveux noirs.
Gabriel Melegan, fils de Iean, de 20 ans, taille baſſe, cheveux chaſtains.
Iean Soliman, de 24 ans, taille baſſe, cheveux noirs.
Gabriel Brenterch, de 30 ans, taille baſſe, cheveux blonds.
Guillaume Charles, de 38 ans, taille haute cheveux blonds.
Noël Conian, dit la Tour, de 20 ans, taille baſſe, cheveux noirs.
Ollivier Lequelee, de 26 ans, taille baſſe, cheveux blonds.
Iacques le Maçon, de 18 ans, taille moyenne, cheveux noirs.

Pilote Tortier.
Iean Gallou, de 50 ans, taille moyenne, cheveux gris.
Laurens Iavin, le ieune, de 20 ans, taille baſſe, cheveux blonds.
Noël Amis, de 23 ans, taille moyenne, cheveux blonds, de Lochriſt.
Guyon Manach, de 20 ans, taille baſſe, cheveux chaſtains,
        Legal, ſecond fils de Bernard, de 18 ans, taille baſſe, cheveux noirs.
Guyon Trovin, de 16 ans, taille moyenne, cheveux chaſtains.
Noël Piloche, fils de Chriſtophle, de 17 ans, taille haute, cheveux noirs.
Sebaſtien Siviniant, fils d'Yvon, de 22 ans, taille moyenne, cheveux noirs.

PAROISSE DE S. MATHIEV.

Robert Lorfevre, de 22 ans, taille baſſe, cheveux noirs.
Iean Quernuzet le vieil, de 50 ans, taille moyenne, cheveux noirs.

PAROISSE DE PLOVGONVELEN.

Gvillaume Siviniant, de 22 ans, taille moyenne, cheveux noirs.
Yvon Podeur, de 32 ans, taille baſſe, cheveux noirs.
Noël le Hoch, le jeune, de 19 ans, taille baſſe, cheveux noirs.

Mathieu le Gabamon, fils de Robert, de 23 ans, taille baſſe, cheveux blonds.
Iean le Dreizecq, de 20 ans, taille baſſe, cheveux noirs.

ISLE ET PAROISSE DE MOLENNES.

IEan Legoanner, de 24 ans, taille baſſe, cheveux noirs.
Yvon Legoanner, fils de Iean, de 35 ans, taille moyenne, cheveux chaſtains.
François Mahé, de 30 ans, taille moyenne, cheveux chaſtains.
Iacob Bonnaventure, de 46 ans, taille moyenne, cheveux noirs.
René le Breton frere de Iean, de 14 ans, taille baſſe, cheveux noirs.
Henry Daniel, de 38 ans, taille baſſe, cheveux noirs.
Iean Cornou, de 27 ans, taille moyenne, cheveux noirs.
Yvon Fournier, de 50 ans, taille baſſe, cheveux chaſtains.
Iean le Marec, de 15 ans, taille moyenne.

ISLE ET PAROISSE D'OVESSANS.

MIchel Malgorne, de 26 ans, taille haute, cheveux noirs.
Vincent Caradec, de 32 ans, taille haute, cheveux chaſtains.
Hervé Legal, de 39 ans, taille moyenne, cheveux *id.*
Iean Hoch, de 30 ans, taille *id.*
Iean Malgorne, de trente ans, taille haute, cheveux noirs.
Paul Bernard, de 40 ans, taille *id.*
Fiacre Coyan, de 20 ans, taille haute, cheveux chaſtains, de Poulbrac.
Tanguy Conſtant, de 50 ans, taille baſſe, cheveux bruns.
Iean Cornou, fils de Iacob, de 30 ans, taille moyenne, cheveux noirs.
Tanguy Mazeas, de 40 ans, taille haute, cheveux bruns.
Iean Ropardic, de 30 ans, taille moyenne, cheveux bruns.
Iean Largenton, fils de Iean, de 25 ans, taille moyenne, cheveux chaſtains.
Iean Campion, de 30 ans, taille moyenne, cheveux noirs, de Quermarvan.
Iean Lenoret, de 30 ans, taille baſſe, cheveux blonds.
Michel Lelouet, de 30 ans, taille moyenne, cheveux noirs.
Yvon Sallaun, de 30 ans, taille moyenne, cheveux chaſtains.
Iean Martin, de 48 ans, taille haute, cheveux chaſtains.
Iean Conſtans, de 50 ans, taille baſſe, cheveux noirs.
Michel Quinjan, de 30 ans, *id.*
Nicolas Berthelé, de 25 ans, taille moyenne, cheveux noirs.
Guildas Raoul, de 25 ans, taille haute, cheveux chaſtains.
Marc Sonic, fils de Vincent, de 25 ans, taille baſſe, cheveux *id.*
          Herré fils d'André, de 18 ans, taille moyenne, cheveux blonds.
Iean Miniou, fils de Philippes, de 25 taille baſſe, cheveux bruns.
Alain Berthelé, de 50 ans, taille moyenne, cheveux noirs.
François Miniou, dit l'Ange, de 25 ans, taille haute, cheveux chaſtains.
          Tual, fils de Paul, de 20 ans, taille moyenne, cheveux noirs.
Michel Scadniou, fils de Paul, de 22 ans, taille moyenne, cheveux chaſtains.
Ollivier Roparzic, fils d'Hervé, *id.*

PAROISSE DE PLOVZANNE.

VIncent Longen, de 25 ans, taille moyenne, cheveux chaſtains.
Iean le Chuiton, de 20 ans, taille moyenne, cheveux noirs.

PAROISSE DE QVILBIGNON.

YVon Hallegoet, de 30 ans, taille haute, cheveux roux.

BOVRG DE RECOVVRANCE, *lez Breſt.*

IEan Riovallen, de 41 an, taille trape, cheveux noirs.
Yvon le Vergos de Plougonvelen, de 30 ans, taille moyenne, cheveux bruns.

Iean Martin, de 60 ans, taille moyenne, cheveux noirs mêlez.
Ioseph Teſtart, de 28 ans, taille trape, cheveux noirs.
Pierre Thepaut, de Roſcanvel, de 34 ans, taille trape, cheveux bruns.
René Hoch, de 26 ans, taille baſſe, cheveux chaſtains.
Iean Saulnier, de Grand-ville, de 31 an, taille baſſe, cheveux bruns.
Thomas le Chuittòn, de 55 ans, taille moyenne, cheveux gris, chauve.
Guillaume le Soun, de 25 ans, taille trape, cheveux noirs.
Iean Dirop, du Faou, de 19 ans, taille moyenne, cheveux chaſtains.
Pierre Bachelet, de S. Vallery, de 35 ans, taille trape, cheveux *id.*
François le Beguec, de 40 ans, taille baſſe, cheveux noirs.
François Guerrier, d'Honfleur, de 25 ans, taille haute, cheveux bruns.
Michel Cordort, de l'Iſle, de 36 ans, taille moyenne, cheveux noirs.
René le Moing, de 40 ans, taille moyenne, cheveux noirs.
Guillaume Piloch, de 20 ans, taille moyenne, cheveux chaſtains.
Iacques Cozian, du Conquet, taille haute, cheveux *id.*
Nicolas Arzel, de 26 ans, taille moyenne, cheveux bruns friſez.
Vincent Videmant, de 25 ans, taille moyenne, cheveux noirs.
Calfateur.　Pierre Teſtart, de 22 ans, taille trape, cheveux noirs.
Iacques Leſné, de S. Malo, de 25 ans, taille moyenne, cheveux bruns.
Iean Carahaes, de 60 ans, taille trape, cheveux gris.
Thomas Mareau, de 35. ans, taille haute, cheveux noirs.
Calfateur.　Bertrand du Matz, de 26 ans, taille baſſe, cheveux bruns.

VILLE DE BREST.

Voillier.　**I**Ean Miou, de 26 ans, taille moyenne, cheveux noirs.
François Riche, du Conquet, de 24 ans, taille trape, cheveux chaſtains.
Pierre Maignan, de 34 ans, taille moyenne, cheveux noirs.
Bertrand le Podeur, de 28 ans, taille trape, cheveux bruns.
En Perſe.　Hieroſme d'Arquen, Eſpagnol, de 40 ans, taille haute, cheveux noirs.

TREVE DE TRENIVEZ.

ALain Corre, de 35 ans, taille moyenne, cheveux noirs.

PAROISSE DE GVIPAVAS.

YVon Lizacq, de 44 ans, taille haute, cheveux noirs meſlez, de Querbelic.
Iean Segalen, de 52 ans, taille haute, cheveux bruns, de Querjegu.
Michel Bigot, de 40 ans, taille moyenne, cheveux chaſtains, *id.*
Germain Hetbras, de 25 ans, taille haute, cheveux bruns, de Domany.
Ioseph Rolland, de 25 ans, taille moyenne, cheveux chaſtains, de Penantroun.

VILLE DE LANDERNEAV.

FRançois Querdoneu, de 32 ans, taille baſſe, cheveux noirs.
Yvon Gourvenec, de 40 ans, taille moyenne, cheveux chaſtains.
Paul Mazeas, de 35 ans, taille haute, cheveux noirs.
Yvon le Bras, de 28 ans, taille moyenne, cheveux noirs.
Ollivier Potart, fils de François, de 21 an, taille haute, cheveux blonds.
Iacques Segalen, de 30 ans, taille baſſe, cheveux roux.
Yvon Colin, de 30 ans, taille baſſe, cheveux blonds.
Iacques Geffroy, de 21 an, taille baſſe, cheveux noirs.
Noël Porhel, de 40 ans, taille haute, cheveux noirs.
Germain Guibert, de 33 ans, taille haute, cheveux noirs.
Auffret le Gof, de 40 ans, taille moyenne, cheveux noirs.

DEVXIESME

DEVXIESME CLASSE,
dont le service commencera au premier Avril 1671. & finira
au dernier Mars 1672.

VILLE DE MORLAIX,
Paroisse de Saint Martin.

YVon le Moyne, de 24 ans, taille moyenne, cheveux chastains.
Guillaume Hingot, de 50 ans, taille moyenne, cheveux blonds.
François Geffroy, de 36 ans, taille haute, cheveux noirs.
Vincent Prigent, de 26 ans, taille moyenne, cheveux chastains.
Hervé Dean, de 29 ans, taille moyenne, cheveux roux.
Hierosme Quermarec, de 56 ans, taille basse, cheveux roux.
François Ridou, de 40 ans, taille moyenne, cheveux noirs.
Yvon Rozeau, de 29 ans, taille *id.*
François Postic, de 34 ans, taille moyenne, cheveux chastains.
Fiacre Bizien, de 40 ans, taille basse, cheveux noirs.
Iean Freal, de 40 ans, taille moyenne, cheveux blonds.

PAROISSE DE LOQVENOLE' prés Morlaix.

FRançois Noman, de 55 ans, taille basse, cheveux noirs.
Nicolas Rogues, de 28 ans, *id.*

TREVE DE CARANTE'E, Paroisse de Taullé.

NIcolas Moal, de 36 ans, taille basse, cheveux noirs.
Iean Plasart, de 25 ans, taille moyenne, cheveux noirs.
Hervé Bourdier, de 35 ans, taille *id.*
Iean le Dourfer, de 25 ans, taille basse, cheveux noirs.

PAROISSE DE TAVLLE'.

IEan Saliou, fils de Hervé, de 20 ans, taille basse, cheveux noirs, de Penzés.
François Silguy, de 32 ans, taille basse, cheveux blonds, de Quéreadorer.
François Querien, de 34 ans, taille moyenne, cheveux noirs, de Lesnou.

TREVE DE HANVICH, Paroisse de Taullé.

IEan Cadiru, de 24 ans, taille basse, cheveux roux, du passage de la Corde.
Christien Querrien, de 33 ans, taille moyenne, cheveux noirs, de Lesnos.
Gabriel Querdodé, de 30 ans, taille moyenne, cheveux chastains, du Passage.
François le Gourville, de 24 ans, taille haute, cheveux noirs, *id.*

PAROISSE DE PLOVENAN.

AVsfray Toulgoet, de 37 ans, taille haute, cheveux noirs, de Ponteon.
Iean le Hoch, de 30 ans, taille *id.* de la Bunette.
Pierre Rideler, de 30 ans, taille haute, *id.* de Trohir.
Yvon le Feur, de 25 ans, taille moyenne, cheveux chastains, *id.*
François Brun, de 24 ans, taille moyenne, cheveux blonds, de Ponteon.

C

Iean Brun , de 32 ans, de Trohir.
Yvon Gourmellec, de 35 ans , taille moyenne , cheveux blonds , de Trohir.

PAROISSE DE TREGONDERNE.

Maiſtre d'Equipage.   IAcques Hallegöet, de 26 ans, taille haute , cheveux chaſtains , de Painpol.
Prigent Heonic, de 20 ans, taille moyenne, cheveux chaſtains, *id.*
Allain Henry, dit Fratres , de 40 ans , taille moyenne, cheveux noirs.
Yvon Prigent, de 24 ans, taille *id.*
Ioſeph Thomas, de 18 ans, *id.*
Iean Lanis , de 30 ans , taille haute, cheveux noirs, de Queriven.
Yvon Picard , dit Tauleat , de 31 an , taille baſſe , cheveux gris , de Sainte Mar-
    guerite.
Iean Hoch, de 41 an , taille haute , cheveux noirs , de Plovenan au Pondeon.
Iean Tallart , de 35 ans, taille baſſe , cheueux noirs, de S. Yves.

ROSCOSE.

Pilote.   FRançois Iacques le fils, de 24 ans , taille haute , cheveux gris.
Poulieur.   Guillaume Diſarbeau, de 19 ans, taille moyenne, cheveux blonds.
Charpentier.   Nicolas Querouars, de 20 ans, taille haute, cheveux blonds.
Maiſtre.   Charles le Hou, de 56 ans, taille baſſe , cheveux gris.
Contre-Maiſtre.   Ioſeph Lucia, de 34 ans, taille moyenne , cheveux noirs.
Pilote.   Yvon Robin, de 40 ans, taille haute , cheveux blonds.
Pilote coſtier.   Iean Guillou, de 24 ans, taille baſſe , cheveux noirs.
   Ollivier du Boſc, de 30 ans , taille moyenne , cheveux noirs.
Pilote.   André le Hir, de 45 ans, taille haute, cheveux chaſtains.
   Tanguy Canivet, de 38 ans, taille haute, cheveux noirs.
   Hamon Moncus, de 40 ans, taille baſſe, cheveux noirs.
   Noël Tanguy, de 26 ans, taille haute, cheveux chaſtains.
   Iacques le Marchand, de 37 ans, taille moyenne, cheveux chaſtains.
Calfateur.   Iean le Gorget, de 22 ans, taille moyenne, cheveux blonds.
   Guyon Morgant, de 24 ans, taille moyenne, cheveux noirs.
Calfateur.   Paul Macé, de 40 ans, taille, *id.*
   Iean Simon , de 30 ans, taille haute , cheveux noirs.
   Lucas Hal, de 28 ans, taille moyenne, cheveux noirs.
   Ioannis Merien, de 22 ans, taille haute, cheveux noirs.
   Yvon Sihoane, de 30 ans, taille moyenne, cheveux chaſtains.
   Iean Pochart, de 20 ans, taille moyenne, *id.*
Pilote coſtier.   Iean Cadiou, de 50 ans, taille baſſe , cheveux gris.
   René Legof , de 20 ans, taille moyenne , cheveux chaſtains.
   Hieroſme Bechen, de 18 ans, taille moyenne, cheveux blonds.
   Gilles le Rovallec , de 20 ans, taille baſſe , cheveux noirs.
   Iean Tronſſon, de 25 ans, taille baſſe, cheveux chaſtains.
Charpentier.   Hieroſme Ellies, de 30 ans, taille moyenne, cheveux noirs.
   Yvon Cloarec , de 50 ans, taille moyenne, cheveux chaſtains.
   Michel Moncus, de 45 ans, taille baſſe , cheveux noirs.
   Iean Legodec , de 19 ans, taille haute , cheveux chaſtains.
   Guillaume Caro, de 36 ans, taille moyenne, cheveux noirs.

PAROISSE DE PLONCOVR.

MAthieu Guenec , de 24 ans, taille baſſe, cheveux noirs.
Allain Bertoulous , de 30 ans, taille haute , cheveux noirs.
René Steven , de 20 ans, taille moyenne , cheveux chaſtains.
Goulven Fahé , de 25 ans, taille moyenne, cheveux noirs.
François Bertoulous , fils d'Yvon , de 25 ans , taille haute, cheveux noirs.
Vincent Hevin , de 28 ans, taille haute, cheveux blonds.

ISLE DE BAS.

BErnard Tanguy , de 34 ans , taille haute, cheveux noirs.
Thomas le Dirou , de 40 ans, taille moyenne , cheveux gris.
Iacques Pifivin, de 40 ans , taille moyenne , cheveux blonds.
Pierre Hellary , de 30 ans , taille baffe, cheveux noirs.
Iacques Philippes , dit God , de 40 ans , taille moyenne, cheveux blonds.
Iean Philippes , dit Querunan, de 25 ans , taille haute, cheveux noirs.
Iean Heven, de 34 ans, taille baffe , cheveux noirs.
Nicolas Floch, dit Gibault , de 50 ans, taille haute , cheveux chauves.
François Gral , dit Doyen , de 40 ans , taille haute , cheveux noirs.
Iacques Lelez, de 25 ans , taille moyenne , cheveux chaftains.
Iacques le Moulin , de 21 an , taille moyenne , cheveux noirs.
Nicolas Autret , de 15 ans, taille moyenne , cheveux chaftains.
Iean Legouez , de 22 ans , taille haute, cheveux chaftains.
Eftienne Guillou , de 15 ans , taille moyenne , *id.*
Vincent le Befcond , de 25 ans , *id.*
Yvon Robin, gendre de Goazdou , de 22 ans , *id.*
Yvon le Befcond , fils de Iean , de 29 ans, *idem.*
Mathieu Iamet , de 35 ans , taille haute , cheveux noirs.
Thomas le Loüet , de 27 ans , *id.*
Nicolas le Dirou , de 24 ans , taille *id.*
François Hullot , de 18 ans , *id.*
Rolland Floch , de 17 ans , taille moyenne , cheveux chaftains.
Iean Denis , fils de Colin , de 22 ans , taille moyenne , cheveux noirs.
Yvon Robin, fils de Iean , de 30 ans , taille haute, cheveux noirs.

Canonier.
Pilote.
Voilier.

PAROISSE DE PLOVQVERNEAV.

FRançois Cos, de 23 ans , taille haute , cheveux blonds , de S. Antoine.
Yvon Leon fils , dit Bourlogot , de 25 ans , taille moyenne, cheveux noirs de
S. Cava.

PAROISSE DE TREMENECH.

YVes Telloch , fils de Iean , de 22 ans , taille baffe , cheveux chaftains, de Ku-
zual.
Morvan le Roux , de 22 ans, taille haute , cheveux noirs , fils d'Yvon, de Querleduc.

PAROISSE DE BRENOV.

FRançois Pottin , fils d'Allain , de 23 ans , taille moyenne , cheveux chaftains , de
Stragal.

PAROISSE DE LANDEDA.

IAcques le Goff , de 30 ans , taille haute , cheveux chaftains , de Larmorique.
Iean Comme , de 25 ans , taille moyenne , cheveux noirs , de Landeda.
Tanguy Boulch , de 30 ans , taille haute , cheveux noirs , de Larmorique.
Guillaume Quermedic , de 28 ans , taille moyenne , cheveux chaftains.

PAROISSE DE LANILIS.

FRançois Lhoftis, de 30 ans , taille haute , cheveux blonds , de Querfigner.
Iean Quelenec , de 22 ans , taille moyenne , cheveux noirs , de Trelan.

PAROISSE DE PLOVVIEN.

HErvé Drapet , de 25 ans , taille haute , cheveux blonds , du Bourg.

PAROISSE DE PLOVGVIN.

Claude Maçon, de 23 ans, taille haute, cheveux noirs, de Loumagan.

TREVE DE S. PABV en Guitalmezé.

Iean le Menec, de 26 ans, taille moyenne, cheveux blonds, de Landegarou.
Claude Oumes, de 25 ans, taille haute, cheveux chaftains, du Bourg.
Iean Ieftin, de 16 ans, taille moyenne, cheveux noirs, du Stanglat.

PAROISSE DE GVITALMEZE'.

Pilote Hauturier. Guillaume Perros, de 42 ans, taille moyenne, cheveux chaftains, de Portfal.
Iean Pelleau, de 35 ans, taille baffe, cheveux noirs.
Prigent Drée, de 50 ans, taille haute, cheveux gris.
François Legal, de 40 ans, taille baffe, cheveux noirs.
Daniel Cloarec, de 36 ans, taille moyenne, cheveux chaftains.
Iean Groguenech, de 22 ans, taille haute, cheveux noirs.
Yvon Daniel, de 20 ans, taille moyenne, cheveux noirs.

PAROISSE DE LANDVNVEZ.

Yvon Lanuzel, de 26 ans, taille baffe, cheveux noirs, de Tremazan.
François Quereneur, de 30 ans, taille haute, *id.*
François le Hir, de 27 ans, taille moyenne, cheveux noirs, d'Argenton.
Iean Ivonen, de 27 ans, taille baffe, cheveux chaftains, *id.*
Yvon Balh, de 35 ans, taille moyenne, cheveux noirs, *id.*
Pierre Querneau, de 40 ans, *id.*
Iean Mathieu, de 35 ans, taille baffe, cheveux chaftains, *id.*
Iean Lucas, de 35 ans, taille *id.* de Querfent.
Contre-Maiftre. Iean Creach, de 50 ans, taille haute, cheveux chaftains, de Tramazan.
François Querros, de 15 ans, taille baffe, cheveux noirs.
Claude Buzic, de 40 ans, taille moyenne, cheveux noirs, d'Argenton.
Pierre Queouron, de 24 ans, taille haute, cheveux chaftains.
Noël le Foreft, de 22 ans, taille haute, *idem*, de Tremazan.
Hervé Forefcher, de 35 ans, taille moyenne, cheveux chaftains, de Fofvel.
Charles Predour, de 16 ans, taille baffe, cheveux chaftains, d'Argenton.

PAROISSE DE PORTSPODER.

Contre-Maiftre. Yvon Briand, de 24 ans, taille moyenne, cheveux blonds, de Poulloupry.
Yvon Cloarec, dit Capitaine, de 28 ans, taille haute, cheveux chaftains.
Claude le Hir, de 32 ans, borgne, de Queroftant.
Iean le Zur, de 35 ans, taille moyenne, cheveux roux, de Creachgoyen.
Iean Lefcan, de 16 ans, taille baffe, cheveux noirs.
Guillaume Querboul, de 36 ans, taille moyenne, cheveux noirs, du Bourg.
Iean Longen, de 36 ans, taille baffe, cheveux noirs, de Queraudron.
Mathieu Iulien, de 32 ans, taille baffe, cheveux courts.
Iean le Borgne, de 45 ans, taille baffe, cheveux gris, de Prapaol.
François Maçon, de 25 ans, taille baffe, cheveux chaftains, de Querdervas.
Ollivier le Foreft, de 30 ans, taille baffe, cheveux noirs meflez, de Quervezenic.
Vincent Coron, de 50 ans, taille moyenne, cheveux chauves, de Madou.
Hervé Richard, de 26 ans, taille baffe, cheveux noirs.
Hervé Mareau de Melon, de 26 ans, taille haute, cheveux noirs.
Contre-Maiftre. Yvon Marzin, de 28 ans, taille haute, cheveux blonds, de Quergalant.
Iean le Du, de 24 ans, taille baffe, cheveux noirs, de Quergos.
Lucas Legoazneur, de 26 ans, taille haute, cheveux noirs.
André Riovallen, de 30 ans, taille moyenne, cheveux chaftains, de Rumorvan.

Sebaftien

Sebaſtien Legal, de 35 ans, taille baſſe, cheveux noirs, de Querneo.
Iean Cloarec, de 32 ans, taille baſſe, cheveux noirs, de Pratmeur.
Iean Leguichou, de 20 ans, taille moyenne, cheveux noirs, de Mellon.
Michel Arvel, de 18 ans, taille *id.* du Bourg.
Yvon Petton, de 28 ans, taille haute, cheveux chaſtains, de Querouſtant.
François Iulien, de 28 ans, taille baſſe, cheveux chaſtains.
François Predour, de 45 ans, taille baſſe, cheveux gris, de Tremazan.
Thomas le Foreſt, de 22 ans, taille haute, cheveux noirs, de Queromazan.
Iean Queré, de 50 ans, taille baſſe, cheveux chaſtains, de Querniovel.   *Voillier.*
René Gueguen, de 20 ans, taille haute, cheveux chaſtains, de Languigou.
Tanguy Milbeau, de 18 ans, taille moyenne, cheveux noirs, de Querdervas.
Claude Tregoret, de 18 ans, taille baſſe, cheveux chaſtains, de Querigoret.
   Garo, fils de Iean, de 22 ans, taille baſſe, de Pradarmen.
François Taden, de 17 ans, taille moyenne, cheveux chaſtains.
Paul le Page, de 45 ans, taille haute, cheveux gris, de Radenec.
   Autru, fils d'Adelice Queros.
Louis Querneau, de 30 ans, taille haute, cheveux chaſtains, de Mazou.
   Taden, frere de François, de 24 ans, taille baſſe, cheveux chaſtains.
Nicolas Lehir, fils d'Ollivier, de 18 ans, taille baſſe, cheveux chaſtains, de Me-
zancou.
Yvon Quervenic, de 32 ans, taille haute, cheveux noirs, de Laber.
Yvon Leſpagnol, de 30 ans, taille haute, cheveux noirs, de Querdreau.
Iean Prat, frere d'Hervé, *idem*, de Querbeau.
Yvon le Borgne, de 32 ans, taille moyenne, cheveux   de Rimorvan.
Hervé Legal, de 40 ans, taille moyenne, cheveux blonds, de Calais.
Iean Creven, de 29 ans, taille baſſe, cheveux chaſtains.
Iean Legoannée, de 40 ans, taille moyenne, *id.* du Bourg.
Hervé Iourden, de 30 ans, taille moyenne, cheveux gris, de Mellon.
Ollivier le Goff, fils d'Ollivier, de 15 ans, taille baſſe, cheveux blonds, d'Argenton.
François Provoſt, de 30 ans, taille moyenne, cheveux noirs, de Quervezenec.

PAROISSE DE LANPAVL ET DE PLOVARGEL.

MAthieu Petton, de 50 ans, taille moyenne, cheveux chauves, de Lanpaul. *Canonier.*
Hieroſme Perrotin, de 35 ans, taille haute, cheveux noirs.
Guillaume le Boulch, de 48 ans, taille moyenne, cheveux gris.
Guillaume le Pape, de 45 ans, taille haute, cheveux gris.
Pierre Querboul, de 25 ans, taille moyenne, cheveux noirs.
Hamon le Saux, de 20 ans, taille *id.* de Lanpaul.
Prigent Morvan, de trente ans, *id.*
Vincent Iarven, de 55 ans, taille haute, cheveux chaſtains chauves, *id.*
Yvon Pen, de 20 ans, taille haute, cheveux noirs.
Yvon Ruzaoüen, de 22 ans, taille baſſe, cheveux noirs.
Hervé le Moquaer, de 50 ans, taille moyenne, cheveux noirs.

BOVRG DV CONQVET ET PAROISSE DE LOCHRIST.

AMbroiſe Trebaol, de 27 ans, taille haute, cheueux chaſtains.
Iean Moal, de 36 ans, taille baſſe, cheveux chaſtains. *Pilote & Canonier.*
Vincent Prigent, de 36 ans, taille haute, cheveux blonds.
Pierre Ianin, dit Ergol, de 50 ans, taille moyenne, cheveux noirs.
Tanguy Marzin, de 42 ans, *id.*
Iean Petton le Ieune, de 23 ans, taille haute, cheveux noirs.
Iean Legleau, de 35 ans, taille moyenne, cheveux blonds.
Iean le Bourch, de 24 ans, taille baſſe, cheveux chaſtains.
Yvon le Dreizec, de 42 ans, taille moyenne, cheveux noirs.
François Gral, de 22 ans, taille baſſe, cheveux noirs.
Iean Ianin, dit Paulie, de 40 ans, taille baſſe, cheveux chaſtains.
Ambroiſe Prigent, de 32 ans, taille moyenne, cheueux chaſtains.

François Lequentrech, de 26 ans, taille haute, cheveux *id.*
Iean Maçon, de 22 ans, taille haute cheveux noirs.
Pilote coftier. Iean Marzin, de 38 ans, taille courte, cheveux blonds.
Iean Treffel, de 36 ans, taille haute, cheveux noirs, louche
Gilles Legac, de 22 ans, taille *id.*
Yvon Maçon Bahy, de 40 ans, taille haute, cheveux noirs.
Noël le Fourmal Dellé, de 22 ans, taille moyenne, cheveux noirs.
Iean Lorphevre, le vieux, de 45 ans, taille haute, cheveux blonds.
Martin le Fourcheur, de 30 ans, taille baffe, cheveux noirs.
Mathieu Lehalla, de 30 ans, taille haute, cheveux blonds.
Yvon Iourden, de 22 ans, *id.*
François Legoaffieur, de 45 ans, taille haute, cheveux gris.
Yvon Legal, de 35 ans, taille haute, cheveux noirs.
Guillaume Martin-Drillou, de 22 ans, taille baffe, cheveux blonds.
François Feas, de 42 ans, taille moyenne, cheveux blonds.
Hamon Brenterch, de 23 ans, *idem.*
Iean Trevin, de 28 ans, taille courte, cheveux noirs.
Lucas Minguy, dit Boc, de 22 ans, taille baffe, cheveux noirs.
François du Val, de 18 ans, taille moyenne, cheveux chaftains.
François Toby, de 26 ans, taille haute cheveux noirs.
Iean Floch, de 38 ans, taille baffe, cheveux noirs.
Guillaume Cornec, de 40 ans, taille haute, cheveux gris.
            Sivient, fils d'Yvon, de 20 ans, taille moyenne.
François Feas, de 18 ans, taille baffe, cheveux chaftains.
Mathieu Lorfévre de 26 ans, taille courte, cheveux noirs.
Michel Corre, fils de Iean, de 18 ans, taille haute, cheveux noirs.
Robert Heuffasf, de 54 ans, taille baffe, cheveux gris.
Michel Cleiret de Ploumoguer, de 15 ans, taille moyenne, cheveux noirs.
Allain Serviou, de 25 ans, taille baffe, cheveux noirs.
Canonier.   Ollivier le Bourch, de 38 ans, taille haute, cheveux noirs.

PAROISSE DE S. MATHIEV.

Iean Lorfévre, de 25 ans, taille moyenne, cheveux noirs.

PAROISSE DE PLOVGONVELEN.

Iacob Quemener, de 26 ans, taille haute, cheveux noirs.
Guillaume Mefcoff, de 24 ans, taille moyenne, cheveux chaftains.
Chriftophle Cares, de 35 ans, taille haute, cheveux noirs.
Laurens Lamour, de 22 ans, taille *id.*
Guillaume Bonnaventure, fils de Claude, de 20 ans, taille baffe, cheveux jaunes.
Guy Perrin, de 25 ans, taille haute.

PAROISSE ET ISLE DE MOLENNES.

Iean Maffon, de 55 ans, taille haute, cheveux gris.
Laurens Breneol, de 22 ans, taille baffe, cheveux noirs.
Iean Martin, de 15 ans, taille baffe, cheveux chaftains, fils d'Yvon.
François Legouazmeur, de 46 ans, taille moyenne, cheveux blonds.
Simon le Breton, fils d'Anne le Breton, de 16 ans, taille baffe, cheveux blonds.
Iean Cozan, de 17 ans, taille moyenne, cheveux blonds.
François le May, de 35 ans.
René le Mao, fils de Bertrand, de 14 ans, taille baffe, cheveux chaftains.
Nicolas le Breton, de 33 ans, taille haute, cheveux chaftains.

PAROISSE ET ISLE D'OVESSANS.

François Legal, de 40 ans, taille moyenne, cheveux noirs.
François Berthelé, fils de Nicolas, de 23 ans, taille moyenne, cheveux chaftains.

Guyon Pennech, fils de François, de 30 ans, taille baſſe, cheveux blonds.
François Toulalan, de 50 ans, taille haute, cheveux gris.
Nicolas Martin, de 35 ans, taille moyenne, cheveux blonds.
Paul Bernard, de 27 ans, taille baſſe, cheveux blonds.
Iean Toulalan, fils de Iean, de 20 ans, taille moyenne, cheveux noirs.
Iean Tual, fils de Iean, dit Comte d'Oignon, de 30 ans.
Iean Miniou, de 16 ans, taille baſſe, cheveux blonds.
Iean Raoul, de 23 ans, taille haute, cheveux chaſtains.
Michel Bernard, de 30 ans, fils de Fiacre, taille moyenne, cheveux noirs.
　　　　　Bertelé, fils de François Fin, de 22 ans, taille haute, cheveux noirs.
Hervé, fils de Prigent, de 18 ans, taille moyenne, cheveux chaſtains.
Allain Perrot, fils de Gildas, de 22 ans, taille *id.*
Nicolas Mazeas, dit Mazarin, de 35 ans.
Paul Tualnan, de 30 ans, taille moyenne, cheveux chaſtains.
Roparts Malgorne, fils de Clement, de 20 ans, taille moyenne, cheveux blonds.
Iean Steuan, dit Run, de 40 ans, taille moyenne, cheveux blonds.
Iean le Berre, fils de Paul, de 20 ans, taille moyenne, cheveux chaſtains.
Iean Morvan, fils de Vincent, de 35 ans, taille baſſe, cheveux *id.*
François Berthelé, frere de Nicolas, de 20 ans, taille moyenne, cheveux chaſtains.
Goulven Iamet, fils de Iean, de 25 ans, taille moyenne, cheveux blonds.
Michel Morvan, fils d'Anne Cornou, de 22 ans, taille moyenne, cheveux chaſtains.
Vincent Berthelé, fils de Iean, & frere d'Allain, de 19 ans, taille baſſe, cheveux *id.*
Iean Pennec, fils de François Cornou, de 20 ans, taille moyenne, cheveux noirs.
Michel Miniou, fils de Mathieu, de 30 ans, taille moyenne, cheveux chaſtains.
Gildas Legal, fils de Iean, de 20 ans, taille *id.*

PAROISSE DE PLOVZANNE.

HErvé Longen, de 29 ans, taille moyenne, cheveux chaſtains.
　Gabriel Poularvec, de 32 ans, taille haute, cheveux noirs.

RECOVVRANCE *près Breſt.*

IEan le Beguec, de 45 ans, taille baſſe, cheveux noirs.
　Ollivier Dirop, de 20 ans, taille baſſe, cheveux noirs, du Faou.
Iean Calvés, de 60 ans, taille trape, cheveux chaſtains.
Nicolas Maguet, de 30 ans, taille haute, cheveux noirs.
Bertrand Colleau, de 21 an, taille moyenne, cheveux chaſtains.
Yvon le Dantu, de 54 ans, taille haute, cheveux gris.
Guillaume le Mao, de 38 ans, taille moyenne, cheveux noirs.
Iean Duminic, de 28 ans, taille moyenne, cheveux bruns.
Yvon Brenterch, de 44 ans, taille moyenne, cheveux blonds.
François Portelance, de 55 ans, taille baſſe, cheveux noirs.
Tanguy le Soun, de 45 ans, taille baſſe, cheveux mêlez.
Iacques Hauron, de Calais, de 25 ans, taille trape, marqué au front.
Yvon le Gouezec, de 45 ans, taille moyenne, cheveux mêlez.
Iean Fauduill, de 39 ans, taille moyenne, cheveux bruns.
Pierre Chriſtophle, de Provence, de 28 ans, taille haute, cheveux noirs.
Pierre le Galou, de 27 ans, taille moyenne, cheveux blonds.
François Marec, de Portſal, de 25 ans, taille trape, cheveux noirs.
Tanguy Bouteiller, de 40 ans, taille moyenne, cheveux noirs.
François Coſtiou, de 38 ans, taille moyenne, cheveux bruns.
François Salaun, de 19 ans, taille moyenne, cheveux blonds.
Iean le Cuitton, de 18 ans, taille baſſe, cheveux blonds.
Hervé le Coat, de 25 ans, taille trape, cheveux roux.
Sebaſtien Aridon, de 25 ans, taille moyenne, cheveux roux.

VILLE DE BREST.

François Merien, de 25 ans, taille trape , cheveux noirs.
Guillaume Rolland, de 43 ans, taille moyenne , cheveux chaftains.
Gui laume Pelleau, de 57 ans, taille haute, cheveux noirs, de Portfal.
François le Tail , de 26 ans , taille *id.*
Iean le Podeur, de 25 ans, taille moyenne, cheveux chaftains.
Yvon Legal, de 40 ans, taille baffe, cheveux noirs.

TREVE DE TRENIVEZ, *près Breft.*

Pierre Segalen, de 18 ans, taille moyenne, cheveux roux.
Guillaume Fouquet, de 35 ans, taille haute, cheveux bruns.

PAROISSE DE GVIPAVAS.

Vincent Corp, de 19 ans, taille moyenne, cheveux noirs , de Querjonqueur.
Robert Bernicot, de 50 ans, taille trape, cheveux mêlez , du Streal.
Iean Hamon , de S. Nicolas, de 30 ans, taille haute, cheveux noirs.
Allain Bigot, de 23 ans, taille baffe, cheveux noirs , de Querarbiven.
François Cam.

VILLE DE LANDERNEAV.

Iean Mainguy, de 35 ans, taille baffe, cheveux chaftains.
Hervé le Bras, de 25 ans, taille baffe, cheveux noirs.
Sebaftien Mazeas, de 44 ans, taille haute, cheveux noirs.
Iean Legal, de 22 ans, taille baffe, cheveux blonds.
Vincent Potart, de 30 ans, taille haute, cheveux blonds.
François Poularch, de 30 ans, taille moyenne, cheveux noirs.
Iean Hely, de 15 ans, taille moyenne , cheveux chaftains,
Noël Cornec, de 27 ans, taille moyenne, cheveux noirs.
François Quemeneur, de 30 ans , taille moyenne, cheveux chaftains.
Ollivier Hilz, de 45 ans, taille moyenne , cheveux noirs.
François Chapelain, de 24 ans, taille baffe, cheveux blonds.

TROISIESME CLASSE,

dont le service commencera au premier Avril 1672. & finira
au dernier Mars 1673.

VILLE DE MORLAIX,
Paroisse de Saint Martin.

CHRISTOPHLE Morgata, de 36 ans, taille haute, cheveux blonds.
Iean Quemener, de 33 ans, taille moyenne, cheveux chastains.
Vincent Abel, de 36 ans, taille basse, cheveux chastains.
Guillaume Launay, de 30 ans, taille moyenne, cheveux noirs.
Fiacre Tanguy, de 27 ans, taille moyenne, cheveux chastains.
Yvon Came, de 30 ans, taille *id.*
Christophle le Dean, de 42 ans, taille basse, cheveux noirs.
Mathieu Arzul, de 40 ans, taille moyenne, cheveux chastains.
Yvon le Roux, de 40 ans, taille haute, cheveux noirs.
François Lhellies, de 30 ans, taille *id.*
Hervé Quermarech, de 45 ans, taille moyenne, cheveux noirs.

PAROISSE DE LOQVENOLE', prés Morlaix.

LAurens le Roux, de 33 ans, taille basse, cheveux frisez, de Carpenner.
Ollivier Briand, de 25 ans, taille *id.*
Gilles le Roüallec, de 30 ans.

TREVE DE QVARANTEC, Parroisse de Taullé.

LOuis Henry, de 30 ans, taille haute, cheveux chastains.
Iean Lestang, de 25 ans, taille moyenne, cheveux noirs.
Yvon le Dourvero, fils de François, de 25 ans, taille haute, cheveux noirs.

PAROISSE DE TAVLLE'.

FRançois le Rideller, de 28 ans, taille moyenne, cheveux chastains, de Coat-
tirez.
Claude Hellies, de 25 ans, taille moyenne, cheveux blonds.
Iacques Querien, de 32 ans, taille moyenne, cheveux noirs, de Lesnos.

TREVE DE HANVIC, Paroisse de Taullé.

FRançois Michel, de 38 ans, taille haute, cheveux noirs, de Querjestin.
Iean le Linto, de 28 ans, taille *id.* de Querjestin.
Iean Henry, de 50 ans, taille moyenne, cheveux blonds gris, de Querenan.
Louis Coat, de 30 ans, taille basse, cheveux chastains, du Pal.
Yvon Treanton, de 26 ans, taille moyenne, cheveux noirs, de Querborré.

PAROISSE DE PLOVVENAN.

IEan le Liurin, de 30 ans, taille haute, cheveux noirs, du Passage.
Guillaume le Floch, de 28 ans, taille moyenne, cheveux blonds, de la Bunette.
Morvan le Chapelain, de 30 ans, taille haute, cheveux blonds, de Trohir.
Goulven le Rideller, de 35 ans, taille haute, cheveux noirs, *id.*

Hervé Rioyal, de 23.
Yvon Roignant, de 24 ans, taille moyenne, cheveux noirs.
Even le Brun, de 25 ans.
Louis Calvez, de 22 ans, taille baſſe, cheveux noirs, de Queranprovoſt.

PAROISSE DE TREGONDERNE.

Hieroſme Riovallen, de 26 ans, taille haute, cheveux chaſtains, de Painpoul.
Iean Leauſt, de 30 ans, taille moyenne, cheveux chaſtains, *id.*
Iean le Plomme, de 22 ans, taille *id.*
Sebaſtien Henry, de 38 ans, *id.*
Iean Henry, fils de Fratres, de 18 ans, taille baſſe, cheveux noirs.
Yvon Bauchic, de 18 ans, taille moyenne, cheveux noirs, *id.*
Maudé Picart, fils d'Ollivier, de 30 ans, taille baſſe, cheveux blonds, de Queriven.
Hamon Picart, de 23 ans, taille haute, cheveux chaſtains, de Quervien.

ROSCOFF.

Pilote.
Maiſtre de Chaloupe.

François Boga, de 50 ans, taille moyenne, cheveux chaſtains.
Guillaume Iacques, de 20 ans, taille moyenne, cheveux noirs.
Yvon Lariga, de 47 ans, taille *id.*
Laurens Queronarts, fils de Nicolas, de 16 ans, taille moyenne, cheveux bruns.
Chriſtophle Cabioch, de 20 ans, taille baſſe, cheveux noirs.
Chriſtien le Hou, de 26 ans, taille baſſe, cheveux bruns.
Thomas Piſivin, de 34 ans, taille moyenne, cheveux chaſtains.
Louis le Hir, de 45 ans, taille haute, cheveux gris.
Querſcoff Guillou, de 30 ans, taille haute, cheveux blonds.
Iean Corre, de 27 ans, taille haute, cheveux noirs.
Iean Bihan, le ieune, de 26 ans, taille baſſe, cheveux chaſtains.
Louis le Guiffant, de 40 ans, taille haute, cheveux blonds.
Guillaume Iacques, de 37 ans, taille haute, cheveux noirs.
François Querhuel, de 40 ans, taille moyenne, cheveux chaſtains.

Canonier.

Iacob Hugant, de 50 ans, taille moyenne, cheveux gris.
Adrian le Borgne, de 30 ans, taille moyenne, cheveux noirs.
François le Levier le ieune, de 23 ans, taille haute, cheveux noirs.
Noël Madecorf, de 22 ans, taille moyenne, cheveux noirs.
Ioannes Leſquier, de 24 ans, taille moyenne, cheveux chaſtains.
Mathieu Coeffeur, de 26 ans, taille baſſe, cheveux noirs.
François Canivet, de 30 ans, taille moyenne, cheveux chaſtains.
Pierre Merien, de 18 ans, taille baſſe, cheveux noirs.
Henry le Roy, de 28 ans, taille moyenne, cheveux blonds.
Yvon Cadiou, de 18 ans, taille baſſe, cheveux noirs.
André Marée, de 28 ans, taille moyenne, cheveux chaſtains.
Guillaume Layer, de 24 ans, taille moyenne, cheveux noirs.

Canonier.

François Guivarch, de 27 ans, taille moyenne, cheveux noirs.
Hieroſme Marc, dit Bleaurus, de 35 ans, taille moyenne.
Nicolas Moncus, de 18 ans, taille courte, cheveux chaſtains.
Nicolas Falleron, de 17 ans, taille baſſe, cheveux noirs.
Yvon le Bras, de 40 ans, taille moyenne, cheveux gris.
Bertrand Laovenan, de 22 ans, taille baſſe, cheveux chaſtains.

PAROISSE DE PLOVNCOVR.

Yvon Gueguen, de 40 ans, taille moyenne, cheveux blonds.
Yvon Quenec, de 20 ans, taille moyenne, cheveux noirs.
Yvon Gueguen, de 20 ans, taille *id.*
Allain Tanguy, de 30 ans, *id.*
Yvon Tanguy, de 22 ans, taille moyenne, *id.*
Hamon Abiven, de 20 ans, *id.*

PAROISSE DE QVERLOVAN.

François Tanguy, de 28 ans, taille moyenne, cheveux blonds, de Peloux.

JSLE DE BAS.

François le Dirou, de 26 ans, taille haute, cheveux noirs.
Iean Pisivin, de 35 ans, taille haute, cheveux chastains.
Philippes Guillou, de 16 ans, taille basse, cheveux noirs.
Pierre Philippes, de 27 ans, taille basse, *id.*
Iean Mercier, de 28 ans, taille moyenne, cheveux noirs.
Yvon Trelucher, de 26 ans, taille basse, cheveux chastains.
Ollivier le Mercier, de 25 ans, taille haute, cheveux noirs.
Colin Lelez, de 40 ans, taille basse, cheveux gris.
François Philippes, fils d'Yvon, de 32 ans, taille haute, cheveux chastains.
Iean le Loüet pere, de 60 ans, taille moyenne, cheveux gris.
François Philippes, de 22 ans, taille moyenne.
Iean Vidal, fils de Sebastien, de 18 ans, taille moyenne, cheveux chastains.
Iacques Ollivier, de 40 ans, taille haute, cheveux chastains.
Ollivier Philippes, de 25 ans, *id.*
Pierre Floch, de 19 ans, taille moyenne, cheveux chastains.
Nicolas Philippes, fils de Paul, de 15 ans, taille basse, cheveux noirs.
Yvon le Ny, de 40 ans, *id*
Iean Gral, fils de Noël, de 16 ans, taille moyenne, cheveux noirs.
Nicolas Hemery, de 28 ans, taille haute, cheveux roux.
Iean Autret, dit Bihan, de 24 ans, taille haute, cheveux noirs.
Thomas Moal, de 27 ans, taille *id.*
Michel Trimintin, de 30 ans, taille courte, cheveux noirs.
Yvon Bigarry fils, de 18 ans, taille moyenne, cheveux noirs.
Nicolas Bescond, de 26 ans, taille haute, cheveux jaunes, de Mehnelin.
Yvon Gral, fils de Colin, de 30 ans, taille basse, cheveux noirs.

PAROISSE DE PLOVCARNEAV.

Mathieu Cos, de 24 ans, taille haute, cheveux chastains, de Peros.
Yvon Guenou, fils de Charles, de 23 ans, taille moyenne, cheveux noirs,
de Kmen Bihan.

PAROISSE DE TREMENECH.

Gvillaume Legal, fils de Guillaume, de 22 ans, taille moyenne, cheveux noirs,
de Kgof.

PAROISSE DE BRENOV.

Laurens Pattin, de 24 ans, taille moyenne, cheveux chastains,

PAROISSE DE LANDEDA.

Yvon Bihan, de 26 ans, taille moyenne, cheveux noirs, de Quersalon.
Yvon Iestin, de 35 ans, taille moyenne, cheveux chastains, de Larmorique.
François Laust, de 30 ans, taille haute, cheveux noirs, *id.*
Yvon Legoff, de 24 ans, *id.*
François Tanguy, fils d'Allain, de 25 ans, *id.*

PAROISSE DE LANNILLIS.

Yvon Percherin, de 30 ans, taille moyenne , cheveux noirs, de Camen.
Yvon Daniel, de 20 ans , taille moyenne, cheveux noirs, de Quervenan.
Tanguy Faruel, de 30 ans, taille *id.* de Querieval.

PAROISSE DE TREFGLOSNOV.

Morvan Gonzian, de 30 ans, taille moyenne, cheveux noirs.

PAROISSE DE PLOVVIEN.

Yvon Queré, de 22 ans, taille baffe, cheveux noirs, de Quergat.

PAROISSE DE PLOVGVIN.

Iean Pottin, de 35 ans, taille haute, cheveux noirs, de Lomagan Vlulaf.

TREVE DE S. PABV *en la Paroiffe de Guitalmezé.*

Iean Perrot, de 30 ans, taille haute, cheveux noirs, de Brenellou.
Hierofme Lalarvin, de 26 ans, taille moyenne, cheveux noirs, de Querguiniou.
Pierre Ieftin , de 40 ans, taille *id.* du Bourg de S. Pabu.

PAROISSE DE GVITALMEZE.

Gvillaume Taniou, de 34 ans, taille baffe , cheveux noirs.
Simon Cloarec, de 35 ans, taille moyenne, cheveux noirs.
Yvon Hamon, de 45 ans, taille baffe, cheveux chaftains.
Hervé Doben, de 26 ans, taille baffe, cheveux noirs.
Hervé Legof, de 20 ans, taille baffe, cheveux chaftains.

PAROISSE DE LANDVNVEZ

Tanguy Quereneur, de 27 ans, taille haute, cheveux chaftains, de Tremazan.
Prigent le Hir, de 22 ans, taille baffe, cheveux noirs, d'Argenton.
Bertrand Buzic, de 35 ans, taille haute, cheveux blonds, *id.*
Guillaume Richard, de 25 ans, taille haute, cheveux chaftains.
Hervé Coric, de 40 ans, taille moyenne, cheveux chaftains, *id.*
Claude Iarven, de 35 ans, taille *id.* de Tremazan.
Iean Legal, dit Barados, de 50 ans, taille moyenne, cheveux noirs, *id.*
François Floch, de 35 ans, *id.*
François le Foreft, de 24 ans, taille haute, cheveux chaftains.
Gilles Quequron, de 15 ans, taille baffe, cheveux chaftains, *id.*
Yves Pelleau, de 20 ans, taille moyenne, cheveux chaftains, de Landunuez.
Tanguy le Borgne, de 40 ans, taille haute, cheveux chaftains, d'Argenton.
François Marzin, de 35 ans, taille moyenne, cheveux noirs, *id.*

PAROISSE DE PORTSPODER.

Iean Moyot, de 40 ans, taille haute, cheveux noirs.
Iean le Hir, de 28 ans, taille baffe, cheveux noirs, de Querouftat.
Ollivier Coricq, de Querdrevas, de 40 ans, taille baffe, cheveux gris.
François Prevoftic, dit Chicot, de 40 ans, taille haute, cheveux gris, du Glizic.
François Perrus, de 36 ans, taille moyenne, cheveux chaftains.
Gabriel Longen, de 24 ans, taille baffe, cheveux noirs, de Querdervas.
Pierre le Borgne, de 30 ans, taille baffe, cheveux noirs, du Pofquet.

Iean

Iean Legal, Doyen, de 45 ans, taille moyenne, cheveux gris, du Bourg.
François le Borgne, dit Meil, de 28 ans, taille haute, cheveux noirs, de Pratmeur.
François Coric, dit Louscap, de 35 ans, taille basse, cheveux gris, de Quermoar.
Iean Maçon, de 18 ans, dit sans soucy, taille basse, cheveux noirs.
Louis le Milbao, de 25 ans, taille moyenne, cheveux blonds, de Severn.
Yvon Coron, la Vallée, de 35 ans, taille moyenne, cheveux noirs.
Guillau Richard, dit Mellon, de 25 ans, taille basse, cheveux blonds.
Iean le Leizur Cosquer, de 30 ans, taille moyenne, cheveux noirs.
Gueguen Monlovarne, de 35 ans, taille moyenne, cheveux noirs.
Iean Lisiart, dit Terreneufve, de 50 ans, taille basse, cheveux noirs.
Pierre Querneau, dit Bail, de 45 ans, taille haute, cheveux chastains, de Laber.
Ollivier Marzin, de 45 ans, taille haute, cheveux gris, du Bourg.
Tanguy Riovallen, de 50 ans, taille moyenne, cheveux noirs, de Mellon.
Paul Lescaf, de 36 ans, taille moyenne, cheveux blonds, du Tré.
Iean Trelen, de 20 ans, taille moyenne, cheveux chastains, de Treniovez.
Pierre Mayot, de 36 ans, taille moyenne, cheveux noirs, de Ponteleau.
François Iaoven, fils d'Yvon, de 23 ans, taille basse, cheveux chastains.
Hervé Perrot, de 36 ans, taille haute, cheveux chastains, de Tranhovedou.
Yvon Legal, dit Sedit-il, de 50 ans, taille haute, cheveux noirs, de Querdreou.
Vincent le Lovedec, de 40 ans, taille haute, cheveux noirs, de Rumorvan.
Iean Tassin, de 22 ans, taille moyenne, cheveux noirs, *id.*
Yvon Guillard, de 18 ans, taille basse, cheveux blonds, du Cozquer.
Iean Floch, fils de Iean, de 17 ans, taille basse, cheveux noirs, d'Argenton.
Iean le Goff, de 22 ans, taille moyenne, cheveux noirs, de Quermerien.
Yvon le Gal, louche, de 25 ans, taille moyenne, cheveux chastains, de Queriovalle.
Tanguy Creach, de 30 ans, taille moyenne, cheveux noirs, de Querneau.
Tanguy Querneau, dit Bail, de 22 ans, taille basse, cheveux chastains, de Pratchoullou.
Claude Coric, de Querbelaut, de 36 ans, taille moyenne, cheveux noirs, de Laber.
Iean Marzin, de 34 ans, taille haute, cheveux noirs, de Laber.
Iean Queré, frere d'Ollivier, de 17 ans, taille basse, cheveux chastains, *id.*
Yvon Brenterch, de 28 ans, taille basse, *id.* de Querdreas.
Iean Querivaut, de 36 ans, taille basse, cheveux noirs, de Rumorvan.
Laurens Guillemin, de 40 ans, taille basse, cheveux gris, de Mezancou.
François Lezec, de 28 ans, taille moyenne.
Hervé le Hir, de 28 ans, taille moyenne, cheveux chastains, du Bourg.
Iean Legal, fils d'Yvon, de 30 ans, taille moyenne, cheveux noirs, de Mellon.
Leonard Creach, de 25 ans, taille haute, cheveux noirs, du Bourg.
Yvon Lezec, de 18 ans, taille moyenne, cheveux chastains, de Glizicq.

PAROISSE DE LANPAVL ET DE PLOVARZEL.

IEan le Saux, de 52 ans, taille haute, cheveux noirs, de Lanpaul.
Iean Perrotin, de 25 ans, taille moyenne, cheveux chastains.
Guillaume Legal, de 30 ans, taille moyenne, cheveux noirs, de Lanpaul.
François Petton, de 22 ans, taille *id.*
Iean Ruazoven, de 35 ans, taille moyenne, cheveux noirs.
Tanguy Bizien, de 40 ans, taille moyenne, cheveux roux.
Mathieu Allançon, de 25 ans, taille moyenne, cheveux noirs, de Plovarzel.
Yvon Brenterch, de 36 ans, taille basse, cheveux blonds, de Lanpaul.
Noël Creach, de 20 ans, taille basse, cheveux chastains, *id.*
Yvon Pencorre, de 20 ans, taille haute, cheveux noirs.
François Petton, de 25 ans, taille moyenne, cheveux noirs.

CONQVET ET PAROISSE DE LOCHRIST.

MIchel Trebaol, de 36 ans, taille haute, cheveux chastains, du Conquet.
Iean Lebarzic, de 27 ans, taille *id.*

Guillaume de Deizec, de 38 ans, *id.*
Ollivier Arvel, de 23 ans, *id.*
François Mareau, de 34 ans, taille baſſe, cheveux noirs.
Contre Maiſtre. Laurens Ianin, dit Ergol, de 42 ans. *id.*
Guillaume Mainguy, de 32 ans, taille baſſe, cheveux blonds.
François Mazé, de 22 ans, taille haute, cheveux noirs.
Ollivier Cleron, de 16 ans, taille moyenne, cheveux noirs.
François Morgat, de 23 ans, *id.*
François Queriou, de 36 ans, taille haute, cheveux noirs.
Gabriel le Sail, de 35 ans, taille *id.*
Guillaume Prigent, de 36 ans, taille baſſe, cheveux noirs.
Noël Bechec, de 27 ans, taille haute, cheveux chaſtains.
Paul Legoänneur Canou, de 36 ans, taille baſſe, cheveux noirs.
Iacques Creach, de 36 ans, taille haute, cheveux noirs.
Iulien Singuin, de 40 ans, *id.*
Noël Iezequel, de 23 ans, taille baſſe, cheveux noirs.
Lucas du Val, de 40 ans, taille courte, cheveux blonds.
Iacques le Tremen fils, de 20 ans, taille moyenne, cheueux noirs.
Iacques Petton, de 48 ans, taille haute, cheveux noirs.
Mathieu le Fourcher, de 20 ans, taille moyenne, cheveux noirs.
Claude Riovallen Touleur, de 26 ans, taille haute, cheveux noirs.
Bernard Legal, de 45 ans, taille haute, cheveux blonds.
Yvon Drillou, de 25 ans, taille moyenne, cheveux noirs.
François Nedelec, frere de Gabriel, de 20 ans, taille moyenne, cheveux noirs.
Gabriel Galic, de 24 ans, taille haute, cheveux chaſtains.
Paul Creach, de 40 ans, taille haute, cheveux noirs.
Noël Taurin, de 26 ans, taille baſſe, cheveux noirs.
Iſaac Abraham, de 25 ans, taille *id.*
Iean Legodu le jeune, de 25 ans, *id.*
Marc Berthélé, de 22 ans, taille baſſe, cheveux noirs.
Chriſtophle Peton, de 25 ans, taille *id.*
François Riovallen, de 24 ans, taille baſſe, cheveux chaſtains.
François Conian, de 17 ans, taille moyenne, cheveux noirs.
Ollivier le Tremen, de 16 ans, taille courte, cheveux noirs.
Legal, fils de Bernard, de 20 ans, taille haute, cheveux noirs.
François Leguerech, de 17 ans, taille moyenne, cheveux noirs, de Trebabu.
Iacques le Sail, de 22 ans, taille baſſe, cheveux noirs.
Iean André, de 18 ans, taille moyenne, cheveux noirs.
François Pennech, de 17 ans *id.*
François Meneur, de 17 ans, taille moyenne, cheveux jaunes.
Iean Soliman, de 18 ans, taille baſſe, cheveux noirs.
Iean Mathieu, de 18 ans, taille moyenne, cheveux noirs.

PAROISSE DE S. MATHIEV.

IEan Iezequel Michelin, de 24 ans, taille haute, cheveux noirs.

PAROISSE DE PLOVGONVELEN.

IEan le Rus, de 25 ans, taille moyenne, cheveux noirs.
Laurens le Forecheur, de 20 ans, taille haute, cheveux noirs.
François Corre, fils de Iean, de 18 ans, taille moyenne, cheveux chaſtains.
Iean Mener, de
Robert Querras, de 20 ans, taille baſſe, cheveux blonds.

ISLE ET PAROISSE DE MOLENNES.

REné le Maſſon, de 26 ans, taille moyenne, cheveux blonds.
René le Mao, de 30 ans, taille moyenne, cheveux gris.

Yvon le Breton, de 50 ans, taille basse, cheveux gris.
Yvon Martin, de 47 ans, taille haute, cheveux blonds.
Vincent le Bourch, de 24 ans, taille haute, cheveux noirs.
Iean le Breton fils, de 16 ans, taille basse, cheveux noirs.
Ambroise Quervegan, de 17 ans, taille basse, cheveux blonds.
Iean le Breton, dit Febé, taille moyenne, cheveux *id.*
François Ioüenan, fils de Iean, de 18 ans, taille haute, cheveux noirs.

ISLE ET PAROISSE D'OVESSANS.

Nicolas Bernard, de 20 ans, taille moyenne, cheveux blonds.
Thomas Bernard, fils de Iean, de 36 ans, taille basse, cheveux noirs.
Iean Mazeas, de 30 ans, taille moyenne, cheveux noirs.
A la Cayenne.
Estienne Berthelé, fils de François, de 20 ans, taille basse, cheveux blonds.
Alexandre Tual, de 18 ans, taille basse, cheveux chastains.
Michel Pennec, fils de Iean, dit Maire, de 16 ans, taille haute, cheveux blonds.
Pierre Toulalan, fils de François, de 23 ans, taille basse, cheveux chastains.
Paul Miniou, de 30 ans, taille basse, cheveux chastains.
Thomas Campion, de 25 ans, taille basse, cheveux noirs.
Herré, fils de Iean de Querancas, de 18 ans, taille moyenne, cheveux noirs.
Yvon Lenoret, de 30 ans, taille basse, cheveux blonds.
Guenolé Berthelé, fils de Iean, de 22 ans, taille moyenne, cheveux blonds.
Iacob Perrot, de 35 ans, taille moyenne, cheveux blonds.
Paul le Bon du Stiff, de 25 ans, taille moyenne, cheveux chastains.
Yvon Cozan, de 30 ans, taille moyenne, *id.*
Hervé Caradec de Penarlant, de 25 ans, *id.*
Laurens Perrot de 55 ans, taille haute, cheveux gris.
Thomas Perrot, fils de Laurens, de 30 ans, taille moyenne, cheveux noirs.
Guyon Leguen, de 30 ans, taille moyenne, cheveux chastains.
Marzin, fils de Paul, de 20 ans, taille moyenne, cheveux bruns.
Hervé Bernard, de Queraloché, de 40 ans, taille moyenne, cheveux chastains.
Malgorne, fils de Bernard de Quetergos, de 22 ans, taille moyenne, cheveux blonds.
Iean Stevan, fils de Michel, de 25 ans, taille basse, cheveux noirs.
François Berthelé, de 18 ans, taille basse, cheveux chastains.
Paul Cornou, fils de Iacob, de 25 ans, taille haute, cheveux noirs.
Hervé Malgorne, fils de Iean, de 20 ans, taille moyenne, cheveux chastains.
Christophle Berthelé, de 35 ans, taille haute, cheveux chastains.
Nicolas Berthelé, frere de Guyon, de 25 ans, taille moyenne, cheveux chastains.

PAROISSE DE PLOVZANNE'.

Ollivier Longen, de 25 ans, taille haute, cheveux chastains.
Hamon Poularvec, de 29 ans, taille haute, cheveux noirs.

PAROISSE DE QVILBIGNON.

René Allegoet, de 25 ans, taille moyenne, cheveux bruns.

RECOVVRANCE prés Brest.

Gvillaume Henry, de 34 ans, taille haute, cheveux noirs.
Laurens le Coat, de 45 ans, taille haute, cheveux meslez.
Antoine Bailleul, de 25 ans, taille moyenne, cheveux bruns, du Havre.
Iean de Pary, de 39 ans, taille trape, cheveux blonds.
Yvon Laurens, de 25 ans, taille haute, cheveux tirans sur le blond.
Iean Nimport, de 32 ans, taille haute, cheveux noirs.
Guillaume Dirop du Faon, de 25 ans, taille *id.*

Mathurin Iacob , de 55 ans , taille moyenne , cheveux noirs , chauye.
François Fauduëill , de 52 ans , taille moyenne, cheveux gris.
Sebaſtien Leſegalen , de 40 ans, taille baſſe , cheveux noirs.
Iean Lamour , de 40 ans, taille baſſe , cheveux gris.
Paul Paſter, de 30 ans, taille haute , cheveux bruns.
Philippes Cambray , de 28 ans, taille moyenne , cheveux chaſtains, de Paris.
Iean le Mignon , de 35 ans, taille moyenne , cheveux noirs , de Crozon.
Gilles Carahes, de 22 ans, taille *id*.
Pierre Bruman , de 33 ans , ayant vne jouë rouge.
Iean Chelin , de 40 ans , taille trape , cheveux chaſtains friſez.
Iacques Lars , de 19 ans, taille moyenne , cheveux chaſtains.
Guillaume Pelique , de 30 ans , taille courte , cheveux noirs.
Mathieu Gloanec , de 17 ans , taille trape.
François Riche , de 22 ans , taille moyenne, cheueux blonds.
Iean de la Borde , de 40 ans, taille baſſe , cheveux noirs , borgne.
Ollivier Corneils , de 32 ans , taille haute , cheveux chaſtains.

VILLE DE BREST.

HOnorat Beaumier , de 23 ans , taille moyenne, cheveux noirs , Provençal.
François Podeur , de trente ans, taille trape , cheveux gris.
Iean Aovel , de 19 ans , taille baſſe , cheveux noirs.
Iean leſtin , de 24 ans , taille moyenne , cheveux chaſtains.
Yvon Treguier , de 24 ans , taille baſſe , cheveux noirs.
Gilles le Beſcond , de 16 ans.

TRE'VE DE TRENIVEZ, *près Breſt*.

GVillaume le Bozenec , de 30 ans , taille haute , cheveux chaſtains.

PAROISSE DE GVIPAVAS.

YVon Crodon , de 34 ans , taille baſſe , cheveux noirs , du Quermeur.
Nicolas Bernicot , de 43 ans , taille trape , cheveux bruns , du Streal.
Iean Leguevel , de 40 ans , taille haute , cheveux noirs , du Rubian.
Yvon Leguen , de 28 ans , taille baſſe , cheveux noirs , de Quernelic.
Riou Malejac , de 30 ans , taille moyenne , cheveux chaſtains , du Bourg.

VILLE DE LANDERNEAV.

GErmain Potart , de 30 ans , taille haute , cheveux blonds.
Iean Gueguen , de 18 ans , taille baſſe , cheveux chaſtains.
Ollivier Quernez , de 27 ans , taille baſſe , cheveux noirs.
François Pren , de 24 ans , taille haute , cheveux chaſtains.
Guillaume Salaun , de 31 ans , taille moyenne , cheveux noirs.
Autre François Pren , de 25 ans , taille moyenne , cheveux blonds.
Ollivier Gourmelon , de 26 ans , taille moyenne , cheveux noirs.
Louis Legorannic , de 26 ans , taille baſſe , cheveux noirs.
Ollivier Colin , de 22 ans , taille haute , cheveux roux.
Iacques Guidal , de 45 ans , taille baſſe , cheveux noirs.
Iean Hely , de 45 ans , taille moyenne , cheveux chaſtains.

QVATRIESME

QVATRIESME CLASSE,

dont le service commencera au premier Avril 1673. & finira
au dernier Mars 1674.

VILLE DE MORLAIX,
Paroisse de Saint Martin.

FRANÇOIS LE BERRE, de 37 ans, taille moyenne, cheveux noirs.
Iean Page, de 46 ans, taille basse, cheveux chastains.
François le Dean, de 48 ans, taille *id.*
Iean Dourdu, de 35 ans, taille moyenne, cheveux chastains.
Pierre Brelivet le vieux, de 50 ans, taille basse, cheveux noirs.
Guillaume Talec, de 50 ans, taille moyenne, cheveux gris.
Iacques Rousseau, de 38 ans, taille moyenne, cheveux noirs.
Thomas Guillou, de 42 ans, taille moyenne, cheveux chastains,
Yvon le Page, de 42 ans, taille *id.*
Guillaume Cardinal, de 20 ans, taille haute, cheveux blonds.
Yvon Nicolle, de 30 ans, taille haute, cheveux chastains.

PAROISSE DE LOQVENOLE', prés Morlaix.

IEan le Roux, de 35 ans, taille basse, cheveux chastains,
Allain Briand, de 22 ans, *id.*
Thomas Querlisquin, de 35 ans, taille *id.*

TREVE DE QVARANTEC, Parroisse de Taullé.

GVion Madec, de 25 ans, taille moyenne, cheveux blonds.
Nicolas Lestang, de 30 ans, taille moyenne, cheveux noirs.
Iean le Noan, de 22 ans, taille haute, cheveux noirs.

PAROISSE DE TAVLLE.

HErvé Bellec, de 42 ans, taille haute, cheveux noirs, de Queredart.
Gilles Rovallec, de 33 ans, taille *id.* de Combalan.
Gabriel Person, de 26 ans, taille basse, cheveux noirs, de Quercadoret.

TREVE DE HANVIC, Paroisse de Taullé.

FRançois Hanuic, de 30 ans, taille moyenne, cheveux chastains, de Querjestin.
Sebastien Henry, de 20 ans, taille basse, cheveux noirs, de Coatquellen.
Rolland Treanto, de 25 ans, taille moyenne, cheveux noirs, de Querboré.
Iean Legourville, de 30 ans, taille *id.*

PAROISSE DE PLOVVENAN.

IEan le Bernard, de 30 ans, taille haute, cheveux noirs, de la Bunette.
Yvon le Chapelain, de 28 ans, taille moyenne, cheveux noirs, de Trohir.
Iean Leblaigne, de 40 ans, taille haute, *id.*
Marc Guiomarch, de 35 ans, taille *id.*
Iacques Salion, de 35 ans, taille basse, cheveux noirs, *id.*
Guillaume le Layrin, de 25 ans, taille haute, cheveux chastains, de Poureon.

G

Paul le Brun, de 27 ans, taille moyenne, cheveux blonds, *id.*
Iacques Gourhan, de 13 ans, taille baffe, cheveux noirs, de Queranton,

PAROISSE DE TREGONDERNE.

CHarles Heleau, de 45 ans, taille haute, borgne, de Painpol.
Henry Rioval, de 28 ans, taille haute, cheveux chaftains, *id.*
Pierre Picart, de 30 ans, *id.*
Yvon le Rideler, dit pied Gaillard, de 35 ans, taille moyenne, cheveux noirs *id.*
Pierre Caoufin, dit Quefce, de 30 ans, taille haute, cheveux noirs.
Allexandre le Plomme, de 15 ans, taille baffe, cheveux noirs.
Yvon le Loüet, de 36 ans, taille moyenne, cheveux noirs, de Painpoul.
Paul Picart, de 21 an, taille haute, cheveux blonds, de Queriven.

ROSCOFF.

FRançois Iacques, de 48 ans, taille moyenne, cheveux gris.
Iean Iacques, de 13 ans, taille baffe, cheveux noirs.
Pilote coftier. Nicolas Carou, de 50 ans, taille *id.*
Pierre Allain, de 19 ans, taille moyenne, cheveux noirs.
Nicolas Daniel fils, de 15 ans, taille *id.*
Iacques Morgant, de 14 ans, taille baffe, cheveux noirs.
Le Sieur de Quergreach Lebleis, de 40 ans, taille moyenne, cheveux noirs.
Guillaume le Hou, de 18 ans, taille moyenne, cheveux chaftains.
François Cloarec, de 34 ans, taille haute, cheveux blonds.
Pierre Bihan, de 20 ans, taille baffe, cheveux chaftains.
Guillaume Marec, de 38 ans, taille baffe, cheveux chaftains.
Allain Roparts, de 56 ans, taille moyenne, cheveux noirs.
Maiftre de Chaloupe. Chriftien le Pape, de 26 ans, taille haute, cheveux noirs.
Chriftien Bernard, de 35 ans, taille moyenne, cheveux chaftains.
Pierre Tanguy, de 28 ans, taille moyenne, cheveux noirs.
François Dizarbot, de 23 ans, taille haute, cheveux chaftains.
Iean Levenas, de 15 ans, taille baffe, cheveux blonds.
Calfateur. Iacob Legorgeur, de 50 ans, taille baffe, cheveux chaftains.
Calfateur. François Legoüez, de 48 ans, taille haute, cheveux gris.
François le Rovallec, le jeune, de 18 ans, taille moyenne, cheveux noirs,
Laurens Lefcuyer, de 25 ans, taille haute, cheveux chaftains.
Nicolas Banalec, de 38 ans, taille moyenne, cheveux chaftains.
Bertrand le Layer, de 20 ans, taille moyenne, cheveux blonds.
Iean Legoff, de 55 ans, taille moyenne, cheveux chaftains.
Iean Lechauffec, de 40 ans, taille baffe, cheveux gris.
Guillaume Goyen, dit Bras, de trente ans, taille moyenne, cheveux chaftains.
Hervé Quifiou, taille *id.*
Iean Dao, de 18 ans, taille *id.*
Henry Quimper, de 25 ans, taille baffe, cheveux noirs.
Iarven le Dreau, de 55 ans, taille haute, cheveux gris.
Maurice Gueguen, de 35 ans, taille moyenne, cheveux chaftains.
Guillaume le Roy, de 55 ans, taille moyenne, cheveux gris.
Le Sieur Palus Dibreder, de 38 ans, taille moyenne, cheveux chaftains.

PAROISSE DE PLOVESCAT.

Canonier. MAurice Querfauzon, de 55 ans, taille moyenne, cheveux chauves, de Kugan.

PAROISSE DE PLOVNCOVR.

TAnguy Lala, de 40 ans, taille haute, cheveux blonds.
Goulven Lequenec, de 24 ans, taille moyenne, cheveux noirs,
Yvon Roudant, de 20 ans, taille haute, cheveux *id.*

Yvon Goulven, de 20 ans, taille haute, cheveux blonds.
François le Pautrec, dit Querlan, de 24 ans, taille moyenne, cheveux noirs.

PAROISSE DE QVERLOVAN.

IEan Bouguenet, de 24 ans, taille haute, cheveux noirs.

ISLE DE BAS.

PAul Philippe, de 40 ans, taille moyenne, cheveux noirs.
Michel Lelouet, de 30 ans, taille moyenne, cheveux chastains.
Tanguy le Mercier, de 35 ans, taille haute, cheveux noirs.
Michel Vlot, de 24 ans, taille moyenne, cheveux noirs.
Nicolas Pisvin, de 30 ans, taille basse, cheveux noirs.
Yvon Philippe, de 55 ans, taille courte, cheveux noirs.
Bernard Cloarec le fils, de 20 ans, taille moyenne, cheveux blonds.
Guillaume Mercier, de 21 an, taille moyenne, cheveux noirs,
Yvon le Louet, de 20 ans, taille basse, cheveux chastains.
François Gueguen, de 32 ans, taille haute, cheveux noirs.
Yvon Lelez, de 20 ans, taille haute, cheveux chastains.
Iean Hevin, de 50 ans, taille basse, cheveux *id.*
Yvon Hullot, de 22 ans, taille moyenne, cheveux chastains.
Rolland Philippe, de 60 ans, taille basse, cheveux gris.
Yvon Helary, de 25 ans, taille haute, cheveux gris.
Allain Denis, de 25 ans, taille moyenne, cheveux chastains,
Yvon Floch, de 18 ans, taille *id.*
François Mercier, fils de Pierre, de 34 ans, taille moyenne, cheveux blonds.
Yvon Robin, fils de Guillaume, de 40 ans, taille moyenne, cheveux chastains.
Yvon Gueguen, de 44 ans, taille moyenne, cheveux noirs.
Thomas Gral, de 20 ans, taille moyenne, cheveux noirs.
Iean le Requer, de 28 ans, taille haute, cheveux blonds.
Iean Mercier, fils de Iean, de 25 ans, taille haute, cheveux noirs.
Yvon Hemery, fils de Iean, de 22 ans, taille haute, cheveux roux.

Pilote.

VILLE DE PLOVQVERNEAV.

YVon le Pars, fils de Gilles, de 25 ans, taille haute, cheveux chastains, de
    Perros.
Hervé Liziart, de 40 ans, taille haute, cheveux noirs.

PAROISSE DE TREMENECH.

MAthieu Perrot, fils d'Yves, de 23 ans, taille haute, cheveux noirs, de Quer-
    veloguen.

PAROISSE DE BRENOV.

PAul Pottin, de 29 ans, taille basse, cheveux blonds.

PAROISSE DE LANDEDA.

ANtoine Bars, de 25 ans, taille haute, cheveux noirs, de Landeda.
Tanguy Bolies, de 30 ans, taille haute, cheveux noirs, de Larmorique.
Christophle Simon, de 28 ans, taille *id.* de Landeda.
Iean Philippe, fils de François, de 25 ans, taille haute, cheveux chastains.

PAROISSE DE LANNILLIS.

HErvé Quelenec, frere de Iean, de 23 ans, taille moyenne, cheveux noirs, de
    Trelan.

Yvon Philippes , de 16 ans, taille *id*.
Yvon le Deudé, de 30 ans, taille *id*. de Querjanval.

PAROISSE DE TREFGLOSNOV.

ALlain Guillaume, de 25 ans, taille moyenne, cheveux noirs.

PAROISSE DE PLOVVIEN.

FRançois Pellen, de 23 ans, taille baffe, cheveux chaftains de Rolouarch.
Iean Diveres, de 30 ans, taille haute, cheveux noirs, de Querilien.

PAROISSE DE PLOVGVIN.

FRançois le Guerne, de 22 ans, taille baffe, cheveux blonds, de Loumagan.

TREVE DE S. PABV *en la Paroiffe de Guitalmezé.*

FRançois Autrec, de 20 ans, taille moyenne, cheveux chaftains , du port d'A?
vilec.
Guillaume Quemener, de 32 ans, taille moyenne, cheveux noirs, Derbous.
Allain Omnes, de 35 ans, taille haute, cheveux noirs, de Lambol.

PAROISSE DE GVITALMEZE'.

REné Provoft, de 36 ans, taille baffe, cheveux noirs, de Porfal.
François Corie, de 40 ans, taille *id*.
François Mengant, de 32 ans, taille haute, cheveux noirs.
René Golias, de 36 ans, taille baffe, cheveux chaftains.
Iean Leguiganton, de 45 ans, *id*.
Claude Mengant, de 28 ans, taille moyenne, cheveux noirs.
Iean Cloarec , de 20 ans, taille *id*.

PAROISSE DE LANDVNVEZ.

YVon Pelleau, dit Querré, de 34 ans, taille baffe, cheveux noirs, de Tremazan.
Guillaume Lanuzel, de 27 ans, taille haute, cheveux noirs, *id*.
Micolas Querneau, de 26 ans, taille baffe, cheveux noirs, d'Argenton.
François Prigent, de 25 ans, taille moyenne , cheueux *id*.
François Corvon , dit Labous, de 40 ans, taille moyenne, cheveux chaftains.
Hervé Boulch, fils de Guillaume , de 25 ans, taille haute, cheveux noirs, de
Tremazan.
Iean Menel, de 35 ans, taille moyenne, cheveux noirs, *id*.
Michel Legalic, de 40 ans, taille baffe, *id*.
Mathieu le Hir, de 40 ans, taille haute, cheveux noirs.
Nicolas Lamelot, de 35 ans, taille moyenne, cheveux noirs, d'Argenton.
Nicolas Bazille, de 45 ans, taille *id*.
Iean Lech, de 50 ans, taille haute, cheveux gris.
Ollivier le Foreft, de 26 ans, taille haute, cheveux chaftains, de Tremazan.
Polucher, fils de René, de 16 ans, taille moyenne, cheveux *id*.
Claude Carahès, de 45 ans, taille haute, cheveux blonds, d'Argenton.
Iean Mazé, de 30 ans, taille moyenne, cheveux chaftains.

PAROISSE DE PORTSPODER.

NIcolas Moyot, de 35 ans, taille haute, cheveux noirs.
Iean Harvel, de 40 ans, taille haute, *id*.
François Querros

Iean Lescam, de 40 ans, taille basse, *id.* du Queneach.
François Lescain, de 25 ans, taille moyenne, cheveux chastains.
Iean Lhostis, de 30 ans, taille moyenne, cheveux noirs, de Laber.
Yvon Creach, de 23 ans, taille basse, cheveux roux, de Quer Izelaf.
Iean Lezur, de 30 ans, taille moyenne, cheveux roux, du Gueneach-goüin.
Thomas Mereau, de 14 ans, taille haute, cheveux noirs, de Mellon.
François Legoff, de 28 ans, taille *id.* de Quermerien.
Pierre Hamon, de 36 ans, taille moyenne, cheveux noirs, *id.*
Yvon le Forest Querarfourne, de 30 ans, taille haute, cheveux blonds, de Plou.
Yvon Creach, taille haute, cheveux noirs, de Quermerien.
Guyon Mathieu, de 35 ans, taille basse, cheveux noirs, de Mezancou.
Hervé le Baron, de 33 ans, taille haute, *id.* de Querdervas.
Antoine Omnes, de 32 ans, taille moyenne, cheveux noirs, de Troigou.
Iean Ven, de   ans.
Nicolas Marzin, de 40 ans, taille haute, cheveux noirs, de Mellon.
François Creach, de 25 ans, taille haute, cheveux chastains, de Prachoulou.
André Quernobail, de 28 ans, taille haute, cheveux noirs, de Querdervas.
François Pen, de 28 ans, taille courte, cheveux noirs, de Querner.
Tanguy Petton, de 32 ans, taille moyenne, cheveux noirs, de Mellon.
Iean Queré le fils, de 22 ans, taille basse, cheveux chastains.
François Ferellou, de 45 ans, taille courte, cheveux gris, de Kueregar.
Yvon le Breton, de 20 ans, taille moyenne, cheveux chastains.
Guillaume Lestido, de 15 ans, taille basse, cheveux noirs, de Laber.
Guyon Mazé, de 32 ans, taille basse, cheveux gris, de Mezancou.
Yvon Provost, de 28 ans, taille basse, cheveux noirs, de Mellon.
Ollivier Pellen, de   ans.
Iean Richard, de 25 ans, taille basse, cheveux chastains.
Yvon Colin, de 23 ans, taille moyenne, cheveux chastains.
Yvon Iourden, de 30 ans, taille haute, cheveux noirs, de Laber, Quervezanec.
Guion Hamon, de 43 ans, taille haute, cheveux gris, de Laber.
Yvon Peton, de 36 ans, taille haute, cheveux noirs, de Quermoal.   *Contre-Maistre.*
Iean Martin Capitaine, de 50 ans, taille moyenne, cheveux gris, de Laber.
Iean Prat, fils de Vincent, de 22 ans, taille haute, cheveux noirs, *id.*
Tanguy Pelleau, de 30 ans, taille moyenne, cheveux noirs, de Mellon.
Guion Pellen, de 40 ans, taille courte, cheveux noirs, du Rost.
Iean Pradigou, de 30 ans, taille moyenne, cheveux noirs.
Tanguy Querros, de   ans.
Iean le Roux, de 27 ans, taille moyenne, cheveux noirs, d'Argenton.
Laurens le Mao, de 20 ans, taille basse, cheveux noirs, du Bourg.
Hervé Quermorgant, de 15 ans, taille *id.* d'Argenton.
Iean Querboul, fils de Guillaume, de 15 ans, taille moyenne, cheveux chastains.

PAROISSE DE LANPAVL ET PLOVARZEL.

Yvon Querboul, de 27 ans, taille basse, cheveux noirs, du Carpont.   *Canonier.*
Iean Quermeidic, de 34 ans, taille basse, cheveux noirs, de Lanpaul.
Iacques Plouzanné, de 35 ans, taille haute, cheveux noirs, *id.*
Paul Guillemin, de 40 ans, taille moyenne, cheveux blonds.
Iean Iezequel, dit Maillot, de 32 ans, taille basse, cheveux noirs.
François Bizien, de   ans.
François Queré, de 48 ans, taille moyenne, cheveux noirs, de Plouarzel.
Christophle Creach, de 25 ans, taille basse, cheveux blonds, de Trezian.
Yvon le Saux, de 18 ans, taille haute, cheveux chastains.
Ollivier Petton, de 30 ans, taille moyenne, cheveux *id.*
Hierosme Coré de 13 ans taille basse, cheveux chastains, de Lanpaul.
Guillaume Mazé, fils de la veuve Hamon, de 13 ans, *id.*

CONQVET ET PAROISSE DE LOCHRIST.

Maistre d'Eqvipage. NOël Poüant, de 36 ans, taille moyenne, cheveux blonds, du Conquet.
Guillaume Lebarzic, de 34 ans, taille moyenne, cheveux chastains.
Pilote. François Carahes, de 26 ans, taille haute, cheveux noirs.
Gabriel Herré, de 26 ans, taille moyenne, cheveux blonds.
Iean Corré, de 50 ans, taille moyenne, cheveux noirs.
Louis Provost, de 36 ans, *id.*
Iacques le Verge, de 18 ans, taille *id.*
Louis Rioüallen, de 36 ans, taille moyenne, cheveux blonds.
Iacob de Guerach, de 28 ans, taille moyenne, cheveux noirs.
François Bernard, de 26 ans, taille haute, cheveux noirs.
Pilote costier. Nicolas Creach, de 36 ans, taille moyenne, cheveux *id.*
Nicolas le Dreizech, de 45 ans, taille moyenne cheveux chastains.
Contre-Maistre. Iean Benzic, de 30 ans, taille *id.*
Michel Dalidec, de 25 ans, taille basse, cheveux noirs.
François le Masson, dit Dansé, de 24 ans, taille haute, cheveux noirs.
Guillaume Thomas, de 38 ans, taille haute, cheveux noirs.
Thomas le Mau, de 26 ans, taille moyenne, cheveux noirs.
François Salaun, de 40 ans, taille *id.*
Mathieu Iezequel le jeune, de 36 ans, taille haute, cheveux noirs.
Morvan le Couat Depenser, de 26 ans, taille moyenne, cheveux chastains.
Pilote. Iean le Quellec, de 20 ans, taille haute, cheveux gris.
Thomas Berthelé, de 42 ans, taille haute, cheveux noirs.
A Madagascar. Iean le Fourcheur, de 32 ans, taille moyenne, cheveux *id.*
Henry Miniou, de 36 ans, taille basse, cheveux noirs.
Cristien le Masson, de 30 ans, taille basse, cheveux blonds.
Nicolas le Hir, de 24 ans, taille basse, cheveux noirs.
Vincent Constant, de 27 ans, taille haute, cheveux blonds.
Christophle Legelebart Dollonis, de 50 ans, taille haute, cheveux gris.
Iean le Breton, de 36 ans, taille moyenne, cheveux noirs.
François Belec, de 20 ans, taille basse, cheveux chastains.
Pilote Costier. Gabriel Lorphevre, de 45 ans, taille basse, cheveux noirs.
Iean Trelen, de 18 ans, taille haute, cheveux blonds.
Yvon le Rousic, de 24 ans, taille haute, cheveux noirs.
Iean Lestang, de 24 ans, taille basse, cheveux noirs.
le Roux, fils de Prigent, de 22 ans, taille moyenne, cheveux chastains.
Sinquin, fils de François, de 16 ans, taille basse, cheveux noirs.
Iacob Feas, de 20 ans, taille haute, cheveux noirs.
Yvon Leleach, fils d'Allain, de 18 ans, taille moyenne, cheveux noirs.
Nicolas le Boulch, de 18 ans, taille moyenne, *id.*
Hervé Corre, de 19 ans, taille *id.*
Lenezan, fils de Marie Perrot, de 18 ans, taille basse, cheveux chastains.
Mathieu Querneau, de 32 ans, taille haute, cheveux noirs, du Conquet.
Mathieu Carahes, de   ans

PAROISSE DE S. MATHIEV.

LAurens le Chuiton, de 26 ans, taille haute, cheveux noirs.

PAROISSE DE PLOVGONVELEN.

YVon Lossoüarn, de 22 ans, taille haute, cheveux blonds.
Iean Clairic, fils de Sebastien, de 18 ans, taille moyenne, cheveux noirs.
Noël Perrin, de 22 ans, taille basse, cheveux noirs.
Iean Galou, de 32 ans, taille moyenne, cheveux noirs.
Michel Cozan, de 15 ans, taille moyenne, cheveux blonds.

ISLE ET PAROISSE DE MOLENNES.

YVon le Marec, de 27 ans, taille basse, cheveux noirs.
Iulien Creach, de 50 ans, taille *id*.
Bertrand le Mau, de 22 ans, taille moyenne, cheveux chastains.
Vincent le Masson, de 27 ans, taille moyenne, cheveux blonds.
Iean Legoaneur, fils d'Yvon, de 15 ans, taille basse, cheveux blonds.
Iean Maçon, fils de Iean, de 25 ans, taille haute, cheveux blonds.
Paul Marzin, de 37 ans, taille haute, cheveux noirs.
Iean Creach, de 14 ans, taille basse, cheveux blonds.
François le Borgne, de 16 ans, taille moyenne, cheveux chastains.

ISLE ET PAROISSE D'OVESSANS.

IEan Pennec, de 36 ans, taille basse, cheveux noirs, fils de Michel.
Nicolas Berthelé, dit basse Ruë, de 45 ans, taille moyenne, cheveux noirs.
Paul Mazeas, de 15 ans, taille moyenne, cheveux noirs.
Vincent le Vaillant, de 30 ans, taille haute, cheveux chastains.
Paul Berthelé, de 20 ans, taille moyenne, cheveux blonds.
Vincent Tual, fils de Iean, de 22 ans, taille haute, cheveux noirs.
Michel Caradec, de 30 ans, taille moyenne, cheveux blonds.
Iean Tual, fils de Iean, de 22 ans, taille basse, cheveux chastains.
Thomas Marzin, de 18 ans, taille moyenne, cheveux blonds.
Guion Miniou, de 25 ans, taille moyenne, cheveux chastains.
Iean Iezequel, de 30 ans, taille basse, cheveux noirs.
Iean Cain, de 22 ans, taille haute, cheveux blonds.
Iean Cozan, fils de Iean, de 25 ans, taille haute, cheveux chastains.
Iean Herré, de 16 ans, taille moynne, cheveux blonds.
Michel Lenoret, de 23 ans, taille haute, cheveux bruns.
Iean Berthelé, fils d'Allain, de 20 ans, taille moyenne, cheveux chastains.
Charles Cozan, fils de Mathieu, de 20 ans, taille basse, *id*.
Paul Bernard, gendre de Iacob Herré, de 35 ans, taille moyenne.
Jacques Bernard, dit Lignou, de 30 ans, taille *id*.
Iean Stevan Cain, de 25 ans, taille moyenne, *id*.
Yvon Leguen, de 20 ans, taille moyenne, cheveux noirs.
François Roparzic, fils d'Hervé, de 25 ans, taille moyenne, cheveux noirs.
Tual Miniou, fils de Laurens, de 30 ans, taille moyenne, cheveux chastains.
Nicolas Herré, fils de Iacob, de 15 ans, taille moyenne, cheveux noirs.
Gildas Perrot, fils de Gildas & frere d'Alain, de 20 ans, taille moyenne, cheveux bl.
Mathieu Malgorne, fils de Iean, de 25 ans, taille moyenne, cheveux noirs.
Nicolas le Geven, fils de Christophle, de 40 ans, taille moyenne, cheveux noirs.

PAROISSE DE PLOVZANNE.

IEan Poularvec, de 25 ans, taille haute, cheveux noirs.

PAROISSE DE QVILBIGNON.

FRançois Allegoet, de 35 ans, taille haute, cheveux roux.

RECOVVRANCE *prés Brest.*

BErnard Querneau, de 40 ans, taille moyenne, cheveux chastains.
Yvon Henry, de 23 ans, taille haute, cheveux blonds.
François Hardy, du Haure, de 35 ans, taille moyenne, cheveux chastains.
Guillaume le Vern, de 40 ans, taille trape, cheveux noirs.
Iean Lozovarn, du Conquet, de 30 ans, taille basse, cheveux noirs.
Ollivier Buveau, du Conquet, de 27 ans, taille haute, cheveux noirs frisez.

Hervé Labeozen, de 50 ans, taille moyenne, cheveux noirs, barbe rousse.
En Perse. Pierre Labeozen, de 22 ans, taille moyenne, cheveux chastains.
Daniel Faureau, de Royant, de 38 ans, taille basse, cheveux blonds.
Tanguy Carahes, du Conquet, de 40 ans, taille haute, cheveux noirs.
Martin Cren, de 36 ans, taille trape, cheveux noirs.
Iean Goaschet, de 36 ans, taille moyenne, cheveux noirs.
Iean du Bois, du Conquet, de 25 ans, taille *id.*
Hervé Piloch, de 50 ans, taille basse, cheveux mêlez.
François Colin, de 20 ans, taille trape, cheveux chastains.
Iacques Lars, de 43 ans, taille haute, cheveux chastains, barbe rousse.
Philippes Perrot, de 30 ans, *id.*
Iean Gilles d'Olleron, de 40 ans, taille moyenne, cheveux noirs mêlez.
Iean Masson, de 15 ans, taille basse, cheveux noirs.
François Laureur, de 14 ans, taille basse, cheveux blonds.
Christophle le Matz, de 13 ans, taille *id.*
Iean Corp le ieune, de Querivon, de 25 ans, taille haute, cheveux noirs.
Calfateur. Nicolas Marc, de 15 ans, taille basse, cheveux bruns.

VILLE DE BREST.

Pilote costier. ANtoine Harvel, de 45 ans, taille trape, cheveux noirs, barbe rousse.
Estienne Poupart, de S. Malo, de 40 ans, taille basse, cheveux noirs.
Tanguy Iestin, de 48 ans, taille moyenne, cheveux noirs.
Iean Hervé, de 37 ans, taille haute, cheveux chastains.
Yvon Iollou, de 45 ans, marqué au visage.
François Allain, de 21 an, taille moyenne, cheveux chastains.

TREVE DE TRENIVEZ, prés Brest.

GAbriel Quenea, de 40 ans, taille moyenne, cheveux chastains.

PAROISSE DE GVIPAVAS.

YVon Lizac de 44 ans, taille haute, cheveux mêlez, de Querbelic.
Nicolas le Bigot, de 16 ans, taille basse, cheveux chastains.
Henry du Pré, de 35 ans, taille haute, cheveux noirs, de Canfrout.
Estienne Hamon, de 48 ans, taille moyenne, cheveux roux, de Querens.

VILLE DE LANDERNEAV.

FRançois Potart, de 37 ans, taille haute, cheveux chastains.
Iean Horlach, de 27 ans, taille moyenne, cheveux *id.*
Yvon Legal, de 22 ans, taille basse, cheveux chastains.
Nicolas Potart, de 28 ans, taille haute, cheveux noirs.
Iacques Brencolle, de 36 ans, taille moyenne, cheveux noirs.
Pierre Toby, de 23 ans, taille moyenne, cheveux bruns.
Guillaume la Montagne, de 30 ans, taille moyenne, cheveux blonds.
Sebastien le Gal, de 28 ans, taille moyenne, cheveux chastains.
Iean Riou, de 27 ans, taille haute, cheveux noirs.

CINQVIESME

CINQVIESME CLASSE

dont le service commencera au premier Avril 1674. & finira
au dernier Mars 1675.

VILLE DE MORLAIX,
Paroisse de Saint Martin.

IEAN le Moine, de 50 ans, taille moyenne, cheveux gris
François Queriel, de 28 ans, taille moyenne, cheveux chastains.
Louis le Filleul, de 43 ans, taille moyenne, cheveux noirs.
Bernard le Roux, de 23 ans, taille haute, cheveux chastains.
François Montfort, de 22 ans, taille basse, cheveux id.
Augustin Mazé, de 42 ans, taille moyenne, cheveux noirs.
Iean Leguen, de 45 ans, taille haute, cheveux gris.
Iean Rioval, de 42 ans, taille basse, cheveux noirs.

PAROISSE DE TREGONDERNE.

YVon Rideler, fils d'Yvon, de 18 ans, taille moyenne, cheueux noirs, de
    Painpoul.
Allain Picart le jeune, de 35 ans, taille moyenne, cheveux gris, prés du Passage.
Iean le Dilasser, de 36 ans, taille moyenne, cheveux gris, de Tregonderne.
Guillaume le Picart le jeune, dit le Fol, de 30 ans, taille basse, cheveux noirs.
Guillaume Prigent, de 24 ans, taille haute, cheveux noirs, de Painpoul.
Guillaume Picart, fils d'Allain, de 16 ans, taille moyenne, cheveux blonds.

ROSCOFF.

PIerre Boga, de 19 ans, taille basse, cheveux noirs. *Maistre de Chaloupe.*
    Bertrand Levenas, de 18 ans, taille moyenne, cheveux noirs.
Hierosme Cloarec, de 30 ans, taille basse, cheveux noirs.
François le Borgne, de 34 ans, taille haute, cheveux noirs.
François le Levier, de 55 ans, taille moyenne, cheveux gris.
Christophle Galiou, de 20 ans, taille basse, cheveux chastains.
Ioseph Biziun, de 33 ans, taille moyenne, cheveux noirs.
Iean Bihan, de 55 ans, taille basse, cheveux gris. *Pilote*
Pierre le Roy, de 25 ans, taille haute, cheveux blonds.
Bertrand le Diguizer, de 22 ans, taille moyenne, cheveux chastains.
Yvon Dourmade, de 23 ans, taille moyenne, cheveux chastains.
Iean Labé, de 24 ans, taille basse, cheveux id.
Iean le Cun, de 25 ans, taille haute, cheveux noirs.
François le Moulin, de 22 ans, taille basse, cheveux id.
Paul le Hir, de 27 ans, taille haute, cheveux noirs.
Gabriel Folcalvés, de 55 ans, taille basse, cheveux gris.
Ollivier le Pape, de 26 ans, taille haute, cheveux noirs.
Ollivier Queré, de 20 ans, taille basse, cheveux chastains.
Yvon Bizien, le Petit, de 22 ans, taille id.
Guillaume Simon, de 26 ans, taille haute, cheveux noirs.
André Legoff, de 20 ans, taille courte, cheveux chastains.
Estienne France, de 28 ans, taille moyenne, cheveux noirs.
Le sieur Yvon Prigent, de 30 ans, taille moyenne, cheveux chastains.
Nicolas Querovarts, de 45 ans, taille moyenne, cheveux gris. *Pilote costier.*

I

Le sieur le Dirou, de 40 ans, taille basse, cheveux noirs.
Pilote Costier. Yvon le Layer, de 55 ans, taille haute, cheveux gris.
Hierosme Floch, de 40 ans, taille moyenne, cheveux gris.
Canonier. Pierre Boga, de 40 ans, taille haute, cheveux gris.
Iacob Calvez, de 30 ans, taille haute, cheveux noirs.
Iean Caro, de 25 ans, taille haute, cheveux blonds.
Pierre Bonnaventure, de 22 ans, taille basse, cheveux chastains.
Charpentier. Nicolas Roussel, de 20 ans, taille moyenne, cheveux noirs.

PLOVNCOVR.

Yvon Roudaut, de 30 ans, taille haute, cheveux noirs.
Guillaume Fahé, fils de Iean, de 30 ans, taille moyenne, cheveux noirs, de
Querrus.
Iacques Gueguen, de 23 ans, taille moyenne, cheveux noirs.
Yvon Querré, de 28 ans, taille haute, cheveux blonds.
Yvon Castel, de 30 ans, taille moyenne, cheveux noirs.
Yvon Lagadec, de 34 ans, taille haute, cheveux noirs.

ISLE DE BAS.

Tanguy Guillou, de 40 ans, taille moyenne, cheveux gris.
Yvon Denis, de 22 ans, taille haute, cheveux chastains.
Pierre Hellary, fils de Michel, de 23 ans, taille basse, cheveux noirs.
Guillaume Pisivin, de 17 ans, taille basse, cheveux chastains.
Iean Trimintin, de 26 ans, taille basse, cheveux blonds.
Yvon Floch le pere, de 52 ans, taille haute, cheveux chastains.
Iean le Louet, de 40 ans, taille haute, cheveux blonds.
François le Ieune, de 22 ans, taille haute, cheveux noirs.
Yvon Robin, fils de François, de 25 ans, taille haute, cheveux blonds.
François Robin, fils de Iean, dit Bihan, de 40 ans, taille moyenne, cheveux cha-
stains.
Ioseph Trimintin, de 14 ans, taille basse, cheveux noirs.
Nicolas Barzic, de 18 ans, taille moyenne, cheveux noirs.
François Bigary, de 40 ans, taille haute, cheveux noirs.
Nicolas Moal, de 40 ans, taille moyenne, cheveux chastains.
Iacques Bernard, de 33 ans, taille haute, cheveux noirs.
Guillaume Hullot, de 17 ans, taille moyenne, cheveux *id.*
André Hemery, de 22 ans, taille basse, *id.*
Nicolas Philippe, dit Quelego, de 21 an, taille haute, cheveux chastains.
Nicolas Bescond, fils de Iean, de 27 ans, taille moyenne, cheveux chastains.
Iean Mercier, fils de Pierre, de 36 ans, taille *id.*
Iean Moal, de 42 ans, taille haute, cheveux noirs.
Iean Gral, dit Lamorducq, de 30 ans, taille basse, *id.*
Iean le Ieune, de 40 ans, taille basse, cheveux chastains.
Iean Vidal, fils de Ieanne Guillou, de 14 ans, taille basse, cheveux noirs.
Iean Bouchart, de 41 an, taille moyenne, cheveux noirs.
Allain Mercier, de 22 ans, taille basse, cheveux chastains.
Yvon Lazenec, de 20 ans, taille moyenne, cheveux noirs.
Ollivier Bozennec, de 16 ans, taille haute, cheveux *id.*

PAROISSE DE LANDEDA.

Yvon Comme, de 25 ans, taille haute, cheveux blonds, de Larmorique.
Allain Tanguy, fils de Guillou.
Nicolas Roger, de 28 ans, taille haute, cheveux noirs, de Landeda.
Fiacre Leon, de 32 ans, taille haute, cheveux noirs.
François Iestin, de 30 ans, taille moyenne, cheveux chastains, de Larmorique.
Yvon Lozouarn, de 30 ans, taille basse, cheveux blonds, de Landeda.

PAROISSE DE CVITALMEZE'.

CLaude Coric, de 36 ans, taille haute, cheveux chastains.
Maurice Cloarec, de 20 ans, taille moyenne, cheveux noirs.
Guillaume Faonen, de 36 ans, taille haute, cheveux blonds.
Yvon Goff, de 45 ans, taille basse, cheveux gris.
Claude Coric fils de François, de 20 ans, taille moyenne, cheveux noirs, de Porsal.
Yvon Pallié, de 30 ans, taille basse, cheveux blonds.
Ollivier le Borgne, de 22 ans, taille moyenne, cheveux noirs.
Nicolas le Gal, dé 50 ans, taille moyenne, cheveux gris.

LANDVNVEZ.

IEan Iarnicq, de 30 ans, taille basse, cheveux noirs.
Pierre Briand, de 27 ans, taille moyenne, *id.*
Michel Querros, de 30 ans, *id.*
Iean Buzic, de 50 ans, taille moyenne, cheveux chauves.
Yvon Buzic, de 40 ans, taille haute, cheveux noirs, d'Argenton.
François Lhoste, de 40 ans, taille haute, cheveux chastains.
Guillaume Prevostic, de 28 ans, *idem*, de Tremazan.
Tanguy Pelleau, de 22 ans, taille moyenne, cheveux noirs.
Ollivier Legoff, de 45 ans, taille moyenne, cheveux chastains, d'Argenton.
Iacques Brenterch, de 30 ans, taille basse, cheveux *id.*
François le Bescond, de 25 ans, taille moyenne, cheveux noirs.
Yvon le Leach, de 15 ans, taille moyenne *id.* d'Argenton.
Iean Leaust, de 32 ans, taille haute, cheveux chastains, *id.*
Guillaume Lamolot, de 40 ans, taille moyenne, cheveux noirs, de Tremazan.
Iean Querros de Boisjoly, de 30 ans, taille basse, cheveux noirs.
Iean Legal, de 22 ans, taille haute, cheveux chastains, de Tremazan.

PAROISSE DE PORTSPODER.

GVillaume Coric, de 45 ans, taille moyenne, cheveux chastains.
Yvon le Forest, dit bon-Enfant, de 14 ans, taille basse, cheveux noirs.
Yvon Ven, de 36 ans, taille haute, cheveux noirs, de Spernic.
Iean Richard, dit Turc, de 28 ans, taille basse, cheveux noirs.
Allain Querneuzet, de 35 ans, taille moyenne, cheveux blonds.
Yvon Legal, dit Gardoüin, de 35 ans, taille moyenne, cheveux noirs, de Rumorvan.
Iean le Borgne, dit Bihan, de 40 ans, taille moyenne, cheveux gris, de Madou.
Colin frere d'Yvon, de 25 ans, taille moyenne, cheveux chastains, de Madou.
Hervé Prat, de 56 ans, taille haute, cheveux noirs, de Querisaonen.
Queremeur, fils de Iean, de 25 ans, taille moyenne, cheveux noirs, de Laber.
Guillaume le Hir, de 17 ans, taille moyenne, cheveux noirs, de Mellon.
Ollivier Bazille, de 35 ans, taille *id.*
François le Roux, de 23 ans, taille haute, cheveux chastains, de Quérisela.   *En Persé.*
Yvon Marzin, de 30 ans, taille moyenne, cheveux noirs, de Locroix.
Iean Prevostic, de 55 ans, taille haute, cheveux noirs, de Queronstant.
Iean Mathieu, dit Cauzon, de 30 ans, taille basse, cheveux noirs, de Querimonez.
Hervé Longen, de 33 ans, taille basse, cheveux noirs, de Queradraon.
Iean Creach, de 40 ans, taille haute, cheveux noirs, de Barados.   *Contre-Maistre.*
Pierre Coric, de 30 ans, taille basse, cheveux noirs, du Bourg.
Claude le Borgne, le fils, de 25 ans, taille basse, cheveux chastains, de Pratpaul.
Mathieu Brenterch, de 30 ans, taille moyenne, cheveux roux, de Quernezen.
Ollivier Bazille, de 35 ans, taille moyenne, cheveux noirs.
Caouron fils de Vincent, de 18 ans, taille moyenne, cheveux chastains.
Yvon le Roux, de Mellon, de 36 ans, taille basse, cheveux noirs.

Mathieu Omnes, de 35 ans, taille haute, cheveux noirs, de Mareau.
Yvon Colin le jeune, de 26 ans, taille haute, cheveux noirs, de Pranchoulou.
Yvon Lezur, de 28 ans, taille *id.*
Yvon Colin le vieux, de 40 ans, taille *id.*
Iean Lorvet, de 28 ans, taille baffe, cheveux blonds, d'Argenton.
François Briand, de 22 ans, taille moyenne, cheveux noirs, de Querberes.
Mazé Iulien, de 30 ans, taille baffe, cheveux chaftains.
Claude Thomas, de 24 ans, taille haute, cheveux noirs, de Glify.
Iean Marzin, dit Turc, de 36 ans, taille moyenne, cheveux chaftains.
Yvon Robichon, de 29 ans, taille baffe, cheveux gris, boiteux, de Laber.
Mathieu Floch, de 30 ans, taille haute, cheveux roux, de Pratmeur.
Prigent Abhumon, de 40 ans, taille haute, cheveux chaftains, de Creach.
Ollivier Brenterch, de 33 ans, taille haute, cheveux blonds, de Querifilan.
Simon Laurens, de 20 ans, taille baffe, cheveux chaftains, de Quervezenec.
Mathieu Lefcan, de 30 ans, taille baffe, cheveux blonds, de Prapol.
Paul Quermeidic, dit Piloche, de 36 ans, taille haute, cheveux noirs, de Mellon.
Hierofme Coron, de 36 ans, taille haute, cheveux noirs, de Querqueradec.
François Querros, de 16 ans, taille baffe, cheveux noirs, d'Argenton.
François Fourdelis, de 20 ans, taille moyenne, cheveux noirs, du Bourg.
Iacques Querno, fils de Iean, de 25 ans, taille haute, cheveux noirs, de Laber.
Vincent Mazé, de 35 ans, taille moyenne, cheveux roux, *id.*
François Pradigou, de 20 ans, taille moyenne, cheveux noirs, de Querdrivaut.
Guyon Laurens, de 20 ans, taille moyenne, cheveux chaftains, de Quervezenec.
Iean Lhofpital, de 35 ans, taille baffe, cheveux blonds.
Yvon Leven, de 36 ans, taille haute, cheveux noirs, de Pervecq.
Yvon Iourdain Touffaints, de 35 ans, taille baffe, cheveux noirs.
Iean le Foreft, de 40 ans, taille moyenne, cheveux chaftains, de Quervezenec.
Yvon Legal, de 28 ans, taille haute, cheveux noirs, de Mellon.
Calfateur. Yvon Legoazneur, de 25 ans, taille haute, cheveux noirs, de Pratpaol.
Ollivier Harvel, de 27 ans, taille moyenne, cheveux chaftains, de Querdiovel.
Leonard Querros, de 22 ans, taille haute, cheveux chaftains, d'Argenton.
Mathieu le Borgne, de 18 ans, taille baffe, cheveux noirs, de Quervezenec.
François Predour, fils de Bernard, de 18 ans, taille haute, cheveux chaftains, de
    Querivet.
Iean Leguen, fils de Marie Lefcaf, de 23 ans, du Bourg.
François Pelleau, fils de François, de 20 ans, taille moyenne, cheveux noirs, de
    Laber.
Iean le Moquaer, de 30 ans, taille baffe, cheveux noirs, de Glific.
Hamon Queré, de 17 ans, taille moyenne, cheveux noirs, de Queré.
Yvon Perrot, de 22 ans, taille moyenne, cheveux blonds.
Tanguy Balch, de 35 ans, taille baffe, cheveux noirs.
Iean Legal le ieune, de 35 ans, taille moyenne, cheveux blonds, de Querdreau.
Tanguy Brenterch, de 25 ans, taille haute, cheveux chaftains.
Iean Caouron, fils de Vincent, de 20 ans, taille moyenne, cheveux noirs, de
    Madou.
Calfateur. François le Borgne, de 26 ans, taille moyenne, cheveux blonds.
Nicolas Legoazneur, de 30 ans, taille haute, cheveux chaftains.
Claude Tremenec, de 25 ans.
Iean Lefcot, de 17 ans, taille moyenne, cheveux chaftains, du Bourg.
Ollivier Robichon, fils d'Ollivier de 17 ans, taille baffe cheveux *id.* de Queneach.
Iean Mevel, de 25 ans, taille haute, cheveux blonds, de Mellon.
Mathieu Pelleau, fils de François, de 24 ans, taille moyenne, cheveux noirs.
François Prat, de 28 ans, taille baffe, cheveux noirs, de Querdreau.
Iean Querboul Bihan, de 40 ans, taille baffe, cheveux noirs, de Laber.
Vincent Iourden, de 20 ans, taille *id.* de Quergur.
Charles Querlio, de 18 ans, taille haute, cheveux noirs, du Bourg.

PAROISSE

PAROISSE DE LANPAVL ET PLOVARZEL.

Yvon Creach, dit Barboude, de 38 ans, taille basse, cheveux noirs, de Lanpaul.
François Petton, de 22 ans, taille moyenne, cheveux noirs, *id.*
Yvon le Boulch, de 40 ans, taille haute, cheveux chastains.
Iean Bizian, de 24 ans, taille basse, cheveux noirs.
Iean Allanson
Iean Mazé, de 23 ans, taille basse, cheveux noirs, de Trizian.
Yvon Petton, dit Petten, de 40 ans, taille haute, cheveux noirs, de Rubian.
Hervé Paincorre, de 50 ans, taille moyenne, cheveux blancs, de Lanpaul.
Iean le Hir, le pere, de 40 ans, taille basse, cheveux gris.
Iean Plouzanné, de 22 ans, taille basse, cheveux noirs, de Trezian.
Guillaume Creach, de 18 ans, taille moyenne, cheveux chastains, *id.*
Iean le Hir le fils, de 18 ans, taille moyenne, cheveux blonds.

CONQVET ET PAROISSE DE LOCHRIST.

Noël Carahes, de 28 ans, taille basse, cheveux noirs.
Ioseph Blazou, *id.*
Martin Corre, de 24 ans, *id.*
Louis Mathieu, de 25 ans, *id.*
Iean Richard, de 20 ans, *id.*
Sebastien Siviniant, de 30 ans, taille haute, cheveux noirs.
Sebastien le Baron, de 50 ans, taille moyenne, cheveux gris.
Iacques Lanuzel, de 22 ans, taille moyenne, cheveux noirs.
Iean Conflant, de 26 ans, taille haute, cheveux chastains.
François Pasquier, de 18 ans, taille basse, cheveux noirs.
Iacques le Marec, de 32 ans, taille moyenne, *id.*
Noël le Verch, taille basse, cheveux chastains.
Paul le Corre, de 30 ans, taille basse, cheveux noirs.
Hervé le Mignon, de 40 ans, *idem.*
Noël Richard, de 40 ans, taille basse, cheveux chastains.
Michel Iezequel, de 22 ans, taille haute, cheveux noirs.
Guillaume Quelec, de 25 ans, taille haute, cheveux chastains.
Noël Michel, de 50 ans, taille haute, cheveux noirs.
Gabriel Nedelec, de 24 ans, *idem.*
Iean Landivinec, de Dovarnenez, de 28 ans, taille haute, cheveux noirs.
Iacques Cozian, de 25 ans, taille haute, cheveux chastains.
Nicolas le Rouzic, de 19 ans, taille basse, cheveux noirs.
Guyon Corre, de 22 ans, taille moyenne, cheveux noirs.
Martin Moal, de 25 ans, taille haute, cheveux noirs.
Yvon Querach, de 26 ans, taille moyenne, cheveux chastains.   *Canonier.*
Louis Michel, de 40 ans, taille haute, cheveux noirs.   *Contre-Maistre.*
Ollivier Legoff, de 30 ans, taille basse, *idem.*
Yvon le Pape, de 24 ans, *idem.*
Iean Pennech le vieil, de 40 ans, *id.*
Ambroise Lorfevre, de 36 ans, taille haute, cheveux chastains.
Guillaume le Mao, de 50 ans, taille haute, cheveux gris.
Noël Iestin, de 30 ans, taille haute, cheveux noirs.
Hamon Quemener, de 20 ans, taille moyenne, cheveux blonds.
François Marzin, fils d'Hervé, de 16 ans, taille basse, cheveux noirs.
Pierre Gavin, fils de Poulic, de 15 ans, taille *id.*
Fiacre le Masson, de 50 ans, taille haute, cheveux gris.
François Caradec, de 45 ans, taille haute, cheveux chastains.
Ollivier Bernard, de 45 ans, taille basse, cheveux noirs.
Noël Cleron, de 34 ans, taille courte, *idem.*
Jean le Corre, de 22 ans, taille haute, cheveux noirs.
Pierre Quemener son frere, de 26 ans, taille basse, cheveux noirs.

K

Iean Pennec, de 22 ans, *idem.*
Noël Quemener, de 32 ans, taille haute, cheveux noirs.
Pierre le Drehec, de   ans.
Iacques Trovin, de 18 ans, taille moyenne, cheveux noirs.
Noël Belec, de 26 ans, taille *id.*
Hiacinthe le Marchand, de 17 ans, taille basse, cheveux *id.*
Yvon Masson, de 26 ans, *idem.*

ISLE ET PAROISSE DE MOLENNES.

IEan Marec, de 15 ans, taille moyenne, cheveux noirs.
Yvon Quervagan, de 26 ans, taille basse, cheveux blonds.
Iean Queré, de 22 ans.
Iean Bourg, de 17 ans, taille haute, cheveux noirs.
Henry Martin, de 40 ans, taille basse, cheveux chastains.
Mathieu Mao, de 45 ans, taille basse, cheveux gris.
Iean Foüenan, de 43 ans, taille haute, cheveux chastains.

ISLE ET PAROISSE D'OVESSANS.

IEan Campion, de 30 ans, taille moyenne, cheveux chastains.
Philippes Ponecq, de 42 ans, *idem.*
Iean Malgorne, dit Creis, de 30 ans, taille moyenne, cheveux noirs.
Nicolas Berthelé, fils de Iean, de 25 ans, taille moyenne, cheveux chastains.
Iean Berthelé, frere de Lucas, de 25 ans, *idem.*
Paul le Bon, de 30 ans, taille moyenne, cheueux noirs.
Iean Talagoüin, de 25 ans, *id.*
Lucas Berthelé, de Quergadou, de 25 ans, *idem.*
Iean Bilcoq, de 40 ans, taille *id.*
      Quimean, fils de Michel, de 30 ans, taille basse, cheveux noirs.
Vincent Bernard, de 20 ans, taille moyenne, cheveux chastains.
Bernard Sonnic, de 25 ans, *idem.*
Lucas Berthelé, de Quereré, de 30 ans, *idem.*
Bernard fils de Iean, de 18 ans, taille basse, cheveux chastains.
René Miniou, de 25 ans, taille moyenne, cheveux chastains.
Hervé Miniou, de 20 ans, taille haute, *id.*
Pilote. Gildas Perrot, de 45 ans, taille basse, cheveux blonds.
Iean Malgorne, de 18 ans, taille moyenne, *id.*
François Pennecq, dit Rochemont, de 25 ans, taille moyenne, cheveux chastains.
Iean Lenoret, fils de Iean, de 25 ans, taille basse, cheveux noirs.
Iean le Bilcoc, fils de Iean, de 18 ans, taille basse, cheveux chastains.
Hervé Bernard, de 35 ans, taille moyenne, cheveux noirs.
Bernard Sin, de 40 ans, taille haute, cheveux noirs.
Iacob Corre, de 45 ans, taille haute, cheveux roux.
Philippes Tual, de 50 ans, taille moyenne, *id.*
Tudoal Pennec, de 35 ans, taille moyenne, cheveux bruns.
Iean Stevan, fils de Vincent, de 20 ans, taille moyenne, cheveux chastains.
      Malgorne, fils d'Izabelle Marzin, de 25 ans, *id.*

RECOVVRANCE prés Brest.

HErvé le Chuiton, de 56 ans, taille moyenne, cheveux bruns.
Yvon Guiganton, de 40 ans, taille moyenne, cheveux noirs.
Hervé Longen, de 45 ans, taille haute, cheveux noirs.
Mathieu le Map, de 24 ans, taille trape, cheveux noirs.
Iean le Baron, de 40 ans, taille moyenne, cheveux noirs.
Ollivier Roger, de 35 ans, taille moyenne, cheveux bruns.
René Calvez, de 30 ans, taille trape, cheveux chastains.
François Riou, de 56 ans, taille moyenne, cheveux noirs, chauve.

Hervé Sanné, de 30 ans, taille moyenne, cheveux noirs.
Iean le Beuzic, de Laber, de 55 ans, taille haute, cheveux gris.
Goulven Carahes, du Conquet, de 30 ans, taille moyenne, cheveux bruns.
Tanguy Nicolas, de 50 ans, taille baſſe, cheveux chauves.
Iacob Pelleau, de 40 ans, taille moyenne, cheveux bruns.
Iean le Chuitton, de 36 ans, taille baſſe, cheveux noirs.
Pierre Roger, de Crodon, de 27 ans, taille haute, cheveux noirs.
Iacques Tremen, du Conquet, de 30 ans, taille moyenne, cheveux chaſtains.
Mathurin Pagu, des Sables d'Ollonne, de 35 ans, taille haute.
Nicolas Govarzin, de 20 ans, taille moyenne, cheveux blonds.
Iean Martin, de 25 ans, taille baſſe, cheveux noirs.
Hamon le Guichoux, de 16 ans, taille trape, cheveux blonds.
Pierre Guivarch, de S. Malo, de 26 ans, taille moyenne, cheveux chaſtains.
Guillaume Mellegan, de 35 ans, taille moyenne, cheveux noirs.
Iacques le Guichoux d'Argenton, de 50 ans, taille haute, barbe rouſſe.
Barthelemy le Bail, de 40 ans, taille moyenne, cheveux bruns.
François Carahes, de 20 ans, taille baſſe, cheveux *id.*
Iacques Petit, de 15 ans, taille baſſe, cheveux bruns.
Iean Leſtang, du Conquet, de 30 ans, taille moyenne, cheveux noirs.

VILLE DE BREST.

FRançois Laudrin, de 18 ans, taille baſſe, cheveux chaſtains.
Iean Perrot, de 35 ans, taille haute, cheveux bruns.
Guillaume le Dreau, de 21 an, taille baſſe, cheveux noirs.
Louis Cordier, de 30 ans, taille trape, cheveux bruns.
Laurens Segalen, de 45 ans, taille trape, cheveux chaſtains.
Noël Lazenet, de 40 ans, taille haute, cheveux noirs.
Philibert Podeur, de 26 ans, taille moyenne, cheveux noirs.
Noël Ioullou, de 19 ans, taille baſſe, cheveux blonds.

PAROISSE DE GVIPAVAS.

IAcques Mezou, de 30 ans, taille haute, cheveux noirs.
Sebaſtien Puluhen, de   ans, cheveux bruns.
Ollivier Chayé, de 28 ans, taille haute, cheveux noirs, de Querlus.
Iean Gallou, de 19 ans, taille moyenne, cheveux blonds, de Querbezon.
Hervé Segalen, de 16 ans, taille baſſe, cheveux chaſtains, de Querhirs.

VILLE DE LANDERNEAV.

SEbaſtien Laurens, de 23 ans, taille baſſe, cheveux noirs.
Iacques Denis, de 30 ans, taille haute, cheveux *id.*
François Querné, de 25 ans, taille haute, *id.*
Iean Colin, de 38 ans, taille haute, cheveux roux.
François Guidal, de 40 ans, taille haute, cheveux bruns.
Ollivier le Vergos, de 49 ans, taille baſſe, cheveux chaſtains.
Ollivier Bourdoulous, de 24 ans, taille moyenne, cheveux blonds.
Pierre Querommen, de 36 ans, taille moyenne, cheveux noirs.

EVESCHE
DE S. BRIEV
PREMIERE CLASSE
dont le service finira au dernier Mars 1671.

PAROISSE DE S. CAST.

ALAIN Samson, âgé de seize ans, taille moyenne, cheveux blonds au visage, de l'Isle.
Iacques Burel, de 50 ans, taille haute, cheveux gris, de l'Isle.
Charles Hervé, fils de Iean, de 15 ans, taillé moyenne, cheveux chastains.
François Rebours, de 30 ans, taille moyenne, cheveux chastains.
François Goriu, de 35 ans, taille moyenne, cheveux noirs.
Rolland Lambalais, de 30 ans, taille moyenne, cheveux noirs.
Guillaume Bourdais, fils de Iacques, taille moyenne, cheveux noirs.
Iean Samson, 35 ans, taille moyenne, cheveux noirs, Charpentier.
Barnabé le Maçon, 50 ans, taille moyenne, cheveux gris.
Mathurin Camart, 35 ans, taille moyenne, cheveux chastains.
Iean Hunault, fils de Iean, 16 ans, taille moyenne, cheveux blonds.
Georges le Maçon, 40 ans, taille moyenne, cheveux noirs.
Olivier Bosquet, 45 ans, taillé haute, cheveux noirs.
François Hamon, 25 ans, taille moyenne, cheveux noirs.
François Samson, 25 ans, taille haute, cheveux noirs.
François Bourdais, 35 ans, taille moyenne, cheveux chastains.
Bertrand Samson, 26 ans, taille moyenne, cheveux bruns.
François Bourdas, 23 ans, taille moyenne, cheveux blonds.
Iullien Plessix, 24 ans, taille haute, cheveux chastains.
Iacques Rebour, 18 ans, taille haute, cheveux bruns.
Iean Olivier, 25 ans, taille haute, cheveux blonds.

PAROISSE DE PLEVVENON.

EStienne Babulenne, 50 ans, taille haute, cheveux noirs.
Pierre Robillard, 50 ans, taille moyenne, cheveux noirs.
Thomas Droguet, 25 ans, taille moyenne, cheveux blonds.
Charles Maricot, 15 ans, taille moyenne, cheveux noirs.
Thomas Picart, 22 ans, taille haute, cheveux noirs.
Iacques Boullé, 35 ans, taille haute, cheveux chastains.
Charles Lossoüas, 30 ans, taille moyenne, cheveux noirs.
Iulien Droguet, 40 ans, taille moyenne, cheveux chastains.
François Iossé, 21 an, taille moyenne, cheveux chastains.
Pierre Grande, 50 ans, taille haute, cheveux noirs.
Mathurin Nicolas, 27 ans, taille moyenne, cheveux blonds.
Gilles Fremont, 30 ans, taille moyenne, cheveux noirs.
Iacques Droulai, 25 ans.

Iacques Tremereuc, 40 ans.
Pierre Dubois, fils de Thomas, 27 ans.
François le Paulmier, 30 ans.
Yves Bacon, 25 ans.
Gilles le Marchand.
Iulien Robillard, 30 ans.
Charles Loſſoüas, 18 ans, moyenne taille, poil brun.
Iulien le Guerel, 40 ans, taille haute, cheveux bruns.
Michel Ioſſe, 15 ans, taille petite, cheveux noirs.
Charles Loſſoüas, 18 ans, taille moyenne, cheveux bruns.
Iullien le Gueret, 40 ans, haute taille, cheveux bruns.
Michel Ioſſe, 15 ans, petite taille, cheveux noirs.
Marc Aubin, 15 ans, petite taille, cheveux chaſtains.
Pierre Grandet, 20 ans, taille haute, cheveux bruns.

PAROISSE DE PLEHEREL.

FRançois Roüault, 22 ans, taille petite, cheveux noirs.
Michel Auray, 20 ans, taille moyenne, cheveux noirs.
Anthoine Loüais, 28 ans, taille moyenne, cheveux noirs.
Le Turc Rebuffe, 30 ans.
François Balan, de 20 ans, haute taille, cheveux chaſtains.

ERQVY.

IAcques Rougard, 30 ans, taille moyenne, cheveux blonds.
François Rouget, 16 ans, taille moyenne, cheveux blonds.
A lexandre Paturel 19 ans, taille moyenne, cheveux noirs.
Yves Dommalain, 30 ans, taille haute, cheveux chaſtains.
Iean Boutier, 50 ans, taille moyenne, cheveux noirs.
Yves Margely, 40 ans, taille moyenne, cheveux noirs.
Iean Robinot, 22 ans, taille courte, cheveux noirs.
Iean le Roux, 40 ans, taille haute, cheveux noirs.
Michel Roüault, 27 ans, taille moyenne, cheveux chaſtains.
Ioſeph Ravet, 22 ans, taille moyenne, cheveux noirs.
Gilles le Roux, 21 an.
Antoine Gouranton, 15 ans.
François Rouget, 23 ans, taille moyenne, cheveux blonds.
Georges du Quen, 22 ans, taille moyenne, cheveux noirs.
Gilles le Roux, 21 an, taille moyenne, cheveux chaſtains.
Iullien Broüart, 18 ans, taille moyenne, cheveux chaſtains.
Iacques du Meſny, 17 ans, taille moyenne, cheveux chaſtains.
Mathurin Gouranton, 25 ans, petite taille, cheveux chaſtains.
Pierre le Roux, 18 ans, taille moyenne, cheveux blonds.

PAROISSE DE PLENEVF.

IEan de la Mare, 35 ans, taille moyenne, cheveux blonds.
Pierre Queret, 40 ans, taille haute, cheveux chaſtains, Pilote.
Iean Gloro, 32 ans, taille haute, cheveux noirs.
Iean Bourdonnais, 25 ans, taille moyenne, cheveux noirs, Charpentier.
André Lohier, de 20 ans, petite taille, cheveux bruns.
Daniel Deſgreves, 17 ans, taille haute, cheveux noirs.
Dominique Barbanſon, 15 ans, taille moyenne, cheveux chaſtains.
Iacques Barbanſon, 15 ans, petite taille, cheveux noirs.
Iean le Febvre, 35 ans, taille haute, cheveux noirs,
Iean Renaud, 23 ans, taille haute, cheveux chaſtains.
Laurens Hamoneau, 19 ans, taille moyenne, cheveux chaſtains.

PLANQVENOEL.

TOuſſaint Croſlais, 25 ans, haute taille, cheveux noirs.
Barthelemy Ioſſet, 22 ans.
Barthelemy Ioſſet, 22 ans, taille moyenne, cheveux noirs.

VILLE DE S. BRIEV.

PIerie de la Croix, 45 ans, Canonier.

PAROISSE DE PLERIN.

PIerre Poulain, 30 ans, taille moyenne.
Iean Vitelle, 40 ans, taille moyenne, cheveux chaſtains.
Pierre Domalens, 30 ans, taille baſſe, cheveux noirs.
Iulien Blondet, 50 ans, taille haute, cheveux gris.
Mathurin Chamaille, 23 ans, taille haute, cheveux noirs.
Iacques Henry, 22 ans, taille haute, cheveux noirs.
Pierre Buret, 25 ans, taille moyenne, cheveux noirs.
Guillaume Chaſtel, 50 ans, taille haute, cheveux noirs.
Vincent le Saulnier, 21 an, taille haute, cheveux chaſtains.
Iulien Quinio, 16 ans, taille moyenne, cheveux chaſtains.
Laurens Huon, 30 ans, taille haute, cheveux noirs.
Yves Saulnier, 35 ans, taille haute, cheveux noirs.
Bertrand Poulain, 18 ans, petite taille.

PORDIC.

GEoffroy Chauſſé, 30 ans, taille haute, cheveux blonds.
Robert Gentil, 48 ans, taille haute, cheveux noirs.
Laurens Boiſſart, 18 ans, taille baſſe, cheveux noirs.
Laurens Colas, 30 ans, taille moyenne, cheveux noirs.
Paſquet Colin, 43 ans, taille haute, cheveux gris.
Iulien Macé, 22 ans, taille haute, cheveux noirs.
Eloy Boudin, 30 ans, taille haute, cheveux chaſtains.
François Briand, 45 ans, taille moyenne, cheveux noirs.
Yves Domeon, 23 ans, taille baſſe, cheveux chaſtains.
Olivier Queret, 45 ans, taille haute, cheveux noirs.
Yves Baudin, 45 ans, taille moyenne, cheveux chaſtains.
Nicolas Prevoſt, 25 ans, taille moyenne, cheveux noirs.
François Minier, 18 ans, taille haute, cheveux noirs.

PAROISSE D'ESTABLE ET BINIC.

PIerre Leſnard, 24 ans, taille moyenne, cheveux noirs.
Tual Guillaume, 55 ans, taille haute, cheveux gris.
François Guegant, 17 ans, taille moyenne, cheveux noirs.
François Vincent, fils de Pierre, 18 ans, taille haute, cheveux noirs.
Charles le Picard, 32 ans, taille moyenne, cheveux noirs.
François Baudin, fils de Vincent, 25 ans, taille haute, cheveux noirs.
Iulien Leſnard, 17 ans, taille moyenne, borgne.
Yvon Ieſon, 18 ans, taille baſſe, cheveux noirs.
Olivier le Borgne, 49 ans, taille baſſe, cheveux noirs.
Bertrand Guyomart, 30 ans, taille haute, cheveux chaſtains.
Prigent Foucaut, 13 ans, taille baſſe, cheveux blonds.
Pierre Lamoureux, 21 an, taille baſſe cheveux noirs.
Pierre Bertault, 45 ans, taille baſſe, cheveux chaſtains.

Evêché de S. Brieu.

Simon de Rien, 50 ans, taille baffe, cheveux noirs.
Silveftre le Bail, 20 ans, taille moyenne, cheveux chaftains.
Noël le Gafcoin, 17 ans, taille haute, cheveux chaftains.
Pierre Roland, 25 ans, taille moyenne, cheveux blonds.
Prigent Godot, 30 ans, taille moyenne, cheveux noirs.
François Toüin fils Iean, 24 ans, taille haute, cheveux chaftains.
Pierre Maheas, 30 ans, taille moyenne, cheveux noirs, Charpentier.
Silveftre Ioubin, fils ne Gilles, 17 ans, taille moyenne, cheveux noirs.
Noël Loret, fils Pierre, 16 ans, taille baffe, cheveux noirs.
Michel Audevis, fils Iean, 16 ans, taille haute, cheveux blonds.
Claude le Page, 22 ans, taille moyenne, cheveux noirs.
Iean Guillot, 31 an, taille commune, cheveux chaftains.
Pierre Guibert, fils Mathurin, 20 ans, taille haute, cheveux noirs.
Laurens Guibert, fils de Iacques, 18 ans, taille moyenne, cheveux noirs.
Iean Giquel, fils Mathurin, 45 ans, taille moyenne.
Guy Farcy, 23 ans, taille haute, cheveux chaftains.
Guillaume Cottart, 22 ans, taille moyenne, cheveux chaftains.
Yves Auffray, 45 ans, taille moyenne, cheveux noirs.
Noël Gauvain, 30 ans, taille moyenne, cheveux noirs.
Antoine Giquel, fils Philippe, 24 ans, taille haute, cheveux noirs.
Hierofme Gouret, 23 ans, taille haute, cheveux chaftains.
Noël Fremin, 52 ans, taille haute, cheveux noirs.
Michel Vitel, fils Laurens, 36 ans, taille moyenne, cheveux noirs.
Athanaze Morvan, 21 an, taille moyenne, cheveux noirs.
Guillaume Hevin, 25 ans, taille moyenne, cheveux chaftains.
Iacques Ioubin, 37 ans, taille moyenne, cheveux noirs.
Dominique Ioubin, fils Pierre, 21 an, taille haute, cheveux blonds.
Michel Guibert, fils Iean, 20 ans, taille moyenne, cheveux blonds.
Hierofme Loyec, 45 ans, taille moyenne, cheveux blonds.
Laurens Lucas, fils Iean, 18 ans, taille moyenne, cheveux noirs.
Hierofme Robert, 35 ans, taille moyenne, cheveux noirs,
Iacques Turby, 50 ans, taille haute, cheveux gris.
Gilles le Mée, 30 ans, taille moyenne, cheveux chaftains.
Iean Goriou, fils Iacques, 24 ans, taille haute, cheveux chaftains.
Pierre Ioubin, fils François, 40 ans, taille moyenne, cheveux noirs.
Yves Giquet, fils Olivier, 22 ans, taille moyenne, cheveux chaftains.
Iean Lefcuyer, fils Guillaume, 15 ans.
Iacques Giquel, fils Hierofme, 32 ans, taille moyenne, cheveux noirs.
Louis le Seleur, 23 ans, taille haute, cheveux chaftains.
Iean Tomas, 42 ans, taille haute, cheveux noirs.
Yves Guibert, fils Laurens, 16 ans.
Lucas Loret, 35 ans, taille moyenne, cheveux noirs.
Iulien Glayot, fils Iacques, 45 ans, taille moyenne, cheveux gris.
Laurens Denys, fils d'Alain, 18 ans, taille haute, cheveux noirs.
Iean Hoüart, fils d'Yves, 48 ans, taille haute, cheveux chaftains.
Bertrand Cadoret, fils Iacques, 42 ans, taille moyenne, cheveux noirs.
Alain Hery, 20 ans, taille haute, cheveux noirs.
François Mahé, 18 ans, taille moyenne, cheveux noirs.
Laurens le Febvre, 25 ans, taille moyenne, cheveux chaftains.
Iean Tomas, 55 ans, taille haute, cheveux noirs.
Iean Ius, 49, ans, taille haute, cheveux gris.
François le Febvre, fils Iean, 27 ans, taille haute, cheveux noirs.
Pierre Gaubert, 36 ans, taille haute, cheveux noirs.
René Gourio, 19 ans, taille moyenne, cheveux blonds.
Prigent Bilcot, 38 ans, taille haute, cheveux noirs.
François de Rien, 17 ans, taille moyenne, cheveux blonds.
Iean Denys, fils Noël, 17 ans, taille baffe, cheveux blonds.
Eftienne Vincent, 27 ans, taille haute, cheveux noirs.
Iean Ioubin, fils Iean, 35 ans, taille haute, cheveux noirs.

Pierre Robert, fils Yves, 18 ans, taille moyenne, cheveux blonds.
Pierre Hervé, 15 ans, cheveux noirs, taille courte.
Laurens Guyot, 56 ans, taille moyenne, cheveux gris.
Eſtienne Chanoine, 19 ans, taille moyenne, cheveux chaſtains.
Gilles Cadoret, 50 ans, taille moyenne, cheveux roux.
Pierre Renaud, 21 an, taille haute, cheveux noirs.
Charles de la Fontaine, 28 ans, taille haute, cheveux blonds.
Iulien de la Fontaine, 20 ans, taille haute, cheveux blonds.
Laurens Richard, fils Laurens, 18 ans.
Silveſtre Cadoret, 23 ans, taille moyenne, cheveux chaſtains.
Olivier Giguet, 33 ans, taille haute, cheveux noirs.
Iacques Gauffenic, fils Pierre, 20 ans.
Pierre Touin, fils François, 19 ans.
Gilles Giquet, fils François, 50 ans.
François Robert, 23 ans, taille haute, cheveux chaſtains.
Paul Colas, 46 ans, taille moyenne, cheveux noirs.
Iean Brehaut, 22 ans, taille baſſe, cheveux chaſtains.
Paul le Poulla, 49 ans, taille moyenne, cheveux roux.
Allain Glayot, fils Alain, 40 ans, taille moyenne, cheveux noirs.
Mahé Ioubin, 50 ans, taille moyenne, cheveux gris.
Pierre Ioubin, fils Gilles, 36 ans, taille haute, cheveux noirs.
Laurens Houart, 45 ans, taille haute, cheveux chaſtains.
Yves Faucon, 17 ans, taille moyenne, cheveux chaſtains.
Gilles Vitel, 16 ans, taille haute, cheveux noirs.
Prigent Robert, fils Gilles, 35 ans, taille haute, cheveux noirs.
Henry Guibert, 50 ans, taille haute, cheveux noirs.
Guillaume Pedron, 17 ans, taille moyenne, cheveux chaſtains.
Iean le Doyer, 15 ans, taille haute, cheveux blonds.
Laurens Padel, fils Vincent, 23 ans.
Gilles Rüellan, fils Hualot, 23 ans.
Iacques Touin, fils Pierre, 26 ans.
Hieroſme Leſcuyer, 20 ans, taille moyenne, cheveux bruns.
Iacques le Page, 35 ans, taille haute, poil noir.
Iean Leſcuyer, 50 ans, haute taille, poil gris.
Laurens Tottain, 18 ans, taille moyenne, poil brun.
Yvon Houart, 55 ans, taille moyenne, cheveux blonds.

SAINT QVAY ET PONTRIEVX.

LOuis Denis, 42 ans, taille moyenne, cheveux noirs.
Thomas David, 18 ans, taille moyenne, cheveux chaſtains.
Pierre le Meur, 35 ans, taille moyenne, cheveux gris.
Iean Ioſſet, 59 ans, taille moyenne, cheveux noirs.
Gilles le Mevein, 46 ans, taille baſſe, cheveux noirs.
Iean le Poulla, 52 ans, taille haute, cheveux noirs.
Pierre Gleyot, 36 ans, taille baſſe, cheveux noirs.
Iean Lequenel, 17 ans, taille moyenne, cheveux noirs.
Marc le Marec, 15 ans, taille baſſe, cheveux noirs.
Mathurin Poncault, 34 ans, taille moyenne, cheveux noirs.
Iean Bruſlon, 18 ans, taille moyenne, cheveux noirs.
Guillaume Cartier, 23 ans, taille moyenne, cheveux noirs.
Philippe Martin, 16 ans, taille baſſe, cheveux noirs.
Gilles Rebours, fils François, 45 ans, taille moyenne.
Laurens Martin, 50 ans, taille haute, cheveux noirs.
Claude Fichet, 24 ans, taille haute, cheveux noirs.
Guillaume Thomas, 56 ans, taille haute, cheveux gris.
Pierre le Roulle, 30 ans, taille moyenne, cheveux chaſtains.
Iean Gleyot, fils Iacques, 55 ans.
Guillaume Queret, 25 ans, taille haute, cheveux noirs.

Nicolas Hery, 16 ans, taille basse, cheveux noirs.
Fiacre Aufray, 54 ans, taille basse, cheveux gris.
Vincent Videman, 35 ans, taille haute, cheveux noirs.
François Ascoët, 45 ans, taille haute, cheveux noirs.
Iulien Martin, 22 ans, taille haute, cheveux noirs.
Thomas Blandel, 18 ans, taille moyenne, cheveux blonds.
Silvestre Hoüart, fils Yves, 19 ans.
Noël Guyon, 22 ans, taille moyenne, cheveux blonds.
Silvestre de la Motte, 35 ans, taille basse, cheveux blonds.
Anet Brageu, 25 ans, taille moyenne, cheveux noirs.
Iean Glau, 18 ans, taille basse, cheveux noirs,
François Glau, 56 ans, taille haute, cheveux gris.
Henry Lamy, fils Iean, 15 ans, taille moyenne, cheveux chastains.
Pierre Daurange, 18 ans, taille moyenne, cheveux chastains.
Pierre Tesmoin, 42 ans, taille basse, cheveux noirs.
Iacques Hamon, 19 ans, taille haute, cheveux noirs.
Thomas le Roüille, 42 ans, taille haute, cheveux noirs,
François Moyzan, 35 ans, taille haute, cheveux noirs.
Philippes Lamy, fils Philippes, 41 an.
Iean Hery, 58 ans, taille haute, cheveux gris.
Iean du Portail, 22 ans, taille haute, cheveux blonds.
François Queret, fils Antoine, 14 ans.
Pierre Legal, 45 ans, taille moyenne, cheveux noirs.
Michel Bertaut, 25 ans, taille haute, cheveux noirs.

TREVENEVE.

Michel Bertault, 25 ans, taille haute, cheveux noirs.

PLOVRHAN.

François Burlot, 17 ans, taille basse, cheveux noirs.
Antoine Thomas, 55 ans, taille moyenne, cheveux gris.
François le Gal, 27 ans, taille moyenne, cheveux blonds.
Alain Camiot, 55 ans, taille moyenne, cheveux gris.

PLOVHA.

Pierre le Chalony, 35 ans, cheveux noirs.

PLOVZEC.

Yves Allain, 30 ans, taille moyenne, cheveux noirs.
Marc Iobin, 25 ans, taille haute, cheveux noirs.
Philippes Tanguy, 16 ans, taille moyenne, cheveux noirs.
Philippes Fichou, 50 ans, taille moyenne, cheveux gris.
Iean le Palais, 52 ans, taille haute, cheveux noirs.
Philippes le Margat, fils François, 24 ans.

QVERITY.

Iean le Maygat, 31 an, taille moyenne, cheveux chastains.
Maury le Brun, 25 ans, taille moyenne, cheveux noirs.
Pierre Iesequel, 24 ans, taille haute, cheveux noirs.
Vincent Iesequel, 50 ans, taille, haute, cheveux gris.
Alain le Roux, 30 ans, taille haute, cheveux noirs.
François Hervé de 19 ans, taille moyenne, cheveux noirs.
Alain Moyzant, 42 ans, taille basse, cheveux noirs.
Barthelemy Iessé, fils Iean, 30 ans.

Iacques Lessé, 30 ans, taille moyenne, cheveux chastains.

PLOVRIVAVLT.

ALain Mainguy, 22 ans, taille moyenne, cheveux noirs.
Iean le Roux, 40 ans, taille basse, cheveux noirs.
Iacques Cadic, 33 ans, taille moyenne, cheveux gris.

PLOVVENEZ ET PAINPOL.

PIerre Richon, 33 ans, taille moyenne, cheveux noirs.
Nicolas Maignoult, 39 ans, taille haute, cheveux chastains.

PLOVBALANEC.

IEan Gaultier, 17 ans, taille basse, cheveux noirs.
Pierre le Bourhis, fils François, 27 ans.
Maury Paris, 22 ans, taille haute, cheveux noirs.
Charles Roharc, 25 ans, taille moyenne, cheveux noirs.
Barthelemy Colin, 23 ans, taille moyenne, cheveux noirs.
Iacques le Gelé, 45 ans, taille moyenne, cheveux noirs.
Yvon Cottir, 50 ans, taille haute, cheveux noirs.
Iean Guenevin, 14 ans, taille basse, cheveux blonds.
Iean Laisné, 40 ans, taille moyenne, cheveux noirs.
François le Codonnet, 33 ans, taille basse, cheveux chastains.
Yvon Bernard, 22 ans, taille moyenne, cheveux chastains.

ISLE ET PAROISSE DE BREHAT.

YVon Boloche, 23 ans, taille moyenne, cheveux blonds.
Iean Iullot, fils Simon, 16 ans.
Pierre Audrun, 25 ans, taille haute, cheveux blonds.
Yvon Fleury, 37 ans, taille moyenne, cheveux noirs.
François Eloury, 25 ans, taille haute, cheveux blonds.
Pierre le Drenec, 48 ans, taille basse, cheveux gris.
Iacques Morice, 22 ans, taille moyenne, cheveux noirs.
Laurens Danic, 30 ans, taille moyenne, cheveux noirs.
Charles le Bris, 13 ans, taille basse, cheveux blonds.
Artur Danic, 50 ans, taille haute, cheveux noirs, Canonier.
Artur le Galle, fils Yvon, 31 ans, taille moyenne, cheveux noirs.
Pierre Olivier, 23 ans, taille moyenne, cheveux blonds.
Silvestre Eveno, 36 ans, taille haute, cheveux noirs.
Artur le Drezenec, 40 ans, taille moyenne, cheveux blonds.
Iean Pierre, 30 ans, taille moyenne, cheveux noirs.
Yvon Guyomart, 24 ans, taille moyenne, cheveux noirs, Charpentier.
Bertrand Lanoé, 21 an, taille haute, cheveux noirs.
Thomas le Goff, 27 ans, taille moyenne, cheveux noirs.
Yvon le Bail, 40 ans, taille basse, cheveux noirs.
Yvon Hevenenou, 38 ans, taille haute, cheveux noirs.
Iacques le Morzedec, 18 ans, taille haute, cheveux blonds.
Yvon Coz, 56 ans, taille haute, cheveux gris.
Iean Leguillée, 28 ans, taille haute, cheveux noirs.
Pierre le Roux, 32 ans, taille haute, cheveux noirs.
François Canis, 25 ans, taille moyenne, cheveux chastains.
Pierre Geffroy, 55 ans, taille moyenne, cheveux noirs.
Iacques Gadin, 25 ans, taille haute, cheveux chastains.
Vincent le Brigaut, 40 ans, taille haute, cheveux noirs.
Noël Samidon, 22 ans, taille basse, cheveux blonds.
Bernard Helbin, 13 ans, taille basse, cheveux chastains.

Pierre Iegu, 35 ans, taille haute, cheveux blonds.
Yvon le Roux, 40 ans, taille moyenne, cheveux noirs.
Yvon le Drezenec, 25 ans, taille moyenne, cheveux noirs.
Maury Moulec, 45 ans, taille haute, cheveux gris.
Artur Beaucher, 18 ans, taille moyenne, cheveux chaftains.
Pierre Ioham Iean, 16 ans, taille haute, cheveux chaftains.
Pierre le Chevis, 18 ans, taille moyenne, cheveux blonds.
Iacques Flouris, fils Pierre, 60 ans, taille moyenne, cheveux gris.
Pierre Alanot, 23 ans, taille moyenne, cheveux noirs.
Louis Allain, fils Bertrand, 16 ans, taille haute, cheveux bruns.
Laurens Danic, 30 ans, taille moyenne, cheveux noirs.
Charles Lebris, 13 ans, taille baffe, cheveux blonds.
Artur Danic, 50 ans, taille haute, cheveux noirs, Canonier.
Silveftre Heveno, 36 ans, taille haute, cheveux noirs.
Pierre Olivier, 23 ans, taille moyenne, cheveux blonds.
Artur le Gal, fils Yvon, 31 an.
Artur Beaucher, 18 ans, taille moyenne, cheveux chaftains.
Pierre Iohan, fils Iean, 16 ans, haute taille, cheveux chaftains.
Pierre le Chevis, 18 ans, taille moyenne, cheveux blonds.
Iacques Flouris, fils Pierre, 60 ans, taille moyenne, cheveux gris.
Pierre Alanot, 23 ans, taille moyenne, cheveux noirs.
Louis Alain, fils Bertrand, 16 ans.
Yvon Rioval, 13 ans, taille baffe, cheveux noirs.
Roland Corentin, 27 ans, taille baffe, cheveux noirs.
Olivier Callifot, 33 ans, taille haute, cheveux noirs.
Louis le Drezenec, 38 ans, taille moyenne, cheveux noirs.
François le Toleder, 45 ans, taille haute, cheveux noirs.
Guillaume Roüard, 37 ans, taille haute, cheveux noirs.
Theren le Bris, 20 ans, taille moyenne, cheveux noirs.
Yvon le Boloche, fils Yvon, 55 ans, taille haute, cheveux gris.
Guillaume le Grand, 17 ans, taille baffe, cheveux noirs.
Artur le Molec, 13 ans, taille baffe, cheveux noirs.
Louis Allain, fils Bertrand, 16 ans.
Yvon Rioval, 13 ans, taille baffe, cheveux noirs.
Roland Corantin, taille baffe, 27 ans, cheveux noirs.
Olivier Cailléfot, 33 ans, taille haute, cheveux noirs.
Louis le Drezenec, 38 ans, taille moyenne, cheveux noirs.
François le Toleder, 45 ans, taille haute, cheveux noirs.
Iacques Moyzan 20 ans, taille moyenne, cheveux chaftains.
Yvon le Cognac, 55 ans, taille haute, cheveux noirs.
Iean Hernaud, 55 ans, taille moyenne, cheveux gris.
François Denis, 16 ans, taille haute, cheveux blonds.
Yvon Hevein, fils Henry, 45 ans, taille moyenne, cheveux noirs.
Louis Colet, 40 ans, taille haute, cheveux blonds.
Guillaume Roüart, 37 ans, taille haute, cheveux noirs.
Teren le Bris, 20 ans, taille moyenne, cheveux noirs.
Yvon le Boloche, fils Yvon, 55 ans, taille haute, cheveux gris.
Guillaume le Grand, 17 ans, taille baffe, cheveux noirs.

SAINT ALBAN.

IEan Hervé, 18 ans.
René Dayo, 22 ans.

DEVXIESME CLASSE,

dont le service commencera au premier Avril 1671. & finira
au dernier Mars 1672.

PAROISSE DE PLANCOET.

IACQVES Bequet, 22 ans, taille moyenne, cheveux noirs.

GVILDO.

FRançois Peron.

S. CAST.

IEan Gorieu, fils Iean, 27 ans, taille moyenne, cheveux noirs.
Nicolas Goriu, 35 ans, taille moyenne, cheveux noirs.
Iacques Hunault, 50 ans, taille moyenne, cheveux chastains, Pilote.
Isaac Bourdais, 35 ans, taille moyenne, cheveux blonds.
Pierre Salmon, 20 ans, taille moyenne, cheveux noirs.
François Samson, fils Olivier, 22 ans, taille moyenne, cheveux noirs.
Iacques Bourdais, 45 ans, taille moyenne, cheveux noirs.
Iulien de Pays, 30 ans, taille haute, cheveux chastains.
Iean de Beaucors, 30 ans, taille haute, cheveux noirs.
Iean Hervé, fils Olivier, 18 ans, taille moyenne, cheveux noirs.
François Goriu, 35 ans, taille haute, cheveux noirs.
Pierre de Houche, 30 ans, taille haute, cheveux noirs.
François Hamon, fils Olivier, 18 ans, taille haute, cheveux noirs.
Georges Olivier, 35 ans, taille haute, cheveux noirs.
Iacques Loyzon, 40 ans, taille moyenne, cheveux noirs.
Iacques Bouton, 28 ans, taille moyenne, cheveux chastains.

PLEVVENON.

MIchel Droguet, 50 ans, taille haute, cheveux gris.
Iean Droguet, 34 ans, taille haute, cheveux blonds.
Pierre Paulmier, 30 ans, taille haute, cheveux noirs.
Guillaume Metravain, 22 ans, taille moyenne, cheveux noirs.
Iacques Robillard, 50 ans, taille haute, cheveux gris.
Iean le Febvre, 23 ans, taille moyenne, cheveux noirs.
Charles le Marchand, 50 ans, taille haute, cheveux gris.
Hervé Picard, 30 ans, taille haute, cheveux noirs.
Iulien de Launay, 25 ans, taille haute, cheveux chastains.
Thomas Tremereve, 45 ans, taille haute, cheveux gris, Charpentier.
Iean Sicot, 26 ans, taille moyenne, cheveux noirs.
Iean Blanchet, fils Iean, 25 ans.
Iean Mesnard, fils Iean, 23 ans.
Pierre le Duc, 35 ans.
François Lassoüa le jeune, fils Charles, 20 ans.
Louis le Maistre, ans, taille moyenne.

PLEHEREL.

Gilles Resty, 25 ans, taille haute, cheveux noirs.
René Guihen, 25 ans, taille moyenne.
François Payan, 35 ans, taille moyenne.

ERQVY.

Iacques Chauvin, 33 ans, taille moyenne, cheveux blonds.
Louis Beaubras, 35 ans, taille moyenne, cheveux blonds.
Vincent Rouget, 40 ans, taille moyenne, cheveux noirs.
Mathurin Dommalin, 25 ans, taille moyenne, cheveux noirs.
Rolland Mettry, 35 ans, taille moyenne, cheveux blonds.
Iean Audrin, 26 ans, taille haute, cheveux noirs.
Iacques Margelly, 40 ans, taille moyenne, cheveux noirs.
Gilles Caillebot, 23 ans, taille haute, cheveux noirs.
Gilles Dobet, 50 ans, taille moyenne, cheveux noirs.
Alain Lucas, 30 ans, taille haute, cheveux blonds.
Mathurin Gouranton, 24 ans, taille moyenne, cheveux chastains.
Pierre Queneuf, 40 ans, taille haute, cheveux noirs.
Sebastien le Febvre, 40 ans, taille haute, cheveux noirs.
Georges Duguen, 22 ans.
Iulien Roüaut, 18 ans.
Iacques Dumesnil, 17 ans.

PLENEVF.

Iean Barbanson, 45 ans, taille moyenne, cheveux noirs.
Salomon Boüay, 30 ans, taille haute, cheveux noirs.

PLANQVENOEL.

Rolland Cornilla, 32 ans, haute taille, cheveux chastains.

VILLE DE S. BRIEV.

Mathurin Pezin, 50 ans, taille moyenne, cheveux gris.

PLERIN.

Pierre Rio, 25 ans, taille moyenne, cheveux bruns.
Iean Robillard, 40 ans, taille haute, cheveux noirs.
Pierre Chevalier, 58 ans, taille moyenne, cheveux gris.
Nicolas Chastel, 28 ans, taille haute, cheveux chastains.
Iean Chamaille, 35 ans, taille haute, cheveux chastains.
Iacques Royer, 40 ans, taille moyenne, cheveux noirs.
Nicolas Huduger, 25 ans, taille haute, cheveux chastains.
Iean Beaumont, 30 ans, taille haute, cheveux noirs.
Iean Pigoussier, 25 ans, taille basse, cheveux noirs.
Olivier Harvoy, 48 ans, taille haute, cheveux gris.
Iacques Roussel, 38 ans, cheveux noirs.

PORDIC.

Michel Pelerin, 23 ans taille haute, cheveux blonds.
Yves Bertrand, 25 ans, taille haute, cheveux blonds.
Christophle le Maçon, 35 ans, taille haute, cheveux chastains.

Pierre de la Noë , 40 ans , taille baſſe , cheveux chaſtains.
Bertrand Trehin , 25 ans , taille haute , cheveux chaſtains.
Iacques Gaufenic , 45 ans , taille baſſe , cheveux noirs.
Pierre Perouſſeau , 39 ans , taille haute , cheveux chaſtains.
Laurens Colas , 50 ans , taille haute , cheveux chaſtains.
Gilles Chauſſé , 35 ans , taille baſſe , cheveux chaſtains.
Yves Charbonnel , 48 ans , taille moyenne , cheveux noirs.
Yves Charbonnel , 28 ans , taille petite , cheveux blonds.
François Bertault , 30 ans , petite taille , cheveux chaſtains.

PAROISSE D'ESTABLE ET BINIC.

Pierre Denis , 18 ans , taille moyenne , cheveux noirs.
Iean Maurice , 36 ans , taille haute , cheveux chaſtains.
Hierofme Huet , 20 ans , taille moyenne , cheveux noirs.
Alain Goyomart , 32 ans , taille haute , cheveux noirs.
Anthoine Vincent , fils Pierre , 20 ans , taille haute , cheveux noirs.
Iulien Evein , 33 ans , taille haute , cheveux noirs.
Iacques Iagot , 25 ans , taille moyenne , cheveux chaſtains.
Charles Hoüart , 29 ans , taille moyenne , cheveux noirs.
Eſtienne Foucault , fils Bonnaventure , 22 ans.
Pierre Queray , 29 ans , taille baſſe , cheveux noirs.
Hierofme Brehault , 40 ans , taille moyenne , cheveux noirs.
Anthoine Rebours , 24 ans , taille baſſe , cheveux noirs.
Chriſtophle le Gaufnic , 48 ans , taille moyenne , cheveux noirs.
Iacques Gourio , 17 ans , taille moyenne , cheveux chaſtains.
Guillaume le Bail , 52 ans , taille haute , cheveux gris.
Pierre Tovin , 40 ans , taille moyenne , cheveux noirs.
François Hordet , 48 ans , taille haute , cheveux chaſtains.
Prigent Maurice , 40 ans , taille haute , cheveux noirs.
Iean le Mée , 38 ans , taille moyenne , cheveux chaſtains.
Pierre Denis , 30 ans , taille moyenne , cheveux gris.
Guillaume Ioubin , fils Gilles , 30 ans , taille haute , cheveux noirs.
Iean Giquel , fils Gilles , 29 ans , taille haute , cheveux chaſtains.
Pierre Audenis , fils Iean , 33 ans , taille moyenne , cheveux blonds.
Iean Hourdel , 48 ans , taille haute , cheveux gris.
Pierre le Page , 28 ans , taille moyenne , cheveux chaſtains.
Prigent Tovin , 30 ans , taille haute , cheveux noirs.
Yves Iagot , 35 ans , taille haute , cheveux chaſtains.
Laurens Vitel , fils Mathurin , 26 ans.
Iean Richard , 30 ans , taille moyenne , cheveux noirs.
Noël Guibert , 24 ans , taille haute , cheveux noirs.
Iacques Cottard , 45 ans , taille moyenne , cheveux chaſtains.
Bertrand Teſmoin , 29 ans , taille moyenne , cheveux noirs.
Iean Guileniot , fils Pierre , 33 ans , taille moyenne , cheveux chaſtains.
François Berdel , 34 ans , taille haute , cheveux chaſtains.
Olivier Gallais , 50 ans , taille moyenne , cheveux gris.
Yves Regnaud , 45 ans , taille moyenne , cheveux noirs.
Pierre Gaufnic , fils Gregoire , 36 ans , taille haute , cheveux noirs.
Mathieu Guibert , fils Bernabé , 29 ans.
Eſtienne Chaſteaufort , 40 ans , taille haute , cheveux noirs.
Eſtienne le Meur , 22 ans , taille courte , cheveux noirs.
Alain Tovin , 30 ans , taille haute , cheveux noirs.
Mathieu Rogier , fils Henry , 40 ans , taille moyenne , cheveux noirs.
Hierofme Guillot , 37 ans , taille moyenne , cheveux noirs.
Barnabé Gouret , 28 ans , taille haute , cheveux blonds.
Iean Maheas , 50 ans , taille moyenne , cheveux gris.
Pierre Ioubin , fils François , 30 ans , taille moyenne,
Silveſtre Ioubin , fils Pierre , 25 ans.

Claude Maçon, 47 ans, taille haute, cheveux gris.
Alain Hüet, 28 ans, taille haute, cheveux blonds.
Iean Loüais, 34 ans, taille moyenne, cheveux noirs.
Pierre Rigolet, 40 ans, taille moyenne, cheveux noirs.
Silveſtre Gauffenic, fils Gilles, 37 ans, taille moyenne, cheveux noirs.
Laurens Denys, fils Olivier, 40 ans, taille moyenne, cheveux noirs.
Laurens Gaurio, fils Laurens, 30 ans, taille moyenne, cheveux chaſtains.
Guillaume Leſcuyer, 50 ans, taille haute, cheveux noirs.
Pierre le Soleur, 27 ans, taille haute, cheveux noirs.
Iean Denys, fils Guillaume, 47 ans.
Michel le Clerc, 33 ans, taille moyenne, cheveux noirs.
Bertrand Loüais, 20 ans, taille moyenne, cheveux blonds.
Pierre Giquel, fils Noël, 52 ans, taille moyenne, cheveux gris.
Pierre Auffray, 50 ans, taille haute, cheveux noirs.
Nicolas Hery, 22 ans, taille haute, cheveux noirs.
Hieroſme Loret, 22 ans, taille moyenne, cheveux noirs.
Prigent Giquel, fils François, 55 ans.
Laurens Thomas, fils Eſtienne, 46 ans.
Guillaume Giquel, fils Yves, 40 ans, taille moyenne, cheveux noirs.
Iean le Breton, fils Laurens, 50 ans.
Olivier le Lauru, 30 ans, taille moyenne, cheveux noirs.
Silveſtre Rabel, 42 ans, taille moyenne, cheveux noirs.
Hieroſme de Rien, 35 ans, taille haute, cheveux noirs.
Lucas Guibert, fils Touſſaint, 36 ans.
Alain Beleuc, 21 an, taille courte, cheveux noirs.
Yves Touin, fils Henry, 52 ans, taille haute, cheveux gris.
Iulien Querbelec, 27 ans, taille haute, cheveux noirs.
Gilles Hello, 56 ans, taille haute, cheveux gris.
Bertrand la Fontaine, 26 taille haute, cheveux blonds.
Pierre Guillemot, 22 ans, taille moyenne, cheveux noirs.
Iean Briand, 27 ans, taille haute, cheveux noirs.
Hieroſme Piquet, 55 ans, taille haute, cheveux noirs.
Noël Gouret, 18 ans, taille moyenne, cheveux chaſtains.
Gilles Robert, 45 ans, taille haute, cheveux chaſtains.
Iean Gauvain, fils Pierre, 25 ans, taille haute, cheveux noirs.
Laurens Guibert, 48 ans, taille moyenne, cheveux noirs.
Eſtienne Deloudet, 30 ans, taille moyenne, cheveux noirs.
Hieroſme Collas, fils Iean, 16 ans, taille baſſe, cheveux blonds.
Hieroſme Lamy, 40 ans, taille moyenne, cheveux blonds.
Hervé Berdel, 50 ans, taille baſſe, cheveux noirs.
René Vitel, fils Pierre, 45 ans, taille haute, cheveux chaſtains.
Yvon le Maçon, 15 ans, taille baſſe, cheveux blonds.
Mathieu Ioubin, 20 ans, taille haute, cheveux noirs.
Pierre Bloüin, 34 ans, taille moyenne, cheveux noirs.
Iean Herlin, fils François, 16 ans.
Iulien Alain, 22 ans, taille baſſe, cheveux blonds.
Iean Hoüart, fils Mathurin, 17 ans.
Vincent Courtois, 41 an, taille haute, cheveux noirs.
Alain Renault, fils Yves, 18 ans.
Denis Ruëllan, fils Alain, 18 ans.
Hieroſme le Courtois, 23 ans, taille haute, cheveux noirs.

SAINT QVAY ET PONTRIEVX.

Michel Denis, 24 ans, taille haute, cheveux chaſtains.
Pierre Iolet, 35 ans, taille moyenne, cheveux noirs.
Touſſaint le Marecq, fils Pierre, 22 ans.
Laurens le Meur, 18 ans, taille baſſe, cheveux noirs.
Marc Rolland, 38 ans, taille baſſe, cheveux noirs.

Vincent

Vincent Glau, 50 ans, taille moyenne, cheveux gris.
Iean le Meur, fils Pierre, 22 ans, taille haute, cheveux chaſtains.
Iean Fremin, 14 ans, taille baſſe, cheveux chaſtains.
Thomas Denis, fils Michel, 15 ans, taille haute, cheveux blonds.
Vincent Robert, 50 ans, taille moyenne, cheveux noirs.
Iean Queret, fils Pierre, 20 ans, taille haute, cheveux chaſtains.
Pierre le Meur, fils François, 28 ans.
Iean Vitel, 19 ans, taille baſſe, cheveux roux.
Iacques Cartier, fils Touſſaint, 28 ans, taille baſſe, cheveux blonds.
Iean Hudelme, 55 ans, taille moyenne, cheveux blonds.
Iacques Fichet, 19 ans, taille moyenne, cheveux noirs.
Vincent Quenil, 36 ans, taille haute, cheveux noirs.
Guillaume le Rouillé, 25 ans, taille moyenne, cheveux chaſtains.
Claude Auffray, 40 ans, taille baſſe, cheveux noirs.
Guillaume Morin, 23 ans, taille haute, cheveux chaſtains.
Hieroſme Rebours, fils François, 34 ans.
Pierre Queret, 40 ans, taille moyenne, cheveux noirs.
Iulien Herpin, 40 ans, taille haute, cheveux chaſtains.
Iacques Lamy, fils Iean, 21 an.
Alain le Mevel, 16 ans, taille moyenne, cheveux blonds.
François Hery, 55 ans, taille moyenne, cheveux gris.
Marc le Breton, 22 ans, taille haute, cheveux noirs.
Iacques le Clerc, 19 ans, taille moyenne, cheveux noirs.
Bertrand Blondet, 16 ans, taille baſſe, cheveux noirs.
Loüis Rebours, fils Iacques, 18 ans.
Pierre Guyon, 33 ans, taille moyenne, cheveux chaſtains.
Eſtienne Hoüart, fils Eſtienne, 42 ans.
Vincent Brûlon, 55 ans, taille baſſe, cheveux gris.
Philippes le Bas, 28 ans, taille moyenne, cheveux blonds.
Guillaume Bertault, 25 ans, taille moyenne, cheveux noirs.
Claude Rovalant, 36 ans, taille haute, cheveux blonds.
Iean Tebaud, 20 ans, taille moyenne, cheveux chaſtains.
Iean Guyon, 41 an, taille haute, cheveux noirs.
Iean Daurenge, 25 ans, taille haute, cheveux noirs.
Louis Rebours, 42 ans, taille haute, cheveux noirs.
François Querquault, 33 ans, taille haute cheveux noirs.
François Beleve, 50 ans, taille haute, cheveux noirs.
Salomon Teſmoin, 15 ans, taille baſſe, cheveux noirs.
Iean le Boulluë, 32 ans, taille haute, cheveux chaſtains.
Iean Glemont, 42 ans, taille baſſe, cheveux blonds.
Pierre Barrabé, 18 ans, taille baſſe, cheveux noirs.
François Aſcoet, fils Mathurin, 24 ans.
Pierre le Meur, fils Iean, 35 ans.
Silveſtre Chanoine, 18 ans, taille baſſe, cheveux noirs.
Philippes Glau, fils Eſtienne, 51 an, taille haute, cheveux noirs.
Vincent Raymout, 45 ans, taille moyenne cheveux blonds.
Vincent Giquel, 36 ans, taille moyenne, cheveux noirs.
Silveſtre Guyomar, 46 ans, taille moyenne, cheveux chaſtains.
Yves Grizel, 15 ans, taille moyenne, cheveux noirs.
Laurens Giquel, fils Yves, 35 ans.
François Denis, fils François, 14 ans.
Louis du Meſnil, 15 ans, taille moyenne, cheveux blonds.

TREVENEVC.

Henry Boiſiavel, 28 ans, taille haute, cheveux noirs.

PLOVRHAN.

IAcques le Paulmier, 59 ans, taille haute, cheveux noirs.
Hierofme Collet, 45 ans, taille moyenne, cheveux noirs.
Hierofme le Prevoſt, 50 ans, taille moyenne, cheveux chaſtains.
Eſtienne le Breton, 30 ans, taille moyenne, cheveux noirs.
Laurens Legal, 26 ans, taille moyenne, cheveux noirs.

PLOVHA.

IAcques Beſeo, 25 ans, taille moyenne, cheveux chaſtains.
René Dolo, 35 ans, taille baſſe, cheveux noirs.

PLOVZEC.

GVillaume Alainmat, 43 ans, taille haute, cheveux chaſtains.
Pierre le Maigat, 35 ans, taille haute, cheveux chaſtains.
Guyon le Logué, 20 ans, taille moyenne, cheveux noirs.
Alain Govezou, 40 ans, taille haute, cheveux chaſtains.
Philippes le Garat, 27 ans, taille moyenne, cheveux noirs.
Iean le Goff, 30 ans, taille baſſe, cheveux noirs.
       Mahé, fils ſecond d'Yvon, 19 ans.
Alain le Normand, 25 ans, taille baſſe, cheveux blonds.

QVERITY.

MArtin André, 40 ans, taille haute, cheveux chaſtains.
Martin le brun, 28 ans, taille baſſe, cheveux blonds.
Iean le Brun, 26 ans, taille moyenne, cheveux noirs.
Pierre Gonnic, 36 ans, taille moyenne, cheveux noirs.
Yvon Iezequel, 24 ans, taille haute, cheveux noirs.
Yvon Hervé, 23 ans, taille haute, cheveux noirs.
François Danio, 60 ans, taille haute, cheveux gris, Maiſtre Canohier.
Guillaume Moyzan, 36 ans, taille haute, cheveux noirs.
Guillaume Iezequel, 40 ans, taille moyenne, cheveux chaſtains.
Tudual le Cognac, 16 ans, taille moyenne, cheveux blonds.
Gilles Moyzan, 24 ans, taille moyenne, cheveux chaſtains.

PLOVRIVAVLT.

PIerre Perot, 50 ans, taille haute, cheveux blonds.
Iean Perot, 46 ans, taille baſſe, cheveux blonds.
Vincent Cadic, 26 ans, taille haute, cheveux noirs.

PLOVNEZ ET PAINPOL.

YVon Ruou, 26 ans, taille moyenne, cheveux noirs.
Vincent Leguen, 30 ans, taille haute, cheveux noirs.
François Renan, 50 ans, taille haute, cheveux noirs.
Maury Gaultier, fils Pierre, 22 ans, taille baſſe, cheveux chaſtains.
Olivier Queré, 35 ans, taille haute, cheveux chaſtains.

PLOVBALANEC.

YVon Gaultier, 23 ans, taille moyenne, cheveux noirs.
Iean Hamon, 20 ans, taille baſſe, cheveux noirs.
Iean Lejodée, 40 ans, taille moyenne, cheveux noirs.

Deuxiéme Classe.

Yvon le Locar, 27 ans, taille haute, cheveux noirs.
Nicolas Biller, 25 ans, taille moyenne, cheveux noirs.
Tibault Mainguy, 16 ans, taille basse, cheveux noirs.
Yvon Dagonie, 29 ans, taille haute, cheveux noirs.
Roland le Gelle, 40 ans, taille moyenne, cheveux noirs.
François Collin, 25 ans, taille moyenne, cheveux noirs.
Pierre le Mesnager, 22 ans, taille haute, cheveux noirs.
Yvon le Bourhis, 30 ans, taille haute cheveux noirs.
Yvon Breselec, 40 ans, taille moyenne, cheveux noirs.
Pierre le Dreo le jeune, 40 ans, taille haute, cheveux chastains.
Iean le Dreo le jeune, taille haute, cheveux chastains.
François Mainguy, 50 ans, taille moyenne, cheveux noirs, Charpentier.
Laurens le Gam, 30 ans, taille moyenne, cheveux noirs.

ISLE ET PAROISSE DE BREHAT.

LOuis le Boulhoche, fils Robert, 20 ans.
Pierre le Morsedec, fils Noël, 45 ans.
Yvon Audron, 18 ans, taille haute, cheveux noirs.
Claude Briquen, 30 ans, taille moyenne, cheveux noirs.
Nicolas le Poumelec, 40 ans, taille haute, cheveux noirs.
Nicolas Maurice, 25 ans, taille moyenne, cheveux noirs.
Yvon Maurice, 19 ans, taille moyenne, cheveux noirs.
Iean le Quriguet, 50 ans, taille moyenne, cheveux blonds.
Yvon Evein, 45 ans, taille basse, cheveux noirs.
Guillaume le Moulec, 30 ans, taille basse, cheveux blonds.
André le Moulec, 30 ans, taille moyenne, cheveux noirs.
Yvon Evein, 30 ans, taille moyenne, cheveux noirs.
Henry le Gouet, 25 ans, taille haute, cheveux noirs.
Iean le Goff, 25 ans, taille moyenne, cheveux noirs.
Pierre le Trehenec, 30 ans, taille haute, cheveux noirs, Charpentier.
Vincent le Morzelec, 20 ans, taille haute, cheveux chastains.
Nicolas Gaux, 26 ans, taille basse, cheveux noirs.
Iean le Roux, 40 ans, taille haute, cheveux noirs, Pilote.
Pierre le Gohic, 32 ans, taille moyenne, cheveux gris.
Hervé Touledec, 32 ans, taille haute, cheveux noirs.
François le Dro, 22 ans taille moyenne, cheveux blonds.
Noël Remeur, 22 ans, taille haute, cheveux blonds.
Iean le Gohic, 50 ans, taille basse, cheveux gris.
Iean Lamidon, 20 ans, taille basse, cheveux noirs.
Pierre le Tranche, 32 ans, taille haute, cheveux blonds.
François Iegu, 40 ans, taille basse, cheveux noirs.
Iean le Bel, 38 ans, taille haute, cheveux noirs, Maistre Canonier.
Louis le Pommelec, 30 ans, taille haute, cheveux noirs.
Yvon Lesplais, 45 ans, taille moyenne, cheveux blonds.
Yvon Geffroy, 14 ans, taille basse, cheveux noirs.
François le Bris, 28 ans, taille moyenne, cheveux noirs.
Rolland le Cognac, 53 ans, taille haute, cheveux gris.
François Olivier, 22 ans, taille moyenne, cheveux noirs.
Nicolas Helein, 40 ans, taille basse, cheveux blonds.
Pierre le Bris, 15 ans, taille basse, cheveux blonds.
François Géffroy, 17 ans, taille moyenne, cheveux blonds.
Pierre Griguet, fils Colin, 33 ans, taille haute, cheveux gris.
Iean le Bras, 16 ans, taille basse, cheveux blonds.
Pierre Evein, 20 ans, taille haute, cheveux blonds.
Yvon Fleury, fils Iacques, 15 ans, taille basse cheveux noirs.
Iean Moyzan, 45 ans, taille haute, cheveux noirs.
Pierre Griguet, fils Thomas, 23 ans, taille haute, cheveux blonds.

Iacques le Queré, fils Colin, 50 ans, taille moyenne, cheveux noirs.
Louisle Queré, fils Colin, 15 ans, taille moyenne, cheveux noirs.
Robert Iullo, fils Iean, 13 ans, taille baſſe, cheveux chaſtains.
Robert le Drezenec, 18 ans, taille haute.
Iean Cashec, 30 ans, taille moyenne, cheveux noirs.
Pierre le Queré, fils Pierre, 24 ans, taille haute, cheveux noirs.
Iean le Bris, 58 ans, taille moyenne, cheveux noirs.
Bernard Floury, 22 ans, taille moyenne, cheveux blonds.
Yvon Boloche, fils Yvon, 16 ans, taille baſſe, cheveux noirs.
Maury Brillet, 26 ans, taille moyenne, cheveux noirs.
Noël Goannic, 33 ans, taille haute, cheveux noirs.
Nicolas Yzel, 16 ans, taille haute, cheveux chaſtains.

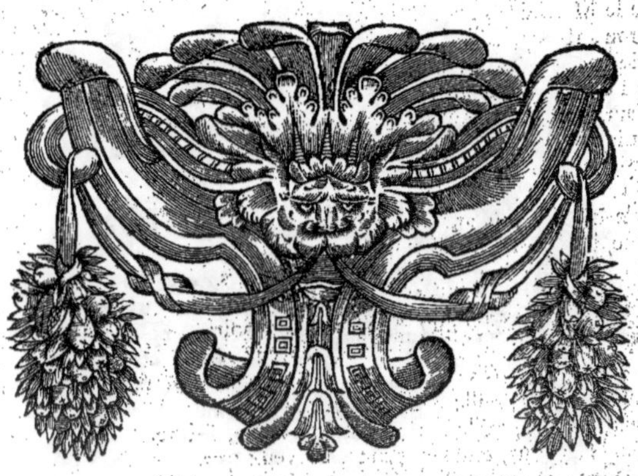

TROISIEME

TROISIESME CLASSE,

dont le service commencera au premier Avril 1672. & finir
au dernier Mars 1673.

PAROISSE DE PLANCOET

CLAVDE Pernel, 35 ans, taille moyenne, cheveux noirs.

GVILDO

Neant.

S. CAST.

EStienne Durand, 50 ans, taille moyenne, cheveux gris.
Guyon Renault, 25 ans, taille haute, cheveux noirs.
Bertrand Tourneur, 30 ans, taille moyenne, cheveux chaftains.
Iean Hervé, 50 ans, taille haute, cheveux chaftains.
Briand Bourdais, 43 ans, taille haute, cheveux noirs.
Mathurin Robert, 30 ans, taille haute, cheveux noirs.
Iulien Goriu, 45 ans, taille haute, cheveux noirs.
Mathurin Colin, 22 ans, taille moyenne, cheveux chaftains.
François Bourdais, 30 ans, taille moyenne, cheveux blonds.
Marc Samfon, 25 ans, taille moyenne, cheveux noirs.
Yvon Bequer, 50 ans, taille moyenne, cheveux chaftains.
Iacques Mefnard, 18 ans, taille moyenne, cheveux chaftains.
François le Tourneur, 20 ans, taille moyenne, cheveux noirs.
Bertrand Revel, 25 ans, taille haute, cheveux noirs.
Nicolas Bourdais, 42 ans, taille haute, cheveux noirs.

S. POTTAN.

IEan Peronne, 24 ans, taille moyenne, cheveux noirs.

PLEVVENON.

GIlles Blanchet, 30 ans, taille moyenne, cheveux blonds.
Pierre Robillard, 33 ans, taille haute, cheveux noirs.
François Allain, 40 ans, taille haute, cheveux noirs.
Louis Blanchet, 25 ans, taille moyenne, cheveux noirs.
Gilles le Febvre, 20 ans, taille moyenne, cheveux blonds.
Guillaume Blanchet, fils Guy, 33 ans.
Iacques le Marchand, fils Iacques, 30 ans, Charpentier.
Noël Loffoüa, 26 ans, taille haute, cheveux noirs.
Eftienne Arragon, 50 ans, taille moyenne, cheveux noirs.
Olivier Droguet, fils Louis, 27 ans, taille haute, cheveux noirs.
François Helequen, Gentilhomme, 40 ans, taille moyenne, cheveux blonds.
Pierre le Maiftre, 25 ans.
René Guyot, de 35 ans.
Iacques Robillard, fils Michel, 23 ans.
Simon Paulmier, 30 ans, Charpentier.
Charles Mefnard, fils Iacques, 28 ans.
Allain Levée, 40 ans.

Fremont, frere Noël, 24 ans.
Pierre Grande, 20 ans.
Marc Aubin, 15 ans.

PLEHEREL.

Pierre du Bois, 33 ans, taille haute, cheveux chaſtains.
François Fremont, 40 ans, poil jaune.
Georges de Louche, 27 ans, taille moyenne, cheveux chaſtains.

PAROISSE D'ERQVY.

François Maiſtry, 40 ans, taille moyenne, cheveux noirs.
Iulien Lucas, 30 ans, taille haute, cheveux noirs.
Pierre Rouget, 32 ans, taille haute, cheveux noirs.
Mathurin Gourd, 25 ans, taille moyenne, cheveux noirs.
Bertrand Gouranton, 50 ans, taille moyenne, cheveux blonds.
Pierre Boutrion, 30 ans, taille haute, cheveux noirs.
Mathurin Giquel, 25 ans, taille petite, cheveux noirs.
Eſtienne le Roux, 50 ans, taille moyenne, cheveux chaſtains.
Louis Boutier, 35 ans, taille haute, cheveux blonds.
Adrian Cambray, 25 ans, taille haute, cheveux blonds.
Olivier Fremont, 45 taille haute, cheveux noirs.
Iean Boullé, 35 ans, taille moyenne, cheveux noirs.
Mathurin Gouranton, 25 ans.
Pierre le Roux, 18 ans.

PLENEVF.

Laurens Goveſin, 33 ans, cheveux noirs.
François Boutier Vilerio, 23 ans, taille haute, cheveux noirs.
Anthoine Renault, 22 ans, taille haute, cheveux chaſtains.

PLANQVENOEL.

Anthoine Ioſſeau, 50 ans, taille moyenne.

VILLE DE S. BRIEV.

Neant.

PLERIN.

Noël Deſbois, 33 ans, taille moyenne, poil noir.
François Terlet, 42 ans, taille haute, poil noir.
Olivier Dommartin, 40 ans, taille haute, cheveux noirs.
Eſtienne Terlet, 28 ans, taille moyenne, cheveux noirs.
Iean Moreau, 50 ans, taille baſſe, cheveux noirs.
Guillaume Lhoshlier, 40 ans, taille baſſe, cheveux blonds.
Bertrand le Saulnier, 25 ans, taille haute, cheveux chaſtains.
Mathurin Beaumont, 35 ans, taille haute, cheveux noirs.
François Domion, 25 ans, taille moyenne, cheveux noirs.
Laurens le Clérc, 30 ans, taille haute, cheveux gris.
Pierre le Clerc, 20 ans, taille haute, cheveux noirs.
Iean le Saulnier, dit petit Iean, 38 ans,
Mathurin Chaſtel, 22 ans, taille haute, cheveux noirs.

PORDIC.

François Guyommarets, 20 ans, taille haute, cheveux blonds.
Iean Guegan, 33 ans, taille baſſe, cheveux chaſtains, Charpentier.

Troisiéme Claſſe.

Vincent Audoüert, 40 ans, taille haute, cheveux chaſtains, Calfateur.
Iean Faucon, 22 ans, taille baſſe, cheveux noirs.
François Colin, 28 ans, taille haute, cheveux chaſtains.
François de Meon, 25 ans, taille haute, cheveux noirs.
Robert Olivier, 52 ans, taille moyenne, cheveux noirs.
Geffroy Minier, 38 ans, taille haute, cheveux noirs.
Iean Audoüart, 44 ans, taille haute, cheveux chaſtains.
Eſtienne le Mée, 26 ans, taille haute, cheveux noirs.
François Chauſet, 26 ans, taille baſſe, cheveux chaſtains.
Yves Queray, 26 ans, taille haute, cheveux noirs.
Iean Roland, 23 ans, taille moyenne, cheveux noirs.
François Rebours, 28 ans, taille moyenne, cheveux noirs.
Iean Dommalin, 30 ans, taille moyenne, cheveux noirs.

ESTABLE ET BINIC.

Pierre Vincent, 52 ans, taille moyenne, cheveux gris.
Thomas Herigoüas, de 26 ans, taille moyenne, cheveux noirs.
Pringent Guyommart, 40 ans, taille moyenne, cheveux noirs.
Pierre Denys, fils Olivier, 27 ans, taille haute, cheveux noirs.
Yves Cadoret, 50 ans, taille haute, cheveux noirs, Charpentier.
Iean Bloüin, fils Laurens, 24 ans, taille moyenne, cheveux chaſtains, Charpentier.
Maury le Gaçon, 26 ans, taille haute, cheveux noirs.
Hieroſme Gaultier, 32 ans, taille moyenne, cheveux chaſtains.
François le Gaçoin, 55 ans, taille moyenne, cheveux gris.
Gilles Couſin, 42 ans, taille haute, cheveux noirs.
Iean Carſin, 33 ans, taille moyenne, cheveux noirs.
Gilles Toüin, 36 ans, taille haute, cheveux noirs.
Vincent Herry, 19 ans, taille moyenne, cheveux chaſtains.
Gilles Renault, fils Gilles, 27 ans, taille moyenne, cheveux noirs.
Yves Loüais, 47 ans, taille moyenne, cheveux gris.
Iean de Rien, fils Mathieu, 30 ans.
Iacques Loret, fils Pierre, 19 ans.
René Verden, 45 ans, taille moyenne, cheveux noirs.
Iean Briand, fils Iean, 26 ans, taille moyenne, cheveux chaſtains.
Alain Guillemot, 52 ans, taille baſſe, cheveux gris.
Anthoine Giquel, fils Mathurin, 48 ans.
Iean Pelerin, 52 ans, taille haute, cheveux gris.
Yves Riot, 26 ans, taille moyenne, cheveux gris, Charpentier.
Noël Giquel, fils Laurens, 47 ans, taille moyenne, cheveux noirs.
Iulien Rebours, 50 ans, taille moyenne, cheveux gris.
Iulien le Mée, fils François, 40 ans, taille haute, cheveux noirs.
Nicolas Coſtart, fils Yves, 26 ans, moyenne taille, cheveux chaſtains.
François Laiſné, 21 an, taille moyenne, cheveux chaſtains.
Anthoine Breſil, 35 ans, taille haute, cheveux noirs.
Iean Gouret, 26 ans, taille haute, cheveux blonds.
Laurens Gauvain, 45 ans, taille moyenne, cheveux noirs.
Alain le Bas, 30 ans, taille haute, cheveux chaſtains.
Olivier Morvan, 24 ans, taille moyenne, cheveux noirs.
Laurens Pertevault, 57 ans, taille moyenne, cheveux gris.
Olivier de Rien, 25 ans, taille moyenne, cheveux noirs.
François Huet, 30 ans, taille moyenne, cheveux noirs, Pilote.
Iean Gleyot, 40 ans, taille moyenne, cheveux noirs.
Iean Martin, 50 ans, taille moyenne, cheueux gris.
Laurens le Breton, fils Michel, 37 ans.
Noël Toüin, fils Iean, 36 ans.
Iean Queret, 22 ans, taille moyenne, cheveux chaſtains.
Iean Gauffny, fils François, 40 ans.

Iean Loret, 28 ans, taille haute, cheveux noirs.
Iean Hüet, fils Nicolas, 16 ans, taille moyenne, cheveux nous.
Gabriel Rebours, fils Lucas, 25 ans.
Antoine Gauvain, fils Iean, 30 ans.
Hierofme Gleyot, 35 ans, taille moyenne, cheveux noirs, Charpentier
Laurens Guibert, 49 ans, taille moyenne, cheveux noirs.
Henry Roger, 33 ans taille moyenne, cheveux noirs.
René Marquer, 50 ans, taille haute, cheveux blonds.
Laurens Giquel, fils Philippes, 38 ans.
Iean Moyzan, 42 ans, taille moyenne, cheveux noirs.
Hierofme Guibert, fils Pierre, 26 ans.
Iean Auffray, fils Pierre, 21 an.
Iean le Cler, 26 ans, taille moyenne, cheveux chaftains.
Laurens Dolo, 45 ans, taille moyenne, cheveux gris.
Iean Morvan, 54 ans, taille haute, cheveux noirs.
Olivier Berdel, fils Maurice, 24 ans.
Eftienne Toüin, fils Yves, 46 ans.
Iean le Breton, fils François, 50 ans.
Iean Morvan, fils Iean, 26 ans, taille haute, cheveux noir
Pierre Giquel, fils Philippes, 40 ans.
Hierofme Goubin, 41 an, taille haute, cheveux noirs,
François Iean, 34 ans, taille haute, cheveux blonds.
Noël Denis, fils Noël, 53 ans, taille baffe, cheveux gris.
Yves Gaillard, fils Iean, 18 ans, taille moyenne, cheveux blonds.
Guy Loüais, 30 ans, taille haute, cheveux chaftains.
Iacques Richard, 43 ans, taille baffe, cheveux noirs.
Pierre Gaultier, 36 ans, taille moyenne, cheveux noirs.
Touffaint Guibert, 24 ans, taille baffe, cheveux noirs.
Claude Giquel, fils Nicolas, 40 ans.
Iean Beleve, 19 ans, taille moyenne, cheveux noirs.
Eftienne Huet, 57 ans, taille haute, cheveux gris.
François Lucas, 50 ans, taille moyenne, cheveux gris.
Leonard Touroux, 22 ans, taille moyenne, cheveux noirs.
Pierre Alenot, 16 ans, taille moyenne, cheveux noirs.
Guillaume Bertot, 35 ans, taille haute, cheveux noirs.
Yves Loüais, 31 an, taille moyenne, cheveux noirs.
Pierre Collas, 24 ans, taille haute, cheveux noirs.
Hierofme le Sileuc, 23 ans, taille moyenne, cheveux noirs.
Laurens Richard, 50 ans, taille haute, cheveux noirs.
Gabriel Bertot, 45 ans, taille haute, cheveux noirs.
Iean Farcy, fils Touffaint, 29 ans.
François Loret, 15 ans, taille moyenne, cheveux noirs.
Pierre Giquel, fils Gilles, 28 ans, taille haute, cheveux noirs.
Mathurin le Mée, fils François, 25 ans.
Pierre Firmin, fils Mathurin, 30 ans, taille haute, cheveux noirs.
Iulien Giquel, fils Iean, 19 ans, taille haute, cheveux blonds.
Laurens Gouret, 29 ans, taille haute, cheveux noirs.
Olivier Berdel, 23 ans, taille moyenne, cheveux noirs.
Alain Roger, 30 ans, taille haute cheveux noirs.
Silveftre Roger, fils Henry, 22 ans, taille haute, cheveux noirs.
Mathurin Iuhel, 29 ans, taille haute, cheveux roux
François Iuhel, fils Iacques, 34 ans.
Iean Gourio, fils Pierre, 30 ans.
François le Texier, 27 ans, taille haute, cheveux noirs.
Mathurin Gleyos, fils Pierre, 23 ans.
Michel du Lefcoüet, 28 ans, taille courte, cheveux chaftains.
Pierre Thomas, fils Pierre, 40 ans, taille moyenne, cheveux noirs.
Gilles Briand, fils Noël, 30 ans, taille moyenne, cheveux chaftains.

Iacques

Iacques Iuhel, 30 ans, taille haute, cheveux blonds.
François Colet, 22 ans, taille haute, cheveux noirs.
Michel Denys, fils Touſſaint, 16 ans.
Yves Ruellan, fils Lancelot, 26 ans, taille haute, cheveux blonds.

SAINT QVAY ET PONTRIEVX.

Laurens Brehaut, fils Gilles, 36 ans, taille haute, cheveux chaſtains.
Yves Auffray, 45 ans, taille haute, cheveux noirs.
Marc le Danteve, 16 ans, cheveux blonds.
Louis Rebours, 30 ans, taille moyenne, cheveux chaſtains.
Noël Denis, 28 ans, taille moyenne cheveux blonds.
Philippes Dumoulin, 24 ans. taille baſſe, cheveux chaſtains.
Iean Cleret, 40 ans, taille moyenne, cheveux blonds.
Yves Rebours, 28 ans, taille baſſe, cheveux noirs.
Iean Fichet, 20 ans, taille moyenne, cheveux blonds.
Guillaume le Breton, 34 ans, taille moyenne, cheveux noirs.
Vincent Herpin, 33 ans, taille haute, cheveux noirs.
Eſtienne Rebours, 45 ans, taille haute, cheveux chaſtains.
François la Motte, 45 ans, taille baſſe, cheveux noirs.
Pierre Grizel, 50 ans, taille moyenne, cheveux noirs.
Chriſtophle le Roüillé, 30 ans, taille haute, cheveux noirs.
François Brûlon, 25 ans, taille moyenne, cheveux blonds.
Iulien Martin, 24 ans, taille baſſe, cheveux noirs.
Guillaume Hoüart, 52 ans, taille haute, cheveux noirs.
Mathurin Glau, 55 ans, taille moyenne, cheveux gris.
Iulien le Roüille, 26 ans, taille moyenne, cheveux chaſtains.
Iean Maillard, 42 ans, taille baſſe, cheveux chaſtains.
Iean Lamy, fils Iean, 27 ans.
Iean Perigaux, 26 ans, taille baſſe, cheveux noirs.
Rolland Clemot, 33 ans, taille moyenne, cheveux noirs.
Pierre Auffray, 32 ans, taille baſſe, cheveux noirs.
Eſtienne Nicolas, 18 ans, taille haute, cheveux blonds.
Iulien le Clerc, 22 ans, taille moyenne, cheveux noirs.
Iulien Yves Grichant, 20 ans, taille baſſe, cheveux blonds.
Pierre Quintin, 55 ans, taille moyenne, cheveux noirs.
Iacques Quintin, fils Pierre, 22 ans.
François Brajeu, 52 ans, taille moyenne, cheveux noirs.
Iacques Glau, fils François, 16 ans.
Louis Thebaut, 34 ans, taille moyenne, cheveux noirs.
Iean Evein, 17 ans, taille moyenne, cheveux noirs.
Clement Baſnier, 18 ans, taille moyenne, cheveux noirs.
Mathurin Temoin, fils Pierre, 20 ans.
Marc le Breton, fils Iacques, 32 ans, taille baſſe.
Geffroy Dollo, 55 ans, taille baſſe, cheveux noirs.
Noël Barabé, 19 ans, taille baſſe cheveux roux.
Philippes Manoir, 16 ans, taille moyenne, cheveux chaſtains.
Eſtienne le Guevel, 46 ans, taille moyenne, cheveux noirs.
Pierre Hoüart, fils Yves, 25 ans.
Yves Aſcoët, fils Mathurin, 22 ans.
Iean Dumeſnil 18 ans, taille baſſe, cheveux blonds.
Guillaume Pertevaix, 14 ans, taille baſſe, cheveux blonds.
Eſtienne Iehannot, 40 ans, taille baſſe, cheveux noirs.
Iacques Ferlandin, 50 ans, taille moyenne, cheveux friſez noirs.
Hieroſme le Breton, fils Mathurin, 23 ans, Charpentier.
François Robert, 17 ans, taille moyenne, cheveux noirs.
Claude Fremin, 45 ans, taille moyenne, cheveux gris.
Philippes Gleyo, 35 ans, taille moyenne, cheveux chaſtains.

Guillaume Denis, fils François, 25 ans.
Guillaume Vallet, 20 ans, taille haute, cheveux noirs.

PAROISSE DE TREVENEVC.

MAurice Boisiavel, 30 ans, taille haute, cheveux noirs.

PLOVRHAN.

GVyon Thomas, 45 ans, taille moyenne cheveux noirs.
Alain Loquet, 50 ans, taille moyenne, cheveux noirs.
Guillaume Pillou, 37 ans, taille haute, cheveux chastains.
Iean Thomas, 24 ans, taille haute, cheveux noirs.

PLOVHA.

PIerre le Sevenec, 55 ans, taille haute, cheveux gris.

PLOVZEC.

IEan Goüezon 40 ans, taille haute, cheveux noirs.
Yvon le Blaye, 32 ans, taille haute, cheveux noirs.
François Querioly, 40 ans, taille basse, cheveux chastains.
François Coré, 26 ans, taille moyenne, cheveux noirs.
Pierre Goüezon, fils Iacques, 37 ans.
Iacques Geffroy, 28 ans, taille haute, cheveux chastains.

QVERITY.

PIerre André, 30 ans, taille haute, cheveux chastains.
Pierre le Brun, 40 ans, taille haute, cheveux noirs.
Richard Allainuat, 51 ans, taille moyenne, cheveux noirs.
Laurens Beroche, 25 ans, taille moyenne, cheveux noirs.
Pierre Iesequel, 18 ans, taille moyenne, cheveux chastains.
Pierre le Boyée, 40 ans, taille moyenne, cheveux chastains.
François le Cognac, 15 ans, taille basse, cheveux noirs.
Alain Hervé, 34 ans, taille haute, cheveux chastains.
François le Normand, 24 ans, taille moyenne, cheveux noirs.

PLOVRIVAVLT.

PIerre Peros, 36 ans, taille basse, cheveux chastains.
Christophle le Gonidée, 50 ans, taille moyenne, cheveux noirs.
Iean Plourivaut, 45 ans, taille haute, cheveux gris.

PLOVNEZ ET PAINPOL.

ALain le Guen, 25 ans, taille haute, cheveux noirs.
Laurens le Roux, 50 ans, taille basse, cheveux noirs.
Guillaume Regnault, 27 ans, taille moyenne, cheveux noirs.
Claude le Seré, 30 ans, taille moyenne, cheveux noirs.
Prigent Ferrier, 40 ans, taille moyenne, cheveux noirs.

PLOVBALANEC.

ROland Gaultier, 25 ans, taille moyenne, cheveux noirs.
Pierre le Goff, 45 ans, taille basse, cheveux noirs.

Yvon le Bourhis, 27 ans; taille haute, cheveux noirs.
Yvon Gujomars, 22 ans, taille moyenne, cheveux noirs.
Yvon Paris, 30 ans, taille moyenne, cheveux noirs.
Nicolas Hery, 25 ans, taille moyenne, cheveux noirs.
Chriſtophle Rohare, 27 ans, taille moyenne, cheveux noirs.
Pierre Leſtic, 45 ans, taille baſſe, cheveux noirs.
Nicolas Leſtic, 50 ans, taille moyenne, cheveux noirs.
Iean Colin, 23 ans, taille moyenne, cheveux noirs.
Yvon Fleury, 40 ans, taille moyenne, cheveux chaſtains.
Iean Guyomart, 37 ans, taille moyenne, cheveux chaſtains.
Iean le Dros l'aiſné, 35 ans, taille haute, cheveux noirs.

ISLE ET PAROISSE DE BREHAT.

IAcques Boulhoche, fils Robert, 15 ans.
Guillaume le Bras, 50 ans, taille haute, cheveux gris.
Bernard Salenec, 30 ans, taille haute, cheveux chaſtains.
Pierre le Quenea, 26 ans, taille haute, cheveux blonds.
Pierre le Pommelec, 25 ans, taille haute, cheveux noirs.
Olivier Mahé, 30 ans, taille moyenne, cheveux noirs, Canonier.
Iacques le Pommelec, 55 ans, taille baſſe, cheveux gris.
Colin le Drezenec, 45 ans, taille baſſe, cheveux noirs.
Iean le Moulec, 20 ans, taille baſſe, cheveux blonds.
François Evein, 50 ans, taille moyenne, cheveux gris.
François le Bris, 32 ans, taille haute, cheveux blonds.
Pierre le Goff, 27 ans, taille moyenne, cheveux noirs.
Maury Témoin, 15 ans, taille baſſe, cheveux chaſtains.
Pierre le Bail, 22 ans, taille moyenne, cheveux noirs.
Yves Heloury, 35 ans, taille moyenne, cheveux noirs.
André Billet, 26 ans, taille haute, cheveux blonds.
Artur le Maiſtre, 22 ans, taille moyenne, cheveux blonds.
Yvon Douvrec, 42 ans, taille moyenne, cheveux noirs.
Olivier Fleury, 17 ans, taille moyenne, cheveux noirs.
François Nuolazec, 32 ans, taille baſſe, cheveux noirs.
Iacques le Gohic, 35 ans, taille moyenne, cheveux noirs.
Bernard le Bel, 40 ans, taille haute, cheveux noirs, Canonier.
Iacques Terizen, 20 ans, taille moyenne, cheveux noirs.
Hüon le Galle, 40 ans, taille moyenne, cheveux noirs.
Pierre le Bris, 38 ans, taille haute, cheveux noirs.
Robert Brillet, 55 ans, taille baſſe, cheveux noirs.
Guillaume le Hir, 21 an, taille haute, cheveux noirs.
Charles le Bris, fils Terizien, 49 ans, taille moyenne, cheveux noirs.
Artur Danic, fils Artur, 20 ans, taille haute, cheveux noirs.
Yvon Evein, fils Iacques, 32 ans, taille baſſe, cheveux chaſtains.
Pierre le Pommelec, 50 ans, taille moyenne, cheveux gris.
Guillaume le Minon, 25 ans, taille moyenne, cheveux blonds.
Colin le Bail, 30 ans, taille moyenne, cheveux chaſtains.
Mathieu le Griguet, fils Thomas, 28 ans.
Artur le Donarec, 12 ans, taille baſſe, cheveux noirs.
Yvon Colin, 45 ans, taille haute, cheveux blonds.
Bertrand Alain, 55 ans, taille haute, cheveux noirs.
Pierre le Toleder, 19 ans, taille moyenne, cheveux noirs.
Pierre le Drezenec, fils Rautand, 12 ans.
Vincent Dommalin, 25 ans, taille haute, cheveux gris.
Nicolas le Queré, fils Pierre, 23 ans, taille baſſe, cheveux noirs.
Iean Fleury, 29 ans, taille moyenne, cheveux chaſtains.
Iean le Boloche, 26 ans, taille moyenne, cheveux noirs.
Pierre Fleury 24 ans, taille moyenne, cheveux noirs

Nicolas Boloche, fils Yvon, 13 ans, taille baſſe, cheveux blonds.
Gilles le Grand, 20 ans, taille baſſe, cheveux noirs.
Yvon Lafplais, 31 an, taille moyenne, cheveux noirs.
Iacques Loguyvi, 35 ans, taille moyenne, cheveux noirs.
Olivier le Bolleu, 14 ans, taille petite, cheveux noirs.
Iacques Danic, 50 ans, taille haute, cheveux noirs, Canonier.
Bertrand Ernault, 17 ans, taille moyenne, cheveux chaſtains.
Charles Audren, 40 ans, taille moyenne, cheveux noirs.
Iean le Gac, 17 ans, taille haute, cheveux noirs.
Artur le Molec, 13 ans, taille baſſe, cheveux noirs.
Iacques Moyzan, 20 ans, taille moyenne, cheveux gris.
Yvon le Cognac, 55 ans, taille haute, cheveux noirs.
Iean Ernaud, 55 ans, taille moyenne, cheveux gris.
François Denis, 16 ans, taille haute, cheveux blonds.
Yvon Evein, fils Henry, 45 ans, taille moyenne, cheveux noirs.
Louis Collet, 40 ans, taille haute, cheveux blonds.

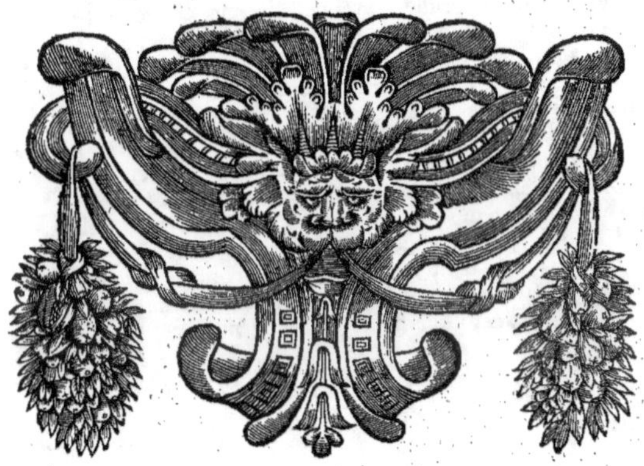

QVATRIESME CLASSE,

dont le service commencera au premier Avril 1673. & finira
au dernier Mars 1674.

PAROISSE DV GVILDO.

FRANÇOIS Fremont, 35 ans, taille haute, cheveux noirs.
François Becquet, 30 ans, taille moyenne, cheveux blonds, Plancoët.

S. CAST.

Iean Salmon, fils Bertrand, 25 ans, taille basse, cheveux noirs.
Marc Gorieu, 25 ans, taille moyenne, cheveux chastains.
François Durand, fils Hervé, 45 ans, taille haute, cheveux blonds.
François Picart, 16 ans, taille moyenne, cheveux chastains.
François Durand, 25 ans, taille moyenne, cheveux noirs.
Pierre Plessix, 30 ans, taille moyenne, cheveux noirs.
Gilles Goriu, 40 ans, taille haute, cheveux noirs.
Iean Hervé, fils Pierre, 18 ans, taille haute, cheveux noirs.
François Bourdais, 40 ans, taille moyenne, cheveux noirs, Pilote.
Iean Bourdais, fils Robert, 28 ans, taille haute, cheveux noirs.
Louis Goriu, 30 ans, taille haute, cheveux chastains.
Pierre Tourneux, 50 ans, taille moyenne, cheveux noirs, Pilote.
Bertrand André, 35 ans, taille moyenne, cheveux noirs.
Iean Boquet, 18 ans, taille moyenne, cheveux noirs.
Iacques Gorju, 40 ans, taille haute, cheveux chastains.
Isaac Durand, 29 ans, taille haute, cheveux noirs.

S. POTTAN.

Rolland Peronne, 21 an, taille moyenne, cheveux chastains.

PLEVVENON.

François Blanchet, 40 ans, taille moyenne, cheveux blonds.
Pierre Allée, 25 ans taille moyenne, cheveux noirs.
Iacques Allée, fils Iulien, 27 ans.
François Lossoüa, fils Charles, 24 ans.
Gilles Robillard, 50 ans, taille moyenne.
Pierre Lossoüa, 50 ans, taille moyenne, cheueux gris.
François Arragon, 35 ans, taille moyenne, cheveux chastains.
Iulien Guyot, 30 ans, taille haute, cheveux chastains.
Gilles Robillard, 50 ans, taille haute, cheveux gris.
Iean Picart, fils Hervé, 16 ans, taille moyenne, cheveux noirs.
Claude Droguet, 18 ans, taille moyenne, cheveux chastains.
François Sicot, 33 ans, moyenne taille, cheveux chastains.
Gilles Levée, 22 ans, taille haute, cheveux chastains.
Iacques le Mousnier, 30 ans, taille haute, cheveux chastains.
Pierre Richard, 50 ans, taille moyenne, cheveux noirs.
François le Rouge, 40 ans, Charpentier.
Iean Guyot, fils Michel, 19 ans.

François Girard, 30 ans.

PLEHEREL.

Iacques Chantou, 22 ans, taille haute.
François Farvel, 35 ans, taille petite.
Iean Roüault, 28 ans, taille haute, cheveux noirs.
Iean Guyen, 25 ans, taille haute, cheveux chastains.

ERQVY.

Iacques Gouranton, 18 ans, taille moyenne, cheveux blonds.
Christophle le Roux, 40 ans, taille moyenne, cheveux chastains.
Pierre Hercoet, 20 ans, taille moyenne, cheveux blonds.
Mathurin Rousseau, 35 ans, taille moyenne, cheveux bruns.
Charles Quinquernel, 40 ans, taille moyenne, cheveux noirs.
Mathurin Denis, 25 ans, taille moyenne, cheveux noirs.
Laurens Rouget, 30 ans, taille moyenne, cheveux noirs.
Iean Gaultier, 30 ans, taille haute, cheveux noirs.
François Gourd, 20 ans, taille haute, cheveux noirs.
Noël Giquet, 19 ans, taille moyenne, cheveux noirs.
René Levain, 45 ans, taille petite, cheveux blonds.
Hierofme Busson, 25 ans, taille haute, cheveux noirs.
Laurens Choisnel, 35 ans, taille moyenne, cheveux chastains.

PLENEVF.

Iacques Dobert, 28 ans, taille haute, cheveux chastains.
Iacques Bouquet, 22 ans, taille petite, cheveux noirs.

PLANQVENOEL.

Pierre Cornilla, 30 ans, taille haute, cheveux noirs, Canonier.

PLERIN.

Nicolas Allain, 16 ans, taille moyenne, cheveux chastains.
Gilles Rouxel, 22 ans, taille haute, cheveux noirs.
Pierre le Saulnier, 24 ans, taille haute, cheveux chastains.
Martin Michel, 30 ans.
Olivier Lucas, 41 an, taille moyenne, poil brun.
Pierre Poulin, 35 ans, taille moyenne, cheveux noirs.
Iacques Rouxel, 45 ans, borgne.
Bertrand le Duger, 45 ans, taille basse, cheveux blonds.
Guillaume le Saunier, 30 ans, taille haute, cheveux chastains.
Iean Alain, 25 ans, taille basse, cheveux chastains.
Iean Chastel, 14 ans, taille basse, cheveux noirs.
Pierre Royer, 25 ans, cheveux noirs.
Mathurin Rabais, 32 ans, cheveux noirs.
Martin Moignart, 50 ans, taille basse, cheveux noirs.
Pierre le Saulnier 50 ans, taille haute, cheveux noirs.
Iulien Rüelan, 18 ans, taille basse, cheveux noirs.
Sébastien Rousset, 14 ans, taille petite, cheveux noirs.

PORDIC.

Pierre Conin, 30 ans, taille haute, cheveux chastains.
Estienne Hery, 22 ans, taille moyenne, cheveux noirs.
Iean Glemot, 28 ans, taille haute, cheveux noirs.
Guillaume Duchesne, 28 ans, taille moyenne, cheveux noirs.
Iulien Gouriou, 55 ans, taille haute, cheveux chastains.
Bertrand Charbonnel, 20 ans, taille petite, cheveux blonds.
Pierre Burel, 25 ans, taille moyenne, cheveux blonds.
Iean Charbonnet, 55 ans, taille haute, cheveux blonds.
Geoffroy Caillet, 25 ans, taille moyenne, cheveux blonds.
Yves Dagorne, 25 ans, taille basse, cheveux noirs.
Iacques Gauffhic, 28 ans, taille haute, cheveux noirs, Canonier.
Roul Colas, 50 ans, taille moyenne, cheveux noirs.
Iean Bertault, 26 ans, taille moyenne, cheveux noirs.
François Rebours, 26 ans, taille moyenne, cheveux blonds.

ESTABLE ET BINIC.

François Guegant, 27 ans, taille moyenne, cheveux noirs, Charpentier.
Anthoine Tovin, 25 ans, taille haute, cheveux noirs.
Pierre Plouze, 50 ans, taille basse, cheveux gris.
Iean Roger, 20 ans, taille moyenne, cheveux noirs.
Pierre Quintin, 16 ans, taille basse, cheveux chastains.
Iean Hoüart, fils Michel, 40 ans.
Pierre Costart, 39 ans, taille moyenne, cheveux noirs, Calfateur.
Noel Regnault, fils Gilles, 24 ans, taille moyenne, cheveux noirs.
Mathieu Guillemot, fils Allain, 15 ans, taille moyenne, cheveux noirs.
Allain Loret, 48 ans, taille haute, cheveux noirs.
Lucas Tovin, fils Iean, 39 ans, taille haute, cheveux blonds.
Anthoine Denis, fils Anthoine, 17 ans.
François Temont, 47 ans, taille haute, cheveux noirs.
Claude Hevin, fils Iacques, 18 ans.
Guillaume Caillet, 50 ans, taille moyenne, cheveux blonds.
Thomas Farcy, 40 ans, taille moyenne, cheveux noirs.
Iean Fremin, fils Estienne, 16 ans.
Iean Bardet, fils Yves, 21 an, taille haute, cheveux noirs.
Iacques Loüais, 55 ans, taille basse, bossu, cheveux gris.
Pierre Pekiat, 14 ans, taille basse, cheveux noirs.
Yves Fremin, fils Silvestre, 32 ans, taille haute, cheveux chastains.
François Lescuyer, 18 ans, taille basse, cheveux chastains.
Vincent Iuhel, 34 ans, taille moyenne, cheveux blonds.
Hierosme Guibert, fils Iacques, 22 ans.
Michel Pelerin, 55 ans, taille moyenne, cheveux gris.
François Caulet, 22 ans, taille haute, cheveux noirs.
Hierosme le Clair, fils Loüys, 41 an, taille haute, cheveux blonds.
François Briand, 22 ans, taille haute, cheveux noirs.
Iacques Giquet, fils Hierosme, 26 ans.
Pierre Gouret, 19 ans, taille moyenne, cheveux blonds.
Laurens Gleyot, fils Pierre, 23 ans.
Iean Richard, fils Gilles, 16 ans, taille moyenne, cheveux blonds.
Iean le Breton, fils Guillaume, 22 ans.
Iean Guibert, fils Henry, 16 ans, taille haute, cheveux noirs.
Iean Lescuyer, fils Henry, 16 ans, taille basse, cheveux noirs.
Iean Brienel, fils Noël, 16 ans, taille basse, cheveux chastains.
Pierre le Texier, 40 ans, taille moyenne, cheveux bruns.
Hierosme Rebours, fils Lucas, frere Noël, 13 ans.

Iacques Glemot, 40 ans, taille haute, cheveux roux.
Claude Labé, 25 ans, taille moyenne, cheveux noirs.
François Pigret, 26 ans, taille moyenne, cheveux noirs.
Iean Guchet, 50 ans, taille haute, cheveux gris.
Iacques Iosson, 22 ans, taille basse, cheveux chastains.
François Charmoy, 40 ans, taille haute, cheveux noirs.
Noël Rebours, 28 ans, taille moyenne, cheveux chastains.
Antoine Marc, 22 ans, taille haute, cheveux noirs.
François Morice, 28 ans, taille haute, cheveux chastains.
Yvon Ioubin, fils Gilles, 23 ans, taille moyenne, cheveux noirs.
Pringent Maheas, taille moyenne, cheveux noirs, Charpentier.
Henry Guibert, 22 ans, fils Roland, taille moyenne, cheveux noirs.
Hierosme Guibert, 50 ans, taille moyenne, cheveux noirs.
Christophle de la Noë, 48 ans, taille moyenne, cheveux chastains.
Gilles Mare, 50 ans, taille haute, cheveux gris.
François Giquel, fils Noël, 29 ans, taille haute, cheveux noirs.
Laurens Peluat, 52 ans, taille moyenne, cheveux noirs.
Pierre Guibert, fils Bernabé, 33 ans, taille moyenne, cheveux chastains.
Estienne le Bas, 26 ans, taille haute, cheveux noirs.
Thomas le Cler, 40 ans, taille moyenne, cheveux noirs.
Olivier Houart, 29 ans, taille moyenne, cheveux noirs.
Iean Roger, fils Henry, 46 ans, taille moyenne, cheveux noirs.
Iean le Prevost, 29 ans, taille haute, cheveux blonds.
Hierosme le Febvre, fils Gilles, 43 ans, taille haute, cheveux noirs.
Olivier Brehaut, 35 ans, taille moyenne, cheveux roux.
Iean Largenton, 22 ans, taille basse cheveux noirs.
Laurens Lucas, 50 ans, taille moyenne, cheveux gris.
Iean Collet, 30 ans, taille haute, cheveux blonds.
Michel le Breton, 30 ans, taille moyenne, cheveux gris.
Iean Gaurio, fils Laurens, 41 an, taille moyenne, cheveux noirs.
Hierosme Cadoret, fils Estienne, 22 ans.
Nicolas Hüet, 55 ans, taille moyenne, cheveux gris.
Mathurin Fremin, fils Estienne, 32 ans, Charpentier.
Iean Fremin, fils Severe, 24 ans, taille moyenne, cheveux noirs.
Iean Horet, 26 ans, taille moyenne, cheveux noirs.
Iean Ioubin, fils François, 32 ans, taille haute, cheveux noirs.
Iean Loüais, 24 ans, taille moyenne, cheveux noirs.
Laurens Iagot, 30 ans, taille haute, cheveux noirs.
Pierre Guibert, fils Pierre, 22 ans, taille haute, cheveux noirs.
Silvestre Gleyot, fils Iacques, 42 ans, taille moyenne, cheveux noirs.
Mahé Témoin, 52 ans, taille haute, cheveux bruns.
Nicolas Toüin, fils Pierre, 47 ans, taille haute, cheveux noirs.
Iean le Febvre, fils Hierosme, 29 ans.
Alain Gourio, fils Iean, 13 ans, taille basse, cheveux noirs.
Michel Guibert, fils Clement, 20 ans, taille moyenne, cheveux blonds.
François Morvan, fils Hierosme, 38 ans.
Mathurin de Rien, 31 ans, taille haute, cheveux noirs.
Iean Guillemot, 35 ans, taille moyenne, cheveux noirs.
Toussaint Toüin, fils Yves, 22 ans, taille moyenne, cheveux noirs.
Noël Richard, 49 ans, taille moyenne, cheveux noirs.
Thomas Richard, 20 ans, taille moyenne, cheveux noirs.
Iacques Rovenet, 57 ans, taille haute, cheveux gris.
Yves Touroux, 17 ans, taille moyenne, cheveux noirs.
Iean Maheas, 23 ans, taille moyenne, cheveux noirs.
Artur Renault, 23 ans, taille haute, cheveux noirs.
François Costart, 45 ans, taille moyenne, cheveux noirs.
Guillaume le Sirleuc, 28 ans, taille basse, cheveux noirs.
Vincent du Liscoüet, 55 ans, taille moyenne, cheveux noirs.

Iean

CINQVIESME CLASSE,

dont le service commencera au premier Avril 1674. & finira
au dernier Mars 1675.

S. CAST.

GVILLAVME Hamon, 20 ans, taille petite, cheveux noirs,
Alain le Maçon, 20 ans, taille moyenne, cheveux noirs,
Iean Burel, 20 ans, taille moyenne, cheveux chaftains.
François le Febvre, 22 ans, taille haute, cheveux noirs,
Iean Rebours, 18 ans, taille moyenne, cheveux chaftains.
Iulien Mefnard, 11 ans, taille petite, cheveux noirs,
Renaud Boulou, 25 ans, taille moyenne, cheveux noirs,
Guillaume Gorieu, 24 ans, taille moyenne, cheveux noirs.
Eftienne Samfon, 20 ans, taille haute, cheveux blonds.
Iean Morin, 20 ans, taille haute, cheveux blonds.
Charles Gautier, 35 ans, taille haute, cheveux blonds.
Renault Goriu, 16 ans, taille moyenne, cheveux chaftains.
François Hunault, 13 ans, taille moyenne, cheueux blonds.
François Durand, 18 ans, taille moyenne, cheveux noirs,

PLEVVENON.

IEan Loffoüa, 50 ans, taille moyenne, cheveux gris.
Noël Fremont, 22 ans, taille baffe, cheveux blonds.
François Marico, 50 ans, taille moyenne, cheveux noirs.
Le Begue Droguet, fils Louis, 20 ans.
Iean Nicolas, 20 ans, taille moyenne, cheveux blonds.
François Boullé, fils Bertrand, 21 an.
Iacques le Marchand, fils Iacques, 20 ans.
Michel Robillard, 23 ans, taille moyenne, cheveux blonds.
Alexandre Marie, 17 ans, taille moyenne, cheveux noirs.
Michel le Febvre, 22 ans, taille moyenne, cheveux blonds.
Laurens Launoy, 20 ans, taille haute, cheveux chaftains.
François Blanchet, fils Iacques, 20 ans.
Martin Marico, 36 ans, taille moyenne, cheveux chaftains.
François Robillard, 23 ans, taille moyenne, cheveux blonds.
François Allée, 18 ans, taille moyenne, cheveux noirs.
Iean Blanchet, fils Iacques, 46 ans, taille haute, cheveux noirs.
Iean Boullée, 35 ans, taille haute, cheveux noirs.
Iean Robillard, 29 ans, taille moyenne, cheveux chaftains.
Louis Droguet, 50 ans, taille haute, cheveux gris.
Laurens le Maiftre, fils Laurens, 25 ans.
Louis Paulmier, fils François, 25 ans.
Iean Paulmiers, 48 ans.

PLEHEREL.

IVlien Roüaulr, 23 ans, taille haute, cheveux chaftains.
Pierre Chanton, 30 ans.

Gilles Ballain , 16 ans , taille moyenne , cheveux chaſtains,
Alain Labbé, 20 ans , taille moyenne.
Iacques Réty , 30 ans, taille moyenne, cheveux noirs.
Iulien Paulmier, 20 ans , taille moyenne.

ERQVY.

FRançois Gouranton , 16 ans , taille moyenne , cheveux blonds.
Bertrand le Roux, 18 ans, cheveux noirs.
Thomas Graſcœur, 22 ans, taille moyenne, cheveux noirs.
Iean Queret , 20 ans, taille haute, cheveux blonds.
Mathurin Beau-bras, 16 ans, taille moyenne, cheveux noirs.
Iacques Robinot, fils François, 20 ans, taille moyenne, cheveux noirs.
François Pacurel, 50 ans, taille moyenne, cheveux noirs.
Iacques le Roux , 25 ans, taille moyenne, cheveux chaſtains,
Charles Padel, 28 ans, taille haute, cheveux blonds.
Pierre Beau-bras, 23 ans, taille haute, cheveux noirs.
Mathurin Hercoet, 25 ans, taille moyenne, cheveux noirs.
Iulien Herault , 40 ans, taille haute, cheveux noirs.
Yves Patarin, 22 ans, taille moyenne, cheveux chaſtains.
Michel Boutrier, 30 ans, taille haute, cheveux chaſtains.

PLENEVF.

CHarles Gloro , 21 an , taille moyenne , cheveux noirs.
Iacques Barbedienne, 20 ans, taille haute, cheveux chaſtains.
François Thomas, 22 ans, taille moyenne, cheveux blonds.
Mathurin Govezin, 24 ans, taille haute, cheveux noirs.
Louis Bourdonnais , 30 ans, taille moyenne, cheveux chaſtains.

PLERIN.

IEan le Saulnier, 22 ans, taille haute, poil brun.
Clément Guillot, 15 ans, taille moyenne.
Yves Rouxel, 55 ans, taille moyenne, cheveux gris.
Iean Michel, 20 ans, taille baſſe, cheveux noirs.
Iacques Allain, 15 ans, taille baſſe, cheveux blonds.
Iean Rouxel, 35 ans, cheveux noirs.
René Rouſſet, 35 ans, taille moyenne , cheveux noirs.
Charles Saulnier, 40 ans, taille haute, cheveux noirs.
Charles Fayet, 50 ans, taille haute, cheveux gris.
Iacques Quinio, 14 ans, taille moyenne, cheveux chaſtains.
Iacques Vitel, 23 ans, taille moyenne, cheveux chaſtains.
Olivier Blandel, 20 ans, taille moyenne, cheveux noirs,
Pierre le Saulnier, 28 ans, taille haute, cheveux noirs.
Guillaume Michel, 33 ans.

PORDIC.

PIerre Dommalain, 55 ans.
Olivier Denis, 40 ans, taille moyenne, cheveux chaſtains.
Claude Colin, 43 ans, taille baſſe, cheveux noirs.
François Rouſſel , 25 ans, taille baſſe, cheveux noirs.
Pierre Marpault, 22 ans, taille haute, cheveux noirs.
Raoul Queruzet, 25 ans, taille moyenne, cheveux noirs.
Bertrand Moreau, 20 ans, taille baſſe, cheveux chaſtains.
Iacques Minier, 19 ans, taille moyenne, cheveux noirs.
Iean le Méé, 24 ans, taille haute , cheveux chaſtains.

Yves Mettayer, 24 ans, taille haute, cheveux blonds.
Yves Perouffeau, 47 ans, taille haute, cheveux chaftains.
Olivier Rouffel, 18 ans, taille haute, cheveux chaftains.
Eftienne Minie, 30 ans, taille haute, cheveux blonds.
Olivier Gardon, 40 ans, taille haute, cheveux noirs.
Iean Allain, 20 ans, taille baffe, cheveux blonds.
Yves le Breton, 40 ans, taille haute, cheveux chaftains.
Iean Baudin, 30 ans, taille baffe, cheveux noirs.
François Colin, 16 ans, taille petite, cheveux chaftains.
François Guegan, 32 ans, taille moyenne, cheveux noirs.

ESTABLE ET BINIC.

THomas Dehanoë, 55 ans, taille baffe, cheveux noirs.
Artur Foucault, 18 ans, taille baffe, cheveux chaftains.
Eftienne Baudin, 22 ans, taille haute, cheveux noirs.
Yves Rebours, 58 ans, taille haute, cheveux gris.
Eftienne Hoüart, 20 ans, taille baffe, cheveux blonds.
Laurens Rebours, 18 ans, taille haute, cheveux blonds.
Iacques Corzin, 22 ans, taille moyenne, cheveux chaftains.
Hierofme Tovin, 20 ans, taille moyenne, cheveux chaftains.
Mathieu Denis, fils Pierre, 16 ans.
Gilles Maheas, 20 ans, taille moyenne, cheveux noirs, Charpentier.
Vincent le Page, 25 ans, taille moyenne, cheveux chaftains.
Pierre Champy, 18 ans, taille moyenne, cheveux chaftains.
Iacques Lefcuyer, 50 ans, taille moyenne, cheveux chaftains.
Guillaume Pérot, 15 ans, taille baffe, cheveux noirs.
Iean Cadoret, 54 ans, taille haute, cheveux chaftains.
Hierofme le Bas, 23 ans, taille haute, cheveux noirs.
Iean Faucon, 50 ans, taille moyenne, cheveux noirs.
Pringent le Prevoft, 17 ans, taille haute, cheveux blonds.
Claude Bagot, 17 ans, taille moyenne, cheveux chaftains.
Noël Morvan, 17 ans, taille baffe, cheveux noirs.
Iean Evein, fils Iacques, 17 ans, taille moyenne, cheveux noirs.
Touffaint Lucas, fils Laurens, 17 ans.
Iean Guerin, 55 ans, taille baffe, cheveux gris.
Iean Moel, 23 ans, taille moyenne, cheveux roux.
Anthoine Frontau, 16 ans, taille moyenne, cheveux chaftains.
Iean Giquel, fils Olivier, 15 ans, taille moyenne, cheveux chaftains.
Bertrand Vitel, fils Nicolas, 19 ans, taille haute, cheveux blonds.
Noël Peluat, 17 ans, taille moyenne, cheveux noirs.
Anthoine Dollo, fils Laurens, 17 ans, taille baffe, cheveux blonds.
Iean Gamet, fils Laurens, 16 ans, taille baffe, cheveux chaftains.
Iean Gourio, fils Laurens, 54 ans, taille moyenne, cheveux noirs.
Iacques Gauffnic, fils Pierre, 21 an, taille haute, cheveux chaftains.
Noël Denis, fils Noël, 16 ans, taille moyenne, cheveux chaftains.
Gilles Cadoret, 50 ans, taille haute, cheveux noirs.
Guillaume Guyot, 16 ans, taille moyenne, cheveux noirs.
Anthoine Allenot, 19 ans, taille haute, cheveux noirs.
Laurens la Fontaine, 18 ans, taille moyenne, cheveux blonds.
Iean le Prevoft, 19 ans, taille moyenne, cheveux chaftains.
Hierofme Champy, 16 ans, taille baffe, cheveux noirs.
Guillaume Bourcel, 17 ans, taille baffe, cheveux chaftains.
Iean Richard, 16 ans, taille baffe, cheveux blonds.
François Eftais, 16 ans, taille baffe, cheveux noirs.
Iean Lefnard, 14 ans, taille moyenne, cheveux chaftains.
Alain Hoüart, fils Guillaume, 15 ans, taille haute.
Iacques Dagorne, 40 ans, taille moyenne, cheveux noirs.

Iean Iugot, 26 ans, taille baſſe, cheveux noirs.
Eſtienne Gauffnic, 27 ans, taille moyenne, cheveux chaſtains.
Iean Touin, 50 ans, taille haute, cheveux gris.
Olivier de la Noë, 50 ans, taille moyenne, cheveux blonds.
Silveſtre Gauffnic, 14 ans, taille moyenne, cheveux noirs.
Hieroſme Hoüart, fils Guillaume, 22 ans.
Pierre Evein, 50 ans, taille baſſe, cheveux noirs.
Iean Guibert, fils Barnabé, 17 ans, taille haute, cheveux blonds.
Laurens Evein, fils Olivier, 45 ans.
Lucas Largenton, 24 ans, taille moyenne, cheveux noirs.
Noël Lucas, fils Laurens, 21 an, taille moyenne, cheveux blonds.
Iean le Febvre, fils Prigent, 17 ans, taille moyenne, cheveux noirs.
Yves Gallée, 21 an, taille haute, cheveux noirs.
Pierre Gauffnic, fils François, 50 ans, taille moyenne, cheveux noirs.
Laurens Loret, 28 ans, taille moyenne, cheveux noirs.
Guillaume Colas, 17 ans, taille moyenne, cheveux noirs.
Pierre Denis, fils Allain, 22 ans, taille moyenne, cheveux noirs.
Claude Brehaut, 18 ans, taille moyenne, cheveux chaſtains.
Iean Cadoret, fils François, 45 ans, taille moyenne, cheveux noirs.
Iacques Branchut, 20 ans, taille moyenne, cheveux noirs.
Antoine le Breton, fils Iean, 15 ans, taille moyenne, cheveux noirs.
Iacques Rolland, 22 ans, taille haute, cheveux noirs.
Iean Giquel, fils Yves, 47 ans, taille moyenne, cheveux noirs.
Guy Colas, 17 ans, taille moyenne, cheveux blonds.
Pierre Touroux, fils Mathurin, 31 ans.
Iean de la Fontaine, 24 ans, taille haute, cheveux blonds.
Raoul Rebours, fils Pierre, 20 ans, taille moyenne, cheveux blonds.
Iean le Preuoſt, 55 ans, taille moyenne, cheveux gris.
Antoine Hamon, 18 ans, taille baſſe, cheveux noirs.
Pierre Collas, fils Iean, 17 ans, taille moyenne, cheveux noirs.
Thomas Richard, fils Pierre, 19 ans.
Bertrand Ducheſne, 19 ans, taille baſſe, cheveux noirs.
Iean Rouault, fils Gilles, 17 ans.
François Huby, 36 ans, taille haute, cheveux noirs, Charpentier.
Pierre Diegant, 50 ans, taille haute, cheveux gris.
Noël Champy, 26 ans, taille moyenne, cheveux noirs.
Pierre Richard, 27 ans, taille moyenne, cheveux noirs.
Iacques Cadiou, 22 ans, taille baſſe, cheveux chaſtains.
Yves Touroux, 27 ans, taille haute, cheveux chaſtains.
Nicolas Martin, 22 ans, taille haute, cheveux noirs.
Laurens Donguy, 26 ans, taille moyenne, cheveux chaſtains.
Iean Gleyo, 48 ans, taille moyenne, cheveux noirs.
Silveſtre Robert, 50 ans, taille moyenne, cheveux noirs.
Guillaume Guillemot, 20 ans, taille haute, cheveux noirs.
Iacques Evein, 27 ans, taille moyenne, cheveux chaſtains.
Michel Hoüart, fils Guillaume, 20 ans.
Nicolas Ius, 45 ans, taille moyenne cheveux chaſtains.
François Denis, fils Olivier, 40 ans.
Iean Tovin, fils Prigent, 27 ans, taille haute, cheveux noirs.
Iean Denis, fils Antoine, 21 an.
Guillaume Toyeman, 35 ans, taille moyenne, cheveux chaſtains.
Laurens le Mée, fils François, 29 ans, taille moyenne, cheveux noirs.
Thomas Heven, 40 ans, taille haute, cheveux noirs.
Bertrand Giquel, fils Philippes, 35 ans, taille haute, cheveux noirs.
Iean Loret, fils Laurens, 26 ans, taille moyenne, cheveux chaſtains.
Gilles le Febvre, fils Prigent, 16 ans, taille baſſe, cheveux noirs.
Iean le Mée, 46 ans, taille haute, cheveux noirs.
François Rebours, fils Iean, 20 ans.

Henry

Henry Tovin, fils Iean, 39 ans, taille moyenne, cheveux noirs.
Iacques Giquet, fils Olivier, 25 ans.
Gilles Fremin, 23 ans, taille haute, cheveux noirs.
Hierofme Gauvain, fils Iean, 25 ans.
Nicolas Vitel, 40 ans, taille moyenne, cheveux blonds, Pilote.
Iean Gleyot, 36 ans, taille haute, cheveux noirs.
Iacques Bardel, 36 ans, taille moyenne, cheveux noirs.
Pierre Gauffnic, fils Pierre, 22 ans.
Mathieu Denis, fils Allain, 25 ans, taille moyenne, cheveux noirs.
Mathieu Cadoret, 30 ans, taille moyenne, cheveux noirs.
Bertrand Rebours, fils Iean, 40 ans.
Iean Mahé, 23 ans, taille moyenne, cheveux noirs.
Iean le Branchu, 51 ans, taille haute, cheveux gris.
Iean Chaftel, 48 ans, taille moyenne, cheveux noirs.
Guillaume le Texier, 42 ans, taille moyenne, cheveux noirs.
Alain Morvan, fils Iean, 22 ans, taille moyenne, cheveux noirs.
Mahé Piguenée, 50 ans, taille baffe cheveux gris.
Nicolas Gauffnic, fils Bertrand, 45 ans.
Thomas Richard, fils Noël, 18 ans.
Iean Robert, fils Yves, 15 ans.
Denys Hervé, 17 ans, taille moyenne, cheveux noirs.
Hierofme Hevein, 24 ans, taille haute cheveux chaftains.
Iean Gourio, fils Pierre, 45 ans, taille moyenne, cheveux noirs.
Guillaume Querbelec, 23 ans, taille moyenne, cheveux noirs.
Laurens Morice, 45 ans, taille moyenne, cheveux chaftains.
Iacques le Denteuc, 30 ans, taille moyenne, cheveux chaftains.
Eftienne de la Fontaine, 32 ans, taille moyenne, cheveux chaftains.
Pierre Farcy, 50 ans, taille moyenne, cheveux noirs.
Fabien Hoüart, 27 ans, taille haute, cheveux chaftains.
Eftienne Tovin, fils Guillaume, 22 ans, taille moyenne, cheveux noirs
Laurens Thomas, 27 ans, taille haute, cheveux chaftains.
Alain Gouret, 27 ans, taille haute, cheveux chaftains.
Iean Iuhel, 50 ans, taille moyenne, cheveux noirs.
Charles le Goyon, 19 ans, taille baffe, cheveux chaftains.
Noël Hevein, 36 ans, taille moyenne, cheveux chaftains.
Laurens Ioubin, fils Bertrand, 26 ans.
Pierre Iuhel, 23 ans, taille moyenne, cheveux blonds.
Prigent Hevein, 35 ans, taille moyenne, cheveux chaftains.
Pierre Gomuy, 21 an, taille baffe, cheveux blonds.
Iean Chanoine, 40 ans, taille moyenne, cheveux noirs.
Gilles Dolo, fils Bertrand, 26 ans, taille haute, cheveux noirs.
Iean Treuffart, 27 ans, taille moyenne, cheveux chaftains.
Laurens le Courtois, fils Barnabé, 26 ans.

SAINT QVAY ET PONTRIEVX.

Touffaint Moal, fils Yves, 15 ans.
Iacques Denis, 15 ans, taille baffe, cheveux noirs.
François Dumefnil, 14 ans, taille baffe, cheveux chaftains.
Silveftre Guyomar, 46 ans, taille moyenne, cheveux chaftains.
Hierofme Moal, fils Yves, 15 ans, taille baffe, cheveux noirs.
Louis Queret, 22 ans, taille baffe, cheveux blonds.
Iulien le Meur, 25 ans, taille baffe, cheveux noirs.
Mathurin Gourio, 55 ans, taille baffe, cheveux blonds.
Ieans le Meur, 16 ans, taille baffe, cheveux blonds.
Marc Queret, 21 an, taille moyenne, cheveux blonds.
Thomas Rebours, fils Guillaume, 14 ans.
Henry Hoüart, fils Eftienne, 18 ans, taille haute, cheveux noirs.

Raoul Raymond, 35 ans, taille moyenne, cheveux chaftains.
Eftienne Chanoine, 14 ans, taille moyenne, cheveux chaftains.
Guillaume Moal, fils Yves, 25 ans, taille moyenne, cheveux noirs.
Iean le Queret, 49 ans, taille haute, cheveux chaftains.
Guillaume du Moulin, 28 ans, taille moyenne, cheveux chaftains.
Thomas Fichet, 23 ans, taille moyenne, cheveux blonds.
Iean Auffray, 30 ans, taille baffe, cheveux noirs.
Raoul Evein, 40 ans, taille haute, cheveux chaftains.
Guillaume Dauphin, 40 ans, taille baffe, cheveux gris.
Guillaume le Clair, 50 ans, taille moyenne, cheveux noirs.
Pierre Bruflon, 26 ans, taille baffe, cheveux noirs.
Pierre Queret, 55 ans, taille haute, cheveux noirs.
Pierre Quartier, 28 ans, taille haute, cheveux noirs.
Iacques Rebours, fils Guillaume.
Jacques Glemet, 50 ans, taille moyenne, cheveux blonds.
Iulien Glau fils, 19 ans, taille baffe, cheveux noirs.
Iacques Auffray, 22 ans, taille moyenne, cheveux noirs.
Iean Iean, 50 ans, taille moyenne, cheveux noirs.
Pierre Lamy, 50 ans, taille moyenne, cheveux chaftains.
Marc Barabé, 20 ans, taille moyenne, cheveux noirs.
Iacques Queret, fils Iacques, 25 ans, taille haute, cheveux noirs.
Pierre Hoüart, 22 ans, taille moyenne, cheveux blonds.
Guillaume Martin, 25 ans, taille haute, cheveux noirs.
Iean Brageu, 30 ans, taille haute, cheveux blonds.
Iean Lamy, fils Iean, 25 ans, taille moyenne, cheveux blonds.
Eftienne Témoin, 28 ans, taille moyenne, cheveux chaftains.
François Moyzan, le jeune, 22 ans, taille haute, cheveux noirs.
Pierre Roland, dit Samfon, 53 ans, taille haute, cheveux noirs.
Iean Braieu, 47 ans, taille haute, cheveux noirs.
Guillaume Glo, fils Thomas, 35 ans, taille baffe, cheveux noirs.
Anthoine Queret, 55 ans, taille baffe, cheveux noirs.
Thomas Témoin, 50 ans, taille haute, cheveux chaftains.
Claude Rebours, fils François, 14 ans, taille baffe, cheveux noirs.

PLOVRHAN.

FRançois Camiot, 50 ans, taille moyenne, cheveux noirs.
Marc Robin, 53 ans, taille moyenne, cheveux noirs.
Iean Farcy, 45 ans, taille baffe, cheveux chaftains.
Anthoine Iulot, 57 ans, taille moyenne, cheveux gris.

PLOVZEC.

PHilippes le Bozec, 18 ans, taille baffe, cheveux chaftains.
Iean le Maygat, fils Iean, frere Guillaume, 28 ans.
Guillaume Mahé, 30 ans, taille moyenne, cheveux noirs.
Guillaume Core, 27 ans, taille haute, cheveux noirs.
Alain Rabin, 35 ans, taille moyenne, cheveux chaftains.
Pierre Geffroy, fils Pierre, 22 ans, taille moyenne, cheveux noirs.
Mathurin le Maygat, fils François, 25 ans.

QVERITY.

ROland le Loquat, 19 ans, taille moyenne, cheveux noirs.
Yves la Leyve, 22 ans, taille baffe, cheveux noirs.
Iean Goanvic, 14 ans, taille baffe, cheveux noirs.
François le Roux, 35 ans, taille haute, cheveux gris.
Iean Coré, 35 ans, taille moyenne, cheveux noirs.

Yvon André, 25 ans, taille haute, cheveux blonds.
Alain André, 36 ans, taille moyenne, cheveux chaſtains.

PLOVBALANEC.

Yvon Brezellec, 20 ans, taille moyenne, cheveux noirs.
Vincent Floury, 20 ans, taille haute, cheveux chaſtains.
Laurens Belligart, 26 ans, taille moyenne, cheveux noirs.
Yvon le Bourhis, 25 ans, taille moyenne, cheveux noirs.
Trudal le Barbier, 40 ans, taille baſſe, cheveux noirs.
Yvon Colin, 27 ans, taille moyenne, cheveux noirs.
Yvon le Govachu, 19 ans, taille moyenne, cheveux noirs.
Yvon Fleury, 40 ans, taille baſſe, cheveux noirs.
Charles le Floch, 20 ans, taille moyenne, cheveux noirs.

ISLE ET PAROISSE DE BREHAT.

Pierre le Revenen, 17 ans, taille moyenne, cheveux noirs.
Bertrand Evein, 55 ans, taille moyenne, cheveux noirs.
Iean Louys, 17 ans, taille baſſe, cheveux blonds.
Iean Cartier, 15 ans, taille baſſe, cheveux noirs.
Yvon Aubet 55 ans, taille haute, cheveux gris.
Artur le Rueven, fils Artur, 14 ans.
Artur Dobet, 15 ans, taille baſſe, cheveux noirs.
Louis Lamidon, 13 ans, taille baſſe, cheveux noirs.
Artur Aubet, 50 ans, taille moyenne, cheveux noirs.
Artur Olivier, 13 ans, taille baſſe, cheveux blonds.
Iean Rivirial, 13 ans, taille baſſe, cheveux noirs.
Nicolas Cornic, fils Nicolas.
Simon Iullot, fils Simon, 26 ans, taille moyenne, cheveux blonds.
Olivier le Govec, 45 ans, taille moyenne, cheveux noirs.
Yves Audrum, 30 ans, taille haute, cheveux gris, Pilote Coſtier.
Mathurin Heloury, 26 ans, taille haute, cheveux noirs.
Iean Guyommart, 25 ans, taille moyenne, cheveux noirs, Charpentier.
François Minier, 21 ans, taille haute, cheveux noirs.
Maury le Bail, 35 ans, taille moyenne, cheveux noirs.
Yvon Cos, fils Yvon, 16 ans, taille haute, cheveux noirs.
Pierre Martin, 25 ans, taille moyenne cheveux noirs.
Artur le Griquer, 26 ans, taille moyenne, cheveux chaſtains.
Nicolas Fleury, 25 ans, taille moyenne, cheveux noirs.
Iean le Trezenec, 35 ans, taille haute, cheveux noirs.
Iacques le Bras, 45 ans, taille haute, cheveux gris.
Nicolas Aubet, 45 ans, taille haute, cheveux noirs.
Pierre le Ruhen, 28 ans, taille moyenne, cheveux noirs.
Louis le Bras, 28 ans, taille moyenne, cheveux noirs.
Yvon Legalle, fils Yvon, 30 ans, taille moyenne, cheveux blonds.
Artur Geffroy, fils Pierre, 13 ans, taille baſſe, cheveux noirs.
Nicolas le Chevis, 23 ans, taille haute, cheveux blonds.
Yvon Allain, fils Bertrand, 19 ans, taille haute, cheveux noirs.
Iean le Gohic, 17 ans, taille haute, cheveux noirs.
Iacques Floury, 26 ans, taille haute, cheveux noirs.

Yvon Aubin, 49 ans, taille haute, cheveux blonds,
taille moyenne, cheveux roux...

Pierre le Revenant, 19 ans, taille moyenne, cheveux noirs,
Bertrand Even, 37 ans, taille moyenne, cheveux noirs,
Jean Louje, 17 ans, taille haute, cheveux blonds,
Jean Carrio, 25 ans, taille haute, cheveux blonds,
Yvan Aubin, 31 ans, taille haute, cheveux gris,
Anjou Rueve, 48 ans, taille haute, cheveux noirs,
Alan Dohcr, 31 ans, taille haute, cheveux noirs,
Louis Hamilton, 19 ans, taille haute, cheveux blancs,
Jean Alfret, 30 ans, taille moyenne, cheveux noirs,
Armel Olivier, 19 ans, taille haute, cheveux blonds,
Paul Révital, 19 ans, taille haute, cheveux noirs,
Nicolas Cornic, fils Nicola,
Simon Juffet, l'éléphant, 22 ans, taille moyenne, cheveux blonds,
Olivier le Goverz, 45 ans, taille moyenne, cheveux roux,
Yvon Anhaut, 60 ans, taille haute, cheveux gris, Pilote Coffen,
Mathurin Héloury, 26 ans, taille haute, cheveux noir,
Jean Guyomarc'h, 45 ans, taille haute, cheveux noirs, Charpentier,
François Minier, 21 ans, taille haute, cheveux noirs,
Marty le Bail, 39 ans, taille haute, cheveux noirs,
Yvon Cosy, fils Yvon, 16 ans, taille haute, cheveux noirs,
Pierre Mardn, 27 ans, taille haute, cheveux noirs,
Artus le Grignou, 26 ans, taille moyenne, cheveux châtains,
Nicolas Fleury, 25 ans, taille moyenne, cheveux noirs,
Jean le Traverioz, 19 ans, taille haute, cheveux noirs,
Jacques le Bail, 35 ans, taille haute, cheveux gris,
Nicolas Auber, 45 ans, taille blanc, cheveux noirs,
Pierre le Robuste, 28 ans, taille moyenne, cheveux noirs,
Louis le Bras, 43 ans, taille moyenne, cheveux noirs,
Yvon Lagalle, fils Yvon, 30 ans, taille moyenne, cheveux blonds,
Arthu Geffroy, fils Pierre, 14 ans, taille haute, cheveux noirs,
Nicolas le Chevis, 23 ans, taille haute, cheveux blonds,
Yvon Allain, fils Bernard, 79 ans, taille haute, cheveux noirs,
Jean le Cobic, 17 ans, taille haute, cheveux noirs,
Jacques Robic, 24 ans, taille haute, cheveux noirs,

EVESCHÉ
DE S. MALO.
PREMIERE CLASSE,
dont le service finira au dernier Mars 1671.

DIMANCHE.

Guillaume Padoyé de 23 ans, sur le S. Antoine.
Michel le Roux de 24 ans, Voilier, sur le Pélican.
Estienne Ruaux de 28 ans, à Nantes.
Michel Troüesson de 25 ans, Calfateur, & Menuisier, sur la Catherine.
Jacques Bleau de 48 ans, Canonier.
Josselin Maingard de 25 ans, haute taille, poil blond, Contre-Maistre.
Jean Menier, la Toüesse, de 45 ans, Maistre, sur la Catherine.
Julien Grosset de 20 ans, moyenne taille, poil ardent.
Bertran Blanchet de 30 ans, à Grand'ville.
Jacques Picant de 26 ans, sur le Saint Laurent.
Mathurin du Fresne de 24 ans, Tonnelier, haute taille, poil chastain.
Charles Morin de 30 ans, Matelot, & Peintre.
Ambroise le Blond de 46 ans, à Dinan.
Michel Dolbecq de 45 ans, moyenne taille, poil noir.
Jacques Nicolas de 48 ans, moyenne taille, poil chastain.
Nicolas Laisné de 40 ans, sur le Villemontée.
Eloy Guillot de 20 ans, sur le Villemontée.
Jean Ereat de 40 ans, Voilier.
Michel Fournier de 40 ans, sur le Vainqueur.
Nicolas Pinçon de 30 ans, sur le Vainqueur.
Charles du Verger de 40 ans, haute taille, poil chastain.
Réné Torent de 20 ans, sur le Saint Antoine de Pade.
François Prou de 27 ans.
Loüis Massot de 25 ans, moyenne taille, poil chastain.
Jean Tertoüas de 25 ans, Contre-Maistre, sur le Saint Loüis.
Robert Durand de 28 ans, moyenne taille, poil chastain.
Thomas de la Cour de 25 ans, haute taille, poil chastain.
Macé Jacques de 50 ans, Contre-Maistre, moyenne taille, poil chastain.
Michel Carzodis de 20 ans, moyenne taille, poil roux.
Guillaume Morin, de 20 ans, sur le Saint Jacques.
Jean Pain de 20 ans.

André Moinet de 21 an, sur le Saint Jean des Deserts.
Pierre Ollivier de 24 ans, sur le Saint Jacques.
Jacques Eon de 36 ans, Canonier, sur le Saint Nicolas.
Laurent Jourdan de 30 ans, sur la Marie Magdeleine.
Ollivier Pierre de 22 ans.
André Vacquet de 40 ans, Canonier, moyenne taille, poil gris.
Jean Mazure de 35 ans, Contre-Maistre, haute taille, poil chastain.
Philippes Jolivet de 25 ans, sur la Poësie.
Charles Philippes de 30 ans, sur le Saint Jacques.
Toussaint des Haies de 22 ans, Tonnelier.
Guillaume Davy de 38 ans, sur le S. Jean Baptiste.
Jacques Moisset de 33 ans, sur le S. Jacques.
Briand Souquet de 35 ans.
Thomas Loysel de 30 ans, moyenne taille, poil brun.
Gilles du Doüet de 45 ans.
Josselin Laurent de 21 an.
Hervé Lancien de 30 ans.
Ollivier le Mounier de 50 ans.
Michel Poivré de 28 ans, Chapentier, haute taille, poil chastain.
François Maillot de 44 ans, Contre-Maistre.
Gilles Martin de 19 ans.
Julien Guichard de 22 ans.
Pierre Loyson de 32 ans.
Thomas le Roy de 25 ans.
Nicolas Tremereuc de 18 ans.
François Aubrec de 18 ans, moyenne taille, poil blond.
Jean le Febvre de 23 ans.
Guillaume Coignart de 15 ans.
Charles le Bon-homme de 13 ans.
Jacques Giraud de 20 ans.
Pierre Couïllart de 45 ans.
Pierre Joüane de 23 ans.
Thomas Buzas de 30 ans, moyenne taille, poil noir.
Thomas Agier de 44 ans.
Robert Sourcou de 26 ans, Calfateur.
Salomon du Verton de 26 ans, Tonnelier.
Jacques Brat de 28 ans, moyenne taille, poil chastain.
Jacques Lossieux de 30 ans, moyenne taille, poil chastain.
Michel Fouquet de 40 ans, Maistre.
Guillaume Thebaut de 25 ans, Charpentier.
Guillaume Daman de 48 ans, haute taille, poil roux.
Jean Mandin de 45 ans.
Pierre Laisné de 48 ans.
Michel de la Lande de 32 ans.
Jean Pitresson de 24 ans.
Guillaume Hamon de 23 ans, Charpentier.
François Denis de 27 ans.
Pierre Cahoret de 17 ans.
Joachim Evein de 50 ans.
Jean Goüas de 17 ans.
Julien Lemballas de 28 ans, petite taille, poil gris.
Lucas Cidel de 50 ans, Voilier.
Guillaume Petel de 57 ans.
Jean Baubigné de 24 ans.
Nicolas le Bret de 24 ans.

Roul Loüet de 30 ans, Canonier, haute taille, poil chastain.
Eustache le Petit de 35 ans.
François Ogier de 21 an.
Jean Ameline de 27 ans, haute taille, poil chastain.
Jean Blanchet de 45 ans, haute taille, poil chastain.
Michel la Mort de 50 ans, Calfateur.

LUNDY.

Pierre Quintin, Tonnelier, sur le S. Jacques.
Guillaume Etteur de 26 ans, moyenne taille, poil chauve.
Nicolas Allaire de 28 ans, sur le S. Paul.
François Coët de 21 an, haute taille, poil chastain.
Joseph Ferré de 25 ans, haute taille, poil chastain.
Pierre Poitevin de 38 ans, Maistre & Pilote, haute taille, poil chastain.
Jean le Noir de 58 ans, sur la Marguerite de la Paix.
Vincent Mahé de 25 ans, moyenne taille, poil blond.
Jean Gillet de 30 ans, Tonnelier, moyenne taille.
Antoine Faureau de 20 ans, sur le Saint Hyacinthe.
Pierre du Puy de 35 ans, Maistre.
Michel Benoist de 58 ans.
Jean Boutier de 45 ans, Contre-Maistre, moyenne taille, poil roux.
François Macé de 56 ans.
François Bourdas de 31 an, Maistre.
Pierre Norvan de 26 ans.
Nicolas Girard de 38 ans, Maistre.
Jean du Rocher de 25 ans.
Servan le Roux de 21 an.
Pierre Cazin de 20 ans.
Hervé Baſtard de 24 ans.
Pierre Bouleuc, dit Villeblanche, de 38 ans, Maistre.
Sebastien Cormier de 35 ans, Contre-Maistre.
Jean Marion de 45 ans.
Nicolas Pesnier de 39 ans.
Michel Giot de 24 ans.

MARDY.

Hervé le Gal de 30 ans, sur le S. Laurent.
Gabriel Helaine de 38 ans, sur le Navire, à la Godelle.
Guillaume Renard de 25 ans, sur la Petite Catherine.
René Gourdel de 25 ans, sur le S. Michel.
Michel de la Cour de 35 ans, sur le Villemontée.
Jean Pottier de 40 ans, Contre-Maistre, haute taille, poil chastain.
Pierre le Bigot de 37 ans, sur la Marguerite.
Noël Cain de 27 ans, sur le Saint Jacques.
Nicolas Mancel de 55 ans, haute taille, poil gris.
Pierre Garou de 40 ans, sur le Saint Jacques.
Jean Chevalier de 33 ans, haute taille, poil chastain.
Jean Collet de 23 ans, sur le Vainqueur.
Jean Madé de 32 ans, sur le Saint Laurent.
Julien Landore de 26 ans.
André Couvé de 40 ans.
Georges Prébieux de 29 ans, Contre-Maistre.
Richard Prevost de 48 ans.

Hugues Mabon de 30 ans.
Alain le Fevre de 30 ans.
Servan le Normand de 55 ans.
Jean Colin de 15 ans.
Guillaume Launay, dit l'Isle blanche, de 50 ans.
Jean la Jambe de 40 ans, Contre-Maistre, haute taille, p. noir & coton.
Guillaume Mouchet de 28 ans, haute taille, poil noir.
Julien Charlet de 26 ans.
Jean Grout de 48 ans, Maistre.
François Oger de 32 ans.
Thomas Baillehache de 34 ans, Tonnelier.
Julien Jourdan de 50 ans.
Jean Hamon de 55 ans, Canonier.
Alexis Hubert de 16 ans, moyenne taille, poil chastain.
Jacques Revaut de 17 ans.
Alexandre le Clerc de 14 ans.
René Holé de 35 ans.
Jean Chartier de 55 ans.
Paul l'Evesque, de 40 ans.
Thomas Haret de 31 an, Maistre, moyenne taille, poil chastain.
Jean Billart de 25 ans, moyenne taille, poil blond.
Michel Gervin de 50 ans, Charpentier, haute taille, poil noir.
Jean Laurent de 15 ans.
Guillaume Hubert de 28 ans, haute taille, poil chastain.
Jean Hery de 45 ans.

MERCREDY.

Jean Daubaire de 55 ans, Charpentier, moyenne taille, poil gris.
Pierre Macé de 37 ans, sur la Marie Magdeleine, moyenne t. poil gris.
Ollivier Sanson de 50 ans, Calfateur, haute taille, poil chastain.
Jacques Julien de 27 ans, sur le Poston.
François Rebillart de 50 ans, sur le saint Jacques.
Guillaume du Bourg de 40 ans, Pilote, haute taille, poil chastain.
François Blouet de 35 ans, sur le Vainqueur.
Jean Rebillart de 28 ans, Contre-Maistre, sur le Saint Paul.
Robert Bayeux de 28 ans, haute taille, poil noir.
Pierre Daubaire de 23 ans.
Joseph Paniel de 20 ans, Tonnelier.
Jean le Roux de 35 ans, Contre-Maistre, haute taille, poil chastain.
Jean Toré de 36 ans, Maistre, moyenne taille, poil roux.
Pierre Boutier de 40 ans.
François Aubiveau de 30 ans, Charpentier.
Bertrand Cahary de 55 ans, Maistre, haute taille, poil noir.
Jean Licornu, de 34 ans.
Denis Déchauffé de 24 ans, moyenne taille, poil noir.
Jacques Doirer de 22 ans, Charpentier.
Augustin Cahary de 22 ans, haute taille, poil chastain, borgne.
Servan Bédacier de 22 ans.
Gilles Nobé de 30 ans.

JEUDY.

Joseph le Mesnager de 26 ans, sur le Saint Joseph.
Jacques Aubé de 45 ans, Calfateur, sur le François-Hyacinthe.
Jean le Masle, de 45 ans, Calfateur, haute taille, poil gris.
Pierre Denis de 25 ans, à Nantes.

Julien

Julien Loyal de 20 ans, moyenne taille, poil ardent.
Hugues Lancelot de 40 ans, à Morlaix.
Pierre Pitrel de 40 ans, ſur le Fleuron.
Fédéric Ruellan de 26 ans, Calfateur, moyenne taille, poil noir.
Pierre Baſlé de 25 ans.
Thomas Malgorne de 30 ans, ſur le Saint Joſeph.
Jean le Guerol de 18 ans.
Ambroiſe du Cheſne de 40 ans, ſur le Saint Laurent.
Guillaume Gohin de 24 ans, ſur le Saint Antoine.
François Trottin de 38 ans, ſur la Poëſie.
Simon Bruſlé de 29 ans, ſur le Saint Jacques.
Hierôme Julien de 45 ans.
Nicolas Aubin de 55 ans, haute taille, poil gris.
Bertrand Bayeux de 25 ans.
Louïs Réallan de 31 an.
Nicolas Chapelle de 13 ans.
Jean Dru des Graviers, Contre-Maiſtre, de 35 ans.
Jean Blanchet de 18 ans.
Jean le Goux Porteneuve, de 40 ans, Contre-Maiſtre.
Gilles Culdoré de 21 an.
Pierre Philipot de 50 ans.
Laurent Gillet de 20 ans.
Laurent Morin de 30 ans, haute taille, poil noir.

VENDREDY.

François Mainferme, de 24 ans, ſur le Saint Jacques.
Nicolas du Bourg de 26 ans, haute taille, poil noir.
Jean Liot de 45 ans, Charpentier, ſur le Phenix.
Alain Mainguy de 30 ans, Charpentier, ſur le Villemontée.
Pierre l'Oiſel de 25 ans, ſur le Saint Jacques.
Laurent Richeux de 18 ans, moyenne taille, poil chaſtain.
Yvon Salaün de 30 ans, ſur le Vainqueur.
Matthieu Sidel de 45 ans, ſur le Dauphin.
Jean Laiſné de 20 ans, ſur le Saint Joſeph.
Georges Pitrel de 25 ans, haute taille, poil chaſtain.
François Daulon de 32 ans, moyenne taille, poil chaſtain.
Thomas le Hedois, au Port Louïs.
Pierre Cheſnet de 18 ans, ſur le Villemontée.
Laurent Orion de 21 an, ſur la Reyne des Anges.
Jacques Boiſtard de 45 ans, moyenne taille, poil gris.
Nicolas Loëton de 18 ans, moyenne taille, poil chaſtain.
Eſtienne Gautier de 40 ans.
Ollivier Mignon de 24 ans, ſur le Saint Jean Damaſcene.
Jean Marion de 38 ans, haute taille, poil noir.
Julien Tremereuc de 35 ans, haute taille, poil chaſtain.
Alain Collet de 14 ans.
Noël le Roy de 50 ans, Contre-Maiſtre.
Jean Goëret de 35 ans, Charpentier.
François Quintin de 15 ans.
Jacques Fermal de 28 ans, Contre-Maiſtre.
Nicolas le Charpentier de 12 ans.
Ollivier Petit de 34 ans, Charpentier, moyenne taille, poil chaſtain.
François Gvinette de 40 ans.
Julien Garnier de 28 ans.

Nicolas Couchaut de 28 ans.
Louis Bourdas.
Denis Orion de 55 ans.
Laurent Cohuel de 17 ans.
Eſtienne le Cheminoux de 40 ans.
Guillaume Daulon de 30 ans.
Bertrand Valton de 14 ans.
Jacques Davy de 19 ans.
Nicolas Ameline de 35 ans, Maiſtre.
Jean Marion de 38 ans, haute taille, poil noir.
Jean Geſlin de 25 ans, mort au ſervice.
François du Faux de 22 ans, haute taille, poil chaſtain, borgne.
Pierre Ginguemas de 38 ans, Contre-Maiſtre.
Julien Ogier de 50 ans, Charpentier.
Joſeph Pitrel de 22 ans.

S A M E D Y.

ANdré Pichet de 36 ans.
Guillaume Robillart de 42 ans, haute taille, poil chaſtain.
François Robert la Tourelle, de 42 ans, Maiſtre.
François Baudor de 18 ans.
Thomas Boudier de 27 ans.
Bertrand Maillot de 28 ans, Contre-Maiſtre.
Claude Marion de 40 ans.
Jean le Goux de 55 ans.
Michel le Gay de 48 ans, Chapentier, moyenne taille, poil chaſtain.
François Timon de 40 ans, Charpentier.
Jacques Gautier de 35 ans, Contre-Maiſtre.
Jean Rendu de 30 ans, Charpentier.
François Heriſſon, la Fontaine, de 35 ans, Maiſtre.
Nicolas Geffroy de 15 ans.
Julien Oger de 45 ans, Maiſtre, grande taille, poil gris.
Pierre Torſeul de 50 ans Charpentier.
René Toinon de 27 ans, Calfateur.
Jacques Lorenne de 25 ans.
André Meignan de 25 ans, Tonnelier.
Jean Betuel de 30 ans, Charpentier.
Jean Chauvin de 20 ans.
Nicolas Laiſné de 35 ans.
Jean Guerin de 33 ans.
Nicolas le Clerc de 45 ans, Calfateur.
François le Meushe de 42 ans, Charpentier.
Laurent Laiſné de 19 ans.
François Huron de 22 ans, Tonnelier.
Guillaume Navaras de 30 ans.
Eſtienne Maigret de 16 ans.
Jacques Dagoſne de 28 ans.
André Cidel de 18 ans, petite taille, poil brun.
Auguſtin Froter de 22 ans, haute taille, poil chaſtain.
Aubin Vibert de 23 ans, moyenne taille, poil brun.
André Alloüet de 13 ans, petite taille, poil blond.
Bertrand Boilet de 21 an, moyenne taille, poil chaſtain.
Eſtienne Froter de 25 ans, petite taille, poil noir.
François Maget de 18 ans, haute taille, poil blond.
Guillaume du Val de 31 an, moyenne taille, poil chaſtain, Charpentier.

DEUXIEME CLASSE,

dont le ſervice commencera au premier Avril 1671.
& finira au dernier Mars 1672.

DIMANCHE.

RObert Langevin de 55 ans, Tonnelier.
Honorat Baude de 30 ans.
Jean Riart de 45 ans, Canonier.
Pierre Tancrede de 50 ans, Canonier, haute taille, poil gris.
Gilles Chauvin de 35 ans, Charpentier, moyenne taille, poil noir.
Jean Daniel de 35 ans, Charpentier, moyenne taille, poil chaſtain.
Guillaume Adrien de 28 ans.
Jean Baffre de 32 ans.
Michel Rozet de 24 ans.
Guillaume Renier de 40 ans, Charpentier.
François Giraut de 24 ans, Charpentier.
Pierre Vauclair de 35 ans, Contre-Maiſtre, haute taille, poil roux.
Jacques Beaulieu de 29 ans, haute taille, poil noir.
Touſſaint Lagaſnié de 50 ans, Canonier.
Louïs Nicolle, de 30 ans, Maiſtre, moyenne taille, poil blond.
Jacques Barthelemy de 40 ans.
Jean Gillot de 25 ans.
Joſſelin Liart de 50 ans.
François Paroux de 55 ans, Contre-Maiſtre.
André Sourcou, Calfateur, de 24 ans, moyenne taille, poil chaſtain.
Guillaume le Duc de 24 ans, Charpentier.
Jean Girard de 30 ans.
Bertrand Bruſlé, Voilier, de 40 ans.
Jean le Gendre de 40 ans, Charpentier.
Pierre Geffroy de 16 ans, Charpentier.
Pierre Philipes de 50 ans, Contre-Maiſtre.
Gilles le Clerc de 27 ans, Maiſtre.
Thomas de la Cour de 29 ans, moyenne taille, poil chaſtain.
Nicolas Jauvrin de 35 ans, Maiſtre, haute taille, poil chaſtain.
Mathurin Merlet de 52 ans.
Mathurin Cœuru de 40 ans, Maiſtre.
Laurent Ruffin de 35 ans, boiteux, haute taille, poil blond.
Nicolas Leſnaret de 55 ans, Canonier.
François Hervé de 40 ans, Quartier-Maiſtre.
Jean Droguet de 53 ans, Canonier.
Jean Martin de 40 ans, Charpentier.
Nicolas Gaillard de 30 ans, Contre-Maiſtre.
Gilles Heriſſon de 40 ans.
Martin Loſſoüas de 30 ans.
Pierre Cochart de 44 ans.
Mathurin Aubrée de 45 ans, Calfateur.
Jean Triby de 42 ans, Canonier, haute taille, poil chaſtain.

Jacques Mesnier de 48 ans.
Jean Buisson de 20 ans.
Gilles Lancelot de 24 ans,
Robert le Noir de 22 ans.
Martin Baslé de 35 ans, Canonier.
Guillaume Nicolas de 52 ans.
Luc Godart de 35 ans.
Pierre Trehenec de 20 ans.
Pierre Loivet de 50 ans.
Alain Pinou de 35 ans.
Nicolas Pillart de 30 ans.
Guillaume Ollivier de 30 ans,
François Giron de 25 ans.
Noël du Bois de 55 ans, haute taille, poil gris.
Nicolas Mancel de 25 ans, haute taille, poil blond.
Nicolas Brézil de 20 ans, Charpentier.
Julien Pinçon de 45 ans, moyenne taille, poil noir.
Michel Carzodis de 48 ans, moyenne taille, poil gris.
Nicolas Quesnet de 55 ans, Canonier.
Estienne Horin de 40 ans, Charpentier.
Pierre Cleret de 40 ans, Charpentier.
François Droguet de 45 ans.
Alain Cochart de 52 ans.
Ollivier Gauvain de 35 ans.
Guillaume Tunon de 45 ans.
Julien Mervan de 22 ans.
Patrice Moron de 22 ans.
Pierre Beart de 16 ans.
Guillaume Biart de 15 ans.
Julien Joulain de 20 ans.
Guillaume Lalloy de 18 ans.
Pierre Bon-Homme de 16 ans.
Jean Colet de 30 ans.
Jacques Corbeille de 23 ans.
Jean Levego de 35 ans, Maistre.

L U N D Y.

ALexandre Moulin de 24 ans,
Nicolas Jourdan de 30 ans, Calfateur, moyenne taille, poil chastain.
Guillaume Benoist de 25 ans, Contre-Maistre, moyenne taille, poil blond.
Bernard Helbert Lépine, de 45 ans, Maistre.
François Guillot de 24 ans, haute taille, poil blond.
Jacques Abercome de 40 ans.
Abraham Poitevin de 50 ans.
Pierre le Maistre de 48 ans.
Nicolas le Bret Roulais, de 40 ans, Maistre.
Guillaume Lozoüet de 27 ans, moyenne taille, poil roux.
Julien des Champs de 27 ans, Contre-Maistre.
Robert Morvan de 30 ans.
Nicolas Pitreson de 18 ans.
Michel Giron de 19 ans.
Guillaume Piphaine de 34 ans, Contre-Maistre.
Allain Vaurenier de 40 ans, mort.
François Boisleau de 19 ans.

Michel

Michel le Bouvier, ſieur de la Bellevigne, de 40 ans, Maiſtre.
Le Terhe Pied Noir, de 45 ans, Maiſtre.

MARDY.

Raoul Holé de 35 ans.
Ollivier Talec de 28 ans.
Laurent Guihomarz de 30 ans.
Jean Greveſſan de 48 ans.
Bertrand Valleton de 35 ans.
Alain Boiſtard de 50 ans, Contre-Maiſtre.
Guy Daniel de 35 ans.
François Foreſtier de 45 ans, haute taille, poil gris.
Jean Picart de 28 ans.
Nicolas Geffroy de 30 ans.
Antoine Loquet de 50 ans, Calfateur.
Nicolas Piedcour de 35 ans.
Jean Chevalier de 36 ans.
Raoul Marié de 24 ans.
Nicolas l'Hoſtelier de 30 ans.
Antoine Hélie de 22 ans.
Briand Malherbe de 45 ans.
Briand Ollivier de 30 ans.
Pierre Outreceau de 39 ans.
Pierre Laurent de 40 ans.
Claude Piphaïne de 31 an.
Julien Barzé de 19 ans.
Pierre Poictier de 20 ans.
Gilles Levigné de 17 ans, haute taille, poil chaſtain.
Nicolas Robillard de 21 an.
Pierre Laurent de 40 ans.
La Garde Angot de 35 ans, Maiſtre.
Viles-Offrans Troüard de 45 ans, Maiſtre.

MERCREDY.

Jacques Lucas de 40 ans.
Vincent Houdy de 35 ans.
Avertin Trochard de 25 ans, Calfateur.
Louïs Laurent de 28 ans, Charpentier.
François Cahary de 44 ans.
Jean Germain de 35 ans, Contre-Maiſtre, moyenne taille, poil chaſtain.
Guillaume Gaillard de 28 ans.
Guillaume Herpin de 28 ans.
Alexandre Tranchant de 55 ans, Maiſtre, haute taille.
François Batas de 35 ans, Maiſtre, moyenne taille, poil chaſtain.
Jean Gauvain de 32 ans.
Marc de Cargoet de 38 ans, Tonnelier, moyenne taille, poil chaſtain, boiteux.
François Perrinet de 22 ans.
Clement Guiſchard de 58 ans, haute taille, poil gris.
Thomas Perot de 38 ans, moyenne taille, poil chaſtain.
Jean Augier de 26 ans.
Guillaume Soré de 21 an, moyenne taille, poil blond.
Thomas le Févre de 35 ans, Maiſtre, dit la Croix Olive.
Louïs Pautonnier de 25 ans, Maiſtre & Pilote.

Jacques Vizel de 26 ans, Charpentier.
Nicolas San de 35 ans.
Sebaſtien Leſnard de 23 ans.
Ollivier Pouſſin de 21 an.
Laurent Pineau de 23 ans, Contre-Maiſtre.
Luc Nicole de 17 ans.
Auguſtin Licornu de 18 ans.
Thomas Porc de 40 ans.
Les Rabines Barbot de 35 ans, Maire.

JEUDY.

THomas Salmon de 33 ans, Maiſtre, haute taille, poil chaſtain.
   Guillaume le Mur de 54 ans.
Gilles Martin de 35 ans.
Pierre Tremereuc de 30 ans, haute taille, poil chaſtain.
Thomas Geſlin de 38 ans,
Pierre Seiger de 26 ans, Tonnelier, haute taille, poil chaſtain.
Hugues Rouſſel de 24 ans, Contre-Maiſtre, moyenne taille, poil chaſtain.
Richard Mancel de 45 ans, haute taille, poil blond.
Euſtache de Miaux de 55 ans, Contre-Maiſtre, moyenne taille, poil gris.
Gilles Tolmé de 28 ans, moyenne taille, poil chaſtain.
Daniel Billard de 30 ans, Charpentier, haute taille, poil noir.
Bernard Yvet de 36 ans, haute taille, poil chaſtain.
Julien Jagoret de 50 ans.
Jullien le Gueret de 35 ans.
Macé le Roy de 48 ans.
Jacques Jalobert de 26 ans, Contre-Maiſtre.
François Goëret de 30 ans.
Jean Guieſnel de 56 ans, Voilier, haute taille, poil chaſtain.
Jean le Sans de 36 ans.
Jean Rarzet de 56 ans.
Mathurin Roux de 48 ans.
Malo Lozouet de 30 ans, Contre-Maiſtre.
Daniel Houart de 35 ans.
Guillaume Hamon de 28 ans.
Jacques Noël de 22 ans, taille haute, poil chaſtain.
Gilles Gilbert Duclos de 30 ans, Maiſtre.
Eſtienne Laiſné de 22 ans.
Jean Gohin de 20 ans.
Jean Colin de 22 ans.
François Chenu de 35 ans, Maiſtre.
Jean Chapelle de 18 ans.
Hierôme Laurent de 18 ans.

VENDREDY.

GUillaume le Fevre de 45 ans, Charpentier.
   François Gilbert de 30 ans, haute taille, poil noir.
Yves Mahé de 36 ans.
Yves Cahoret de 40 ans, Maiſtre, moyenne taille, coton noir.
Eſtienne du Chemin de 25 ans.
Raoul le Jean de 30 ans.
Guillaume Pointel de 55 ans, Canonier.
Pierre Houtmant de 45 ans, moyenne taille, poil gris.

Pierre le Cerclier de 45 ans.
Jean la Vielle de 50 ans.
Jacques Guieneu de 56 ans, Canonier, haute taille, poil gris.
Michel Pinou de 25 ans, moyenne taille, poil chaſtain.
Charles Crevilly de 50 ans, haute taille, poil chaſtain.
Nicolas Carhel de 34 ans.
Jean le Peltier de 24 ans.
Pierre le Mouſnier de 40 ans, Canonier.
Jacques Roux de 35 ans, Tonnelier, moyenne taille, poil chaſtain.
Nicolas Julienne de 40 ans, Charpentier.
Jean Locton de 45 ans, Calfateur.
Alain Girard de 35 ans.
Michel Coquel de 48 ans.
Raoul Amelot de 30 ans.
Mathurin Baubigné de 26 ans.
Jean le Saunier de 36 ans.
Nicollas Collet de 18 ans, haute taille, poil chaſtain.
René Gaudin de 25 ans, Charpentier, moyenne taille, poil chaſtain.
Paul Orſolle de 39 ans, moyenne taille, poil chaſtain.
Alain Marie de 25 ans, Contre-Maiſtre.
Louis Mayet de 45 ans.
Ollivier Saillant de 22 ans.
Denys Orion de 55 ans, Tonnelier.
Pierre Joly de 20 ans.

SAMEDY.

Guillaume le Glait de 43 ans, moyenne taille, poil chaſtain.
Ollivier Gueſdon de 32 ans.
Thomas Hingan de 24 ans.
Thomas Picart de 30 ans.
Pierre Marie de 24 ans, Tonnelier.
Criſtian Canivet de 32 ans, Contre-Maiſtre.
Philippes le Glé de 22 ans, Tonnelier.
Julien des Salles de 48 ans, Charpentier.
Eſtienne Creſté de 35 ans, Maiſtre, moyenne taille, poil roux.
Michel Deſpin de 58 ans, Pilote.
Jean Pottier de 24 ans, Contre-Maiſtre, moyenne taille, poil chaſtain.
Pierre Perouzel de 22 ans, haute taille, poil chaſtain.
Guillanme Vincent de 48 ans, Maiſtre.
Michel Porcon de 20 ans.
Pierre de la Mer de 18 ans, Charpentier.
Michel Bernard de 43 ans.
Jean Queſnel de 30 ans, moyenne taille, poil chaſtain.
François Joubert de 22 ans, moyenne taille, poil chaſtain.
Guillaume Leſchou de 58 ans, Canonier, & Tonnelier.
Jean Grichet de 23 ans, Tonnelier.
Philippes Jores, de 40 ans, Pilote, moyenne taille, poil chaſtain.
Gilles Sanſon de 33 ans, Charpentier.
Charles Thomas, de 30 ans, moyenne taille, poil chaſtain.
Jacques Vizet de 23 ans, Charpentier.
Hervé Sautorin de 50 ans, Maiſtre.
François le Beuf de 47 ans, Charpentier, haute taille, poil roux.
Luc de May de 24 ans, Charpentier, haute taille, poil noir.
Gilles Ernoul de 32 ans, haute taille, poil chaſtain.

Jacques Ligé de 30 ans, Voilier.
Guillaume du Liot de 36 ans.
Jean Herpin de 42 ans, Maiſtre.
Alain de la Haye de 35 ans, Contre-Maiſtre.
Jean Gilbert de 45 ans, Charpentier.
Guillaume Seveneuil de 37 ans, moyenne taille, poil brun, Maiſtre.
Guillaume le Hedois de 37 ans, moyenne taille, poil chaſtain.
Guillaume Loquet de 29 ans, moyenne taille, poil brun.
Guillaume Chaſtel de 57 ans, moyenne taille, poil chaſtain.
Gilles du Guen de 60 ans, haute taille, poil gris, Voilier.
Hervé le Moël de 22 ans, petite taille, poil noir.
Jean Douzé de 26 ans, petite taille, poil blond.
Julien Poirier de 35 ans, haute taille, poil noir.

TROISIEME CLASSE,

dont le ſervice commencera au premier Avril 1672.
& finira au dernier Mars 1673.

DIMANCHE.

CHarles Gervais de 26 ans.
Louïs Violette de 30 ans.
Jean Dolbel de 30 ans, Canonier, & Voilier.
Vincent le Noir de 16 ans.
Jacques Meſſant de 23 ans, haute taille, poil chaſtain.
Charles Liart de 30 ans.
Alain Chernal de 35 ans, Voilier.
Nicolas Gorjet de 53 ans.
Pierre Guiſchard de 17 ans.
Jean Guillery de 58 ans, Charpentier.
François le Gaigné de 20 ans.
Jean Tertoüas de 35 ans.
Pierre l'Eveſque de 26 ans, Tonnelier.
Jean Goumeras de 40 ans.
Nicolas d'Aguenet de 45 ans.
René Haret le Rivage de 28 ans.
Guillaume des Gloſſetz de 15 ans.
Georges Guillot de 16 ans.
Antoine Queſtier de 35 ans.
Pierre l'Oyſon de 55 ans, Charpentier.
Noël Tremereuc de 17 ans.
Eſtienne Dabin de 17 ans.
Guillaume Timon, le Tertre, de 48 ans.
Alain Cheſneau de 37 ans.
Macé Durand de 30 ans.
Guillaume le Queré de 24 ans.
Jacques le Roux de 22 ans.
Charles Raſſecot de 15 ans.
Raymond Roſſet de 33 ans.
Nicolas le Voyer de 22 ans.

Jean

Jean Guillery de 15 ans.
Jean le Clerc de 16 ans.
Henry Feronnay de 13 ans.
Antoine Adrien de 50 ans.
Jean Garnier de 17 ans.
François le Goüefné de 25 ans.
François le Gros de 15 ans.
Joſeph le Clerc de 26 ans, Tonnelier.
Robert Drola de 40 ans.
Pierre Girard de 35 ans, Maiſtre.
Jean le Noir de 18 ans.
Georges le Roy de 45 ans, Maiſtre.
Julien Maillard de 31 an.
Jean Robert de 46 ans.
Jean du Güen de 45 ans.
Pierre le Gacq, dit Launay, de 40 ans.
Jean le Feret de 35 ans.
Joachim Clement de 36 ans.
Ollivier le Normand de 40 ans.
René Fourmy de 15 ans.
Ollivier Timon de 17 ans.
Jean Chevalier de 28 ans, Charpentier.
Hierôme Dolon de 35 ans.
Michel Folain de 28 ans, Charpentier.
Gille Morant de 40 ans, Charpentier.
François Cochart de 19 ans.
Guillaume Damian de 13 ans.
Maury le Marié, la Salle, de 45 ans.
Pierre Baillif de 25 ans.
Nicolas Hay de 24 ans.
Pierre Poret de 38 ans.
Jacques Caradeu de 30 ans.
Pierre Morin de 17 ans.
Jean Malherbe de 36 ans, Charpentier.
Pierre Cahoret de 40 ans.
Julien Picart de 28 ans, Charpentier.
Jean Oger de 40 ans, Contre-Maiſtre.
André Cidel de 18 ans.
Ollivier Morel de 50 ans.
François Caradeu de 30 ans.
François Docq de 50 ans, Contre-Maiſtre.
Jean Pelé de 27 ans.
Pierre Beauvoiſin de 20 ans, Canonier.
Charles Morant de 27 ans.
François Poictevin de 35 ans, Contre-Maiſtre.
Bertrand Breſil de 53 ans, Charpentier.

LUNDY.

Michel Duré, la Cour, de 30 ans, Contre-Maiſtre.
Claude Boillet de 44 ans, Contre-Maiſtre.
Julien le Vaſſeur de 25 ans.
François Eſnou de 15 ans, Charpentier.
Laurent Boutier de 13 ans.
Nicolas Chapelle de 40 ans, Contre-Maiſtre.

Julien Girard de 40 ans, Contre-Maiſtre.
Jean Bertaut de 35 ans, Tonnelier.
Adam le Liévre de 55 ans, Canonier.
Jean Bony de 44 ans.
André Meſlé de 55 ans, Canonier.
Joachim le Breton de 30 ans, Maiſtre.
Nicolas blanchet de 30 ans.
Guion du Hamel de 16 ans.
Yvon Harny de 36 ans.
Gilles Moüés de 45 ans, Quartier-Maiſtre.
Joſſelin Quillieu de 45 ans.
Jean Droguet de 30 ans, Contre-Maiſtre.
Eſtienne de Carelle de 35 ans, Charpentier.
Michel le Main de 52 ans.
Pierre Goulho de 26 ans.

MARDY.

Guillaume Coſtard de 48 ans.
Eſtienne Liart de 42 ans.
Bertrand Cœuru de 45 ans, Charpentier.
Robert Cœuru de 40 ans, Maiſtre.
Robert Jean de 20 ans.
Jacques Cochin, la Motte, de 40 ans, Maiſtre.
Julien Roſſe de 30 ans, Charpentier.
Jean Maingard de 36 ans, Contre-Maiſtre.
Ollivier Felix de 40 ans, Tonnelier.
Jacques Tollet de 40 ans, Pilote.
Mathurin Cliquin de 22 ans.
Vincent Mancel de 20 ans, Calfateur.
Julien de Landore de 26 ans, Charpentier.
Jean Vibert de 17 ans.
Jean Boyer de 19 ans.
Matthieu Pierre de 30 ans, Contre-Maiſtre.
Ollivier le Roy, Maiſtre.
Denis Alexandre de 24 ans, Charpentier.
Guillaume Cheſnu de 30 ans, Maiſtre.
Ivon Chanteau de 35 ans, Charpentier.
Jean Nicolas de 26 ans.
Ollivier Liſtré de 50 ans, Contre-Maiſtre.
Pierre Hode de 24 ans, Tonnelier.
Patrice Mahon de 35 ans, Pilote.
Henry Michelot de 36 ans, Maiſtre.
Ollivier Beart, le Rivage, de 35 ans, Maiſtre.
Charles Loſſieu de 17 ans.
Guillaume Launay, Liſle Blanche, de 50 ans.
Louïs Criblé de 24 ans.
Nicolas Litré de 15 ans.
Pierre Olviaut de 17 ans.
René Cotté de 30 ans.

MERCREDY.

Nicolas Arhel de 19 ans.
Jean Deviaux de 48 ans, Canonier.

Jean Vaucler, de 40 ans, Maiftre.
Jean Macquerel, les Vallons, de 30 ans.
Jean Gilbert de 30 ans.
Laurent Pouffin de 20 ans.
Eftienne Reculoux de 40 ans.
Pierre Berne de 18 ans.
Antoine Déchauffé de 20 ans.
Thomas Roché de 40 ans.
François Bertré de 45 ans, Maiftre.
Auguftin Blanchart de 19 ans.
Jean Alloüet de 48 ans, Canonier.
Pierre Guihomatz de 23 ans.
François Ruellan de 50 ans.
François Blanchet de 45 ans, Maiftre.
Michel Soré de 18 ans.
Jean Paftiau de 35 ans.
Joseph Gallien de 18 ans.
Jean David de 35 ans, Contre-Maiftre.
Pierre Hay de 40 ans, Charpentier.
Loüis Chaffin de 38 ans, mort à la mer.
Robert Guimart de 45 ans.
Thomas Hervé de 42 ans, Maiftre.
François Clement de 24 ans,

JEUDY.

Nicolas Riviére de 26 ans.
François le Blanc de 27 ans, Contre-Maiftre.
Pierre Vaffe de 50 ans.
Macé Gueurier de 16 ans, Charpentier.
Alexis Laifné de 19 ans.
Guillaume Merienne de 18 ans.
Pierre Chevalier de 33 ans, Contre-Maiftre.
Philippe Rigaut de 35 ans.
Pierre le Clerc, de 20 ans.
Hervé le Pottier de 25 ans, Maiftre.
Jean Gueurier de 31 an.
Malo Gueran de 35 ans.
Nicolas Ade de 17 ans, Tonnelier.
Pierre Baflé de 50 ans, Contre-Maiftre.
Bernard Durand de 38 ans.
Loüis Maingard de 45 ans, Maiftre.
Loüis le Gagné de 55 ans, Canonier.
Jean Picot de 35 ans, Contre-Maiftre.
Pierre de Miaux de 40 ans.
Jean Uzé de 30 ans.
Jean Cœuru de 35 ans.
Charles Robert de 19 ans.
Philippes Bruftel de 36 ans.
Pierre Pelé de 22 ans.
Mathieu Bourguenolle de 17 ans.
Laurent Vatés de 18 ans.
Jacques le Bret de 45 ans.
Jean le Gueret de 35 ans.
Jean Mouffet de 25 ans, haute taille, poil roux.

Jean Locquet des Saudrais de 28 ans, Contre-Maiftre.
Julien Torenne de 34 ans, haute taille, poil noir.
Paul Philippes de 33 ans, Charpentier.
Georges Fremont de 40 ans, Charpentier.

VENDREDY.

MArin Morel de 40 ans, Canonier.
Guillaume Collet de 47 ans, haute taille, poil chaftain.
Jean l'Ecuyer de 22 ans, Maiftre.
Hector le Roy de 25 ans, Maiftre.
Henry Poitevin de 51 an, Maiftre.
Jean le Grand de 54 ans, Maiftre.
Chriftophe Pointel de 48 ans.
René Lignel de 35 ans.
Bertrand Clement de 34 ans.
Michel Loret de 25 ans.
Jacques Gautier de 45 ans, Maiftre.
Hierôme Poirier de 40 ans, Contre-Maiftre.
Adrien Petit-Pas de 19 ans, haute taille, poil chaftain.
Michel Blanchet de 45 ans.
Jean du Puy de 30 ans.
Pierre Garnier de 45 ans, Tonnelier.
Robert le Dantu de 27 ans.
François Crevilly de 18 ans.
Pierre Robert de 40 ans, Contre-Maiftre, Canonier.
Jean Colin de 50 ans, haute taille, poil noir.
Robert Launay de 25 ans.
Ollivier Denis de 36 ans.
François Valleton de 50 ans, Maiftre.
Guillaume Valleton de 13 ans, Maiftre.
Macé Jagoret de 28 ans, moyenne taille, poil noir.
Pierre Luret de 40 ans, Contre-Maiftre.
Martin Broüart de 22 ans.
Pierre Jofeph de 48 ans, Contre-Maiftre.
Henry Dolon de 35 ans.
Jean Pelé de 30 ans.
Jean Tremereuc de 25 ans.
Guillaume Mahé de 35 ans.
Louis Cauchet de 55 ans.
Jacques Eftienne de 18 ans.
Eftienne Thomas de 18 ans.
Gilles Brunault de 30 ans.
Julien Gourdel de 55 ans, Canonier.
Sebaftien Tancrede de 16 ans, petite taille, poil noir.
Alain Gouffet de 35 ans.
Joffelin du Val de 38 ans, Contre-Maiftre.

SAMEDY.

JOfeph le Févre de 22 ans, haute taille, poil chaftain.
Gilles Tremereuc de 30 ans.
François Bafnier de 50 ans, Maiftre.
Julien Huë de 26 ans, Calfateur.
Jean Charnal de 37 ans, Calfateur.

Hierôme

Hierôme Laisné de 56 ans, Charpentier.
François Barbanson de 20 ans.
Jacques Girard, l'Isle Scellé, de 30 ans, Maistre.
Louïs Hamon de 20 ans.
Pierre Costé de 45 ans, Pilote.
Louïs le Roy de 33 ans, Maistre.
Thomas Pottier de 20 ans, Maistre.
Denis Déchaussé de 25 ans.
Robert Orangé de 35 ans.
Guillaume Seigneur de 55 ans.
Jean Gautier de 32 ans, Canonier, haute taille, poil chastain.
Jean Hacou de 21 an.
Guillaume Leschou de 18 ans.
Estienne la Doyé de 21 an, haute taille, poil blond.
Denis Jamet de 23 ans, Tonnelier.
Jacques Taillefer de 55 ans, Charpentier.
Robert Cœuru de 25 ans, Charpentier.
Henry Cadiou de 32 ans, Contre-Maistre.
Marin Pitrel de 50 ans, Canonier.
Daniel Maigret de 40 ans, Canonier.
François Geffroy de 18 ans.
Pierre Lucas de 55 ans, Maistre.
Robert Jobert de 16 ans.
Gilles le Bret de 46 ans.
François Lucas de 48 ans, Charpentier.
François Robert de 40 ans, Charpentier.
Estienne Betüel de 16 ans.
Artur Guichard de 17 ans.
Pierre Froquet de 15 ans.
Georges Lunon de 15 ans.
Bernard Renier de 15 ans.
Guillaume Jean de 40 ans, Canonier.
Pierre Allés de 39 ans, Tonnelier.
Guillaume Guillou de 47 ans, moyenne taille, poil gris.
Servan Torseul de 23 ans, haute taille, poil chastain, **Contre-Maistre.**
Julien Coupart de 50 ans, Canonier.
Pierre Icart de 30 ans, Contre-Maistre.
Guillaume Lesturas de 48 ans, Charpentier.
Jean Gueroul de 18 ans.
Pierre le Gar de 24 ans, Pilote.
Charles le Févre de 32 ans.
Michel Renou de 30 ans, Charpentier.
Pierre Rousselin de 15 ans.
Bertrand Fermal de 26 ans.
Charles Laurent de 30 ans.
Jean Cauchart de 22 ans, moyenne taille, poil roux.
Jacques Simon de 20 ans, moyenne taille, poil chastain.
Jacques Mabille de 20 ans, petite taille, poil brun.
Jean du Bois de 40 ans, petite taille, poil brun.
Jacques Ricou de 25 ans, moyenne taille, poil brun.
Jean Garnier de 40 ans, haute taille, poil chastain, **Contre-Maistre.**
Jean Peterin de 19 ans, moyenne taille, poil brun.
Jean Barre de 55 ans, petite taille, poil gris, Canonier.

QUATRIEME CLASSE.

dont le service commencera au premier Avril 1673.
& finira au dernier Mars 1674.

DIMANCHE.

JEan Buisson de 24 ans, Contre-Maistre, sur le Soleil.
Charles Bon-Homme de 40 ans, Calfateur, sur le Saint Joseph.
Estienne Reboux de 30 ans.
Pierre Lazance de 30 ans, Charpentier, sur le Saint Joseph.
Jacques Laurent de 45 ans, Tonnelier, haute taille, poil chastain.
Jean le Lauvier de 50 ans, sur le Saint Jacques.
Jacques le Mounier de 20 ans.
Julien Thomas de 23 ans.
Guillaume Meslé de 36 ans, moyenne taille, poil chastain.
Nicolas Laisné de 40 ans, sur le Villemontée.
Jean le François de 40 ans, sur la Marguerite.
Jacques Caillez de 40 ans, sur le Villemontée.
Laurent Sanson de 20 ans, haute taille, poil noir.
Gilles Morant de 30 ans, Charpentier, sur la Marie de Grace.
Louïs Cosnu de 32 ans.
Jean des Clossetz de 40 ans, haute taille, poil chastain.
Jacques Anselme de 40 ans, sur l'Auguste.
François Guischard de 25 ans, sur le Saint Jean des Deserts.
Pierre Aubrée de 22 ans, moyenne taille, poil noir.
Michel Nicolas de 40 ans, Charpentier.
Bertrand Ruffin de 30 ans, Charpentier.
Gilles Coüillart de 17 ans, sur le Villemontée.
Martin Cristin de 52 ans.
Jean Vincent de 32 ans, Maistre.
Jean Roscher de 22 ans.
Jean Droguet de 16 ans, sur le Pierre de Brehat.
Louïs Guiot de 45 ans.
François Bloüet de 38 ans, moyenne taille, poil chastain.
Pierre le Bon-Homme de 18 ans, haute taille, poil blond.
Jacques Ruellan de 50 ans, sur le Saint Nicolas.
François Levégo de 50 ans, Contre-Maistre, sur le Neptune.
Jacques Lossoüas de 52 ans, sur le Neptune.
Jean Maillot, Contre-Maistre, de 35 ans, sur le Villemontée.
Pierre Groizel de 33 ans, haute taille, poil chastain.
René Joderneau de 50 ans, haute taille, poil gris.
Jacques du Verger de 34 ans, sur le Saint Joseph.
Alain Hubert de 48 ans, sur la Marie de Grace.
René Herpin de 26 ans.
Jacques Lucas de 13 ans.
Pierre le Clerc de 18 ans.
François Pederu de 15 ans.
Louïs Mayet de 15 ans.
François Couïllart de 13 ans.

LUNDY.

Pierre Brion, Maiſtre Canonier, ſur le Saint Laurent.
Bertrand Jamet de 40 ans, ſur le Saint Antoine de Pade.
François du Puy de 56 ans, ſur la Vierge.
Briand Auger de 28 ans, ſur le Poſton.
Pierre Bernard de 23 ans, moyenne taille, poil chaſtain.
Gilles Groizel de 35 ans, haute taille, poil noir.
Jean le Bret de 36 ans, moyenne taille, poil chaſtain.
Jean Binet de 27 ans.
Nicolas Roquet de 55 ans.
Jean le Breton de 18 ans, moyenne taille, poil noir.
Julien Blanche de 13 ans.
Julien Joüan de 16 ans.
Jacques le Roy de 13 ans.
Jean Joüan de 15 ans.
Pierre Laiſné de 13 ans.

MARDY.

Julien Coſſé de 55 ans, Charpentier.
François Renaut de 45 ans.
Gabriel Gabet de 45 ans.
François Landrin de 55 ans, haute taille, poil gris.
Joſſelin Franquet de 25 ans, Charpentier.
Pierre de Bieux de 25 ans, haute taille, poil blond.
Jacques Hody de 38 ans, Charpentier, haute taille, poil chaſtain.
Alain Timblas de 16 ans, ſur le Saint Antoine.
Sanſon Renard de 28 ans, haute taille, poil noir.
Jean le Fevre de 29 ans, moyenne taille, poil chaſtain.
Pierre Buiſſon, la Fontaine, de 35 ans, Maiſtre.
Georges Ruffin de 18 ans, ſur le Saint Joſeph.
Tudeon Tuffer de 23 ans, Cuiſinier.
Julien Chevalier de 33 ans.
Michel Filiaſtre de 15 ans.
Jean Chevalier de 14 ans.
Thomas Moſel de 13 ans.
Robert du Hamel de 15 ans.
Louis Buiſſon de 14 ans.
Jean Harny de 16 ans.

MERCREDY.

Yves Mannet de 40 ans, haute taille, poil chaſtain.
Ollivier Croſnier de 55 ans, haute taille, poil chaſtain.
Ollivier Ollivaut de 20 ans.
Henry Boullain de 36 ans.
Jacques Ruaut de 50 ans, Canonier, moyenne taille, poil gris.
Guillaume Chauvin de 35 ans, Contre-Maiſtre, ſur le S. Georges.
François le Liévre de 25 ans, ſur le Saint Nicolas.
François Gilbert de 45 ans.
Guillaume Carhüel de 20 ans, moyenne taille, poil blond.
Aubin Julien de 45 ans, haute taille, poil chaſtain.
Jean Abraham de 40 ans.

Jean Porée de 35 ans, moyenne taille, poil blond.
Ollivier Cavillier de 30 ans, fur le Phenix.
Claude du Val de 30 ans, Contre-Maiftre, moyenne taille, poil noir.
Denis Lefnart de 22 ans, fur l'Augufte.
Guillaume Gouffart de 55 ans, fur le Saint Jofeph.
Julien Lorilou de 24 ans, fur le Saint Laurent.
Bertrand Ollivier de 40 ans, Maiftre.
Jacques Soré de 25 ans.
Louïs Piednoir de 55 ans, Charpentier, haute taille, poil gris.
Jean Chartier de 40 ans, haute taille, poil chaftain, Canonier.
Jean Gautier de 58 ans.
Bernard Briand de 26 ans.
René le Bon-Homme de 14 ans.
Bertrand Martin de 17 ans.
Tomas Broüet de 15 ans.
Pierre Romelé de 15 ans.
Pierre le Clerc de 16 ans.

J E U D Y.

JUlien Pied-Vache de 32 ans, haute taille, poil roux.
Laurent les Choux de 40 ans, fur le Hyacinthe.
Thomas Chevalier de 28 ans, fur le Saint Louïs.
Gilles Laifné de 48 ans, moyenne taille, poil chaftain.
Jean Girard, l'Ifle Scellé, de 55 ans, Maiftre, m. & groffe taille, poil. gris.
Pierre Poret de 25 ans, Pilote, fur la Marie de Grace.
Jean le Zoüet de 20 ans.
Thomas Chefnet de 32 ans, à Grandville.
Daniel Perné de 40 ans, fur la Vierge de Grace.
Jean Rochefort de 37 ans, fur le Saint Jofeph.
Jean Godard de 45 ans, Charpentier, fur le Villemontée.
Luc le Chien de 36 ans, fur le Phenix.
Jean le Fevre de 27 ans, moyenne taille.
Yvon le Gentilhomme de 55 ans, moyenne taille.
Jean Bourgé de 50 ans.
Guillaume Lozoüet de 28 ans.
Jean Hamon de 50 ans, haute taille, poil noir.●
Jean Blanchet de 18 ans.
Jacques des Hayes de 16 ans.
Alain Macquerel de 14 ans.
Henry Michelot de 14 ans.
Guillaume Bufnel, de 13 ans.
Guillaume Boulain de 14 ans.
Yvon Simon de 15 ans.

V E N D R E D Y.

YVon le Maffon de 52 ans, Voilier.
Georges le Mur de 55 ans, Tonnelier, petite taille, poil noir.
Jean Clinfant de 26 ans, fur la Vierge de Grace.
François Martin de 25 ans, fur la Vierge de Grace.
Jacques Jofeph de 40 ans, fur le Saint Jofeph.
Nicolas Magon de 27 ans, moyenne taille, poil chaftain.
Yvon Carré de 25 ans, fur le Saint Jofeph.
Pierre Gervin de 22 ans, fur la Magdeleine.

Rogier

Rogier des Hais de 58 ans, Canonier, haute taille, poil
Julien la Veille de 24 ans.
Guillaume Oüan de 40 ans, fur le Saint Laurent.
Jean Joly de 50 ans.
Briand Pelchien de 55 ans, Calfateur.
Joseph Poil de Loup, de 50 ans, Tonnelier, fur le Saint Paul.
Jean Montfort de 35 ans, fur la Poifie.
Antoine le Chantou de 35 ans, Canonier.
Guillaume Bertré de 45 ans.
Eftienne le Breton de 19 ans, moyenne taille, poil chaftain.
Jean Bafille de 22 ans.
Eftienne Michel de 48 ans.
Jean le Blanc de 15 ans.
Nicolas Hervé de 19 ans, moyenne taille, poil chaftain.
Jean Berne de 40 ans, Pilote.
Nicolas Michelot de 13 ans.
Robert Gaultier de 22 ans.
Mathurin Payou de 31 an.
François Duray de 27 ans.
Nicolas Noël de 22 ans.
François Nicole de 13 ans.
Yves Blefve de 14 ans.
Jacques Pied-Noir, des Ouches Bœufs, de 45 ans, Maiftre.
Roul Groizel de 16 ans.
Pierre Jean de 14 ans.

S A M E D Y.

PIerre Bouliart de 23 ans.
   Gilles Joubert de 24 ans.
Pierre Sallamon de 28 ans, Contre-Maiftre.
Nicolas Trublet de 21 an.
Nicolas le Maiftre de 42 ans, Charpentier, haute taille, poil chaftain.
Eftienne Hamon de 25 ans, Contre-Maiftre.
Laurent Laifné de 19 ans.
Pierre David de 34 ans.
Jean Neveu de 42 ans, haute taille, poil roux.
François Bernard de 20 ans.
Les Vaux Francaffe de 42 ans.
René Yvoir de 45 ans, haute taille, poil chaftain.
Jean Huet de 22 ans.
Eftienne Garnier de 28 ans, haute taille, poil chaftain.
Jean Bagou de 22 ans.
Julien le Gendre de 35 ans.
Pierre Boutelou de 26 ans, Charpentier, haute taille, poil chaftain.
Robert Porcou de 19 ans.
Thomas Taillefer de 24 ans, Charpentier.
Guillaume Cœuru de 22 ans.
Eftienne Gidoüin de 21 an.
Pierre Benardas de 28 ans, Charpentier.
François Geffroy de 50 ans.
Noël Bourfeul de 22 ans.
Georges de Louche de 22 ans.
Jean Boilet de 24 ans, Charpentier.
Pierre Vafle de 17 ans, Tonnelier.

Laurent Gaudron de 21 an.
Henry le Grand de 13 ans.
François Coran de 38 ans.
Gilles Girard Corbinais de 35 ans.
Pierre Maillot de 15 ans.
Jacques Rousselin de 28 ans.
Jean Dupuis de 18 ans.
Mathurin Hery de 30 ans, Charpentier.
Jacques d'Apillé de 45 ans.
Michel Goa de 57 ans, moyenne taille, poil blanc, Canonier.
Bertrand Maingard de 13 ans.
Lancelot Fanie de 18 ans.
Jean Gohin de 50 ans, Charpentier.
René Garnier de 14 ans.
Jean Poitevin de 20 ans.
François Herlin de 14 ans.
Jacques Pied-Noir de 13 ans.
Jean Portrait de 13 ans.
François le Dieu de 15 ans.
Paul Pipe de 22 ans.
Olliviet Rosset de 24 ans.
René Laisné de 20 ans, moyenne taille, poil chastain, Charpentier.
François Aubry de 33 ans, Canonier.
Jean Clinsaut de 28 ans, Tonnelier.
Thomas le Févre de 14 ans.
Jean Loüison de 18 ans.
Pierre Liot de 15 ans.
Thomas Trublet de 13 ans.
Jean Mesnard de 13 ans.
Julien Poictier de 50 ans, Tonnelier.
Henry Fontaine de 35 ans, Pilote.
Guillaume Groët de 28 ans, Contre-Maistre.
François Batreau de 50 ans, Contre-Maistre, moyenne taille, poil noir.
René Davene de 25 ans.
Guillaume Cizon de 30 ans.
Jean Gourdet de 25 ans.
Jean Robert de 16 ans.
Ollivier de Launay de 28 ans, Maistre.
Guillaume le Clerc de 25 ans, Tonnelier.
Gilles Guillemot de 26 ans.
Pierre Rousselin de 23 ans.
Jacques Cadiou de 35 ans.
Laurent Joly de 23 ans.
Bernard Chambaut de 45 ans, Canonier.
François Blanchet de 20 ans, haute taille, poil chastain.
Estienne Baudoüin de 25 ans, Charpentier.
Jean Luret de 16 ans.
Servan Cidet de 19 ans.
Charles Cidet de 18 ans.
Loüis Ouïn de 19 ans, haute taille, poil blond.
Jean Roussel de 26 ans.
Julien Jean de 57 ans, moyenne taille, poil gris.
Macé Portier de 32 ans, moyenne taille, poil noir.
Pierre Giquel de 50 ans.
François le Cene de 30 ans, Contre-Maistre.

Jean Briand de 37 ans, Charpentier.
Nicolas Eſtienne de 17 ans.
Jean Moiſnet de 30 ans, Contre-Maiſtre.
Henry Droguet de 30 ans, haute taille, poil chaſtain.
Jean Jagoret de 14 ans.
Guillaume Trobert de 55 ans, Canonier.
Laurent Benoiſt de 36 ans.
Joſſelin Hamon de 30 ans.
Guillaume Biochet de 30 ans.
Jacques le Roy de 40 ans, Contre-Maiſtre.
Julien Daniel de 35 ans.
François Ollivier de 14 ans.
Charles Goulhan de 13 ans.
Pierre Barbot de 34 ans, Maiſtre.
Laurent Richard de 24 ans, Charpentier.
Jean Renaud de 17 ans.
René Viel de 15 ans.
Nicolas Laiſné de 15 ans.
Jean Maignan de 14 ans.
Jean Torant de 22 ans, Contre-Maiſtre.
Joſeph Porcon de 14 ans.
Eſtienne Hacou de 18 ans.
François Coupeau de 27 ans.
Guillaume Caſtillon de 36 ans.
Pierre Pinou de 33 ans.
Robert Gidouïn de 58 ans, Charpentier.
Guillaume Cafferdou de 20 ans.
François Chevalier de 14 ans.
Alain le Seuſne de 32 ans, Contre-Maiſtre.
Julien Chatel de 25 ans, moyenne taille, poil noir.
Jean Guiſchard de 19 ans, moyenne taille, poil brun, Contre-Maiſtre.
Jean le Goux de 18 ans, moyenne taille, poil brun.
Jean Chauvin de 23 ans, moyenne taille, poil chaſtain.
Laurent Maugendre de 45 ans, moyenne taille, poil blond.
Mathieu Simon de 35 ans, haute taille, poil brun.
Nicolas Ollivier de 26 ans, petite taille, poil chaſtain.
Nicolas Carhuel de 36 ans, haute taille, poil brun.

CINQUIEME CLASSE,

dont le service commencera au premier Avril 1674,
& finira au dernier Mars 1675.

DIMANCHE.

Jacques Froumy de 55 ans.
Nicolas le Normand de 35 ans.
Michel Picant de 25 ans.
Jean le Berſque de 40 ans, Quartier-Maiſtre.
Matthieu Porcon de 25 ans.
Macé Ouaiſt de 38 ans, Contre-Maiſtre.
François le Payoux de 55 ans.
Guillaume Timonnier de 21 an, moyenne taille, poil blond.
Bertrand Bruſlé de 40 ans.
Joſſelin Maingard de 35 ans.
Jean Toré de 45 ans, Maiſtre.
Mathurin Cœuru de 40 ans.
Jean Picant de 25 ans.
Ollivier Rouſſelin de 30 ans.
Julien Bourget de 30 ans.
Jacques Menier de 48 ans.
Jacques du Doüet de 15 ans.
Marin Baſlé de 35 ans.
Vincent le Noir de 16 ans.
Henry Girard de 40 ans.
Jacques Joüane de 20 ans.
Jean Laiſné de 40 ans.
Pierre Thomas de 23 ans.
Vincent Orſol de 40 ans.
Jean Liart de 30 ans.
Pierre Paris de 45 ans.
Ollivier Liart de 24 ans.
François Gaillard de 25 ans, Contre-Maiſtre.
Jean Soret de 33 ans.
Jean Gervy de 18 ans.
Vincent Meſlé de 13 ans.
François Maget de 17 ans, moyenne taille, poil blond.
Jean Gautier de 14 ans.
Julien Girondel de 35 ans.
Laurent Robert de 30 ans.
Jean Gommeras de 21 an.
Touſſaint le Gaigné de 16 ans.
Jean Lanquetieu de 50 ans, Canonier.
Jean Loiſſieux de 18 ans.
Charles Pavart de 33 ans, Canonier.
Jacques Foreſtier de 21 an.
François Guillou de 22 ans.
Jean le Clerc de 35 ans.

Thomas

Thomas Buza de 30 ans.
Jean le Gaigné de 22 ans.
Girard Neveu de 40 ans.
Julien Clement.
Jean Collet de 30 ans.
Jean le Breton de 35 ans.
Daniel le Blanc de 50 ans, Canonier.
Guillaume Cahoret de 15 ans.
Samson Basille de 50 ans.
François Docq de 50 ans.
Jean Pelé de 27 ans.
Charles Morand de 27 ans.
François Poitevin de 35 ans, Contre-Maistre.
Gilles Halloüas de 45 ans, Maistre, haute taille, poil noir.
Bertrand Brezil de 53 ans, Charpentier.
Josselin Guilleu de 45 ans.
Ollivier Pelé de 48 ans.
François Deslez de 22 ans.
Faby Hay de 45 ans, Canonier.
Ollivier Pellé de 34 ans.
Arthur Lamy de 35 ans.
Nicolas Renier de 35 ans.
Jean Liart de 30 ans.
Julien Costard de 33 ans.
Pierre Aubaut de 28 ans.
Pierre Beauvoisin de 20 ans.

L U N D Y.

Y Ves Boulart de 35 ans.
    Pierre Mainguy de 45 ans, Charpentier.
Henry des Hais de 45 ans, Maistre.
Guillaume Buisson de 26 ans, Contre-Maistre.
Estienne Treux de 31 an, Maistre.
Guillaume Binet de 20 ans.
Jean Beccart de 30 ans.
Guillaume Bourdas de 32 ans.
Pierre Bernard de 50 ans, Contre-Maistre.
Jacques le Marchand de 57 ans, Maistre.
Yvon Harny de 36 ans.
Jean Moinet de 28 ans, Contre-Maistre.
Julien Manchet de 57 ans.
Estienne Gautier de 38 ans.
Nicolas le Bret de 22 ans.
Michel le Main de 52 ans.
Mazo Cazin de 28 ans.
Jean Bertrand de 20 ans, Tonnelier.
Jean des Bois de 20 ans.
Faby Hay de 18 ans.
Georges Bertré de 48 ans.
François Grosset de 30 ans.

M A R D Y.

J Acques le Bon-Homme de 50 ans.
  Vincent Nez de 45 ans.

François Landry de 40 ans.
Guillaume Petit de 32 ans.
Pierre Fauvel de 55 ans.
Jean Orangé de 40 ans.
Jean Henry de 24 ans.
Jean Allaire de 30 ans.
Jean Perrouzet de 45 ans.
Leonard Digé de 25 ans.
Laurent Charpentier, de 40 ans.
Philippes Mefnager de 50 ans.
René Daniel de 25 ans.
Eftienne le Maigre, dit des Vaux.
Ollivier Franquet de 45 ans.
Louïs Cribié de 24 ans.
Gilles Jean de 40 ans.
Bernard Corbel de 30 ans.

MERCREDY.

JOachim de la Ronce de 28 ans, Maiftre.
Pierre Alleaume de 39 ans.
François Jean de 28 ans, Contre-Maiftre.
Jacques Maquerel de 42 ans, Maiftre.
Jean Malherbe de 40 ans.
Pierre la Truitte de 46 ans.
Pierre David, la Fontaine, de 30 ans, Maiftre.
Gilles David de 28 ans.

JEUDY.

PIerre Jofeph de 20 ans.
Jean David de 30 ans.
François Fremont de 50 ans.
Thomas Porée de 40 ans.
Guillaume Joffet de 18 ans.
Eftienne Lazare de 18 ans.
Jacques Cahary de 24 ans.
Simon Chou de 22 ans.
André Dupuy de 33 ans.
Jean Jocet de 16 ans.
Jean Thomas de 45 ans.
Pierre Bafille de 30 ans.
Ollivier Feron de 25 ans.
Guillaume le Roy de 17 ans.
Louïs Crehen de 16 ans.
Alain Ruellan de 19 ans.
Guillaume le May de 26 ans.
Raimond Pautonnier de 18 ans.
Guillaume des Boulais de 19 ans.
Gilles Martin de 51 an.
Jean Philippes de 25 ans.
François Marie de 40 ans, Maiftre.
Eftienne le Breton de 17 ans.
François Clement de 24 ans.
Jean Berné de 40 ans.

VENDREDT.

JUlien Loiſon de 33 ans.
Jean Carré de 40 ans.
Gilles le Grand, grand Clos, de 45 ans, Maiſtre.
Jean Batas de 27 ans, Contre-Maiſtre.
Pierre Loiſon de 18 ans.
Jacques le Blanc de 30 ans.
François Bezart de 18 ans.
Jean Hoguigné de 21 an.
Gabriel Ruel de 23 ans.
Ollivier Caran de 28 ans.
René Bédacier de 29 ans.
Guillaume le Bon-Homme de 55 ans.
Jacques Uzé de 38 ans.
Ruffin Frotto de 22 ans.
Jean le Gentilhomme de 28 ans.
Jacques Leſnart de 50 ans.
Nicolas Hery de 23 ans.
Guillaume Guillemin de 16 ans.
Jean le Payoux de 20 ans.
Joſeph Chenu de 24 ans.
Pierre Houvet de 33 ans.
Vincent le Roux de 25 ans.
François Fraud de 17 ans.
Bertrand Bleſve de 26 ans.
Charles Aliron de 24 ans.
Eſtienne le Saunier de 55 ans.
Denis Vaſtes de 18 ans.
Jacques Foreſtier de 24 ans.
André de Breé de 15 ans.

SAMEDT.

JAcques Tortel de 46 ans.
Pierre Durand de 20 ans.
Jean Maillart de 54 ans.
François Chevalier de 23 ans.
Joſeph Richeux de 19 ans.
François Fauconnier de 19 ans.
Jean Muetil de 26 ans.
Alain Louiſon de 53 ans.
Julien Maillart de 16 ans.
Michel Loret de 25 ans.
Jean Quintien de 48 ans.
Eſtienne Fermal de 22 ans.
François Laiſné de 40 ans.
Jean du Val de 28 ans.
Gilles l'Amy de 15 ans.
Jean de Gonzague de 21 an.
Yves Gourdel de 40 ans.
Jean le Pelletier de 24 ans.
François Valton de 14 ans.
Guillaume Fouze de 19 ans.

Sebastien Rollet.
Julien Basille.
Thomas le Mounier de 40 ans.
Pierre le Bras de 49 ans.
Michel Guignette de 15 ans.
Nicolas Tancrede de 45 ans.
Poy Dordelin de 25 ans.
Jacques Cavé de 36 ans.
Hierôme Landas de 40 ans.
Bertrand Samson de 20 ans.
Pierre Richeux de 25 ans.
Henry Dolon de 35 ans.
Jean Rollet de 30 ans.
Jean Santron de 45 ans.
Barthelemy Robert de 20 ans.
Fleury Morant de 27 ans.
Pierre le Viré, de 28 ans.
Alain le Marié de 35 ans.
Alain Loquet, dit Goujonnais, de 37 ans, Maistre.
Guillaume le Payon de 25 ans, Contre-Maistre.
Guillaume Jagoret de 44 ans, haute taille, poil chastain.
Guillaume Madiou de 45 ans, Voilier.
François Salmon de 20 ans.
Simon des Vaux de 50 ans, Maistre.
Jean Voisin de 20 ans.
Jean Neveu de 18 ans.
Pierre Bernard de 19 ans, haute taille, poil chastain.
Eloy de la Dune de 17 ans.
Denis le Maistre de 22 ans, haute taille, poil noir.
Jean Pitrel de 16 ans.
Gilles Balon de 18 ans, moyenne taille, poil blond.
Pierre Hauton de 35 ans.
Pierre de Noüart de 27 ans, Contre-Maistre.
Pierre le Goux de 18 ans.
Henry Groslo de 30 ans.
Pierre Renard de 46 ans.
Jean le Maigre, les Flots, de 40 ans.
François Derbert de 40 ans.
Mathurin Taro de 30 ans, Maistre.
Pierre Porcon de 30 ans.
Estienne Belet de 28 ans.
Joseph Vizés de 18 ans.
Ollivier Beart de 22 ans, moyenne taille, poil blond.
Pierre du Parc de 58 ans, haute taille, poil chastain.
Pierre Aubrec de 24 ans, moyenne taille, poil noir.
Pierre Garnier, les Greves, de 45 ans, haute taille, poil ardent, Maistre.
Pierre Luret de 42 ans, moyenne taille, poil chastain.
Raoul George de 17 ans, petite taille, poil chastain.
Robert Gabourin de 23 ans, haute taille, poil chastain.
Raoul Charlet de 16 ans, petite taille, poil chastain.

PAROISSE
DE S. SERVAN.
PREMIERE CLASSE,
dont le service finira au dernier Mars 1671.

Compagnie du Sieur de la Franquerie.

PHilippe Marqué de 19 ans, moyenne taille, poil roux.
François la Mort de 40 ans, sur les Armes de France.
André Salaün de 35 ans, sur le Jacob.
Jean Trouëſſon de 32 ans, sur le Saint Jacques.
René Guignette de 24 ans.
Guillaume Michel de 24 ans, sur le Saint Jacques.
Pierre Poitevin de 40 ans, sur le Berger.
Jean Daniel de 21 an.
Maury Mahé de 40 ans.
Alexandre Fenouïlliére de 23 ans.
Vincent Roul de 52 ans.
Maurice Leon de 30 ans.
Jacques le Blanc de 23 ans.
Thomas Boutau de 30 ans, Calfateur.
Guillaume Bougourd de 18 ans, haute taille, poil blond.
Charles Vigne de 48 ans.
Jean Tacheron de 46 ans, Voilier, moyenne taille, poil blond.
Thomas Ardon de 36 ans, petite taille, poil blond.
Thomas Pilleveſſe de 50 ans, Calfateur, haute taille, poil gris.
Pierre Loret de 25 ans.
Pierre Soret de 27 ans.
Jean le Marie de 35 ans, moyenne taille, poil noir.
François Chartré de 35 ans, moyenne taille, poil chaſtain.
Eſtienne Rip de 26 ans, petite taille, poil noir.
Laurent Puet de 15 ans.
François Fromont de 14 ans.
Jacques Blanchart de 34 ans.
Daniel Gueret de 40 ans.
Michel Robert de 42 ans, Canonier.
Noel David de 39 ans, moyenne taille, poil noir.
Nicolas le Maire de 15 ans.
Henry Briand de 15 ans.
Guillaume Martin de 15 ans.

h

Thomas de la Mare de 15 ans.
Chriſtophle Roüaux de 18 ans.
Jean Alaine de 16 ans.
Michel Bougour de 15 ans.

Compagnie du Sieur de la Loutrie.

GUillaume Blanchart de 18 ans.
   François Gilbert de 50 ans.
Eſtienne Cogrenne de 45 ans, moyenne taille, poil chaſtain.
Pierre Rabaſſe de 40 ans, Pilote.
Pierre Bouvet de 34 ans, moyenne taille, poil chaſtain.
Noël le Huby de 25 ans.
Guillaume Lihart de 25 ans, moyenne taille, poil chaſtain.
André Allaire de 30 ans.
André Coulombier de 17 ans, moyenne taille, poil roux.
Guillaume Moinet de 24 ans, haute taille, poil roux.
Michel Barthelemy de 23 ans.
Bertrand Ozon de 17 ans.
Nicolas du Cheſne de 22 ans.
Eſtienne Nicolas de 24 ans.
Bernard Nicolas de 32 ans, Charpentier.

Compagnie du Sieur de la Cellerie.

FRançois Bouvet de 30 ans, haute taille, poil chaſtain.
   Jean de la Vigne de 20 ans.
Eſtienne Pierre de 24 ans, haute taille, poil blond.
Jean le Moins de 24 ans, haute taille, poil ardent.
Julien du Freſne de 22 ans, moyenne taille, poil chaſtain.
Mathurin Goa de 35 ans.
Guillaume Leſtart de 24 ans, haute taille, poil chaſtain.
Jean du Nort de 40 ans.
Jacques de la Vigne de 28 ans, haute taille.
Guillaume Sauvage de 20 ans, moyenne taille, poil rouge.
Jean le Galas de 20 ans, moyenne taille, poil chaſtain.
Guillaume Lazare de 30 ans.
Guillaume Gourdel de 50 ans.
Pierre Broüart de 15 ans.
Pierre le Perquier de 40 ans, moyenne taille, poil chaſtain.
Eſtienne Rabaſſe de 38 ans.
Louïs Beauvais de 28 ans.
Georges Sauvage de 19 ans.
Jean Grout de 24 ans.
Alain Carvet de 33 ans, moyenne taille, poil chaſtain.
André le Mercier de 15 ans, petite taille, poil brun.
Charles Paré de 21 an, haute taille, poil chaſtain.
Claude Michel de 21 an, haute taille, poil chaſtain.

SECONDE CLASSE,

dont le service commencera au premier Avril 1671.
& finira au dernier Mars 1672.

Compagnie du Sieur de la Franquerie.

Jean Lesnard de 40 ans.
Joseph d'Auoste de 50 ans.
Guillaume Pinte-Vin de 28 ans.
Thomas Levrin de 28 ans, Tonnelier.
Jean Balan de 25 ans.
Pierre Voisin de 40 ans.
Gilles Patin de 38 ans.
Guillaume Alain de 45 ans.
Ollivier Treux de 28 ans.
Guillaume Thomas de 27 ans.
André Neveu de 55 ans, haute taille, poil roux.
Jean le Mordant de 25 ans.
Joly Berguyer de 29 ans.
Guillaume Paris de 40 ans.
Yvon Corin de 51 ans.
Louïs le Bret de 28 ans.
Jean le Pelletier de 24 ans.
Ollivier le Jeloux de 23 ans, Calfateur.
André Corneille de 28 ans.
Jean le Mordant de 28 ans.
Charles Marinier de 30 ans.
Guillaume Salaün de 25 ans.
Jean Mathieu de 20 ans, haute taille, poil blond.
Joseph Perré de 20 ans.
Jacques Queret de 55 ans, Maistre.
Jean Esnou de 25 ans.
Pierre Roux de 18 ans.
Jean Pillevesse de 20 ans, moyenne taille, poil chastain.
Pierre Hagués de 40 ans.
Allain Morvan de 30 ans.

Compagnie du Sieur de la Loutrie.

Jean Jamet de 23 ans, moyenne taille, poil blond.
René Picant de 24 ans, Charpentier.
Michel Blanchard de 50 ans.
Gilles Diest de 30 ans, moyenne taille, poil chastain.
Jean Couger de 25 ans.
Julien Trenoüas de 35 ans.
Briand Tizon de 25 ans, haute taille, poil chastain.
Ollivier Chaillou de 55 ans.
Jean Rabasse de 27 ans.
Jacques du Breil de 24 ans.
Bertrand Duret de 25 ans.

Gilles Corneille de 25 ans
Michel Noël de 22 ans.
Guy le Peltier de 26 ans.
Michel Ardoüin de 22 ans.
Pierre Chaftel.
Jean le François, Charpentier.
François Gilbert.
Maurice Hamon.

Compagnie du Sieur de la Cellerie.

Gilles de la Vigne de 55 ans.
Jacques le Bourgeois de 36. ans, haute taille, poil chaftain.
Nicolas le Dain de 40 ans.
Geffroy Pointel de 23 ans.
Philippes du Frefne de 18 ans, petite taille, poil chaftain.
Joseph Laurent de 35 ans.
Eftienne Ettard de 28 ans.
Guillaume le Maiftre de 42 ans.
Jacques Billy de 40 ans.
Vincent Philippes de 34 ans, moyenne taille, poil chaftain.
Euftache le Saunier de 23 ans.
Thomas le Blanc de 26 ans.
Jean Billy de 50 ans.
Euftache Marie de 26 ans, haute taille, poil blond.
François Moinet de 17 ans, petite taille, poil chaftain.
Guillaume du Frefne de 24 ans, haute taille, poil chaftain.
Georges de la Mare de 23 ans, petite taille, poil chaftain.

TROISIE'ME CLASSE,

dont le fervice commencera au premier Avril 1672. &
finira au dernier Mars 1673.

Compagnie du Sieur de la Franquerie.

Antoine Vieut de 28 ans.
Gilles Nicolas de 46 ans.
François Hubert de 20 ans, Charpentier, moyenne taille, poil chaftain.
André la Mort de 30 ans, haute taille, poil chaftain.
René Prioul de 36 ans, haute taille, poil chaftain.
Pierre le Guerra de 15 ans.
François Capu de 40 ans.
Jean Aliet de 50 ans.
Guillaume Houdeman de 50 ans.
Bernard Goa de 25 ans.
Jean Puët de 16 ans.
Jacques Thomas de 21 ans.
Jacques Neveu de 18 ans.
Mathurin le Mordant de 22 ans.
Gongard Simon de 40 ans.
Thomas Coüillaud de 32 ans.

Guillaume

Guillaume Mahé de 30 ans.
Mathurin Corin de 26 ans.
Jean Daubet de 25 ans, moyenne taille, poil noir.
Jean Richart de 28 ans.
Noël d'Alican de 33 ans.
Pierre Uzel de 20 ans.
Guillaume Bouteiller de 30 ans.
Yvon Aleguen de 23 ans, haute taille, poil chastain.
Jean d'Espaignet de 30 ans, moyenne taille, poil noir.
Louïs Beaulieu de 45 ans, Contre-Maistre.
Guillaume la Mauve de 35 ans, Tonnelier.
Nicolas Uzel de 26 ans, haute taille, poil chastain.
François Treux de 17 ans.
Pierre Motin de 26 ans.
Guillaume Moinet de 32 ans, Calfateur, moyenne taille, poil noir.
Pierre Michelot de 40 ans, haute taille, poil ardent.
Guion Souben de 34 ans.
Nicolas le Maire de 50 ans, Canonier, jambe de bois.
Thomas Havart de 45 ans.
Jean Faichot de 14 ans.
Gilles Houtman de 32 ans.
Julien Valet de 35 ans.
Lancelot Laisné de 36 ans.
Jean Desmoulins de 27 ans.
Thomas Poirier de 25 ans.
Guion Moinet de 17 ans.
Pierre Pillevesse de 15 ans.
André Harvot de 18 ans.
Pierre Habert de 18 ans.
Pierre Alaine de 23 ans.
Germain Bougour de 13 ans.
Pierre du Bois de 24 ans.

Compagnie du Sieur de la Loutrie.

François le Bacle de 30 ans.
Nicolas Ruaut de 50 ans, Charpentier, haute taille, poil ardent.
Jean Ollivier de 34 ans, moyenne taille, poil blond.
Pierre Grout de 33 ans, moyenne taille.
Julien Cougier de 25 ans.
Charles Tizon de 18 ans, haute taille, poil blond.
Mathurin le Ré de 25 ans.
Christophle Roüesnel de 18 ans, haute taille, poil chastain.
François le Tiembre de 44 ans.
Julien le Rouge de 41 an, haute taille, poil chastain.
Estienne de la Vigne de 40 ans, Charp. & Calfat. m. taille, p. chastain.
Pierre Toubert de 24 ans.
Guion Pineau de 55 ans, Charpentier.
Alain du Nort de 35 ans.
Jacques Chastel de 16 ans, petite taille, poil blond.
Hervé Nicolas de 19 ans, Charpentier, haute taille, poil roux.
Henry Levesgo de 55 ans, Maistre & Pilote, moyenne taille, poil blond.

Compagnie du Sieur de la Cellerie.

Pierre Oüeſſart de 23 ans.
Jacques Haguez de 35 ans.
Nicolas le Bourgeois.
Raoul Aline de 50 ans, haute taille, poil gris.
Gilles Alain de 35 ans.
Eſtienne Guilbert de 48 ans.
Raoul le Dain de 35 ans.
Pierre Broüart de moyenne taille, poil blond, de 54 ans.
Alain Rozet de 59 ans, Pilote, moyenne taille, poil noir.
Ollivier Charpentier de 35 ans.
Joſeph de la Vigne de 18 ans, haute taille, poil blond.
Jean Ruel de 26 ans, haute taille, poil chaſtain.
Guillaume Ruche de 23 ans, haute taille, poil chaſtain.
Nicolas Hunaut de 28 ans.
Pierre Geffroy de 35 ans.
Jean Ollivier de 58 ans.
Julien Baron de 25 ans, haute taille, poil chaſtain,
Jean Fenoüilliére de 17 ans, petite taille, poil chaſtain,
Jean Paris de 30 ans, haute taille, poil brun, Charpentier.
Jean Cavidou de 29 ans, haute taille, poil chaſtain.

QUATRIE'ME CLASSE,

dont le ſervice commencera au premier Avril 1673. & finira au dernier Mars 1674.

Compagnie du Sieur de la Franquerie.

Guillaume Adrien, moyenne taille, poil gris, de 45 ans.
Robert Grué de 30 ans.
Guillaume Houtman de 17 ans.
Guillaume Baudet de 30 ans.
Philippe du Puy de 40 ans.
Jean de la Vigne de 24 ans, haute taille, poil chaſtain.
Gilles le Mordant de 20 ans.
Julien du Nott de 55 ans, Charpentier.
Hierôme Couïllaud de 27 ans.
Jacques Fenoüilliére de 24 ans.
Yvon Corin de 21 an.
Yvon Cordel de 50 ans, Calfateur, petite taille, poil noir.
Guillaume Pintevin de 37 ans, haute taille, poil noir.
François Janot de 25 ans, haute taille, poil noir.
Guillaume Beaulieu de 49 ans, Maiſtre.
Eſtienne Touzé de 29 ans.
Yves Perot de 50 ans, haute taille, poil gris.
Nicolas Jardin de 30 ans.
Jacques le Tanou de 20 ans.
Nicolas Eude de 45 ans.

Ollivier le Queré de 14 ans.
Jacques Buret de 15 ans.
Bertrand Ignart de 25 ans, Tonnelier.
Julien le Blanc de 15 ans.
Thomas Roüaux de 16 ans.
Servan de la Vigne de 16 ans.

Compagnie du Sieur de la Loutrie.

JAcques Blouïn de 30 ans, haute taille, poil roux.
Thomas Cogrenne de 28 ans.
Ollivier Caffin de 50 ans, Canonier.
Joseph Rey de 18 ans, petite taille, poil blond.
Nicolas Mannet de 32 ans, Charpentier.
Claude le Bas de 45 ans, moyenne taille, poil noir.
Jacques Turgy de 32 ans, haute taille, poil ardent.
Bertrand Houtman de 25 ans.
Louïs Carty de 27 ans, haute taille, poil noir.
Julien Clerié de 24 ans, moyenne taille, poil chaftain.
Antoine Lucé de 24 ans, moyenne taille, poil chaftain.
Jean Chaftel, fils Pierre, de 22 ans, moyenne taille, poil chaftain.
Pierre Cogrenne de 28 ans.

Compagnie du Sieur de la Cellerie.

CLaude Alain de 22 ans.
Georges de la Mare de 21 an, Calfateur.
François le Dain de 32 ans.
Gilles le Duc de 22 ans.
Bertrand Samfon de 55 ans.
François Valet de 26 ans, Charpentier.
Thomas Levant de 30 ans, Charpentier.
Alexandre Faumouchet de 29 ans.
Bertrand le Rouge de 40 ans.
Gilles Forin de 28 ans.
Pierre le Maiftre de 45 ans.
Pierre Moran de 25 ans, Charpentier.
Jean Poitevin de 29 ans, moyenne taille, poil noir.
Mathurin Bleau de 18 ans, moyenne taille, poil chaftain.
Nicolas le Maire de 16 ans, petite taille, poil chaftain.
Pierre le Guerrey de 14 ans, petite taille, poil noir.

CINQUIE'ME CLASSE,

dont le fervice commencera au premier Avril 1674.
& finira au dernier Mars 1675.

Compagnie du Sieur de la Franquerie.

Guillaume Barthelemy de 19 ans.
Jacques Saint Lo de 35 ans.
Julien Vacquin de 20 ans.
Chriftophe du Val de 30 ans, moyenne taille, poil noir.
Iacques le Seré de 32 ans.
Jofeph Jacques Loyfon, de 16 ans.
Pierre Morin de 26 ans, Charpentier.
Pierre Cadou de 28 ans.
Julien Eon de 19 ans, haute taille, poil noir.
Thomas Puet de 18 ans.
François Corin de 18 ans.
Edoüart Allain de 16 ans.
Guillaume Guilbert de 18 ans.
Pierre Moinet de 22 ans.
Jean Daumer de 25 ans.
Pierre le Jeloux de 15 ans.
Michel Leturas.
Pierre Hevou de 40 ans, Canonier.
Eftienne le Guerey de 14 ans.
Pierre le Guerey de 45 ans, Canonier.
François des Moulins de 33 ans.
Pierre Rochetel de 59 ans, haute taille, poil gris.
Pierre Sauvage de 25 ans.
Michel le Grand de 35 ans.
François Sorin de 14 ans.
Pierre Ignart de 14 ans.

Compagnie du Sieur de la Loutrie.

Jean du Val de 50 ans.
Quion Challou de 55 ans, moyenne taille, poil gris.
Anthoine le Dain de 22 ans.
Bertrand Duret de 25 ans, haute taille, poil chaftain.
Ollivier Hubert de 19 ans, haute taille, poil blond.
Jean Durand, fils de Jacques, de 18 ans.
Guillaume Perquier de 18 ans.
Julien Sebire de 40 ans.
Thomas Roüefne de 17 ans, haute taille, poil blond.
François le Perque de 25 ans.
Jofeph du Guen de 26 ans.

Compagnie du Sieur de la Cellerie.

Louïs de Beauvais de 29 ans, moyenne taille, poil chaftain.
Louïs Tancrede de 24 ans, moyenne taille, poil chaftain.

Jean

Jean Hery de 31 an.
Chriftophe du Val de 20 ans.
Jean de la Vigne de 35 ans.
Robert du Chefne de 35 ans, haute taille, poil noir.
Pierre Grimaut de 32 ans, moyenne taille, poil noir.
Julien Sauvage de 16 ans.
Julien Goa de 24 ans.
Jean Barthelemy de 27 ans.
Pierre Archer de 25 ans.
Nicolas Hoüeffart de 25 ans.
Loüis Claufet de 30 ans.
Renard Tancrede de 22 ans.
Pierre Allé de 22 ans, haute taille, poil brun.
Thomas du Clos de 17 ans, moyenne taille, poil chaftain.
Yvon le Caïn de 26 ans, moyenne taille, poil brun.
Yvon le Guet de 25 ans, moyenne taille, poil brun.

PAROISSE
DE PLEURTUIT,
PREMIERE CLASSE,

dont le fervice finira au dernier Mars 1671.

Village de Lermont.

Jacques Pitel de 40 ans.
Jacques Foreftier de 18 ans.
Jean Brejon de 48 ans.
Julien Moulin de 18 ans.
François Pioche de 22 ans.
Noël Beaufré de 23 ans.
Gilles la Traite de 50 ans, Calfateur.
Jean Maugy de 25 ans.
Ollivier Eon de 36 ans.
Barthelemy Merven de 20 ans, Charpentier.
Jean Huby de 35 ans.
Maury Hamon de 35 ans.
Jacques David de 36 ans.
Jean Hamon de 25 ans.
François Marion de 19 ans.
Jean Rigollet de 55 ans, Charpentier.
Mathurin Hingan de 33 ans.
Julien Even de 30 ans.
Guillaume Guignart de 50 ans.
Julien Corbel de 36 ans, Charpentier.

Georges de la Lande de 50 ans.
Guillaume Laiſné de 22 ans.
Guillaume Cholou de 30 ans, Charpentier.
Jean Laiſné, fils Jean, de 35 ans, Charpentier.
Guillaume le Mounier de 37 ans.
Jean le Bret, fils de Laurent, de 30 ans.
Thomas Gallicet de 30 ans.
Robert l'Hoſtelier de 18 ans, Charpentier.
Jean Foreſtier de 26 ans, Charpentier.
Jacques d'Avoine de 26 ans, Charpentier.
Julien l'Hoſtelier, fils de Claude, de 25 ans, Charpentier.
Laurent Eſnaud de 58 ans, Charpentier.
André Rabin de 42 ans, Calfateur.
Jacques Nogues de 40 ans, Calfateur.
André Heté de 25 ans.
Pierre Even de 28 ans.
Guillaume Tuffié de 52 ans.
Guillaume Hily de 19 ans, Charpentier.
Pierre Laiſné de 20 ans.
Jacques Journo de 49 ans.
Laurent Cholet de 52 ans.
Julien Cohin de 50 ans.
Barthelmy Durand de 22 ans.
Julien Rabin de 18 ans.
Guillaume Hingan, fils de Julien, de 24 ans, Charpentier.
Robert Grignart de 45 ans, Calfateur.
Guillaume Beſnard de 45 ans.
Eſtienne Felin.
Jean la Truitte.
Julien Jocheri.
Mathurin Bernard.
Guillaume le Bret.
Pierre le Bret, Charpentier.
Julien Aubert, Charpentier.
François Hiby.
François Garnier.
André Piquier de 55 ans, moyenne taille, poil gris.
Guillaume le Bret.

SECONDE CLASSE,

dont le ſervice commencera au premier Avril 1671.
& finira au dernier Mars 1672.

Pierre le Bouvier de 28 ans.
Pierre Herrichon de 24 ans.
François Pillet de 18 ans, Charpentier.
François Girard de 18 ans, Charpentier.
Julien Huet de 48 ans, poil gris.
Jean la Truite de 26 ans.
Julien Pletan de 30 ans.
Pierre le Bret de 45 ans.

François Ravaro de 18 ans.
Nicolas du Val de 33 ans.
Thomas Corbel de 34 ans.
Jean le Berger de 18 ans.
Ollivier Rigollet de 28 ans.
François Huby de 26 ans.
Barthelémy Rabin de 40 ans, Calfateur.
Jean Caleil de 45 ans, Pilote.
Pierre Grignart de 32 ans.
Julien Aubert de 29 ans.
Josselin Vincent de 35 ans.
Jean Laisné de 35 ans.
François Bedel de 40 ans.
Jacques la Lande de 50 ans.
Jean Pillet de 16 ans, Charpentier.
François Macé de 17 ans.
Louïs Huby de 35 ans.
Julien Hamon, fils de Marc, de 25 ans.
Yves Saubau de 45 ans.
Guillaume Bedel de 42 ans.
Tanguy Guillaume de 25 ans.
François le Bret, fils de Laurent de 23 ans.
Jean Aubert de 54 ans.
André le Bret de 18 ans.
Jean Morin de 35 ans.
Nicolas Bourdafe de 45 ans, Charpentier.
Jacques Aubréé de 50 ans, Charpentier.
Nicolas le Maire, fils de Julien, de 16 ans.
Jean Pinhel de 45 ans, Borgne.
François Harhel de 21 an.
Julien Roussel de 52 ans, Charpentier.
Louïs Roze de 17 ans, Charpentier.
Guillaume Ebrat de 51 an.
Macé Durand de 55 ans, Charpentier.
Guillaume Hamon de 40 ans, Charpentier.
Jean Aubréé de 50 ans, Charpentier.
Henry le Bret de 33 ans.
François Catalun de 48 ans, Charpentier.
Mathurin Lamprouë de 25 ans.
Louïs Eon de 20 ans, Charpentier.
Thomas Pibaut de 22 ans.
Jean Germain, fils d'Estienne.
Jacques Macé.
Bertrand le Bret.
Guillaume Renaud.
Julien Cousin de 16 ans, petite taille, poil chastain.
Jean Rigaut de 20 ans, petite taille, poil chastain.

TROISIEME CLASSE,

dont le service commencera au premier Avril 1672.
& finira au dernier Mars 1673.

Guillaume Forestier de 16 ans.
Pierre Pioche de 24 ans, Charpentier.
François la Truite de 32 ans, Charpentier.
Pierre Valleton de 26 ans, Contre-Maistre.
Jacques Chaulou de 28 ans, Charpentier.
François l'Hostelier de 26 ans, Charpentier.
Jean d'Avoine de 17 ans, Charpentier.
Alain l'Hostelier de 30 ans, Charpentier.
Ollivier Tertoüas de 53 ans, Calfateur.
Jean Macé de 50 ans.
Julien Laisné de 17 ans, Charpentier.
Pierre Hingan de 40 ans.
Jean Corbel de 30 ans, Charpentier.
Julien le Charpentier de 27 ans.
Jean Merun de 45 ans.
Jean Glé de 22 ans.
François Bourdase de 54 ans.
François Jean de 38 ans, Calfateur.
Guillaume le Charpentier de 26 ans.
Jean Salmon de 36 ans.
François Rabin de 27 ans.
François le Char de 45 ans, Charpentier.
Jacques Levesque de 40 ans.
Pierre Seccart de 22 ans.
Jean le Bret de 40 ans, Charpentier.
François Guillaume de 35 ans, Charpentier.
Jean Souchart de 50 ans.
Guillaume l'Hostelier de 45 ans.
Berthelot Cholou de 39 ans.
Charles Boschet de 44 ans.
Julien Durand de 28 ans.
Alain le Bret, fils de Laurent, de 33 ans.
Julien le Maire de 22 ans.
Gilles Hily de 23 ans, Charpentier.
Mathurin Guillaume de 46 ans.
Guillaume Heté de 25 ans.
Loüis Naut de 35 ans.
Julien le Bret de 17 ans.
François le Maire de 42 ans.
Jean Choulou de 45 ans, Calfateur.
Jacques Choulou de 25 ans, Charpentier.
Jean le Bret de 28 ans, Charpentier.
Jean Guillaume de 23 ans.
Guillaume Rabin de 45 ans.
Pierre le Veillart de 30 ans.
Alain le Prevost de 22 ans.

Jean

Jean Coufin de 48 ans.
André le Chret de 23 ans.
Guillaume des Perrais.
Ollivier Bouvet.
Jean le Bret, fils de Thomas.
Jean Rigault, fils de Jean.
Gilles Solios.
Ollivier le Sachot.
Guillaume Rabin, Charpentier.
Pierre le Bouvier, Charpentier.
Louïs Coufin, Charpentier.
François Rabin, Charpentier.
Julien Oger de 40 ans, haute taille, poil chaftain.

QUATRIE'ME CLASSE,

dont le fervice commencera au premier Avril 1673. & finira au dernier Mars 1674.

LOuïs Guias de 25 ans.
Gilles Foreftier de 46 ans.
Jean le Gobin de 40 ans, Charpentier.
Ollivier Pillet de 50 ans.
Ollivier Briand de 40 ans.
Pierre Patron de 21 an.
Mathurin Roüaut de 40 ans, Pilote.
Julien Cholet de 20 ans.
Julien Motta de 40 ans, Charpentier.
Julien Merienne de 54 ans.
Julien Merienne de 21 an.
Julien Nogués de 50 ans.
Jacques Courtin de 48 ans.
Laurent le Berger de 50 ans.
Jean Durand de 25 ans.
François le Maire de 22 ans.
Guillaume Macé de 38 ans, Charpentier.
Eftienne Flin de 30 ans.
Pierre Garçon de 30 ans, Charpentier.
Ollivier Bauffre de 40 ans.
Raoul Joffelin de 28 ans.
Jean le Maire de 32 ans.
François le Maire de 25 ans.
Pierre Flin de 40 ans.
Pierre Brart de 22 ans, Charpentier.
Jean Pibaut de 20 ans.
Julien Hily de 14 ans.
Jean Bourdas de 30 ans, Charpentier.
Guillaume Renaut de 18 ans, Charpentier.
Alain Renaut de 16 ans.
François Nicolas de 18 ans.
Jean Giquel de 16 ans.
Chriftophe Laifné de 14 ans.

Noël Goazon de 28 ans.
Michel Loüis de 22 ans.
Ollivier Bouvet de 15 ans.
Michel Garnier de 31 an.
François Bequet de 23 ans.
Jacques Macé de 18 ans.
François le Bret de 35 ans.
Thomas Barbu de 30 ans.
Loüis le Bret de 16 ans.
Jean Hingan de 50 ans.
Ollivier le Bret de 26 ans.
Julien Lamprou de 18 ans.
Jean Guillaume de 48 ans.
Jean Hingan, fils de Julien, de 50 ans.
Guillaume Catalun de 34 ans, Charpentier.
Guillaume Hingan de 35 ans.
Mathurin Evein de 23 ans.
Gilles le Texier de 26 ans.
Loüis Quinart de 14 ans.
Cardin le Breton de 19 ans.
Loüis Samson de 16 ans.
Servan Durand de 17 ans, Charpentier.
Yves le Hardy.
Julien Hamon.
Mathurin Hercoüet, Charpentier.
Jean Laisné, Charpentier, fils de Henry.
Jean le Bret de 19 ans, moyenne taille, poil brun.

CINQUIEME CLASSE,

dont le service commencera au premier Avril 1674,
& finira au dernier Mars 1675.

Jean Boschet de 55 ans, Charpentier.
Pierre l'Hostelier de 33 ans, Charpentier.
Jean le Clerc de 52 ans.
Michel Maugy de 20 ans.
François Saillant de 55 ans.
Julien Mervain de 35 ans.
Thomas de Guays de 40 ans.
Julien Nicolas de 19 ans.
Julien Hily de 58 ans.
François Renaud de 22 ans, Charpentier.
Gilles le Hardy, fils Julien, de 23 ans.
Jean Harhet de 41 an, Charpentier.
Claude Davoine de 38 ans.
Alain Jean de 51 an, Charpentier.
Estienne Enau de 45 ans, Charpentier.
Julien Hamon de 28 ans, Charpentier.
Pierre le Bret de 19 ans.
Charles Quinot de 20 ans.

Jacques Hamon de 23 ans.
Julien l'Hostelier, fils de Christophe, de 50 ans.
Julien Davoine de 35 ans.
Julien Laisné de 30 ans.
Jacques Pointel, fils de Hamon, de 18 ans.
Alain Durand de 17 ans.
Christophe Guichard de 28 ans.
Nicolas Gervy de 32 ans, Canonier.
André Aubrée de 19 ans, Calfateur.
Servan Durand de   ans, Charpentie.
Jean Merienne, fils de Julien de 16 ans.
Michel Even de 50 ans.
Louis Hingan de 50 ans, Charpentier.
Alain du Doüet de 52 ans.
Julien Laisné, fils de Henry, de 48 ans.
Louis le Bret de 38 ans.
François Bachelier de 23 ans.
Hierôme Loüet de 50 ans.
Arthur Pioche de 37 ans, Pilote.
Jacques Briand de 48 ans.
Ollivier Guichart de 23 ans, Charpentier.
André Motha de 28 ans.
Jean Courtin de 45 ans.
Louis Cousin de 17 ans.
Julien Eon de 26 ans.
Ollivier le Bret, fils de Laurent, de 25 ans.
Yves Hardy de 15 ans, fils de Julien.
Yves le Bret de 30 ans, Charpentier.
Estienne Chevalier de 21 an.
François Enaut de 35 ans, Charpentier.
Julien Laisné, fils de Henry, Charpentier.
Jean Henaus, Charpentier.
Julien Rabin, fils de Rolan, Charpentier.
Nicolas Bourdaise, Charpentier.
Nicolas le Maire, Charpentier.
François Catalun, Charpentier.
Louis Huby, Charpentier.
Ollivier Femelle de 70 ans, Charpentier.

PAROISSE
DE S·ENOGAT.
PREMIERE CLASSE,
dont le service finira au dernier Mars 1671.

CHarles l'Abbé de 40 ans.
François Renou de 48 ans.
Pierre Fret de 46 ans.
Guillaume Gervy, fils de Gilles, de 40 ans.
Jacques Trancheme de 40 ans.
Jean Cliquin de 40 ans.
Jean Georges de 45 ans.
Jean le Fras de 50 ans, Calfateur.
Yvon Pivert de 26 ans.
François Renoul de 19 ans.
Julien Loffieux de 18 ans.
Julien Gohin de 46 ans.
Gilles Aubréé de 36 ans.
Julien le Clerc de 50 ans, Pilote.
Jean l'Hostelier, fils de Jean, de 35 ans.
Alain Alaire de 25 ans, Charpentier.
François Hervichon de 40 ans.
Jean Thomas, fils de Pierre, de 24 ans.
François Cholu de 50 ans.
Pierre le Bouvier de 18 ans.
Ollivier le Clerc de 17 ans.
André Briand de 17 ans.
Claude Goffet de 18 ans, haute taille, poil chaftain.

SECONDE CLASSE,
dont le service commencera au premier Avril 1671.
& finira au dernier Mars 1672.

PIerre Roüaux de 40 ans.
Julien Renou de 15 ans.
Guillaume Gorge de 40 ans.
Robert la Choüé de 40 ans, Charpentier.
Jean Guichart de 22 ans.
Gilles Tranchemé de 24 ans, Calfateur.

Laurent

Laurent le Fras de 16 ans.
Georges Joffe de 21 an.
Hamon le Vay de 50 ans.
Ollivier Jardin de 50 ans.
Pierre Jardin de 48 ans.
Georges Girard de 49 ans.
Eftienne Guichart de 20 ans.
Charles l'Abbé de 45 ans.
Alexandre Haillet de 25 ans.
Pierre Hervichon de 50 ans.
Servan Bouchart de 33 ans.
Julien le Bouc de 27 ans.
Barthelemy le Mettay de 35 ans.
Julien le Mounier de 45 ans.
François Girard de 42 ans.
Gilles Guynieu de 45 ans.
Ollivier le Clerc, dit Cul de Fer, de 38 ans.
Jean Morin.
Ollivier le Clerc.
Jean Bafnier.
Clement Freté de 25 ans, moyenne taille, poil noir.

TROISIEME CLASSE,

dont le fervice commencera au premier Avril 1672.
& finira au dernier Mars 1673.

MArc Boulart de 40 ans.
François Guillaume de 45 ans.
François Levant de 23 ans, Charpentier.
Jacques le Fras de 24 ans.
Chriftophe Gohin de 18 ans.
Jean David de 19 ans.
Pierre le Vey de 19 ans.
Pierre Jardin, fils d'Ollivier, de 19 ans.
Jacques le Clerc de 35 ans.
Guillaume Hagan de 30 ans.
François Rouffel de 30 ans.
Hamon Briand de 50 ans.
Clement Maudet de 45 ans.
Hamon Bertou de 40 ans.
Barthelemy Quiriou de 27 ans.
Thomas Lucas de 23 ans.
Jacques le Bouc, fils de Jacques, de 23 ans.
Pierre Cornilliés de 42 ans.
Robert le Bouvier de 51 an.
Jean la Veuve de 30 ans.
Robert Mervin de 30 ans.
Pierre Foucher de 18 ans.
Pierre le Bouvier de 18 ans.
Jean Loffieux de 15 ans.
Servan Loffieux de 32 ans.
François Roux de 15 ans.
Jean la Truitte.

QUATRIEME CLASSE,

dont le service commencera au premier Avril 1673.
& finira au dernier Mars 1674.

GIlles le Bouvier de 42 ans.
François Fretté de 16 ans.
Clement Fretté de 35 ans.
François Gohin de 28 ans.
Jean l'Hostelier, fils de Jean, de 29 ans.
Pierre Lossieux de 30 ans, Charpentier.
René Belesne de 23 ans.
Jean le Fras de 28 ans.
Jean le Dépencier de 40 ans.
Pierre Gohin de 54 ans.
Jacques Boüas de 39 ans, Charpentier.
Laurent Lossieux de 19 ans.
Julien Agan de 22 ans.
Clement Roussel de 45 ans.
Pierre Briand de 45 ans.
Thomas Heté de 26 ans, Charpentier.
Jacques Georges de 29 ans.
Jacques du Fresne de 26 ans.
François Crouë de 38 ans.
Jean Gohin de 39 ans.
Jean Roüaux de 48 ans.
Jean Bourdelas de 35 ans.
Clement Guilliers de 20 ans.
Marc le Vayer de 42 ans.
Jean Gervy de 20 ans.

CINQUIE'ME CLASSE,

dont le service commencera au premier Avril 1674.
& finira au dernier Mars 1675.

GUy David de 35 ans.
Pierre le Mounier de 57 ans.
Jean Girard de 55 ans.
Pierre Roux de 35 ans, Pilote.
Laurent Fortin de 38 ans.
Pierre Gohin, fils de Gilles, de 40 ans, Boiteux.
Pierre Aubrée de 34 ans.
Thomas le Clerc de 50 ans.
Jean Henau, fils de Guillaume, de 16 ans.
Jean le Fras, fils de François, de 22 ans.
Jean Huet de 44 ans.
Estienne l'Hostelier de 50 ans.
Ollivier Thomas de 50 ans.

Pierre Thomas de 53 ans.
Barthelemy l'Hoſtelier de 20 ans.
Ollivier Aubréé, fils de Mathurin, de 15 ans.
Ceſar David de 35 ans.
Alexandre le Grand de 16 ans.
Thomas Loſſieux de 26 ans.
Jean Haillet de 14 ans.
Pierre le Maiſtre de 15 ans.

PAROISSE
DE S. LEONAIRE.
PREMIERE CLASSE,

dont le ſervice finira au dernier Mars 1671.

Georges Pivert de 50 ans.
François Cottuas de 25 ans.
René Pepin, fils de François, de 20 ans.

SECONDE CLASSE,

dont le ſervice commencera au premier Avril 1671.
& finira au dernier Mars 1672.

Pierre Aillet de 22 ans.
Jean Frican de 45 ans.
Vincent Petry de 30 ans.
Pierre Baudet de 48 ans.

TROISIE'ME CLASSE,

dont le ſervice commencera au premier Avril 1672.
& finira au dernier Mars 1673.

Julien Pivert de 45 ans.
Guillaume Guguen de 38 ans.
Gilles Girard de 24 ans.
Jacques le Barier de 30 ans.
Julien Aillet, fils de Jean, de 25 ans.

QUATRIEME CLASSE,

dont le service commencera au premier Avril 1673.
& finira au dernier Mars 1674.

Noël Pivert de 18 ans.
Jacques Rozé de 30 ans.
Pierre Rozé, la Forest, de 25 ans.
Jean Chevalier de 43 ans.
Charles Journeau de 38 ans.

CINQUIEME CLASSE,

dont le service commencera au premier Avril 1674.
& finira au dernier Mars 1675.

Jean Perché, fils de Michel, de 24 ans.
Jean Rozée de 22 ans.
Jacques Josse de 30 ans.
Georges Baudet de 15 ans.
François Chevalier de 28 ans.

PAROISSE
DE S. BRIAC.

PREMIERE CLASSE,

dont le service finira au dernier Mars 1671.

Julien le Sachot de 40 ans, Pilote.
Julien Follange de 24 ans.
Thomas Noël, fils de François, de 30 ans.
Julien le Seine de 24 ans.
Yves Noël, fils de Mathurin, de 25 ans.
Jean Martin de 25 ans.
Jean Besnard de 40 ans.
Guillaume Jame de 22 ans.
Jean Lossieux, fils de Julien, de 22 ans.

SECONDE

SECONDE CLASSE,

dont le service commencera au premier Avril 1671.
& finira au dernier Mars 1672.

Yves Rozet de 35 ans.
Paul Noël de 25 ans.
Julien le Maiftre de 26 ans.
Jean le Bourguignon de 20 ans.
Jean Fleury de 35 ans.
Georges Noël, fils de Mathurin, de 25 ans.
Pierres James de 25 ans.
Jacques Loffieux de 30 ans.
Jean Bias de 28 ans.
Jean le Sefne de 40 ans, Pilote.

TROISIE'ME CLASSE,

dont le service commencera au premier Avril 1672. &
finira au dernier Mars 1673.

Jean le Mounier de 55 ans, Pilote.
Georges Sachot, fils d'Ollivier, de 30 ans.
Yves Noël, fils de Laurent, de 20 ans.
Yves Cuirnoir de 29 ans.
Jean Noël, fils de Mathurin, de 28 ans.
Jacques Bernard, fils de Jacques, de 25 ans.
Julien Caré, fils de Jean, de 22 ans.
Jacques le Clerc de 35 ans, Canonier.
Alain Pinou de 24 ans.

QUATRIE'ME CLASSE,

dont le service commencera au premier Avril 1673.
& finira au dernier Mars 1674.

François Amice de 40 ans, Pilote.
Jean Sachot, fils d'Ollivier, de 36 ans.
François le Moyne de 33 ans.
François Noël, fils de Mathurin, de 20 ans.
Georges Avril de 20 ans.
Yves Coftard, fils d'Yves, de 24 ans.
Pierre Folange de 25 ans.
Georges Perry, dit Corentin, de 30 ans.
Julien Pepin, fils de Julien, de 30 ans.
Pierre Bias, fils de Jean, de 25 ans.
Jean Amice de 40 ans.

CINQUIEME CLASSE,

dont le service commencera au premier Avril 1674.
& finira au dernier Mars 1675.

Julien le Mounier, fils de Jean, de 25 ans.
Jean le Maiftre de 30 ans, Pilote.
Jean Morin de 30 ans.
René Gaillard de 50 ans.
Julien Noël, fils de Mathurin, de 19 ans.
Ollivier Guguen de 28 ans.
Jean le Moine de 26 ans.
Jacques Loffieux, fils de François, de 17 ans.
Barthelemy Folange de 15 ans.
Jacques Hervé de 28 ans.

PAROISSE
DE SAINT JEGU.

PREMIERE CLASSE,

dont le service finira au dernier Mars 1671.

Jean Macé de 50 ans.
René Pillart de 22 ans.
François Guillaume de 26 ans.

SECONDE CLASSE,

dont le service commencera au premier Avril 1671.
& finira au dernier Mars 1672.

Jean Amirante, fils de Laurent, de 23 ans.
Jean Guillaume de 25 ans.
Pierre Mahé de 23 ans.

TROISIEME CLASSE,

dont le service commencera au premier Avril 1672.
& finira au dernier Mars 1673.

CHarles Martin de 35 ans.
Jacques le Conte de 27 ans.
Jean Macé le jeune, fils de Julien, de 27 ans.
Louïs Masson de 21 an.

QUATRIEME CLASSE,

dont le service commencera au premier Avril 1673.
& finira au dernier Mars 1674.

BErtrand Dagorne de 25 ans.
Mathurin Hervé de 26 ans.
Estienne Lozoüés de 30 ans.

CINQUIEME CLASSE,

dont le service commencera au premier Avril 1674.
& finira au dernier Mars 1675.

JEan Revel de 22 ans.
Jacques Dagorne de 27 ans.
Pierre Cahary, fils de Louïs, de 21 an.

PAROISSE
DE LANGROLLAY.
PREMIERE CLASSE,

dont le service finira au dernier Mars 1671.

JEan Julien de 20 ans, moyenne taille, poil noir.
Louïs le Bar de 28 ans, moyenne taille, poil chastain.
Jean le Criou de 55 ans, moyenne taille, poil gris.
Mathurin Bourge de 30 ans.

Julien Mervin de 25 ans, moyenne taille, poil blond.
Guillaume de Lorme, de 25 ans, haute taille, poil chaſtain.
Gilles du Puy de 18 ans, moyenne taille, poil blond.
Jean Daniel de 29 ans, moyenne taille, poil chaſtain.

SECONDE CLASSE,

dont le ſervice commencera au premier Avril 1671.
& finira au dernier Mars 1672.

JEan Boſchet de 40 ans, poil chaſtain.
Ollivier Gilbert de 25 ans, haute taille, poil noir.
Jean le Mercier de 25 ans.
Julien Grondel de 25 ans.
Mathurin Cholou de 25 ans, moyenne taille, poil chaſtain.
Julien Tanguy de 25 ans.
Louïs de Leſchat de 28 ans, haute taille, poil noir.

TROISIE'ME CLASSE,

dont le ſervice commencera au premier Avril 1672.
& finira au dernier Mars 1673.

JEan Julien de 50 ans.
François le Cocq de 50 ans.
Pierre Houtin de 45 ans, Charpentier.
Jean le Conte de 28 ans, Charpentier.
Guillaume Leſchap de 54 ans.
Guillaume Rouſſel de 28 ans.

QUATRIE'ME CLASSE,

dont le ſervice commencera au premier Avril 1673.
& finira au dernier Mars 1674.

MAthurin Baudoüart de 30 ans, moyenne taille, poil chaſtain.
Pierre Rolle de 34 ans, moyenne taille, poil chaſtain.
Jean Roüaux de 50 ans, petite taille.
Guillaume Gilbert de 22 ans.
Julien Leſchap de 40 ans, moyenne taille, poil gris.
Jacques Beſſart de 40 ans, haute taille, poil chaſtain.
François Boſchet de 35 ans, moyenne taille, poil chaſtain.

CINQUIEME

CINQUIE'ME CLASSE,

dont le service commencera au premier Avril 1674.
& finira au dernier Mars 1675.

Julien le Mercier de 22 ans.
François de l'Eschap de 30 ans, moyenne taille, poil noir.
Pierre Jacques de 18 ans, petite taille, poil chastain.
François Blanchet de 25 ans.
Toussaint l'Eschap de 20 ans, moyenne taille, poil noir.

PAROISSE

DE PLOUER.

PREMIERE CLASSE,

dont le service finira au dernier Mars 1671.

Ollivier Nicolas de 48 ans, moyenne taille, poil chastain.
Jean Lucas de 30 ans, haute taille, poil chastain.
Roland Bernard de 55 ans.
Guillaume le Maine de 56 ans, haute taille, poil roux.
Guillaume Hingan de 35 ans.
Maury Hingan de 23 ans.
François Guillouet de 24 ans.
Jacques Bertré de 55 ans, Contre-Maistre.
Alain Rogier de 20 ans.
Guillaume le Can de 45 ans.
Ollivier le Jar de 53 ans.
Gilles Huet de 37 ans.
Hardoüin Prebel de 23 ans.
Jean Triballet de 22 ans.
Ollivier Babin de 38 ans.
Ollivier Bloüin.
Fulliac de Rotte de 55 ans.
Jean Sevestre de 35 ans.
Pierre Miniac de 53 ans.
Jean Renier de 48 ans, Canonier.
Jean le Cam de 50 ans.
Guy Hamon de 47 ans, petite taille, poil noir.
Maury Besnard de 16 ans.
Jean Tranchemé de 55 ans, moyenne taille, poil gris.
Laurent Chevalier de 25 ans.
Thomas le Breton de 50 ans, moyenne taille, poil gris.

Jacques Sauvage de 53 ans, haute taille, poil gris.
Jacques Bertré de 55 ans, petite taille, poil noir.
Amaury Sauvage de 40 ans, haute taille, poil noir.
Mathurin Sevettre de 47 ans, haute taille, poil noir.
Gilles Fin de 48 ans, moyenne taille, poil gris.

SECONDE CLASSE,

dont le service commencera au premier Avril 1671.
& finira au dernier Mars 1672.

EStienne Coquel de 45 ans, moyenne taille, poil chastain.
Jacques Bernard de 26 ans.
Ollivier Hingan de 35 ans, Charpentier.
François le Denis de 22 ans, haute taille, poil chastain.
François Hingan de 25 ans.
Guy le Paroissien de 36 ans.
Guillaume Juhel de 22 ans.
Amaury le Marchand de 50 ans, moyenne taille, poil chastain.
Guillaume Hingan de 35 ans.
François le Mayne de 20 ans.
Guy Fain de 25 ans.
Charles Tranchemé de 19 ans, poil chastain.
Mathurin Richart de 38 ans, Charpentier.
Alain Trenchemé de 56 ans.
Alain Bertré de 35 ans.
Jacques le Can de 22 ans.
Pierre du Clos de 45 ans.
Mathurin Privé de 54 ans.
Jean Rossillon de 35 ans, Voilier, moyenne taille, poil chastain.
Guillaume l'Ecossois de 25 ans.
Pierre Roussel de 45 ans, Pilote.
Charles de Rotte de 52 ans.
Julien le Jar de 40 ans.
François Durand de 40 ans.
François Labbé de 27 ans.
Michel de Lama de 36 ans.
Jacques l'Ecuyer de 55 ans.
Jean Bodin de 25 ans.
Pierre Gilbert de 30 ans.
Noël le Can de 40 ans.
Mathurin Sauvage de 48 ans.
François Gilbert de 25 ans.
Pierre Trenchemé de 41 an, haute taille, poil brun.

TROISIEME CLASSE,

dont le service commencera au premier Avril 1672.
& finira au dernier Mars 1673.

ROlland Godmé de 45 ans, Canonier.
Jean Cholou de 45 ans, Charpentier.
Jean Briand de 50 ans.
Guillaume le Gay de 47 ans.
Jean Besnard de 20 ans.
Pierre Nicolas de 40 ans.
Laurent Bon-Homme de 45 ans.
Pierre Turon de 23 ans.
Ollivier le Gay de 23 ans.
François Roussel de 28 ans.
Guy du Clos de 36 ans.
Charles des Gays de 25 ans.
Guillaume Goazon de 30 ans.
Pierre le Bon-Homme de 19 ans, Charpentier.
Jean du Fresche de 35 ans.
Charles Perche de 20 ans.
Pierre Boissart de 56 ans.
Mathurin Roüillé de 30 ans.
Guillaume Fremin de 40 ans, Charpentier.
Jean le Gay de 40 ans.
Guillaume Briand de 50 ans.
Jean Jourdan de 23 ans.
Samson Baudoüart de 50 ans.
Jacques Tranchemé de 38 ans.
Gabriel Maumel de 40 ans.
Alain Coupeau de 32 ans.
Ollivier Harhet de 35 ans.
Pierre Sauvage de 52 ans.
Mathurin Sevestre de 36 ans, Charpentier.
Julien Sauvage de 40 ans.
Pierre Bossillon de 51 an.
Pierre le Breton de 18 ans.
Gilles Goupil de 24 ans.
François Jambon de 50 ans.
Rolland Gilbert de 48 ans.
Jean Tranchemé, fils de Jean, de 25 ans.
Pierre Aragon de 33 ans, haute taille, poil noir.

QUATRIE'ME CLASSE,

dont le service commencera au premier Avril 1673.
& finira au dernier Mars 1674.

ANndré Avril de 30 ans.
Brian Eon de 23 ans.
Jean Marchand de 52 ans, moyenne taille, poil gris.
Maury Tredehan de 35 ans, moyenne taille, poil chastain.
Guillaume Renaut de 48 ans, moyenne taille, poil chastain.
Jacques Morin de 32 ans, *idem*.
Mathurin Morin de 46 ans, moyenne taille, poil noir.
François Sauvage, fils de François, de 35 ans.
Alain Sauvage de 45 ans.
Jean Robert de 28 ans.
Bertrand Fontaine de 22 ans.
Mathurin Boissart, fils de Mathurin, de 13 ans.
François Charpentier de 38 ans, Charpentier.
Guillaume le Bon-Homme de 25 ans, Charpentier.
François Guguen de 25 ans.
Julien le Charpentier de 29 ans.
Pierre Chapelle de 24 ans.
François Tumbrel de 32 ans.
Samson Jambon de 36 ans.
Jacques Fauvel, fils de Pierre, de 41 an.
Mathurin Blou de 45 ans.
Gabriel le Clerc de 30 ans.
Pierre Gaudron de 20 ans.
Samson Sevestre de 18 ans.
Jacques Mesnier de 27 ans.
Ollivier Coupeau de 45 ans.
Gilles Bourges de 25 ans.
Guillaume Richart de 35 ans, Charpentier.
Georges Girard de 22 ans.
Ollivier Chevalier de 42 ans.
Ollivier Geslin de 25 ans.
François Saint Maudan de 26 ans.
Pierre Journau de 46 ans.
Jean Sauvage de 18 ans.
Julien Richart de 40 ans.
Julien Bertré de 35 ans.
Jean Gagnart de 45 ans.
André Goupil de 55 ans.
Alain Chauvet de 19 ans.
Samson Guichart de 50 ans.

CINQUIE'ME CLASSE,

dont le service commencera au premier Avril 1674.
& finira au dernier Mars 1675.

Jacques Turenne de 18 ans.
Guillaume Turon de 26 ans.
Julien Saint Maudan de 22 ans.
Michel le Can de 22 ans.
Noël Geslin de 18 ans.
Alain Gilbert de 26 ans.
Jean Ballisson de 35 ans.
Robert Godmé de 55 ans.
François le Marchand de 23 ans.
Jacques Tranchemé de 50 ans.
Guillaume Foüasse de 38 ans.
François Bertré de 32 ans.
François Saint Maudan, fils d'Alain, de 38 ans.
François Goubit de 18 ans.
Alain Hingan de 45 ans.
Jean Jaspar de 17 ans.
Alain Tranchemé de 56 ans.
Jean Rogier de 25 ans.
Gilles du Clos de 16 ans.
Pierre Tambrel de 55 ans, Charpentier.
Ollivier Baudoüart de 20 ans.
François Godmé de 18 ans.
Jean Thomas de 25 ans.
François le Cap de 30 ans.
Hyacinthe Bertré de 13 ans.
Mathurin Rotte de 48 ans.
Jean Hery de 30 ans.
Tanguy Foucher de 45 ans.
Rolland l'Ecuyer de 14 ans.

PAROISSE
DE S. SULLIA.

PREMIERE CLASSE,

dont le service finira au dernier Mars 1671.

Pierre Folain de 30 ans.
Charles Mary de 52 ans.

Pierre Raoul de 40 ans.
Pierre Gilbert de 25 ans, haute taille, poil brun.
Georges Prioul de 45 ans.
Jean Robert de 50 ans.
Jean Paris de 35 ans.
Guillaume Hativel de 24 ans, Tonnelier.
Ollivier Jourdan, fils de Gilles, de 30 ans.
Pierre Durand de 18 ans.
Jean Froumy de 45 ans.
Georges Morvan de 33 ans.
Gilles Aubry de 45 ans.
Ollivier Quenart de 18 ans.
Michel le Porc de 22 ans.
Pierre Nicolas de 28 ans, Charpentier.
Jean Bourdelas de 26 ans, Charpentier.
Thomas Hernon de 25 ans.
Julien Duliot de 24 ans.
Guillaume Aubrée de 50 ans.
Jean Maffier de 20 ans.
Bertrand le Gentil de 30 ans.
Jean Briand de 22 ans.
Julien le Gentil de 18 ans.
Guillaume le Gentil de 23 ans, Voilier.
François Rabin de 51 an.
Germain le Roy de 22 ans.
Julien Chevalier, fils de Pierre, de 23 ans.
Bertrand Maffiet de 42 ans.
Jean Guingata, fils de Jean, de 34 ans.
Alain Feinet de 32 ans.
Julien Landal de 28 ans.
Ollivier Couvert de 20 ans.
Jean Couvert de 22 ans.
Jean Bazy de 35 ans.
François Adrien de 26 ans.
Henry Fouchet de 20 ans.
Pierre Gabet de 45 ans.
Jean Aubry, fils de Julien, de 23 ans.
Bertrand Briand de 20 ans, haute taille, poil brun.
Charles Beffard de 19 ans, moyenne taille, poil bond.
Guillaume le Roux de 19 ans, moyenne taille, poil chaftain.

SECONDE CLASSE,

dont le fervice commencera au premier Avril 1671.
& finira au dernier Mars 1672.

Guillaume Barbier de 38 ans, Voilier.
François Garçon de 27 ans, Charpentier.
Bertrand Hativel de 55 ans, Charpentier.
Jean Gery de 20 ans.
Michel Pouffin de 50 ans.
Thomas Giffart de 30 ans.

Jean Bourdelas de 20 ans.
Thomas Bernard de 50 ans.
Jean Pillart, fils de Jean, de 18 ans.
Gilles le Prince de 45 ans.
Jean Jourdan de 30 ans.
Laurent Cocherel de 58 ans.
Jean Haſſart de 14 ans.
Guillaume Bourdelas de 48 ans.
Pierre le Brun de 28 ans.
Guillaume Moiſſon de 50 ans.
Jean Gabet de 22 ans, Charpentier.
Robert Crétienne de 48 ans.
Pierre Hernou de 35 ans.
Jean des Hayes de 44 ans.
Jean le Blanc de 34 ans.
Jean des Hogues de 17 ans.
Pierre Bruſlé de 32 ans.
Jean Bouleuc de 50 ans.
Jean Foucart de 50 ans.
Briand Perdriel de 58 ans.
Guillaume Huet de 48 ans.
Henry Maſſiet de 50 ans, Charpentier.
Jean Caillet de 22 ans, Charpentier.
Jacques Gery de 20 ans.
Gabriel Bazy de 30 ans.
Gilles le Févre de 30 ans.
Pierre Beſnard de 20 ans.
Guillaume Celé de 45 ans.
Gabriel Ambouchart de 26 ans.
Thomas Billy de 40 ans.
Jean Mary de 48 ans.
Jean Joſſelin de 58 ans.
Jean Flau de 35 ans.
Jean Thebaut de 24 ans.
Julien Cueillier de 22 ans, haute taille, poil chaſtain.
Jean le Cointe de 23 ans, haute taille, poil chaſtain.
Jacques Durand de 17 ans, moyenne taille, poil chaſtain.

TROISIE'ME CLASSE,

dont le ſervice commencera au premier Avril 1672. & finira au dernier Mars 1673.

Vincent Mordrel de 50 ans, Canonier.
Briand Babin de 50 ans, Voilier.
Gilles l'Huillier de 20 ans, Charpentier.
Gilles Gilbert de 48 ans.
Jacques Champion de 31 an.
Raoul Jourdan de 24 ans.
Henry Garnier de 24 ans, Charpentier.
Jean des Hogues de 35 ans.
Alain Gabet de 36 ans.

Nicolas Chevalier de 50 ans.
Jean Gaudu de 30 ans.
Jean Hernou de 20 ans.
Jean Poïldelou de 41 an.
Jacques Bouvier de 50 ans.
Bertrand Henou de 50 ans.
Briand Martin de 31 an.
Michel François de 30 ans.
Bertrand du Liot de 23 ans
Jean le Porc, fils de Jean, de 30 ans.
Jean Bazy l'aifné de 50 ans.
Alain Bourdelas, fils de Pierre, de 35 ans.
Julien Chevalier de 27 ans.
Raoul Rabin de 35 ans.
Gilles Langevin de 30 ans.
Ollivier Madeuc de 22 ans.
Guillaume Nicolle de 35 ans.
Jean Gruël de 25 ans.
Sullia Bernard de 30 ans.
François le Breton de 55 ans, Charpentier.
Gabriel Gery de 58 ans.
Jean Afart de 14 ans.
Sullia Morvan de 18 ans.
Gabriel Fourcher le jeune, de 48 ans.
Guillaume le Faucheux de 26 ans.
Michel Ernoul de 50 ans.
Thomas des Gais de 46 ans.
Gabriel Foucher de 58 ans.
Jean Aubry de 51 an.
Pierre le Cointe de 25 ans.
Ollivier Gabet de 32 ans.
Nicolas Ollivier de 34 ans, Canonier.
François le Clerc de 24 ans.
Guillaume Mordrel de 45 ans.
Jean Daguenet de 40 ans, moyenne taille, poil brun.
Jean Martin de 14 ans, petite taille, poil chaftain.
Nicolas Baujart de 50 ans, moyenne taille, poil chaftain.

QUATRIE'ME CLASSE,

dont le service commencera au premier Avril 1673. & finira au dernier Mars 1674.

JUlien Durand de 26 ans, Charpentier.
Jean Allaire de 26 ans.
Pierre Geffroy de 35 ans.
Gilles le Sirart de 36 ans.
Bertrand Gerir de 18 ans.
Jean Bourdelas, fils de Robert, de 14 ans.
Robert Jourdan de 24 ans.
Robert Langevin, de 26 ans, Charpentier.
Jacques Hervy de 20 ans, Charpentier.

Nicolas

Nicolas Barbier de 30 ans, Charpentier.
Gabriel Robert de 50 ans.
Jean Martin de 22 ans.
Adrien Fourmy de 25 ans.
Jean Quatresous de 25 ans.
Gabriel Couïllart de 24 ans.
Alain Heret de 32 ans.
Julien le Conte de 17 ans.
Alain Malherbe de 38 ans.
Michel Roüaux de 50 ans, Calfateur.
Bertrand Martin de 51 an.
Michel Boüexiére de 40 ans.
Guillaume Roüaut de 18 ans.
Pierre Langevin de 40 ans.
Julien Babin de 14 ans.
Gilles Bigot de 18 ans.
Jean Clement de 30 ans, Charpentier & Canonier.
Nicolas Mordrel de 34 ans, Canonier.
François Calier de 19 ans.
Briand Guiſchart de 38 ans.
Henry Butcocq de 50 ans.
Bertrand Pillart de 35 ans.
Jacques Bourſeul de 18 ans.
Charles Mahé de 45 ans.
Gabriel Miniac de 32 ans.
Gabriel Renaut de 48 ans.
Michel Boüexiére de 37 ans.
Pierre Garçon de 26 ans.
Gabriel Gabet de 43 ans, Voilier.
Ollivier des Haies de 45 ans, Charpentier.
Guillaume Jourdan de 29 ans.
Briand Malherbe de 38 ans.
Ollivier Goüin de 58 ans.
Alain Pouſſin de 48 ans.
François Perdriel de 16 ans.
Nicolas Madiou de 26 ans, haute taille, poil chaſtain.
Pierre Beſnard de 60 ans, moyenne taille, poil gris.

CINQUIEME CLASSE,

dont le ſervice commencera au premier Avril 1674.
& finira au dernier Mars 1675.

FRançois Champion.
Jacques Flaux de 27 ans.
Pierre Coüillart de 26 ans.
Pierre Garnier de 19 ans, Charpentier.
Thomas Guenait de 50 ans.
Bertrand le Gentil de 30 ans.
Thomas Butcocq, de 62 ans.
Guillaume Champion de 22 ans.
Michel le Conte de 44 ans.

Jean l'Huillier de 20 ans.
Gabriel Garnier de 29 ans.
Thomas Brignon de 45 ans, Voilier.
Eſtienne Gingas de 30 ans.
Julien Mannet de 35 ans.
François Jourdan de 30 ans.
Ollivier Landal de 50 ans.
Eſtienne Morvan de 27 ans.
Ollivier Beſſart de 22 ans.
Jean Garnier de 35 ans.
Guillaume Harhel de 32 ans.
Gabriel Ambouchart de 26 ans.
Thomas Jean Fouchet, de 18 ans.
Robert Bourdelas de 58 ans.
Bertrand l'Angevin de 50 ans.
Gilles Jourdan de 32 ans.
Alain de l'Ecluze de 19 ans.
Alain Jourdan de 25 ans.
Thomas Briand de 27 ans.
Jacques Auvray de 35 ans.
Jean Bouvier de 17 ans.
Robert Chreſtien de 30 ans.
Claude le Sirat de 30 ans.
Jean Follain de 28 ans.
Michel Gaigné de 35 ans.
Jean l'Huillier de 18 ans.
Guillaume Morvan de 40 ans.
Pierre Doüas de 20 ans.
Pierre Mainguy de 50 ans.
Gabriel du Val de 16 ans.
Guillaume le Faucheux de 36 ans.
Thomas Bigot de 23 ans.
Eſtienne Gingatta de 20 ans.
Pierre Eon de 26 ans.
Raoul Belhoſte de 67 ans, haute taille, poil gris.
Renaud Fanton de 20 ans, moyenne taille poil chaſtain.